Fotografia digitale: raccontare con le immagini

Jerod Foster

Fotografia digitale: raccontare con le immagini

Tecniche e strategie per creare storie fotografiche

EDITORE ULRICO HOEPLI MILANO

via Hoepli 5, 20121 Milano (Italy)
tel. +39 02 864871 - fax +39 02 8052886
e-mail hoepli@hoepli.it

www.hoepli.it

ISBN 978-88-203-5941-6

Ristampa:

4 3 2 1 0 2014 2015 2016 2017 2018

Progetto e realizzazione editoriale: Maurizio Vedovati - Servizi editoriali (info@iltrio.it)
Traduzione: Furio Piccinini
Copertina: Sara Taglialegne

Stampa: Svet Print d.o.o., Lubiana

Printed in Slovenia

A mia figlia, Eva Korynn,
La tua vita è la tua storia.
Tutto il mio amore.

Ringraziamenti

Voglio ringraziare tutte le persone in Peachpit e New Riders. Grazie per avermi dato l'opportunità di condividere ciò che amo fare ogni giorno e per avermi offerto delle risorse così importanti, come una community internazionale di fotografia. Il vostro contributo al mondo dello "storytelling" visuale è importante, ogni volta che una persona leggerà una delle pagine dei vostri libri.

Vorrei ringraziare in particolare il team di produzione di questo libro. Testi di questo genere non vengono creati solo dall'autore, ma anche grazie al supporto di un gruppo di individui che lavorano insieme, per fare in modo che le parole e le immagini siano fluenti e chiare. Non avrei potuto chiedere un team migliore di questo per il mio primo libro.

Ted Waitt, acquisition editor di Peachpit, è il cuore di questo progetto. Sono davvero grato che il suo interesse verso i post del mio blog abbia innescato una conversazione sulla fotografia, l'illuminazione e, infine, l'argomento del visual storytelling, ovvero l'arte di raccontare storie con le immagini.

Il mio editor, Susan Rimerman, è stata al timone di questo progetto fin dall'inizio, facendo da guida in ogni momento. Dalle telefonate oltre l'Atlantico alle centinaia di e-mail scambiate, quando il libro era ancora in fase embrionale, Susan ha sempre messo a disposizione la sua esperienza per trasformare le idee in qualcosa di tangibile.

Peggy Nauts, developmental editor, ha lavorato duramente per dare un senso alle mie parole. Mi ha aiutato a non impazzire, mentre si destreggiava tra le mie battute e il mio slang texano.

Danielle Foster, production editor del libro (e forse cugina lontana, visto quant'è piccolo questo mondo), ha oliato gli ingranaggi e la correttrice di bozze Elaine Merrill ha affinato il tutto e controllato ogni dettaglio.

Kim Scott, interior designer di questo libro, e Aren Straiger, il designer della copertina, hanno presentato le mie immagini e i testi in modo perfetto. Le storie visuali sono complicate, ma Kim e Aren hanno svolto un ottimo lavoro.

Grazie a tutte le persone (e animali) che ho fotografato, per le quali continuerò a raccontare storie: la vostra generosità nel consentirmi di osservarvi e catturare parti della vostra vita si rivela sempre un'esperienza speciale, ogni volta che ottengo un nuovo incarico o che mi imbatto in una nuova storia. Non dimenticherò i paesaggi e i luoghi che ho avuto la possibilità di vivere.

Tra gli amici e colleghi sparsi per il mondo, che ogni giorno usano una fotocamera per raccontare storie visuali, ringrazio in particolare Wyman Meinzer, che nei miei lavori ha visto qualcosa in grado di riassumere una parte dell'ampia narrativa che riguarda persone e luoghi.

A tutti i lettori di questo libro, grazie non solo per il vostro interesse, ma anche per la vostra iniziativa e per contribuire alle storie che continuano a far girare questo mondo.

Un apprezzamento speciale va al College of Mass Communications della Texas Tech University, per avermi dato la possibilità, diversi anni fa, di condividere quel che faccio professionalmente, ma in ambito educativo. Spero che insegnare quel che faccio possa incoraggiare altri a inseguire le opportunità del visual storytelling.

Il supporto della mia famiglia in questi anni ha significato molto. Tutti quanti, dai miei genitori Jay e Marsha, compresi i nonni e più su, lungo l'albero genealogico, mi hanno insegnato come lavorare duro e coltivare la creatività.

Ringrazio mia moglie, Amanda Waters Foster, per l'ispirazione e il supporto amorevole. Ogni giorno ne comprendo meglio l'importanza.

Ultimo ma non meno importante, ringrazio Dio. Senza di lui, la grande storia della vita non esisterebbe.

Sommario

Introduzione

Un paio di anni fa avviai una nuova serie sul mio blog, chiamata "Field Lighting". Al momento pensavo che fosse solo un semplice modo per diffondere informazioni utili per le persone che avrebbero dovuto scattare foto. Sarebbe stato piacevole anche per chi avesse nutrito interesse per la parte della produzione che sta dietro le quinte di uno shooting. Mi divertii molto a scrivere regolarmente gli articoli (lo faccio ancora) e la cosa mi aiutò anche ad aggiudicarmi alcuni incarichi. Non posso negarlo.

Divenne chiaro che la serie "Field Lighting" non era solo una collezione di post su come illuminare un edificio o notare le piccole variazioni date dalla composizione, quando illuminiamo un certo soggetto. Era diventata una collezione di istruzioni e di informazioni pratiche su come raccontare al meglio una *storia*. Non stavo neppure enfatizzando più di tanto l'argomento illuminazione. Invece, ero molto più interessato nel mostrare come la luce contribuisce pesantemente sul modo in cui i fotografi raccontano qualcosa – come l'uso della luce può renderci degli "storyteller" migliori. Il cuore dei post erano le storie.

Quando Peachpit espresse interesse nel mio blog ed ebbi l'opportunità di scrivere questo libro, volevo che fosse un completamento dei manuali già pubblicati, che spiegasse cosa facciamo davvero quando prendiamo la fotocamera, guardiamo nel mirino e scattiamo. Come insegnante di fotografia, spiego anche la gestione tecnica degli strumenti del mestiere. È sempre bene conoscere la vostra strumentazione, al punto da farla diventare la vostra seconda natura. Tuttavia, come fotografo professionista capisco anche che saper operare con le ghiere di velocità dell'otturatore e apertura non serve a produrre immagini che parlano a un pubblico che va oltre i fotografi e le community di fotografia. Farne la vostra professione dipende da come queste immagini parlano al pubblico esterno.

Non importa se stiamo scattando per un incarico importantissimo, per una rivista nazionale o per una riunione di famiglia, c'è comunque una storia da raccontare. La nozione del visual storytelling crea un gran brusio in questi giorni e per un'ottima ragione. La storia è il passo successivo della conversazione su come sviluppare la vostra visione

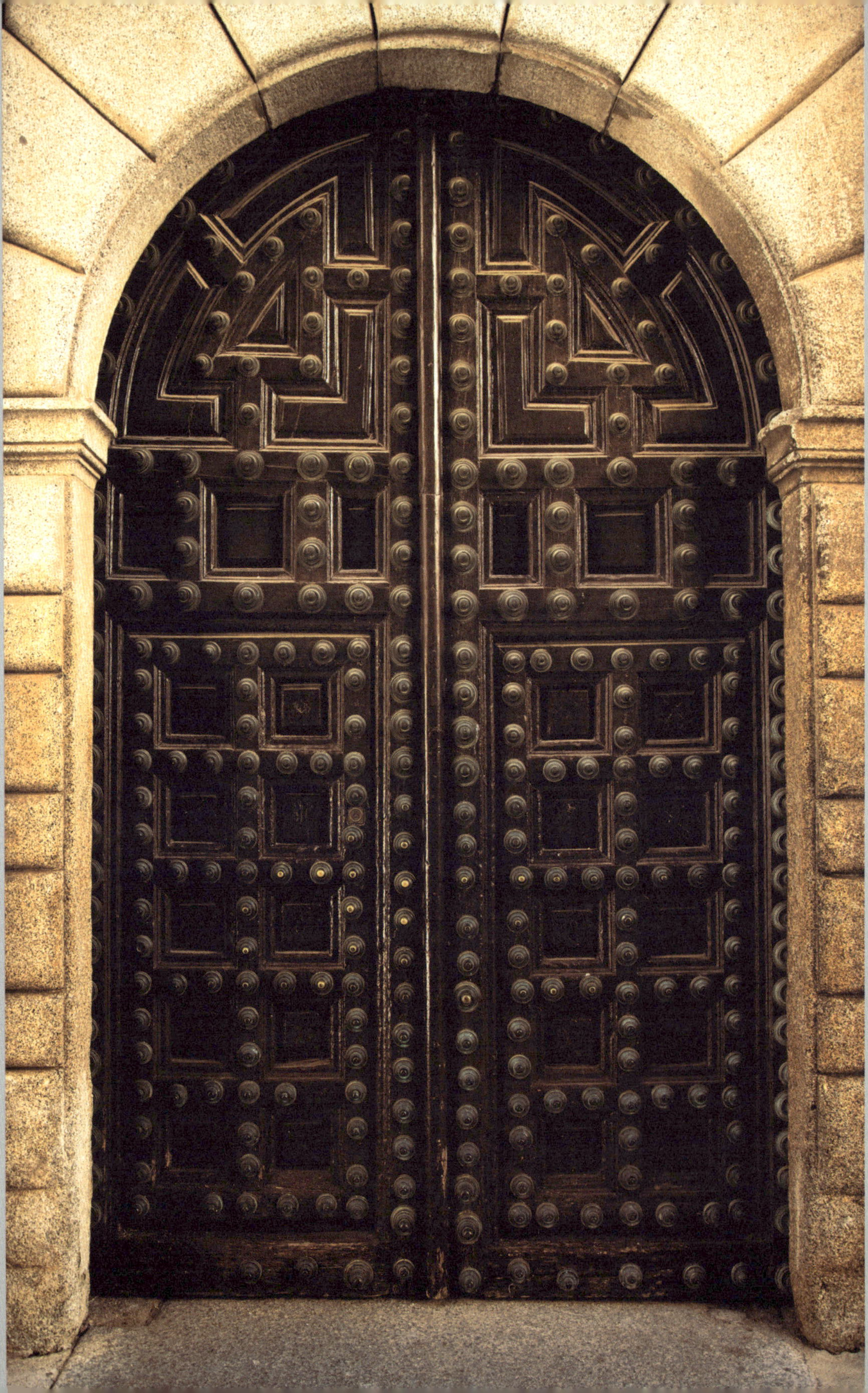

fotografica. Questo libro si addentra nel valore del visual storytelling e su come produrre storie che siano in grado di raccontare qualcosa di potente agli altri. Voglio che questo libro vi aiuti a pensare alla parte narrativa del vostro lavoro. Le vostre immagini raccontano le storie che volevate trasmettere?

Non si tratta di un manuale tecnico. Non è un corso tecnico di fotogiornalismo, né un'analisi approfondita della fotografia documentaristica. Questo libro propone una discussione sui componenti che usiamo ogni giorno per creare immagini irresistibili, oltre al *perché* le usiamo in determinati modi per dare valore a una storia.

Il testo tratta argomenti come la composizione, l'illuminazione, i ritratti e la profondità di campo, oltre ai vari altri componenti della creazione dell'immagine, ma lo scopo principale è aiutare ad affinare le pratiche fotografiche e gli approcci che perfezionano le capacità di raccontare una storia.

Quando pratichiamo il nostro mestiere in modo consapevole, tutto contribuisce allo storytelling di immagini e saggi fotografici. Un'ampia parte di questo libro è dedicata alla produzione di immagini di storytelling e a come possono funzionare insieme per attrarre e coinvolgere l'osservatore. Inoltre, sottolineo le caratteristiche delle storie visuali, così da renderle interessanti da creare.

Tratto anche l'argomento preferito di tutti, la ricerca. Alcuni fotografi la vedono come un'attività faticosa, ma non deve necessariamente esserlo, ed è uno strumento essenziale per raccontare una storia. Il testo si chiude con una guida allo sviluppo di un flusso di lavoro per lo storytelling, dalla scelta dell'equipaggiamento più indicato alla visualizzazione degli scatti e al loro perfezionamento al computer.

Lungo il percorso racconto alcune delle mie esperienze, che mi hanno insegnato lezioni importanti sul visual storytelling e offro alcuni suggerimenti da tenere nella borsa che tutti noi fotografi ci portiamo appresso. Avrete anche la possibilità di partecipare ad alcuni esercizi che rinforzeranno i concetti espressi nel testo.

Al termine dei primi sei capitoli, sono onorato di potervi presentare delle conversazioni con alcuni dei visual storyteller che ammiro di più. Dai documentaristi del *National Geographic* ai vincitori di premi Pulitzer, fino ai fotografi conservativi o commerciali, i loro lavori ci offrono un'incredibile esperienza. In queste interviste ci spiegano cosa li ha attratti riguardo una storia, le influenze e come procedono per creare immagini irresistibili.

Infine, se sarò riuscito nel mio intento, questo libro vi aiuterà a riconsiderare ogni parte del vostro processo fotografico e della storia che cercate di raccontare. Premere semplicemente i tasti della fotocamera e scattare una foto perché avete seguito la regola dei terzi non è sufficiente. Saprete il perché avete deciso di impostare la foto in un certo modo e quel che lo scatto deve dire. L'ultimo obiettivo? Creare immagini che coinvolgano l'osservatore e insegnino una storia.

Mentre lo leggete, spero che questo libro vi aiuterà ad aumentare la profondità dei vostri scatti e che vi conduca allo stato d'animo ideale per raccontare storie interessanti.

Scrivere un libro su quest'argomento mi ha spronato a raccontare nuove storie e spero che questo accada anche a voi durante la lettura.

Una porta medievale a Toledo, in Spagna. Oh, le storie che potrebbe raccontare...

Canon 5D Mk II, 28 mm, 1/60 sec., f/4, ISO 200

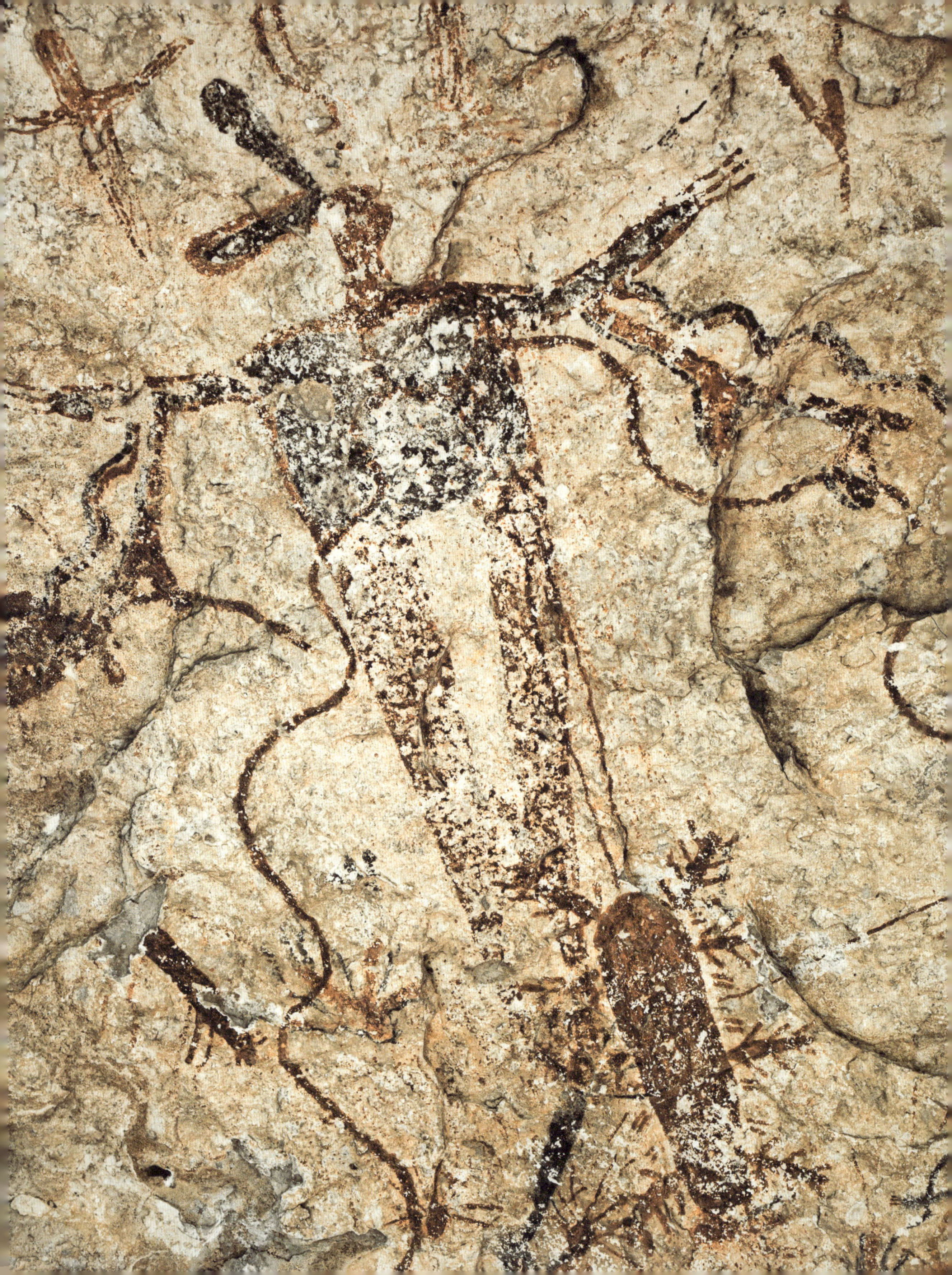

CAPITOLO **1**

Una tradizione in divenire

Esiste una fascia di terreno nel sud est del Texas, che si apre sul fiume Rio Grande, chiamata Rattlesnake Canyon. Il canyon è una ripida depressione nel mezzo di uno spietato deserto vicino a Langtry, una città fantasma scarsamente popolata, nota per il famigerato Judge Roy Bean, proprietario di un saloon trasformato in giudice di pace, che si faceva chiamare "la Legge a ovest del Pecos". La terra che abbraccia il Rattlesnake Canyon è dura e irregolare, con cactus, spinosi alberi di mesquite e ocotillo, yucca e lechuguilla – le uniche cose che tengono assieme il suolo. Il clima è caldo, secco e spesso ventoso. Per quanto riguarda l'acqua c'è il fiume, ma poco altro.

Uno dei tanti antichi graffiti sciamanici presenti nel Rattlesnake Canyon. L'arte rupestre racconta la storia del viaggio da e verso il regno spirituale.

Canon 5D, 50 mm, 1/100 sec., f/5.6, ISO 100

Se vi sembra lo sfondo perfetto per *Non è un paese per vecchi* o per un vecchio western di Clint Eastwood, non vi sbagliate di molto. Questa distesa desolata in Texas è eclissata per dimensioni solo dalle leggende raccontate dalle persone che la chiamano casa. Queste storie, tuttavia, non sono iniziate con le riprese del film dei fratelli Coen, ma esistono da millenni in questa terra e in qualche modo sono ciò che la tiene in vita.

Dentro al Rattlesnake Canyon c'è una serie di lunghe e concave pareti calcaree coperte di pittogrammi, che gli studiosi hanno stabilito esistere da oltre 4.000 anni. Colorate raffigurazioni di esperienze spirituali e vita quotidiana del popolo Lower Pecos prendono vita dal livello del suolo e salgono per diversi metri. Gli sciamani, una sorta di medici, possono essere facilmente identificati tra gli altri personaggi sulle pareti, così come i serpenti che danno il nome al canyon.

Per gli storici, gli archeologi e coloro che sono interessati a sapere com'era la vita migliaia di anni fa, queste pareti contengono molti esempi di narrativa storica, catturata in una forma visuale e creativa. Alcuni pittogrammi sono sbiaditi e slavati dalle precipitazioni e dal tempo, altri sono sbiancati dal sole e dalla pietra calcarea. Grazie alle operazioni di conservazione e alla tecnologia, però, quel che non è sbiadito è la storia che è stata scritta su queste rocce molti anni fa.

È la storia che continua a raccontarci qualcosa, anche se è così antica.

CHI È UNO STORYTELLER?

Non sarebbe molto utile spiegare chi è uno storyteller, senza prima parlare della storia. Siamo esposti quotidianamente alle storie, anche se non tutte sono facili da descrivere. In superficie una storia contiene una trama, un insieme di personaggi e un ambiente, e spesso implica un conflitto di qualche tipo. Normalmente si sviluppa lungo una timeline ed è spiegata con quella che noi chiamiamo narrativa. Una storia è il racconto di eventi, sia fittizi sia reali. Fin dalle scuole elementari abbiamo avuto l'opportunità di creare, consumare e criticare le storie e tutti i loro elementi. Le vediamo raccontate sugli schermi TV, nei quotidiani, alla radio e online. Sono ovunque. Tuttavia, non sempre tutto si limita all'avere una trama, un personaggio e qualche altro elemento.

Sotto la superficie una storia è molto complessa. Evoca attenzione ed emozioni in noi e, se è davvero intensa, una storia ispira azioni. Ovviamente, una storia è un componente tra un milione di altre cose che influenzano il modo in cui pensiamo, sentiamo e agiamo. Però, è una parte molto importante di questo processo.

Le storie ci informano sul mondo in cui viviamo e su come dovremmo considerare la vita. Da quando eravamo bambini e ascoltavamo storie per dormire, a quando abbiamo visto il nostro primo numero di *National Geographic* e iniziato a guardare il telegiornale serale, abbiamo ascoltato storie che costruivano la realtà con la quale avevamo a che fare ogni giorno. Essenzialmente, le diverse storie che incontriamo nella nostra vita ci aiutano a costruire il modo in cui vediamo il mondo, anche se ciò non avviene necessariamente attraverso un obiettivo.

Anche se possono essere divertenti, le storie hanno uno scopo. Spiegano la differenza tra giusto e sbagliato e ci aiutano a comprendere le azioni delle altre persone, a farci ridere, piangere, ci mettono in soggezione, ci fanno rabbrividire di paura, ci disgustano, ci fanno sperimentare ogni altro tipo di emozione viscerale. Forse non reagiamo tutti allo stesso modo davanti a storie simili, ma tutti abbiamo una reazione.

E i responsabili di queste nostre reazioni sono gli storyteller.

Una lunga fila di storyteller

Gli storyteller sono davvero unici. Prima che i mezzi per produrre e distribuire le storie scritte in grande quantità venissero sviluppati, le storie venivano tramandate oralmente e in modo visuale, come alcuni antichi racconti che sono tuttora narrati in modo molto simile. Attori greci, capi tribali e spirituali, pittori, scultori e musicisti hanno tutti aiutato a sviluppare un'estetica dello storytelling che coinvolge la vicinanza fisica al narratore e al suo lavoro, al fine di apprezzare appieno l'esperienza di ascolto e visione della narrazione.

In seguito, lo sviluppo della stampa fece sì che le storie si spostassero dai luoghi originari. I racconti religiosi di tutto il mondo affrontarono un grande cambiamento, quando i seguaci di molti culti poterono leggere i testi sacri, oltre

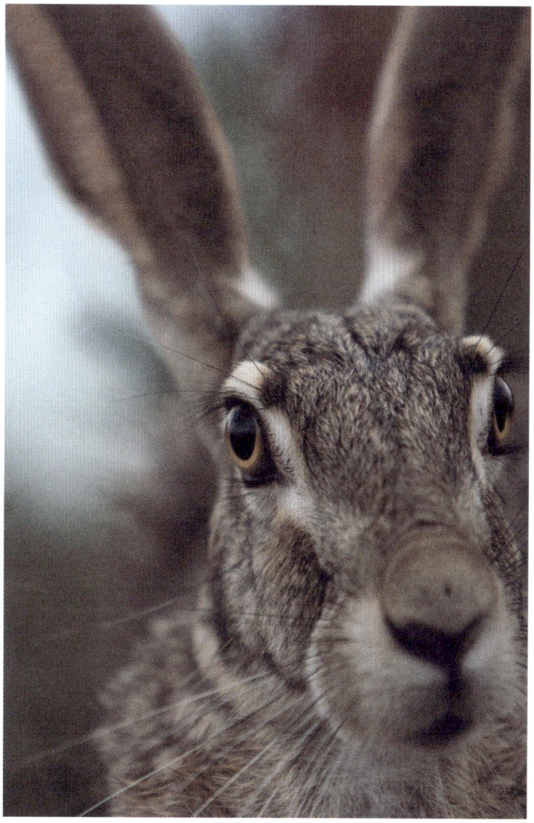

Le storie permeano la società al punto che, osservando la fotografia di un coniglio, potremmo riportare alla mente racconti popolari, favole della buona notte o i cartoni animati del sabato mattina. Allo stesso modo, potremmo già avere una particolare percezione del coniglio in foto, proprio grazie a queste storie.

Canon 20D, 200 mm, 1/400 sec., f/2.8, ISO 100

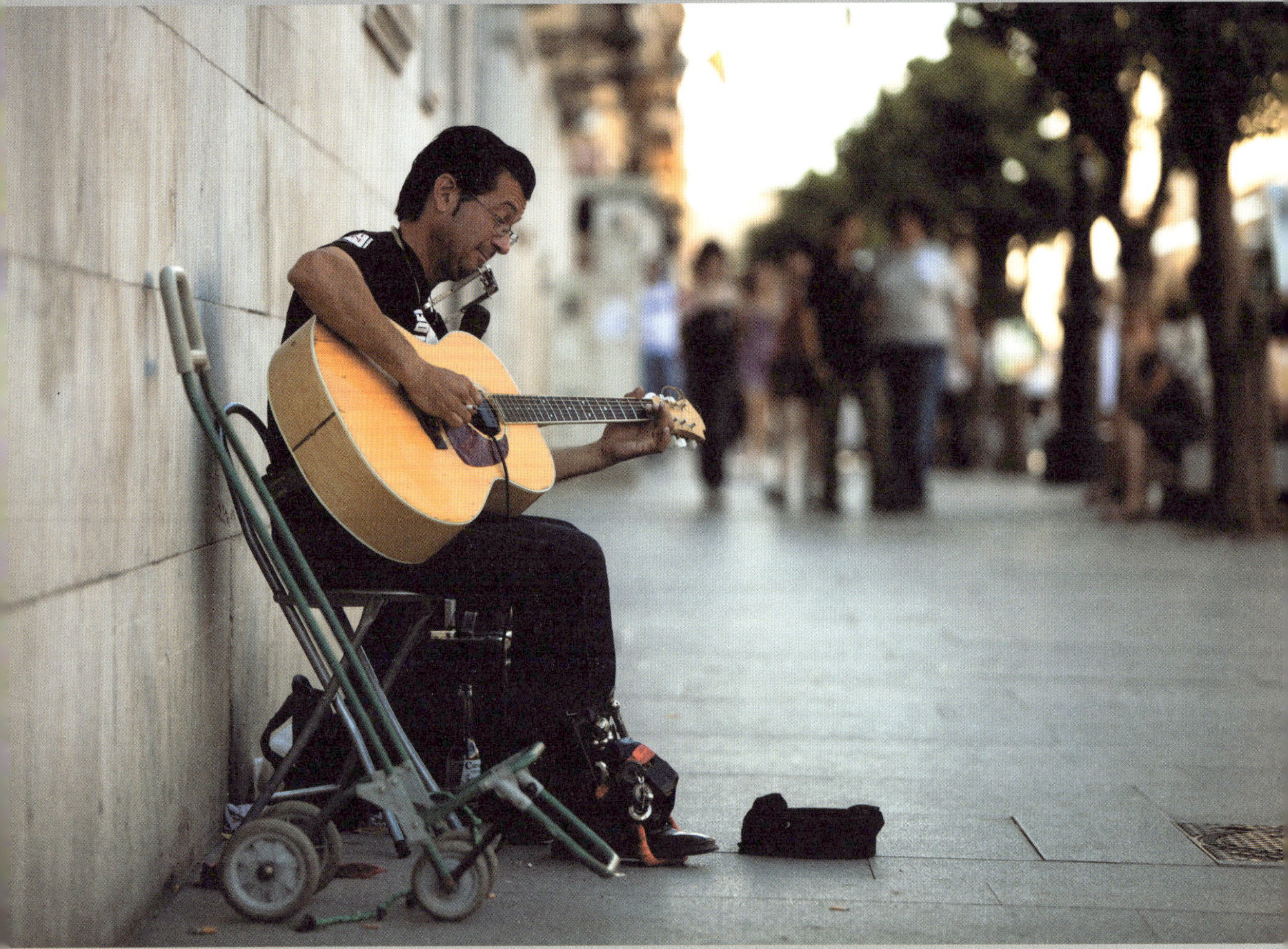

Grazie al continuo sviluppo delle tecnologie, una storia può attraversare il mondo in un battito di ciglia. Questo artista di strada di Siviglia, in Spagna, è parte di questo processo, mentre suona brani di classico blues americano per i passanti.

Canon 5D Mk II, 135 mm, 1/320 sec., f/2.8, ISO 200

che ascoltare le guide spirituali e osservare le immagini sacre nei luoghi di culto. Le attività degli scrittori iniziarono a fiorire, nacque il romanzo e i lettori poterono perdersi nelle letture di giardini segreti e ragazzini volanti che lottano contro i pirati. A questo punto, la storia visuale e quella scritta poterono combinarsi, precorrendo i tempi delle attuali pubblicazioni. L'aggiunta del suono e del racconto orale a questa miscela non era lontana.

Con i cambiamenti tecnologici emersero nuovi storyteller e altri trovarono nuovi modi per svolgere il loro lavoro. Fotografi, videografi, cineoperatori e ogni altro tipo di "ografi" negli ultimi due secoli sono entrati nella mischia dello storytelling, ciascuno portando il proprio contributo a una società che ruota attorno alle storie.

Come sempre, la narrazione richiede un certo livello di formazione e conoscenza. Proprio come gli antichi sciamani dipingevano le esperienze spirituali sulle pareti rocciose nel caldo deserto, per trasmettere e registrare la storia della loro cultura e struttura sociale, gli storyteller contemporanei sono responsabili per la costruzione della realtà (e a volte la finzione) che troviamo nei nostri quotidiani, in televisione, nei libri, attraverso le radio, nei computer e attorno ai tavoli da pranzo.

Tuttavia, l'elenco degli storyteller non si ferma a quei soggetti che hanno ricevuto una formazione specifica. Ciascuno di noi partecipa, a un certo punto, alla pratica dell'ottenere l'attenzione altrui, grazie alle nostre capacità di "raccontare una storia" o di catturare la bellezza di un paesaggio, grazie a dei tratti di carboncino o a una fotocamera digitale. Se le storie sono attorno a noi, permeando molte delle informazioni che diffondiamo quotidianamente, allora è ovvio che tutti noi siamo in parte degli storyteller.

La più grande distinzione tra gli storyteller, comunque (ed è l'argomento che questo libro affronta), è la pratica di raccontare una storia, in confronto agli altri. Che cosa identifica davvero un individuo che tutti noi chiameremmo uno storyteller?

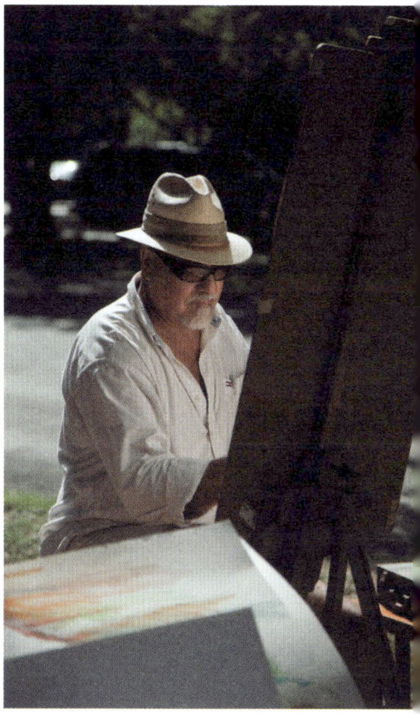

Un artista di Gruene, in Texas.

Canon 5D Mk II, 105 mm, 1/400 sec., f/4, ISO 100

I LEGAMI CHE CI UNISCONO

Se pensate alla lunga fila di storyteller della storia, da Omero a Shakespeare, da Dorothea Lange a Joe McNally, tutti quanti hanno alcune cose in comune. Per prima cosa sono dei "connettori", in grado di stabilire relazioni con il pubblico che intendono coinvolgere. A volte questo pubblico può essere esiguo, una specifica nicchia di persone interessate ad acquistare stampe fotografiche per cause umanitarie, o più ampio, un'audience più generica che vuole leggere la top ten dei migliori viaggi.

CASO IN QUESTIONE REALIZZARE UNA STORIA, PARTE I

Certi momenti ci colpiscono, come occasioni particolari e memorabili che meritano un'attenzione speciale con la nostra fotocamera. Potreste trovarvi sul punto più alto nel vostro paese, mentre osservate in basso, verso una coperta di nuvole di primo mattino o dover fotografare per la prima volta una partita di football della scuola, ma in ogni caso sapete che ve lo ricorderete per sempre. Di tanto in tanto queste occasioni memorabili accendono la metaforica lampadina sulla nostra testa e improvvisamente ci rendiamo conto di quel che stiamo effettivamente facendo in quel momento. Tra i tanti momenti che ricordo, mentre avevo una fotocamera in mano, due di questi, che si rifanno all'argomento del diventare un visual storyteller, resteranno per sempre impressi nella mia mente.

Uno riguarda la mia prima copertina di una rivista, molto tempo fa. Prima che vi entisiasmiate troppo, sappiate che si trattava di una rivista di agricoltura del college, prodotta dagli studenti. Visto il mio malsano interesse per la fotografia, mi nominarono photo editor. Potrebbe non sembrare un granché, ma per un nuovo e auto-proclamato fotografo fu una grande opportunità. Avevo già collaborato con un paio di riviste come scrittore, ma ora mi lasciarono il timone per scattare foto. La copertina avrebbe dovuto essere incentrata in modo astratto sulle idee dell'agricoltura regionale e i progressi tecnologici. A quel tempo, la maggior parte delle mie foto veniva prodotta mentre "collezionavo stock". Fu quel che accadde quando guidai per tutto l'ovest del Texas, fotografando i colori del mattino e della sera, le coltivazioni di cotone e ogni cosa catturasse la mia attenzione. Avrei inviato le foto alle riviste regionali e nazionali, senza sapere come funzionavano i processi editoriali, ma stavo imparando.

A essere onesto, tranne che per qualche bello scatto il mio portfolio mancava di uno stile coerente e di una direzione nello storytelling. Stavo semplicemente cercando di fare foto per pagare le bollette. Tuttavia, con l'avvicinarsi della deadline per la copertina della rivista, avevo un lavoro ben delineato. Anche se l'incarico conteneva aggettivi vaghi, come "iconico" e "progressive", avevo comunque una struttura di massima con la quale produrre le immagini. Fu questa struttura ad aiutarmi a capire cosa stavo facendo con la fotocamera - che andasse oltre la misurazione, la composizione, la messa a fuoco e lo scatto.

Ebbi alcune idee per la copertina e una sera vidi gli aggettivi "iconico" e "progressive" divenire realtà, in uno scatto che risultò decisivo. Stavo fotografando la raccolta del cotone in una sera d'autunno. Ero là fuori, in mezzo a migliaia di ettari di coltivazioni e il sole stava tramontando dietro la polvere alzata dalle macchine da raccolta. La foschia era sufficiente per produrre una bella silhouette della macchina da raccolta, mantenendo il sole nel cielo. Probabilmente scattai tre rullini di Fujichrome Velvia, provando tutte le varianti della scena che ritenni opportune all'epoca.

Durante questo processo iniziai a comprendere cosa rese questo scatto un pretendente per la copertina (oltre ad avere un formato verticale). Nel settore dell'agricoltura, una macchina raccoglitrice è qualcosa di iconico, e il fatto di posizionarla su uno sfondo visivamente stimolante, come questo tramonto, ne enfatizzava lo stato. Inoltre, la raccoglitrice per il cotone è una delle macchine tecnologicamente più avanzate. La scena che trovai davanti al mio obiettivo da 300 mm soddisfaceva tutti i criteri per la copertina della rivista. Come fotografo alle prime armi, questo momento in mezzo ai campi mi dimostrò come due semplici parole possano aiutare a raccontare una storia. Fu un momento topico per il sottoscritto. ■

Una macchina raccoglitrice di cotone al tramonto.
Canon 1N, 300 mm, 1/1000 sec., f/5.6, ISO 100, Fujichrome Velvia

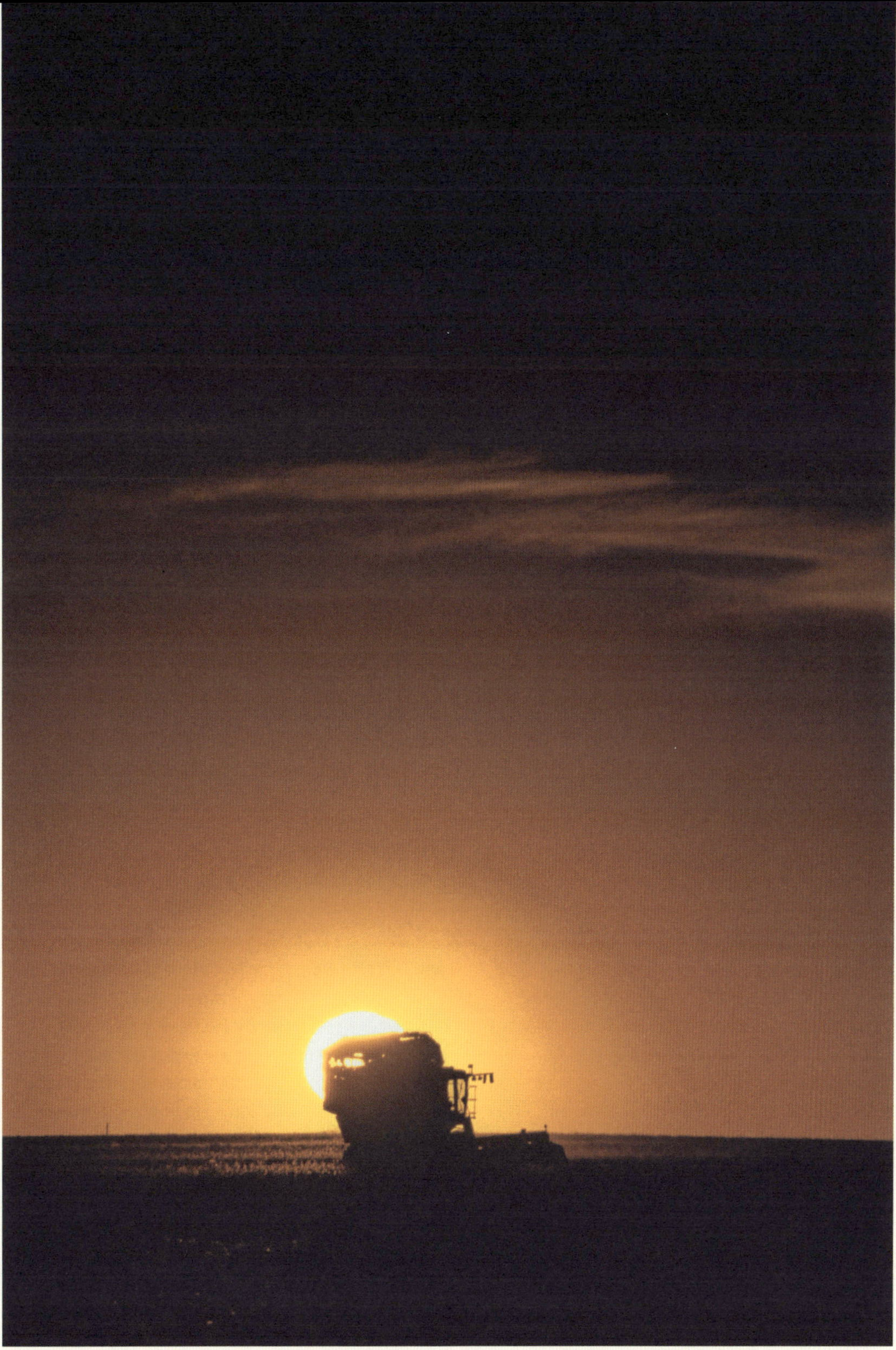

A prescindere dalla dimensione del pubblico, lo storyteller vuole creare una connessione tra il narratore e chi ascolta/legge/osserva.

Allo stesso modo, lo storyteller è un "coinvolgitore" e non è mai soddisfatto di aver creato solo una connessione. Il suo lavoro è portarvi all'interno di una storia, farvi giocare e, quando la storia termina, consentirvi di uscirne. Probabilmente ricordate ancora come vi siete sentiti la prima volta che avete letto il vostro primo avvincente romanzo giallo o quando avete osservato per lungo tempo una fotografia, solo per immaginarvi nel bel mezzo dello stesso ambiente. Eravate diventati parte della storia. Forse questa esperienza è più evidente ora di quanto non fosse, per esempio, 50 anni fa, a causa dell'interazione illimitata tra gli individui sui social media e i network. Ora siamo in grado di comunicare con gli storyteller, lasciare commenti sui loro blog o alle loro nuove storie online, fornire suggerimenti per la trama su Twitter o condividere un link a un saggio fotografico avvincente con i nostri amici di Facebook. Il vostro coinvolgimento, oggi proprio come in passato, è la chiave del successo dello storyteller.

Quando leggono le recensioni del loro lavoro, gli storyteller vedono raramente la parola "esperto", ma in un certo senso un buon storyteller è un esperto nella materia trattata. I fotografi naturalisti sono ottimi esempi di entrambe le posizioni.

Molti dei più celebri fotografi di animali del settore conoscono le varie specie che fotografano, tanto quanto (se non di più) alcuni biologi e responsabili delle risorse naturali. Questa competenza li aiuta a far luce su alcuni aspetti del regno animale, che altrimenti la maggior parte di noi non noterebbe mai. Eppure, l'attenzione ai dettagli che si perfeziona diventando esperti permette di ottenere una serie di sfumature che fa risaltare la storia che viene raccontata.

Tuttavia, è presuntuoso considerare tutti gli storyteller esperti nel loro campo. Gli articolisti, per esempio, possono diventare temporaneamente esperti sul soggetto di cui stanno scrivendo, per poi spostarsi su qualcos'altro. In ogni caso, questa sensazione di "expertise" esiste e aiuta il processo di narrazione.

DIVENTATE ESPERTI Non dovete andare a scuola e studiare un certo soggetto, per passare per un'autorità nel campo. Trascorrere tempo visitando gli abitanti di un piccolo villaggio in Cina, o ancor meglio viverci, potrebbe consentirvi di ottenere una conoscenza da "esperti" in una società rurale e un punto di vista privilegiato per raccontarne la storia in modo visuale. Prendere una laurea in biologia può sicuramente aiutarvi a diventare esperti di storia naturale delle volpi, ma finché non trascorrerete del tempo a osservarne i movimenti e le tendenze in un ambiente selvaggio, non avrete l'opportunità di creare serie di immagini che sottolineano in modo creativo il modo in cui vivono e interagiscono tra loro.

La ricerca è un'altra componente chiave per diventare un esperto nelle vostre fotografie e torneremo sull'argomento più avanti nel libro. Nel frattempo, considerate cosa significhi davvero diventare un esperto nei soggetti o nei paesaggi che avete l'interesse a fotografare. Leggete materiale sull'area di vostro interesse, discutetene con altri fotografi ma, cosa ancora più importante, immergetevi nell'ambiente in cui è molto probabile dovrete lavorare. Portate tutte le informazioni esterne dentro questo ambiente e vedrete ciò che potrete imparare attraverso le vostre immagini.

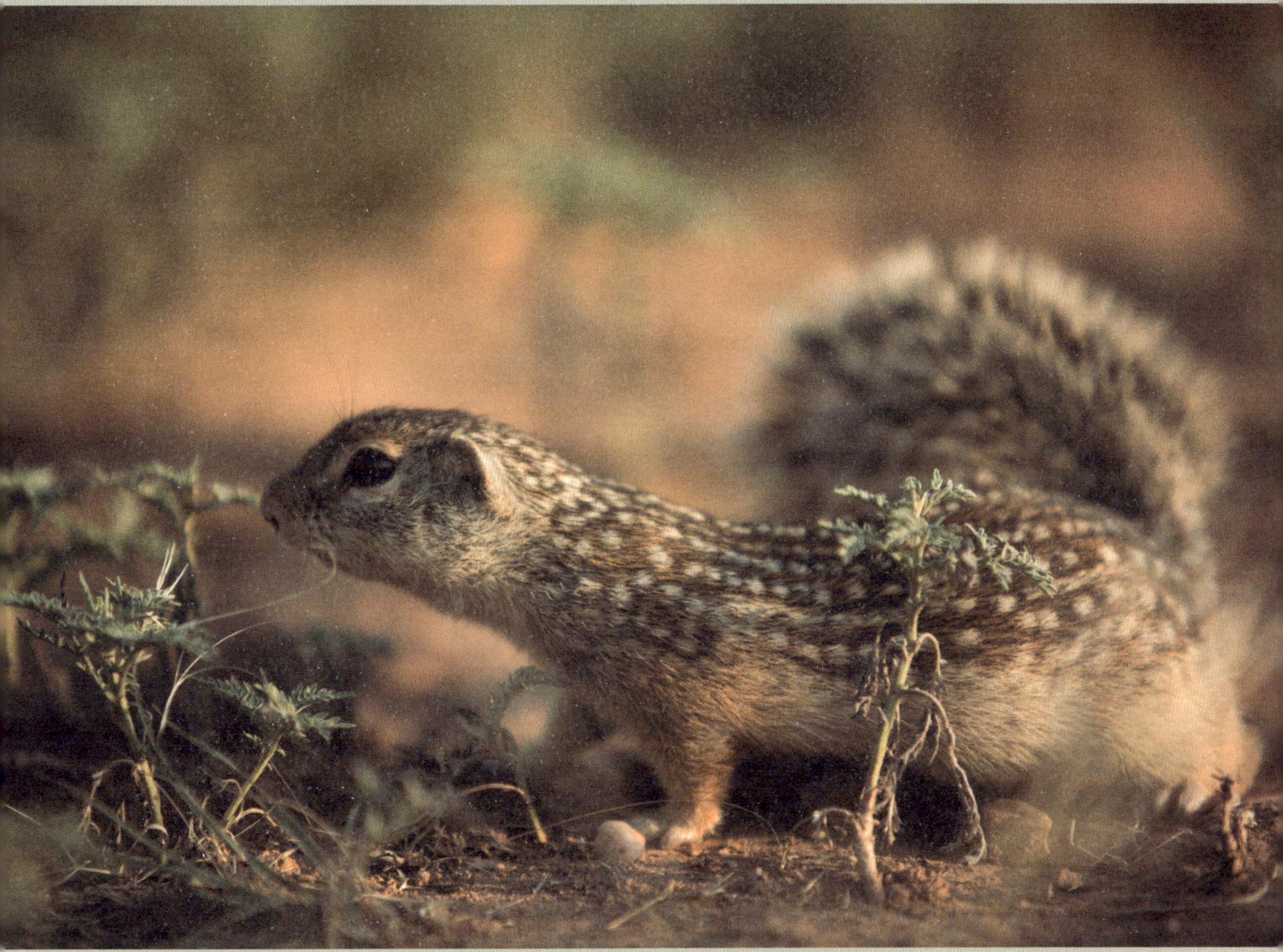

Diventai un esperto temporaneo degli scoiattoli messicani. Oltre a fotografarli, io e un collega prendemmo nota delle loro tendenze e ci inserimmo nel loro ambiente, in un vecchio ranch in Texas. Fummo in grado di occupare il loro spazio, ma senza interferire con i loro movimenti.

Canon 5D, 195 mm, 1/800 sec., f/2.8, ISO 100

CASO IN QUESTIONE REALIZZARE UNA STORIA, PARTE 2

Dopo la macchina raccoglitrice di cotone, il secondo ricordo importante che ho, in relazione allo storytelling, è legato a quando facevo il fotografo per una rivista di una scuola di medicina, un paio di anni dopo. La storia parlava di un campo per bambini autistici e gli sforzi che venivano fatti per migliorare le cure dei partecipanti al campo e per gli altri bambini autistici. Non ne sapevo molto sull'autismo e, anche dopo aver letto un po' di materiale nei giorni precedenti lo shooting, non avevo un'idea chiara di come potesse influenzare i rapporti sociali. Quel giorno venni informato sia sull'autismo sia sulle responsabilità che avrei avuto come fotografo.

Dopo essere arrivato incontrai lo staff del campo e fui condotto nel luogo in cui i bambini stavano giocando, in un campo vicino. Iniziai subito a fotografare. Nel bel mezzo di gare di tricicli, partite di pallone, costruzione di castelli di sabbia e partite di pallavolo, parlai con i membri dello staff, scoprendo come l'autismo influenzasse le capacità di relazionarsi con gli altri e come le attività ludiche aiutassero ad affrontare questo problema. Scattai per 45 minuti e poi incontrai un ragazzo che non aveva giocato con nessun altro se non con lo stesso membro dello staff, il quale mi spiegò che il giovane non parlava e non interagiva con gli altri della stessa età. Scattai poche immagini dei due insieme, visto che stavano tornando in classe, ma la Speedlite montata sulla mia fotocamera attirò alcuni sorrisi da parte del ragazzo.

Ci alzammo dal prato, ringraziai il membro dello staff che accompagnava il ragazzo per avermi fatto scattare quelle foto e posai la fotocamera di fianco a me.

Mentre si allontanavano, il ragazzò gettò uno sguardo oltre la spalla dell'accompagnatore, sorrise, agitò la mano e disse "Bye!".

Sia io sia il membro dello staff eravamo stupiti ed entusiasti. Il ragazzo che non parlava da giorni si aprì, proprio di fronte a me.

Questo momento mi ricordò quanto grande fosse l'importanza del mio lavoro in quel momento, per educare il grande pubblico sull'autismo e per capire quanto è stato fatto per i giovani della nostra società. Devo ammettere che ero talmente emozionato che non pensai a scattare un'altra foto del ragazzo che si allontanava, anche perché nel tempo necessario ad avvicinare la fotocamera all'occhio sarebbe già stato lontano. Fu solo un momento, ma fu davvero speciale.

Tutto il tempo trascorso per lo shooting delle interazioni tra i bambini autistici era perfettamente riassunto in quell'ultimo saluto con la mano e mi ricordava il significato dell'essere un visual storyteller. Il mio lavoro fu fare in modo che le mie fotografie trasmettessero perlomeno il messaggio del testo, se non addirittura raccontare da sole l'intera storia. Questo fatto si rivela veritiero per ogni incarico che ottengo, a prescindere se si tratti di una storia sulla salute dei giovani o di una su come preparare gli addobbi per il Natale. C'è qualcosa che dev'essere raccontato e, se ho la mia fotocamera tra le mani, farò del mio meglio per raccontarlo in maniera visuale. ■

Intento visionario

Gli storyteller sono anche visionari. Suona abbastanza strano vero? Tuttavia, non è un'esagerazione. Se state leggendo questo libro, esistono buone probabilità che amiate scattare fotografie e siate al corrente delle più importanti e interessanti discussioni che riguardano l'argomento della "visione", nelle comunità fotografiche e in tutto il settore.

Gli storyteller di successo sposano questo concetto e lo sfruttano. Infatti, essere un visionario significa sviluppare una visione e credo che sia l'elemento che molti storyteller usano come costante incoraggiamento per creare storie migliori, più convincenti e che riescano a creare una connessione. I visionari hanno caratteristiche diverse, proprio come le storie che raccontano. Alcuni vogliono essere parte integrante del mondo che cambia, mentre altri vogliono semplicemente creare un aneddoto sulla vita nel Midwest. Comunque sia, lo storyteller ha un intento visionario e lo sviluppo di questa visione è parte integrante della sua crescita e abilità.

I visionari hanno caratteristiche diverse, proprio come le storie che raccontano.

I ferri del mestiere

Gli storyteller sono informati non solo sul soggetto e sulla direzione che vogliono attribuire a una storia, ma anche su come assicurarsi che la stessa storia venga divulgata al pubblico in modo efficace. Lo storytelling comporta l'uso di alcuni strumenti che aiutano a svolgere il lavoro.

Non è sempre stato così, se non considerate le corde vocali, ma la razza umana per un certo tempo è stata in cerca di nuovi modi di raccontare storie. Pennelli migliorati, lo sviluppo della stampa, i primi bagni chimici per lo sviluppo fotografico, gli obiettivi autofocus e l'invenzione della trasmissione elettronica del suono e delle immagini sono solo una piccola parte di metodi e strumenti usati per raccontare storie più coinvolgenti a un pubblico più vasto. I dispositivi digitali che oggi usiamo, dai computer alle fotocamere digitali, alle televisioni in alta definizione, sono i mezzi per creare o consumare lo storytelling contemporaneo, anche se alcuni di questi inizialmente non erano stati inventati per questi scopi. Tuttavia, non importa quale strumento utilizzi, lo storyteller è in grado di impiegare quello corretto a seconda del lavoro. Parte della crescita che gli storyteller sperimentano è data anche dai mezzi che questi usano.

La connessione umana

L'ultima e probabilmente più importante caratteristica di qualunque storyteller nella storia dell'umanità è che è solo un essere umano dotato di immaginazione. Fino a quando qualcuno non programmerà un robot, affinché crei nuove storie (qualcosa che spero non accadrà mai), siamo lasciati a noi stessi e alle abilità di storytelling che solo l'immaginazione dell'uomo può manifestare. Un essere *non* umano come potrebbe relazionarsi con noi, così da creare storie che evochino paura, sorpresa, felicità o tristezza, quando guardiamo un film o visitiamo una galleria d'arte con immagini create da fotogiornalisti noti del passato? Gli storyteller sperimentano molte cose che viviamo ogni giorno e proprio per questo sono in grado di connettersi con un pubblico, a un livello narrativo che coincide con quello che chiamiamo "vita".

Alcune delle storie migliori vengono ancora raccontate nello stesso modo in cui sono nate: di persona, davanti a una cerveza. Madrid, Spagna.

Canon 5D Mk II, 50 mm, 1/100 sec., f/2, ISO 800

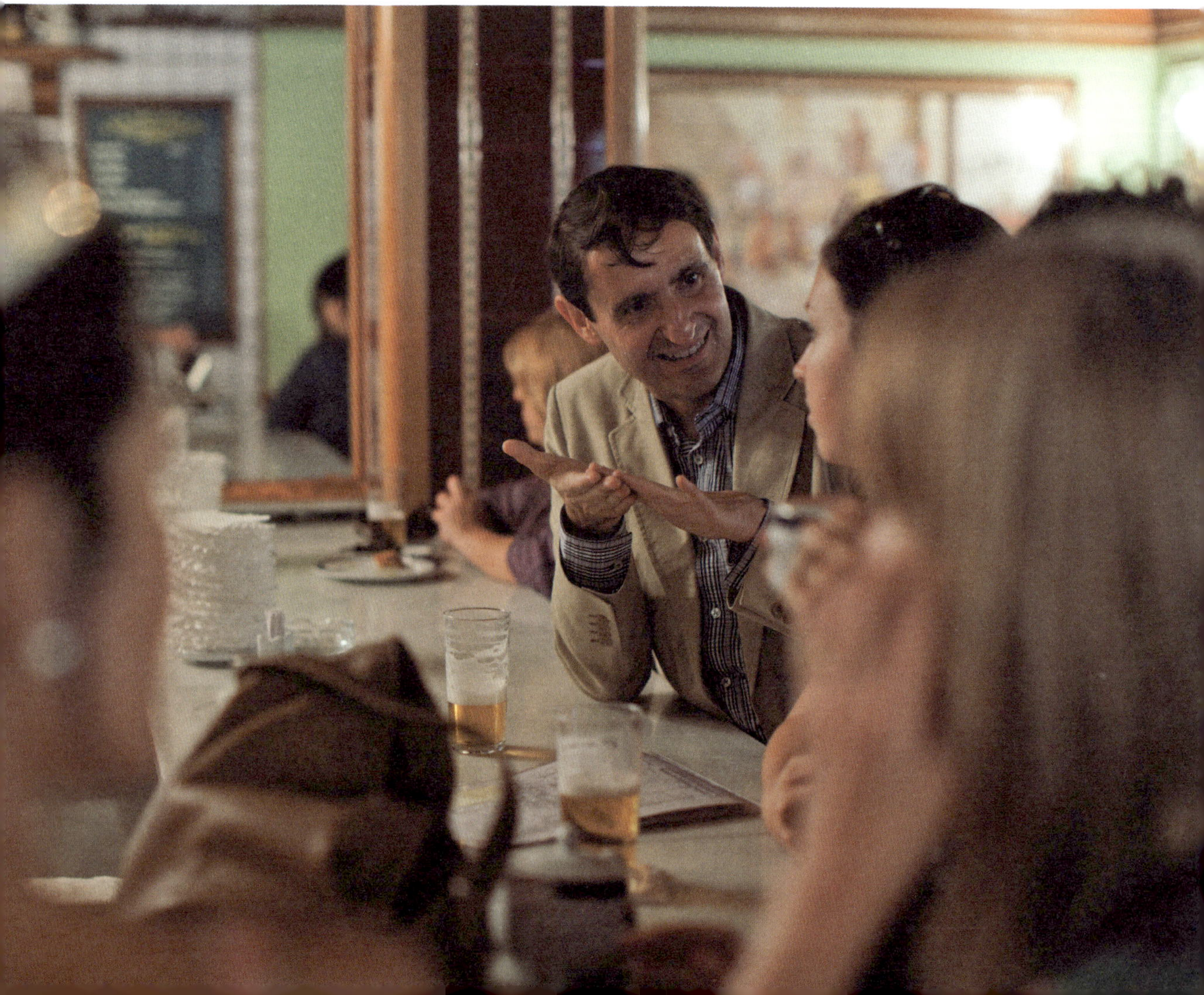

LO STORYTELLING PRIMA E DOPO LA FOTOCAMERA

Sarò onesto. Quando si parla di storytelling, non penso spesso alla fotografia. Certo, provo a *vedere* una storia e ne creo una visione fotografica, ma se dovessimo iniziare una conversazione sui più grandi storyteller davanti a un tè freddo (sono originario del Texas), dovrei citare almeno alcuni scrittori. Artisti come Mark Twain, Cormac McCarthy e Garrison Keillor hanno la capacità di creare storie stratificate che mi permettono di *immaginarle*, senza neppure osservare una singola fotografia. Questi e altri scrittori sono campioni nella creazione di personaggi che possiamo visualizzare, odorare, ascoltare e quasi toccare. Diventiamo parte delle loro storie e credo che sia ciò che ci prefiggiamo di ottenere anche noi, storyteller con le fotocamere al seguito.

LEGGETE DI PIÙ Dicono che, se volete diventare uno scrittore migliore, dovete leggere di più. Credo che la stessa logica vada applicata ai fotografi. Conosco alcuni fotografi e studenti che proprio non riescono a scrivere, ma non ho mai conosciuto uno storyteller fotografico di successo che non ami leggere. La lettura esercita l'immaginazione e vi offre modi alternativi di vedere ambienti, personaggi e conflitti. È anche l'ispirazione per altre storie, visuali o meno. Prendete tempo per leggere. Spendete 30 minuti al mattino (svegliatevi prima, se dovete) per leggere le news. A fine giornata, aprite quella biografia di Matthew Brady che avete in mente di leggere fin da quando vi siete interessati alla fotografia di guerra del XIX secolo. Leggete la narrativa, la saggistica, le riviste, pezzi di giornalismo documentaristico o qualunque genere preferiate. Resterete sorpresi da quanto le vostre caratteristiche creative e di storytelling troveranno giovamento dalla pratica. Migliorerete il vostro vocabolario scritto e visuale.

Pensate oltre la fotografia per un secondo e immaginate dove trovate altre storie. Forse nella musica che ascoltate? Forse amate ascoltare gli show radiofonici dei vecchi tempi o leggere il reporter investigativo del quotidiano della vostra città. Conosco alcune persone che amano visitare il bar locale
e ascoltare i vecchi coltivatori che raccontano dei tempi andati. La fotocamera in questi scenari non è mai presente, ma la storia lo è, e a volte è altrettanto visuale.

Al centro di tutto c'è la storia. È la nostra base ed è davvero solida! Esistono molte opzioni su come raccontare una storia, e stabilire quale metodo sia il migliore è impresa ardua.
La fotografia è un modo eccellente per esplorare e trasmettere la narrativa che abbraccia certe attività della vita, mentre un semplice saggio scritto sarà perfetto per altri generi di storie.
Non c'è niente da fare, alla radice di tutto c'è qualcosa che deve saltar fuori: una storia!
È da qui che il popolo dei Lower Pecos è partito, quando ha creato quelle splendide pitture rupestri che dopo 4.000 anni ancora vivono nel Rattlesnake Canyon, ed è da qui che partiremo anche noi, mentre documentiamo e spieghiamo le nostre vite, dirette verso il futuro.

Se siete come me, però, avrete una fotocamera tra le vostre mani.

ESERCIZIO QUALE PARTE DELLA STORIA VI INTERESSA?

Ripensate alle vostre canzoni preferite, ai libri, ai poemi, ai dipinti e alle fotografie (vostre o altrui), e forse potrete ricordare cosa le rende per voi attraenti. A ognuno di noi certi elementi risultano più interessanti di altri. Forse è l'emozione generata dalla voce di un attore o forse i colori e le texture delicate in un dipinto di un tramonto della East Coast. Veniamo trascinati nella storia da qualunque componente ci attragga inizialmente e questi elementi ci aiutano anche a comprenderne lo svolgimento.

Personalmente sono interessato ai personaggi e alle ambientazioni. Vengo catturato da una storia quando i personaggi, umani o animali, vengono descritti bene e assumono personalità uniche e facilmente riconoscibili. Se gli scrittori riescono a descrivere i personaggi fino al punto in cui io riesco a vederli vividamente nella mia mente, c'è una buona probabilità che continuerò a leggere. Se un dipinto o una fotografia spiegano chi è una persona, mostrando le attività che compie o l'ambiente circostante, sarò incline a trascorrere più tempo osservandoli. La medesima cosa accade per le ambientazioni: se sono inusuali o generano qualche tipo di connessione, cattureranno il mio interesse.

Sono sempre stato un fan dei ritratti ambientati e il mio lavoro personale (che non si discosta molto da quello professionale) si concentra sulla creazione di "personaggi" nei ritratti di persone, di cui voglio documentare visivamente le storie. Mi sono anche ritrovato a creare scatti concettuali che sottolineano gli aspetti caratteristici degli ambienti in cui scatto, come un paesaggio urbano che sembra emergere da un deserto.

Dedicate qualche momento ad annotare, su carta o sul computer, cosa vi intriga inizialmente di una storia in generale. Pensate a tutti i tipi di media con i quali fruite la storia, dal vostro cantante al fotografo preferito, le cui immagini vi catturano completamente. Evidenziate i componenti della storia che

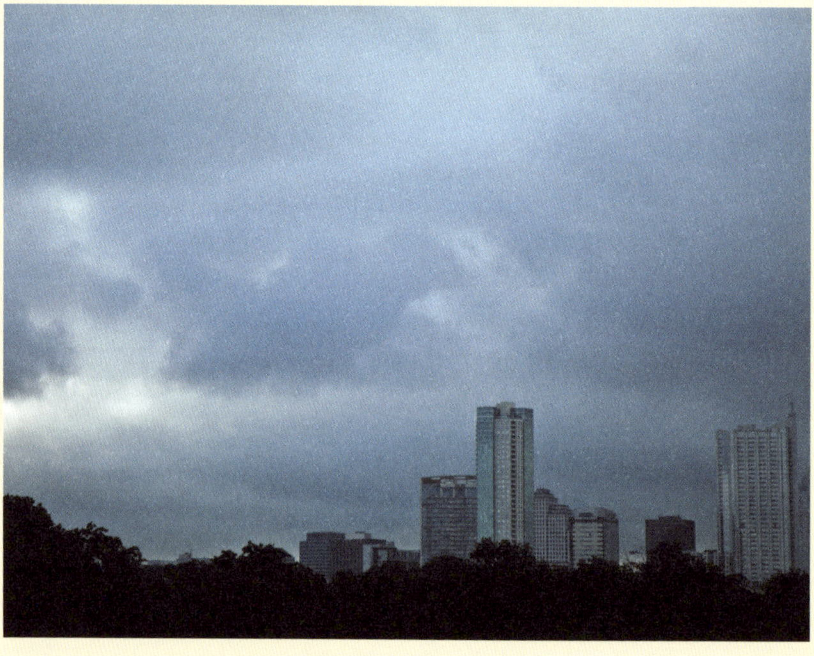

Un ambiente urbano che emerge dalle colline del Texas.

Canon 5D Mk II, 105 mm, 1/500 sec., f/4, ISO 100

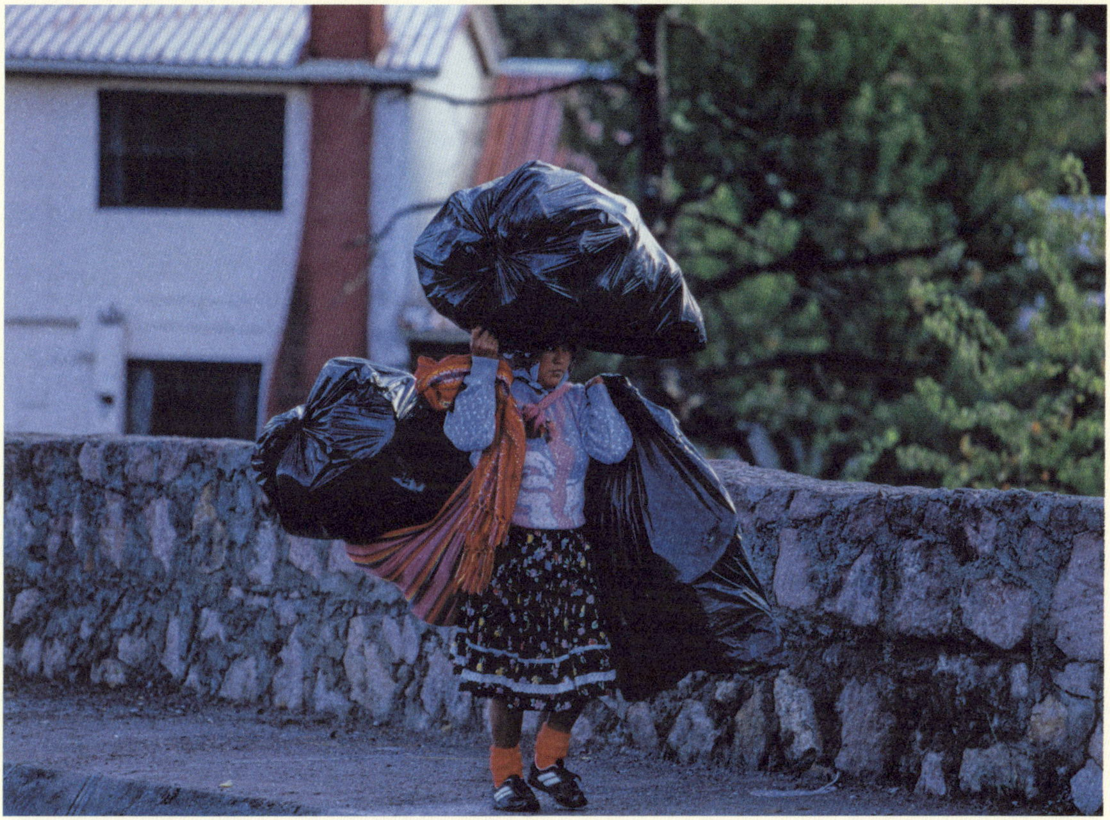

Un personaggio in una storia mentre trasporta degli oggetti – ancora più importante, un essere umano *con* una storia. Creel, Chihuahua, Messico.

Canon 1N, 200 mm, 1/500 sec., f/2.8, ISO 100

vi interessano, usando aggettivi e termini descrittivi, come "texture", "colorato", "realtà" o "rumoroso", per stabilire quali elementi dello storytelling vi attraggono.

Quando avete finito, osservate ciò che avete evidenziato e confrontate i vostri interessi nella storia con il vostro lavoro fotografico. Vedete delle similitudini tra i componenti che vi interessano nella storia e ciò che state creando come fotografo? Riuscite a vedere quando avete iniziato a produrre immagini che riflettono gli interessi che avete avuto nella storia, fin dagli inizi? Annotate queste connessioni o tutte le disuguaglianze che incontrate. Potreste scoprire che ciò su cui amate concentrarvi fotograficamente somiglia a quel che apprezzate in altri tipi di storia.

Noi fotografi tendiamo a perderci nella parte pratica del nostro lavoro, spesso trascurando la storia vera e propria. Sapere quel che ci interessa ci aiuta a comprendere le storie e a cucirle insieme, per creare le nostre immagini. È anche utile sapere quali sono i nostri punti di forza nello storytelling e quali parti del procedimento potremmo dover ripensare o modificare nei lavori futuri. ■

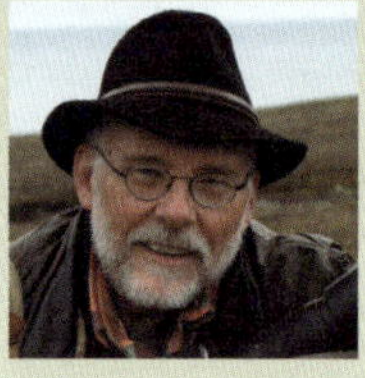

Jim Richardson ha visto il mondo molto più di quanto la maggior parte di noi possa anche solo sognare. Come fotografo veterano del National Geographic, *ha raccontato storie visuali di aree e culture di tutto il globo ed è un sostenitore instancabile del potere delle storie visuali per la società in generale.*

Cresciuto nel Kansas rurale, dove vive tuttora, Richardson venne introdotto alla fotografia nella sua giovinezza e il suo interesse continuò immutato negli anni del college. Divenuto fotogiornalista di professione, il suo interesse si spostò rapidamente oltre gli shooting per le news quotidiane e iniziò ad approfondire gli aspetti della vita che lo circondava. Il suo lavoro a Cuba, in Kansas, viene presentato come un'importante documentazione del Midwest rurale e la sua attenzione torna regolarmente su quest'argomento.

Incontrai Richardson per la prima volta a una conferenza, durante gli anni al college, e fui ispirato non solo dalle sue immagini e dalla sua abilità di fotografo, ma anche dal modo in cui univa le parti di una narrativa, cui le sue immagini contribuivano. Richardson influenzò molto la mia comprensione della storia visuale.

D Considerando la tua carriera come fotografo, quanto è importante lo storytelling nella società?

R Le storie e la narrativa sono i modi in cui comprendiamo il mondo. Sembriamo raccogliere tutti i fatti e le esperienze che viviamo, per creare una sorta di narrativa ed essere in grado così di dare un senso al nostro mondo. Lo facciamo in modo imperfetto, con molti errori. Ma se volete capire come creiamo la nostra visione del mondo, dovete prendere tutti i fatti, le esperienze, i momenti, le cose che conosciamo, quelle in cui crediamo, più un mare di cose che sbagliamo palesemente, e fonderli in una specie di narrativa coerente. Virtualmente lo fanno tutti.

Una volta che questa narrativa è stata creata, dipende da come filtriamo quel che comprendiamo e incontriamo. Quando la narrativa è completamente sviluppata nella nostra mente, dipende da come selezioniamo i fatti che ci arrivano. È qualcosa di splendido da un lato, ma può essere anche terribile e distruttivo dall'altro. Può essere la storia del mondo vista da Madre Teresa, ma anche la stessa vista da Hitler. Vediamo il nostro mondo attraverso le storie.

Se prendete in esame gruppi di persone che vivono insieme e la fusione delle loro diverse storie, *voilà*, ottenete la creazione di culture diverse – così come i conflitti tra di esse. Le verità che ci giungono e in cui crediamo sono in qualche modo diverse dalla mera narrazione dei fatti, ma sono comunque molto importanti per noi (anche se sono sbagliate). Modellano il modo in cui noi individui, come società, reagiamo ai vari temi. Sicuramente oggi la narrativa che vede contrapposte la cultura occidentale e quella islamica è piena di verità, mezze verità, falsità, cattive percezioni e logica fallace. Tuttavia, questa narrativa, questa storia, è ciò che guida una consistente parte di ciò che sta accadendo nel mondo. Allo stesso modo, dovete sempre pensare che, quando le persone osservano una fotografia, ne stanno ricavando una storia – che lo vogliate oppure no.

D Quali sono state le tue influenze, quando pensi allo storytelling fotografico?

R All'inizio erano persone come Henri Cartier-Bresson e W. Eugene Smith, ed ero davvero attratto da ogni cosa avesse a che fare con le meraviglie della vita e dall'interazione con le persone. Francamente non mi interessava la moda e, mentre ero letteralmente rapito dalla fotografia naturalistica, non ho mai nutrito interesse nel fashion. Ero un discreto fotografo di sport, ma non ne ero appassionato. La mia vera passione era catturare la vita reale, quella di ogni giorno, quella significativa.

Le mie letture, in quel periodo, comprendevano scrittori come John Steinbeck e l'etica sociale degli oppressi, credo. Ero anche molto interessato, come ora, alla musica classica. Forse sono un inguaribile romantico, un idealista e mi faccio guidare dalle emozioni. Noto con un certo dispiacere che è come se il mondo moderno (e anche quello postmoderno) volesse evitare questa parte della nostra umanità – ovvero di ammettere ed esplorare le reazioni emotive alle cose che accadono.

D Pensi che il fatto di essere cresciuto in un'area rurale del Midwest abbia qualcosa a che vedere con questa connessione emotiva?

R Penso di sì. Quando ti siedi su un trattore e gironzoli per un campo per sette o otto ore, hai molto tempo a disposizione per pensare. Puoi riflettere su un sacco di cose che riguardano il mondo – per la tua soddisfazione personale. È interessante come sia possibile trovare questi tratti nelle persone che hanno tempo a disposizione per pensare. Tendono a costruirsi un ricco panorama mentale.

D C'è un momento particolare che ricordi, che ha davvero enfatizzato il ruolo importante che svolgi come storyteller?

R Penso sia accaduto negli anni '70, quando stavo iniziando a fotografare il Kansas rurale. Cominciai scattando alcune foto che dovevano seguire un filo logico. Per esempio, ricordo molti degli scatti in bianco e nero che realizzai, come quello del rabdomante Ralph Fraser e quello della bisnonna con la pronipote nella veranda. Ovviamente ebbi delle reazioni creandole, ma anche altre persone provarono emozioni forti. Queste foto andavano oltre il mostrare quel che stava accadendo o il semplice risultare piacevoli. Portavano un messaggio.

Fu in quel momento che iniziai a capire cosa fosse lo storytelling e quali fossero le differenze con le altre forme di fotografia, allo stesso modo in cui un poema è diverso da un racconto – non solo nella forma, ma anche nello scopo e nel modo in cui avviene la narrazione. Pertanto, il visual storytelling può essere qualcosa di diverso da una sequenza di eventi. Per me non fu un ostacolo facile da oltrepassare. Non capivo davvero come funzionasse il tutto.

Per esempio, iniziai a lavorare su una storia di vita quotidiana in una scuola (che poi culminò nel libro *High School, U.S.A.*), usando le frasi che gli studenti mi avevano detto come didascalie per le immagini. Essenzialmente, stavo scartando il concetto di purezza degli stessi scatti, affermando quindi che le foto non stavano illustrando qualcosa, che non erano asservite alla storia e che non erano pezzi da galleria da osservare in modo astratto. Le immagini erano parte integrante della storia, proprio come le didascalie e i testi esplicativi che le accompagnavano, e anche tutto il layout. Quindi, tutto l'insieme era il prodotto finale e le fotografie rappresentavano soltanto il materiale grezzo.

Un momento chiave fu quando pubblicammo quella serie scolastica sul *Topeka Capital-Journal*. Avevamo appena pubblicato una pagina su una ragazza che aveva lasciato la scuola per sposarsi, e avevo fotografato il matrimonio e la sua storia. Terminato il lavoro andai nel mio bar preferito, e una delle cameriere mi disse: "Stai facendo quel lavoro con la scuola?". Risposi: "Sì". Lei disse: "Ho letto la storia di quella ragazza che ha lasciato la scuola per sposarsi. Avrei voluto stringerle la mano". Pensai: "Ok, stiamo comunicando qualcosa". Questo mi convinse che la *storia*, non solo le foto, era il nucleo di ciò che stavo facendo. Gli eventi nella vita di queste persone erano infatti la storia e le fotografie e ogni altra cosa in quel servizio stavano rendendo quella storia vera.

La cosa mi fece riconsiderare il mio modo di pensare ai soggetti che volevo fotografare. Così eliminai l'idea di fotografare quegli strani eventi in Kansas - la caccia ai serpenti a sonagli e la gara di salto del mulo - e mi dedicai alla ricerca di un luogo in cui perfezionare questa tecnica.

Fu il momento in cui mi concentrai su Cuba, in Kansas, senza sapere esattamente dove sarei arrivato. Fu un periodo di trasformazione per la mia carriera.

D Pensando alla tua produzione in bianco e nero, quali sono i vantaggi e gli svantaggi di questo formato, in termini di storytelling?

R Le immagini in bianco e nero possono essere complicate, in termini di storytelling. È una tecnica molto potente, perché è molto astratta ed è un distillato del soggetto. Avete tolto tutto il colore e avete trasformato la foto in qualcosa di familiare e riconoscibile - ma ancora "fresco" e forse strano. È qualcosa di un po' surreale. Riguarda anche la distorsione delle cose. Se rimuovete il colore e rendete qualcosa in bianco e nero, l'avete distorto. Il bianco e nero è un gran paradosso - è così diverso da quel che viene raffigurato, ma anche così ovviamente veritiero.

D C'era effettivamente una discussione di questo tipo, quando esisteva solo il bianco e nero?

R Non vedevamo le cose in questo modo. Consideravamo il colore troppo sgargiante, come qualcosa che comprometteva la capacità di vedere l'essenza delle cose. Non potevi trasmettere un messaggio con i colori. Tutto appariva come in un calendario Kodachrome. Vedevamo il bianco e nero come più puro e più forte.

Se ci pensate, il bianco e nero trae la sua forza dall'astrazione, togliendo parte della realtà finché non resta qualcosa che è il messaggio.

Poi occorre pensare alla realtà dell'equipaggiamento e dell'attrezzatura con la quale dovevamo lavorare. Le necessità fotografiche di ogni era, i tipi di fotocamera e pellicole che abbiamo a disposizione definiscono il pensiero visivo dell'epoca.

Negli anni '60 pensavamo che quel look caratterizzato dalla grana, tipico della pellicola Tri-X, fosse più veritiero. Più ci fossimo spinti negli inferi oscuri della vita reale, nei domini della droga e nel mondo dei backstage delle rock band, e nelle colline sconosciute degli Appalachi, più saremmo entrati nel mondo della vita reale. E la vita reale accadeva nei luoghi scuri. Per necessità le fotografie erano molto granulose e contrastate, e questo look divenne il marchio di garanzia di quell'epoca.

D **Hai lavorato con il *National Geographic* per molti anni, fotografando in tutto il mondo e in diversi ambienti e circostanze. Quando pensi al tuo lavoro, quali elementi ricorrenti trovi (astratti o meno) nel tuo approccio allo shooting di una storia? Esiste un particolare stile di Jim Richardson per raccontare una storia visuale?**

R Dal punto di vista grafico, pare di sì. Le persone mi dicono che possono riconoscere i miei scatti. Non so esattamente cosa fa un fotografo per ottenere questo effetto. Sono felice di aver sviluppato uno stile, ma non so precisamente cosa faccio. Normalmente, le storie realizzate per *National Geographic* erano guidate da un concept. Mi concentro molto sul concept della storia e faccio in modo che guidi tutto il resto. Posso fare fotografia naturalistica e microfotografia con i microscopi, oppure scattare duri documentari nei bar. Lascio semplicemente che il concept guidi lo shooting.

Per esempio, avevamo un articolo per il numero di dicembre, incentrato sulla Bibbia di Re Giacomo. Era un lavoro difficile, perché quante foto di un libro, anche se si tratta della Bibbia, puoi scattare? È qui che la dura ricerca entra in gioco. Credo assolutamente che quando il fotografo si trova davanti al soggetto e preme il pulsante – il momento critico – sia il prodotto di un lungo susseguirsi di eventi, ricerche, esercizi cognitivi e altre cose che portano il fotografo in quel luogo, in quel momento.

Inoltre, non potete separare le capacità e il mestiere del fotografo da ciò che gli si para davanti, dai soggetti che sceglie e da come sceglie di vederli. Si sente spesso di persone che guardano una foto e dicono: "Avrei potuto scattarla anch'io se fossi stato lì!". La risposta è: "Sì, forse avresti potuto. Ma perché non ti trovavi lì?". Essere "lì" è il cuore della fotografia. Il concetto secondo cui tutta la fotografia dipenda dal ruotare le ghiere e dall'angolo del viewfinder ignora tutta la catena di processi esistenziali e causali che portano il fotografo a trovarsi di fronte a quella cosa e a essere in grado di riconoscerla, tra i tanti altri elementi presenti nello stesso momento, scegliendo quel particolare angolo, quell'attimo e quel particolare punto di vista. Ecco perché trascorro molto tempo nella ricerca.

D **Qual è il tuo processo mentale quando ti viene assegnata una nuova storia di copertina? Segui un particolare flusso di lavoro?**

R Normalmente le storie che creo sono una sorta di felice confluenza di esperienze, background, riflessioni, invenzioni, serie ricerche e imbrogli. Il procedimento avviene come per un'immersione totale. Devi solo trovarti lì e cercare tutti i libri, i siti web e qualunque altra cosa. Onestamente è molto divertente, ma bisogna essere disposti a cercare il risultato con determinazione. La cosa vi renderà una persona molto noiosa per circa un anno e mezzo. Sarete totalmente concentrati sul vostro soggetto, al punto da provocare l'interruzione di un cocktail party. Tecnicamente parlando, quando svolgo questo lavoro uso un programma chiamato FileMaker, nel quale archivio tutte le mie ricerche. Ho un database per ogni storia alla quale lavoro. Ciascuna storia include fino a 800 fonti, che registro nel database, ordinandole dalla più

Normalmente le storie che creo sono una sorta di felice confluenza di esperienze, background, riflessioni, invenzioni, serie ricerche e imbrogli.

rilevante a quella poco interessante, fino a quelle poco utili. Continuo a collezionare, ordinare e vagliare le informazioni sui possibili soggetti delle fotografie. Quando esco sul campo, voglio conoscere tutti i "soggetti immancabili" - elementi che visivamente coincidono con il target e dai quali posso ottenere ottimi "visual".

D Tutto questo si riferisce al valore della previsualizzazione?

R Naturalmente sì e anche alla volontà di rispondere e reagire quando gli eventi cambiano, quando la tua percezione "preferita" si rivela completamente sbagliata, quando ti rechi in un luogo e le cose che ti hanno detto avresti trovato non esistono, e quando devi rinnovare completamente quel che pensi dovresti dire dal punto di vista fotografico.

Tuttavia, non commettete errori. Gli storyteller prendono delle decisioni su ciò che devono dire, che lo facciano consciamente o a livello subconscio. L'idea di una visione totalmente oggettiva, senza la necessità di prendere decisioni da parte del fotografo, non è assolutamente praticabile.

Jim Richardson

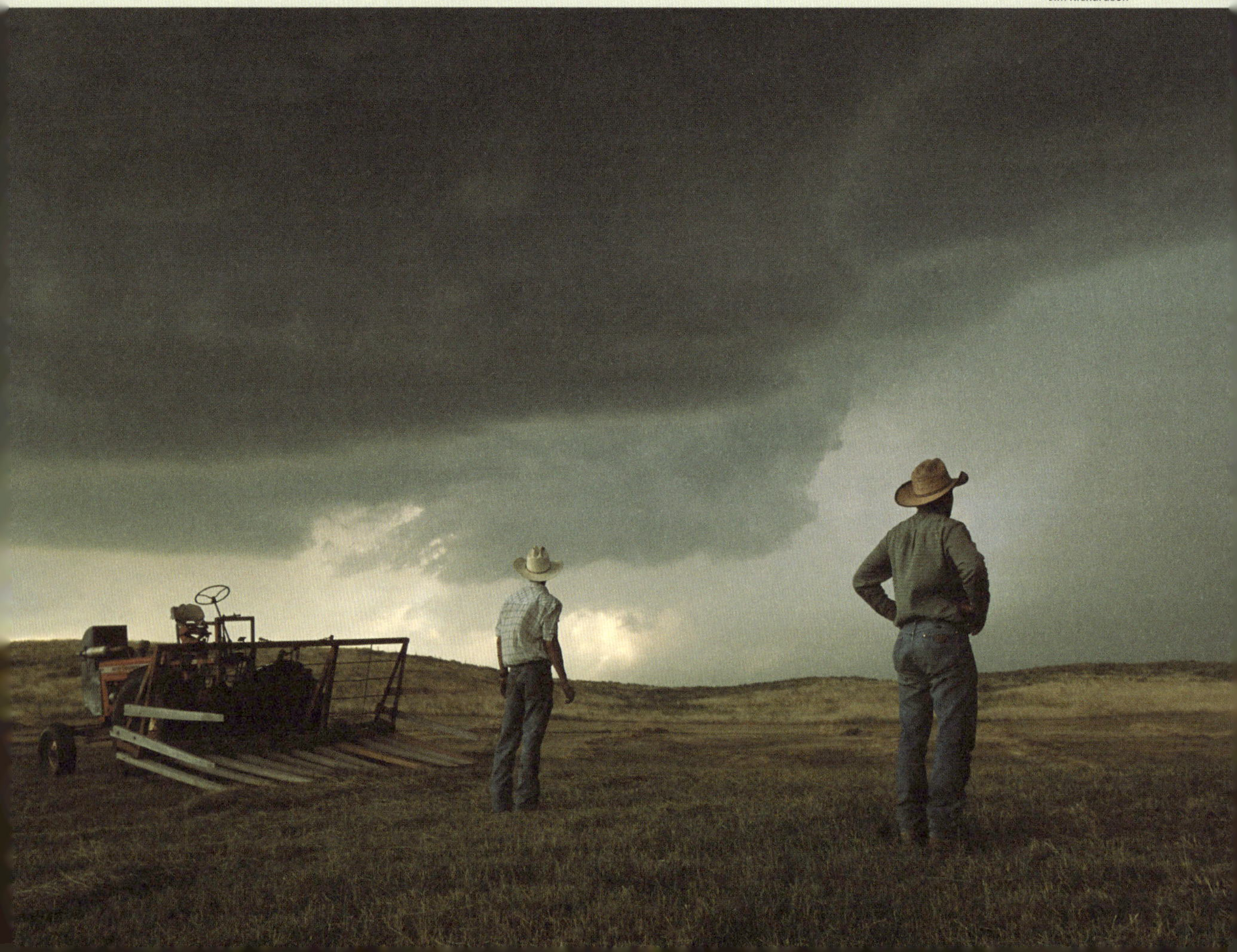

D Se dovessi scegliere solo una delle tue immagini per spiegare come si possa arrivare all'effettivo storytelling attraverso la fotografia, quale sarebbe e perché?

R C'è una foto che ho scattato sui Great Plains del Nebraska con due ragazzi che stanno caricando il fieno e osservano una tempesta in avvicinamento. Le schiene sono rivolte alla fotocamera e dalla loro posa è possibile vivere la preoccupazione che stanno provando mentre osservano quelle nuvole verdastre. Questa immagine porta l'osservatore sia nella natura fisica del luogo e del tempo, sia nell'emotività e nell'esperienza di vita di quei ragazzi. Credo sia quel che ho sempre sperato per le mie fotografie – che lo scatto fosse trasparente, in altre parole, così che la meccanica della foto non interferisse con l'esperienza nella sua essenza. Ho sempre pensato che, se le persone notano l'intelligenza di una foto, probabilmente questa non sta parlando loro in modo diretto e sta dicendo qualcosa di diverso dall'essenza del soggetto.

C'è anche una certa ambiguità di emozioni nella foto, e sono felice di essere stato in grado di farlo in uno dei luoghi del Midwest. Se non avessi fotografato queste aree, non so chi altro l'avrebbe fatto. È una delle cose che ammiro in Cartier-Bresson. Prendeva la vita quotidiana delle campagne francesi e ne ricavava arte, attribuendole grande rispetto.

D Oltre all'attrezzatura fotografica, qual è la cosa che hai trovato estremamente utile nel raccontare storie visuali?

R Leggere molte fotografie. È importante capire come raccontano i fatti e comprendere l'incredibile numero di modi in cui una fotografia può raccontare. Inoltre, è bene capire che nessuna metodologia ha le chiavi della serratura per la verità, quando si tratta di creare immagini che parlano della realtà.

L'altro elemento che mi influenza, credo, è la musica. La musica da sempre rappresenta il modo in cui penso alla successione e al ritmo. Per me si tratta della musica classica e riguarda il modo in cui modella e crea una narrativa ovviamente non verbale. In questo senso ho ricavato molto dalla musica e so che c'è un processo che, quando ascolto musica, fa assumere alle storie che devo raccontare una visione grandiosa.

D Se volessi dare un suggerimento a coloro che iniziano a raccontare storie con la fotografia, quale sarebbe?

R Leggete tantissimo. In questo caso, intendo leggere le fotografie e le storie illustrate. Con il termine "tantissimo" intendo in senso generico, ma anche in profondità, così da raggiungere confini ai quali non siete abituati, da toccare soggetti che pensate di non poter capire e da imbattervi in metodologie che normalmente non farebbero parte della vostra visione del mondo, né nel vostro campo fotografico. Attraverso questo esercizio imparerete ad adattarvi, perché non c'è nulla in questo mondo che batta l'adattabilità che ci tiene vivi. E la cosa vale anche per i fotografi. ■

Per vedere il lavoro di Jim Richardson, visitate il suo sito web, all'indirizzo: www.jimrichardsonphotography.com.

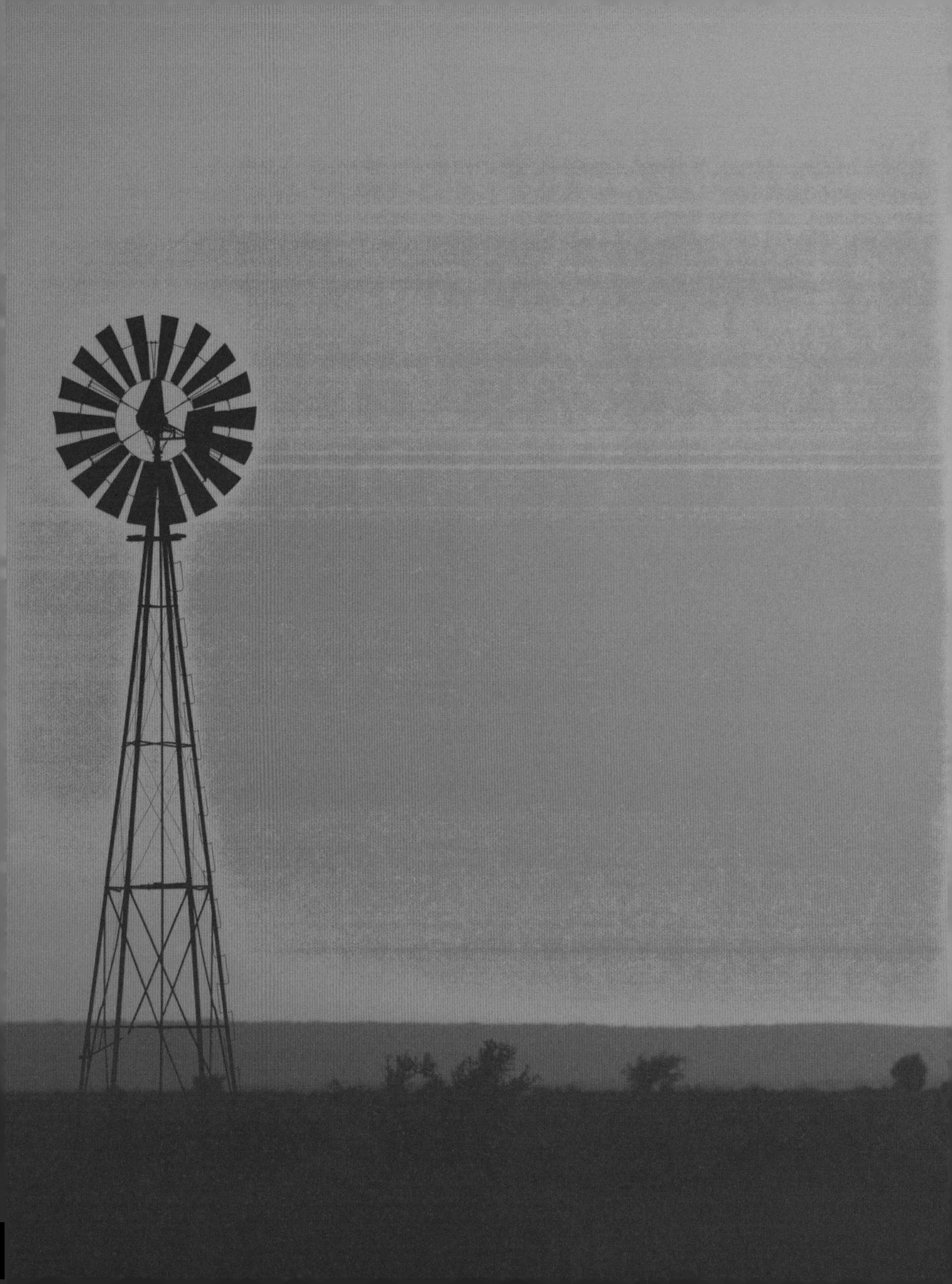

CAPITOLO **2**

Lo storyteller fotografico

Chi siamo davvero? Quando prendete la fotocamera, la mettete al collo e uscite dalla porta, diventate improvvisamente persone diverse rispetto a pochi attimi prima? Se siete come la maggior parte delle persone che considera la fotografia come una professione o un hobby, non spendete molto tempo a filosofeggiare su cosa significhi attivare l'otturatore o comporre un'immagine. Vi concentrate invece sulla creazione delle foto, pensando in modo creativo e decidendo cosa mangiare a cena. Tuttavia, tra tutte le azioni di scatto, la sostituzione di obiettivi, le pose dei modelli, l'acquisto di attrezzatura e i minuti trascorsi davanti al computer, forse vale la pena sprecare un secondo a riflettere su ciò che stiamo davvero facendo quando usiamo tutta l'attrezzatura che collezioniamo in nome della fotografia.

Un mulino a vento in Texas e un tramonto vivace offrono il senso del luogo.
Canon 5D Mk II, 400 mm, 1/1.000 sec., f/5.6, ISO 100

LA FOTOCAMERA È UNA CASSA DI RISONANZA

Ciò che vi separa dalla folla è la vostra capacità di registrare immagini in un modo che definisce una narrativa e una più ampia comprensione di dove siete e di quel che state vedendo.

Se siete come me, amate viaggiare. Forse è uno dei motivi per cui avete afferrato la prima volta una fotocamera e, fin da allora, avete trovato nuovi motivi per viaggiare.

Quando vi spostate per un incarico o per piacere, non potete fare a meno di notare gli altri viaggiatori con le loro SLR (dSLR) appese al collo, pronti a scattare senza preavviso una foto a un artista di strada o all'insegna di un ristorante.

Ora, prima di giudicare il turista che impugna la sua nuova Canon, tenete a mente che siamo passati tutti per questa parte del viaggio e che il turista potrebbe vedervi nello stesso identico modo. Tuttavia, se state leggendo questo libro, significa che state cercando qualcosa che va oltre la visione dello stereotipo del turista appena citato.

Che cosa vi differenzia da quest'ultimo? Da un punto di vista tecnologico, non molto. La sua fotocamera fa le stesse cose della vostra: registra immagini. Potreste aver speso migliaia di euro per l'attrezzatura, a differenza dei suoi 600, ma spesso non è un dato indicativo.

Che mi dite della destinazione di viaggio o della location? Se vi trovaste a fianco del turista, non potreste comunque creare una grande distinzione, anche se potreste essere spinti a trovare un punto di vista più originale. A prima vista, siete altri viaggiatori con una fotocamera.

Certo, forse il vostro treppiede è in fibra di carbonio e usate una cinghia più bella, ma teoricamente state facendo la stessa cosa: create immagini.

Ciò che vi separa dalla folla è la vostra capacità di registrare immagini in un modo che definisce una narrativa e una più ampia comprensione di dove siete e di quel che state vedendo. Non siamo solo esperti turisti che camminano con una fotocamera in mano. Siamo storyteller e abbiamo un modo molto specialistico e creativo di raggiungere il nostro scopo!

La fotocamera serve solo come cassa di risonanza. Storicamente questo dispositivo è stato usato per diffondere il suono degli oratori alle folle di ascoltatori.

Proprio come le storie venivano raccontate a voce, poi scritte e quindi diffuse tramite varie forme d'arte e tecnologie di comunicazione, scattare fotografie è uno dei principali metodi moderni per descrivere visivamente quel che abbiamo di fronte in un certo momento.

Con il rischio di sembrare scontato, la fotocamera è solo lo strumento che usiamo, come la penna per uno scrittore, il microfono per un cantante e il focolare per chi racconta storie di fantasmi. Usiamo la fotocamera, i suoi componenti e le nostre conoscenze tecniche per registrare sfumature visive, dinamiche e contesti emotivi, in un ambiente che genera una serie di rischi durante il processo. Comprendere come usare l'equipaggiamento in ogni situazione ci permette di diventare dei migliori storyteller visuali.

NON SIAMO GLI UNICI COINVOLTI

Ogni fotografo percorre diverse tappe, mentre diventa più abile nell'uso dell'attrezzatura e, il più delle volte, questo aspetto dello scatto fotografico va oltre il significato creato dalle immagini che produciamo. Sono certo che ricordate almeno una certa quantità di foto che siete molto felici di aver realizzato, in base a *come* le avete ottenute, anziché a quel che effettivamente raccontano al pubblico.

Gli studenti si avvicinano per fotografare un serpente a sonagli diamondback. Questo non è l'ambiente o la circostanza in cui vedete il tipico turista con in mano una fotocamera.

Canon 5D, 24 mm, 1/125 sec, f/8, ISO 100

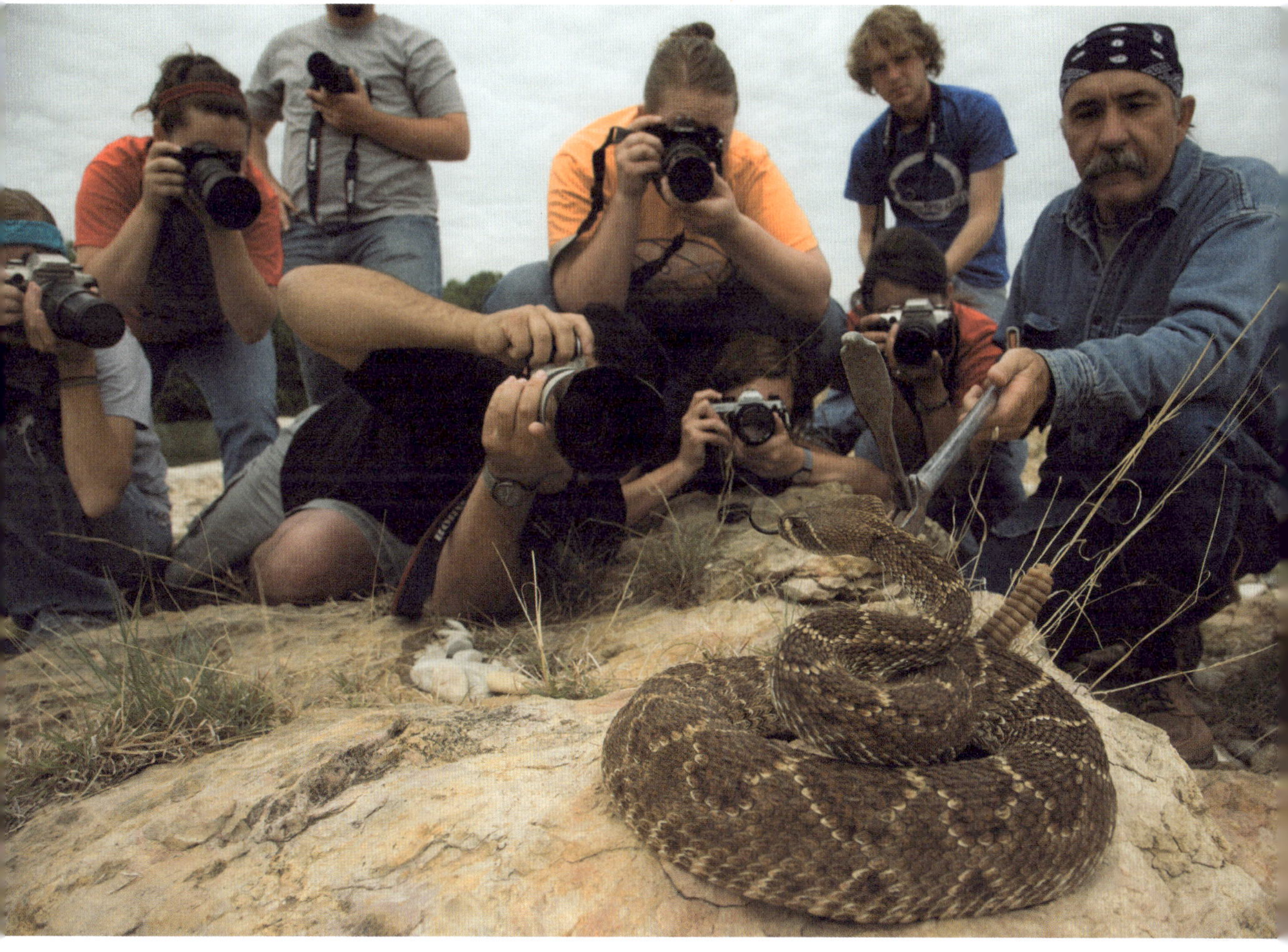

CASO IN QUESTIONE IL METODO BATTE IL SIGNIFICATO

Una delle mie più recenti battaglie, relative al rendere il metodo più importante del significato, si è verificata durante l'incarico per una rivista naturalistica. Stavo fotografando una storia sugli sforzi per la protezione di un'esigua popolazione di polli della prateria, in Texas. Oltre a scattare foto degli animali, ero stato incaricato di fotografare diverse persone coinvolte nella storia, inclusi ambientalisti, ricercatori, rappresentanti dello Stato e lobbisti dell'energia. Una di queste persone era Jeff Haley, proprietario di un ranch nel nord del Texas, un cowboy, intelligente e grande amministratore delle terre che possiede.

Jeff Haley è mostrato nell'immagine originale. L'ombra che divide il suo volto è l'elemento chiave che nasconde la sua personalità e il suo ruolo nell'articolo della rivista.

Canon 5D Mk II, 110 mm, 1/200 sec, f/7.1, ISO 100

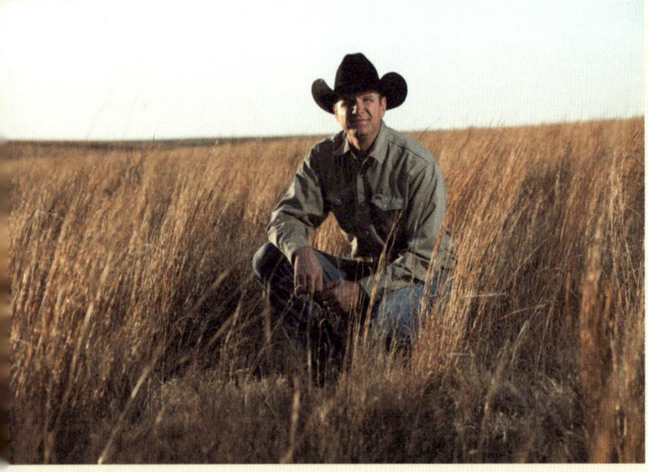

Guidai diverse ore per incontrare Jeff la prima volta e lo shooting richiese di guidare per tre ore nel suo ranch su un pickup, parlando dei suoi piani, del suo bestiame e dell'affettuoso legame con i polli della prateria, che non vedeva più nel suo ranch. La parte della storia che stavo documentando parlava di lui nella sua terra, quindi ogni tanto fermavamo il veicolo per fotografare la prateria e catturare ritratti di Jeff.

Il resto del tempo parlavamo e così iniziai a conoscere meglio lui e la sua famiglia, l'eredità della loro terra e le ragioni per cui si considerava un ambientalista impegnato. Verso la fine dello shooting, quando la luce ormai proveniva dall'orizzonte a ovest, guidammo verso una nuova area, circondata da bellissimi arbusti di golden bluestem. Dissi che quella zona si sarebbe prestata bene per un ritratto, quindi ci spostammo a una certa distanza dal pickup, accompagnati dalla brezza e dal lieve fruscio dell'erba.

Avevo con me una borsa con del materiale per l'illuminazione e in pochi minuti preparai un flash off-camera su uno stand, con un riflettore appena sotto, che migliorava i colori caldi proprio verso Jeff, che a sua volta dava leggermente le spalle al sole al tramonto. Le immagini risultarono taglienti e visivamente esigenti. La luce dura del sole, che colpiva il lato destro di Jeff, era grintosa, mentre quella del flash e del riflettore definiva molte caratteristiche del suo volto. L'ombra creata tra le due luci, secondo il mio punto di vista, fu la ciliegina sulla torta e diede allo scatto la tipica firma del West.

All'epoca fui molto soddisfatto degli scatti e lo sono ancora oggi, soprattutto per l'illuminazione. Ai fini della storia, tuttavia, tutto ciò non bastava.

Tutti i tecnicismi mi permisero di ottenere il ritratto di Jeff Haley, ma quel che non traspariva era il suo ruolo nell'articolo della rivista. Cercai un feedback da uno degli autori dell'articolo e da alcuni suoi colleghi e tra le tante frasi raccolte ricordo quella di un fotografo. Apprezzava molto lo scatto, ma si domandava se stessi cercando di far apparire Jeff come il cattivo di turno. Osservai meglio il ritratto e compresi che l'illuminazione e le ombre contrastate, che mi avevano così convinto, erano un po' intimidatorie e minacciose. Il cappello nero da cowboy completava l'opera.

Ho conosciuto meglio Jeff durante lo shooting e in altre visite successive e devo dire che è un vero gentleman, quindi "minaccioso" non era la parola che volevo usare per descrivere un suo ritratto. Dopo tutto, Jeff era il naturalista nell'articolo, qualcuno che desiderava veder correre di nuovo i polli della prateria nel suo ranch. Nonostante il ritratto sia ancora uno dei miei preferiti, non racconta esattamente la storia di Jeff.

Essenzialmente, mi ero preoccupato di creare uno scatto che fosse tecnicamente di impatto, anziché creare la corretta connessione tra il soggetto e chi lo osserva. La foto è piacevole, ma dice qualcosa di completamente diverso rispetto a quel che volevo raccontare. Per correttezza inviai questa foto alla rivista, insieme ad altre che risultavano meno "minacciose". Venne scelta una fotografia più autentica, rispetto a quella che consideravo all'inizio lo scatto ideale. Questa problematica si presenta ogni volta che ottengo un incarico e, grazie a questo piccolo "incidente", sono ora più consapevole della storia che devo raccontare. Grazie per la critica, Moose Peterson. ■

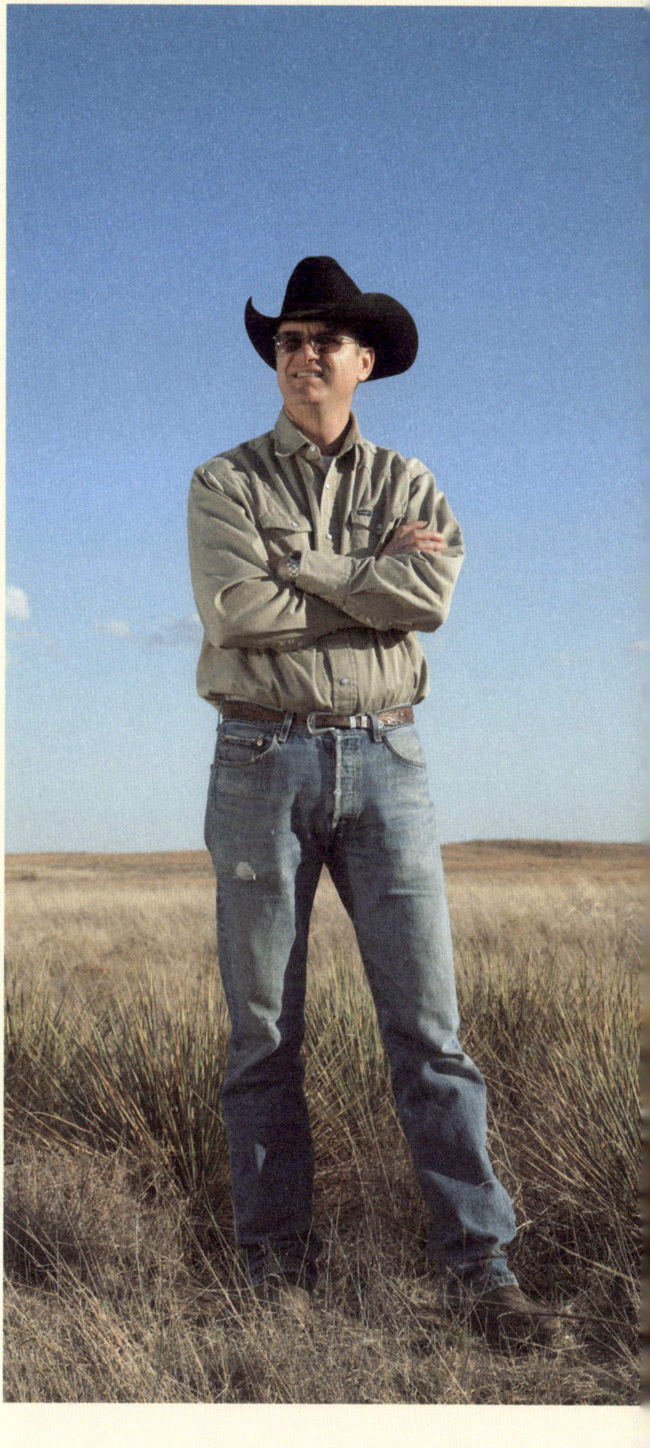

il ritratto di Jeff Haley che venne pubblicato con l'articolo della rivista lo ritrae con una luce meno "aggressiva" a McLean, in Texas.

Canon 5D Mk II, 58 mm, 1/200 sec, f/8, ISO 100

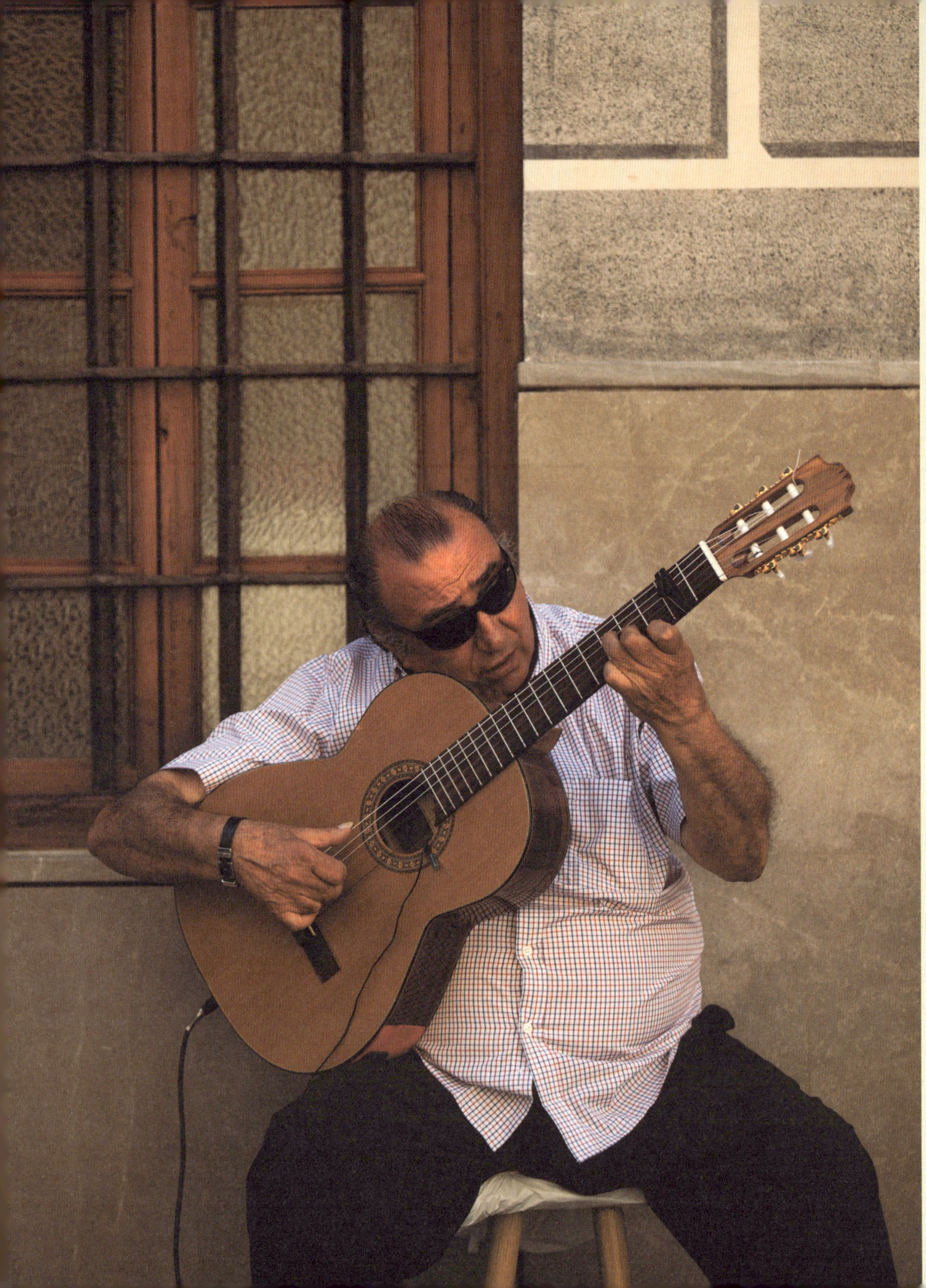

Per via del fatto che possiamo esprimere la nostra visione attraverso le immagini, stiamo anche raccontando la storia di chi o cosa stiamo fotografando, quindi la fotocamera e le nostre abilità a volte possono portarci verso un buon storytelling. Inciamperemo sempre in qualche dettaglio tecnico mentre creiamo delle immagini, ma più ci concentriamo sulla creazione di una storia e meno rischieremo di incorrere in errori.

La creazione di storie visuali è una strada a due corsie, una relazione tra il fotografo e il soggetto. Quest'ultimo può essere statico o vivo, ma in entrambi i casi, nel momento in cui pubblichiamo un'immagine in una rivista, un giornale o un sito web di condivisione delle foto, stiamo raccontando qualcosa di entrambi gli attori. La mia immagine "minacciosa" di Jeff Haley dice che sono un fotografo che sa come usare la luce artificiale in un contesto aperto, ma non rende giustizia alla storia. L'immagine scelta per l'articolo, invece, corrisponde alla sua personalità e al ruolo della narrativa nel suo complesso, mentre allo stesso tempo trasmette anche il mio stile fotografico.

NON FATEVI DISTRARRE **Non tutto quel che luccica è necessariamente oro. Quando scattate un ritratto, la storia del soggetto deve avere la priorità sul vostro ego. Gli effetti cool possono impressionare i tecnici, ma non raccontano la storia che volete trasmettere.**

Non fraintendetemi – non sto dicendo che i risultati tecnici non siano importanti. Lavorare su questi aspetti delle vostre foto è importante, ma penso che il nostro lavoro, come visual storyteller, sia più efficace quando i tecnicismi non interrompono il dispiegarsi della narrativa. A volte gli aspetti tecnici delle immagini aiutano ad avanzare in direzione della storia, ma la cosa richiede consapevolezza. Lo spiegherò nei dettagli nei capitoli che seguono.

Un chitarrista spagnolo all'esterno della cattedrale di Granada, in Spagna. I turisti passano ogni giorno a fianco di quest'uomo e scattano immagini simili. Cosa differenzia questo scatto dalle loro foto?

Canon 5D Mk II, 108 mm, 1/500 sec, f/2.8, ISO 200

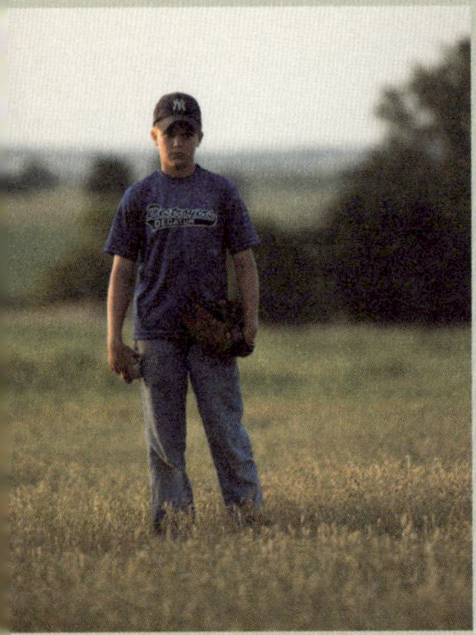

Il campo dei sogni. A volte i membri della vostra famiglia vi aiutano a creare il vostro portfolio di storytelling. Il baseball è una parte importante della vita di Dillon, nel ranch rurale in cui la sua famiglia vive. Cottondale, Texas.

Canon 1D Mk III, 195 mm, 1/250 sec, f/2.8, ISO 100

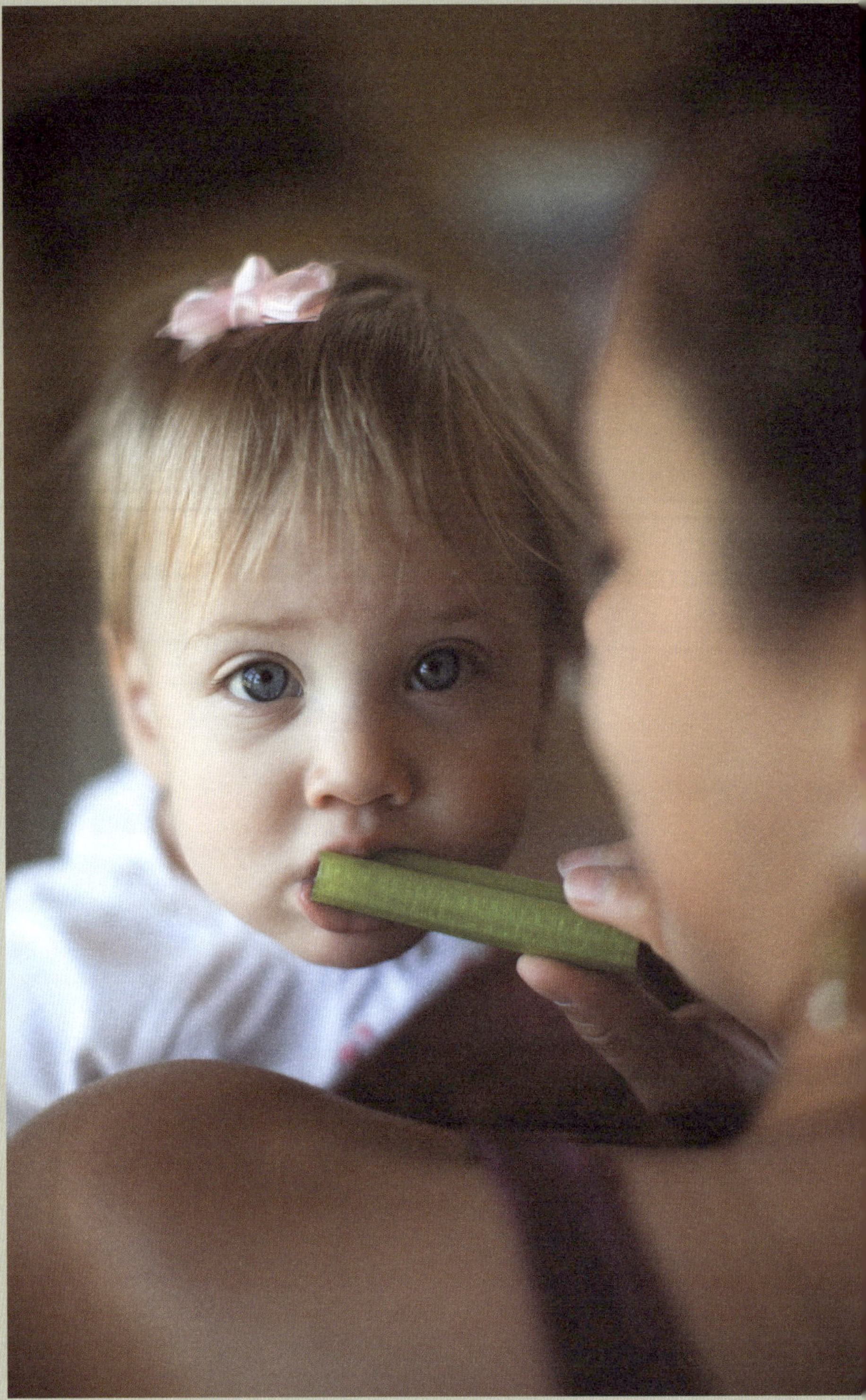

La mia cugina più giovane, Addison, nel giorno del primo compleanno. Anche se il vostro desiderio è fotografare sport estremi, appollaiati fuori da un elicottero durante una tempesta, non fuggite dal vostro ruolo di fotografo di famiglia e visual storyteller.

Canon 5D Mk II, 50 mm, 1/250 sec, f/1.4, ISO 100

I BADANTI DELLA STORIA

Tutti noi iniziamo considerando la fotografia come un hobby. A volte questo porta a diventare dei professionisti, altre volte a diventare degli abili "guerrieri" del weekend. Non importa quale strada scegliate, c'è sempre la concreta possibilità che, nel momento in cui prendete la vostra fotocamera, diventiate il "fotografo di famiglia".

Questa, amici, non è una responsabilità da poco. Certo, in questo ambiente potreste non essere dei fotoreporter (anche se a volte potreste sentirvi come in un teatro di guerra), ma è un compito importante. Ora siete i documentaristi di famiglia. Quando il piccolo Max soffia sulla candelina del suo primo compleanno o i nonni celebrano i cinquant'anni di matrimonio, ci si aspetta che voi siate lì, pronti a catturare ogni momento importante. Negli anni a venire le vostre immagini verranno considerate tesori di famiglia. Non sto scherzando. Ho visto componenti di famiglie discutere su chi avrebbe dovuto tenere le foto storiche degli antenati, dopo che i membri della loro famiglia passavano a miglior vita. Le foto di famiglia costituiscono la storia delle persone al loro interno e ora siete una parte importante dell'archiviazione e della presentazione di questa storia. Congratulazioni!

In sostanza, siamo badanti della storia.

Lasciate l'attrezzatura al di fuori dell'ambiente familiare. Pensate a quelle foto che sono considerate iconiche, come la *Afghan Girl* di Steve McCurry, la foto di Nick Ut che ritrae Kim Phuc che fugge da una nube di napalm, nel Vietnam del 1972, la *Migrant Mother* di Dorothea Lange e lo splendido scatto di Ansel Adams dello Snake River, che si snoda tra le Teton Mountains. Sono ricordi storici di un tempo, ma le storie che raccontano sono senza tempo. Potreste pensare che alcune di queste sono foto nel "momento giusto e nel luogo giusto", ma neghereste il fatto che tutti questi fotografi fossero impegnati per prima cosa a raccontare una storia. Le loro abilità, la loro visione e il modo in cui vedevano il mondo, la loro tecnica e stile, e la passione per fotografare i soggetti, hanno un'importanza pari, se non superiore, alla posizione geografica e al momento temporale.

Considerando che all'inizio della loro carriera alcuni tra loro avrebbero potuto essere tecnicamente ed emotivamente pronti per scattare le foto di un nipotino, nel momento in cui hanno scattato quelle immagini iconiche questi fotografi erano pronti a fare qualunque cosa per documentare e creare una storia visuale. Hanno riconosciuto le loro responsabilità come documentaristi fotografici, proprio come ogni volta che avviciniamo la fotocamera all'occhio. In sostanza, siamo badanti della storia.

Attraverso la fotografia diventiamo assistenti visuali della vita, di luoghi, di individui e di qualunque altra cosa possiamo fotografare. È facile cadere nella mentalità secondo cui alcune cose non sono importanti da fotografare, come per esempio un raduno di famiglia in confronto a un incarico per una rivista.

Sotto la superficie c'è sempre una storia, che per qualcuno può essere molto importante. Per essere onesto, non sono sicuro di quanto possa essere importante un servizio fotografico sugli indici di borsa, per una nonna che ha appena ritirato le stampe fotografiche della sua prima nipote che si è diplomata (senza offesa per quelli che fotografano in borsa). Essendo appassionati fotografi, la storia è tutta intorno a noi, si rivela in continuazione e ciascuno di noi ha un ruolo nel raccontarne una piccola parte.

Se posso salire sul pulpito, credo che noi fotografi abbiamo davvero la responsabilità di raccontare la storia. Non è una dichiarazione etica sul tipo di racconto che dovete documentare, quanto piuttosto una prospettiva su cosa significa essere fotografi, a qualunque livello di questo gioco. Ci sono stati forniti i mezzi per creare e, con queste abilità, dire qualcosa tramite le immagini. Ciascuno di noi – che lavori nel campo del fashion, dei diritti umani o nel fotogiornalismo di altro tipo, o che sia lo zio sempre armato di fotocamera in una riunione di famiglia – è parte di una tradizione di storyteller. Cuciamo assieme la vita, nello shooting in uno studio per una nuova linea di T-shirt, in prima linea durante una protesta

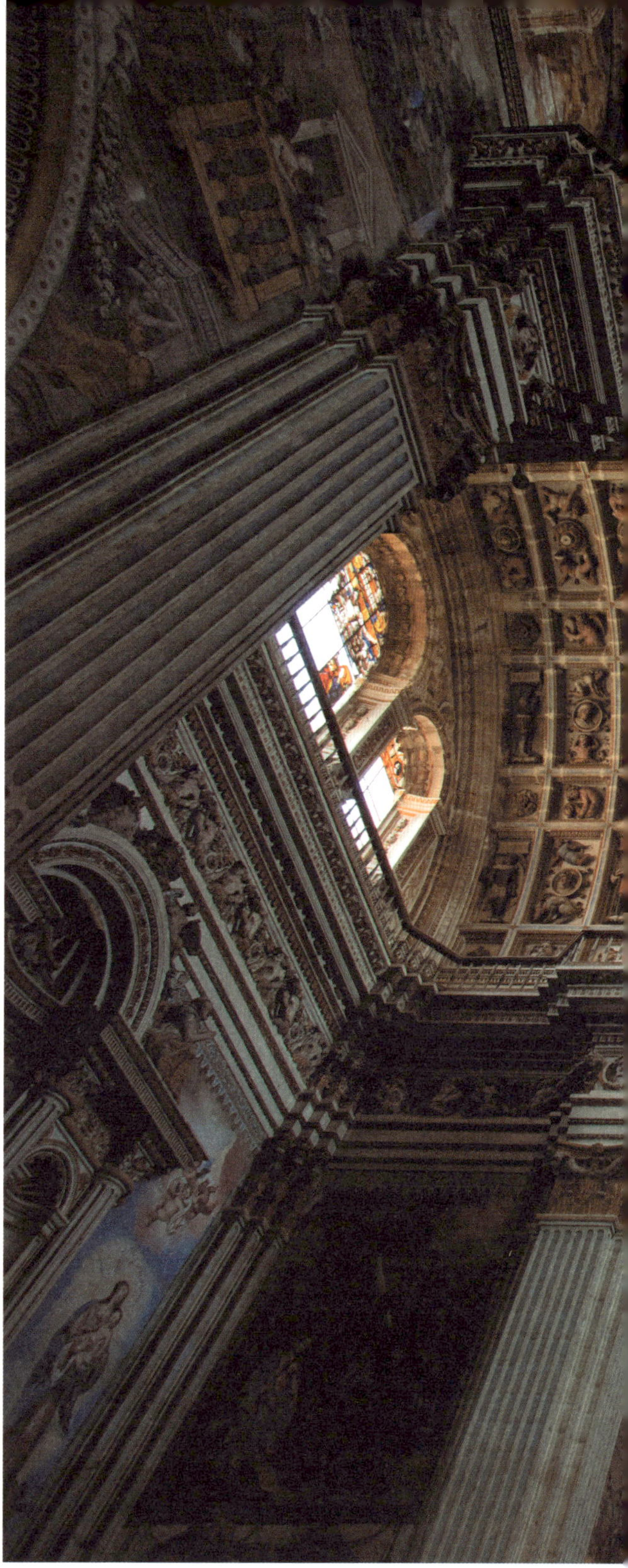

I luoghi di culto in Spagna sono popolati da immagini religiose, come la cattedrale Jeronomite di Granada. Queste immagini venivano realizzate in parte per fornire una rappresentazione visiva delle storie che i sacerdoti raccontavano, prima che nascesse la stampa.

Canon 5D Mk II, 17 mm, 1/30 sec, f/5, ISO 800

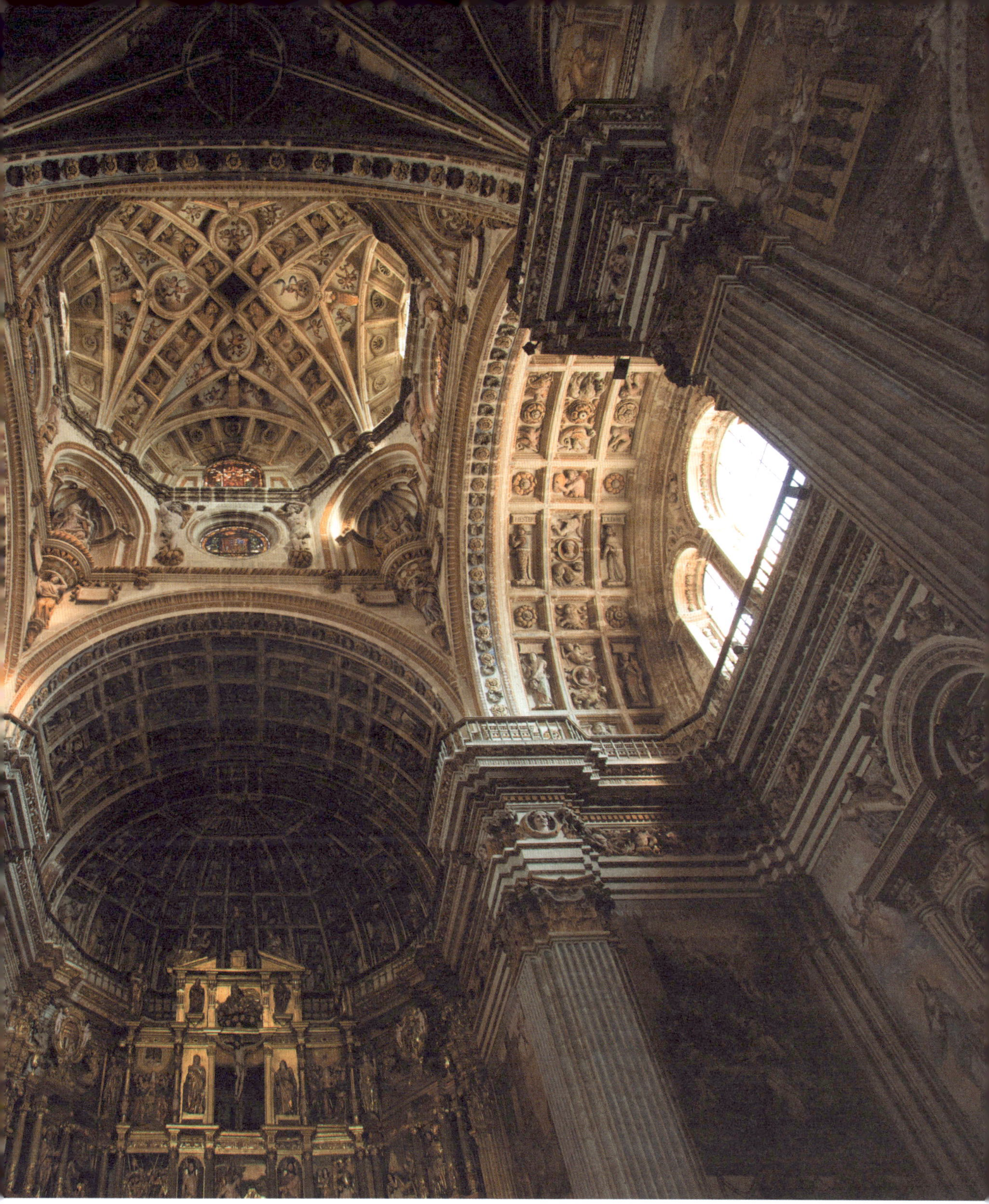

Giovani skateboarder di Madrid camminano lungo Calle Mayor, dopo aver attraversato una folla in attesa per la processione che celebra il Dia de San Isidro.

Canon 5D Mk II, 40 mm, 1/500 sec, f/4, ISO 400

o nel giardino di famiglia, in modo che altri possano usufruirne, apprezzare, imparare o divertirsi.

In questo senso, come fotografi abbiamo una responsabilità e coloro che la abbracciano diventano migliori storyteller. Sembra un'attività pesante, ma siamo attratti dalla creazione di storie: altrimenti la fotocamera sarebbe solo un altro strumento elettronico con il quale armeggiamo periodicamente.

Alcune persone ovviamente sono più interessate allo storytelling di altre. Alcune approcciano l'argomento in modo meno diretto, ma ottengono comunque immagini interessanti. Non importa quale livello di entusiasmo e di dedizione raggiunga un fotografo, le sue fotografie forniscono un racconto della vita in un modo che altre forme di descrizione visuale, come la pittura, non potranno mai fare. Proprio come gli oratori, alcuni fotografi raccontano le storie in modi più interessanti e accattivanti rispetto ad altri. Hanno imparato il loro mestiere e l'hanno combinato con la ricerca, la visualizzazione e la creazione della storia.

C'è un continuo processo di apprendimento e i buoni storyteller, a prescindere dal modo in cui scelgono di farlo, cercano sempre di raccontare una storia migliore. Ogni racconto è diverso e non deve essere narrato allo stesso modo. Certo, le caratteristiche dello stile individuale possono notarsi, ma ciascuna storia si merita un approccio fresco e una certa varietà di racconto. I buoni storyteller lo sanno, il che significa che la storia è in buone mani. Mani che le riserveranno cure amorevoli.

LA FALLACIA INTENZIONALE: AMICO O NEMICO?

Avete mai sentito la frase "È tutto così soggettivo"? Sicuramente sì! L'abbiamo sentita tutti e l'abbiamo ripetuta dozzine di volte prima di diventare fotografi, e da allora almeno il doppio. Non è un segreto che la maggior parte delle cose prodotte attraverso un processo creativo coinvolga una varietà di fattori, come ispirazione, influenza, esperienza personale e storia, tecnica, gadget e tutto il resto. Potete ringraziare il post modernismo.

Personalmente apprezzo e rispetto la soggettività che consideriamo come parte dell'essere creativi. Tuttavia, a volte questa affermazione può davvero entrare sotto pelle, in particolar modo quando è fatta in riferimento al vostro lavoro. Lo so, non dovrebbe infastidirmi (neppure voi), ma è così. È in momenti come questi che vi mettete un po' sulla difensiva riguardo le vostre immagini e le circostanze che vi hanno portato a premere il pulsante di scatto in quel particolare momento. Vi sentite come se doveste spiegare cosa avete mangiato per colazione la mattina dello scatto, raccontare della

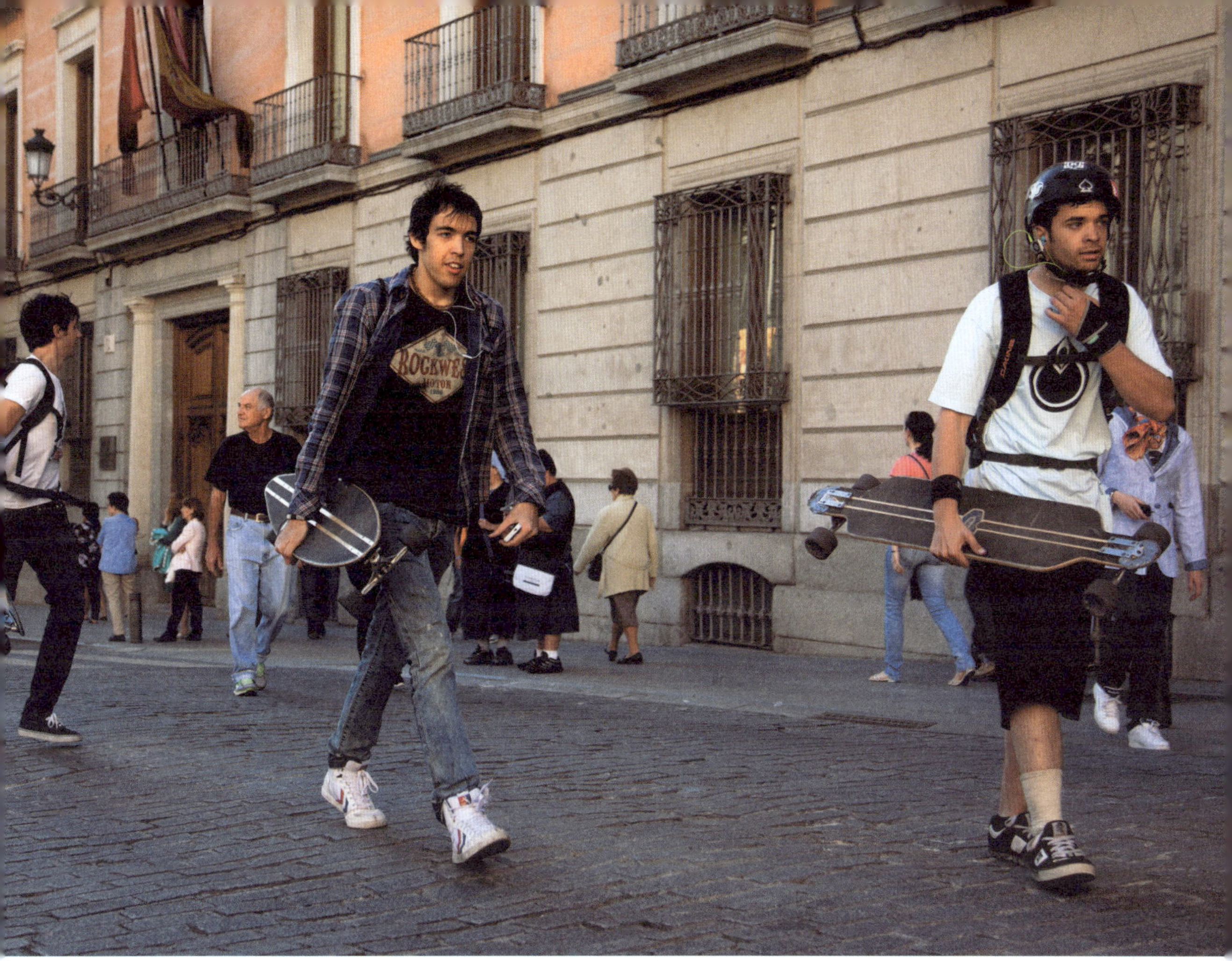

gomma che avete sostituito mentre raggiungevate la location o com'era l'animaletto che avete perso quando avevate sette anni, che vi ha ispirato l'emozione che stavate cercando di enfatizzare, in modo che chi osserva e finalmente "comprenda" il vostro lavoro. E voi pensavate di aver solo creato un'immagine colorata e con una bella composizione. Quindi, perché questi commenti o queste situazioni in cui le persone traggono conclusioni sul nostro lavoro diverse dalle nostre ci danno sui nervi? Ha qualcosa a che vedere con quello che le persone più intelligenti di me chiamano "fallacia intenzionale". Più un'espressione letterale che altro, la fallacia intenzionale si riferisce essenzialmente alla differenza tra il significato intenzionale del creatore di un lavoro e quello attribuito dalle persone che ne fruiscono. La fallacia, o idea sbagliata, si verifica quando gli autori credono che il significato da loro inteso sia l'unico possibile. Non vedo perché il concetto non possa essere applicato alla fotografia. Non so cosa potrebbero dire i critici letterari, ma sono pronto a scommettere che molti sarebbero d'accordo con me. Quando create un'immagine (o una serie di immagini) e la diffondete nel mondo tramite un medium fisico o online, lasciate che se ne vada via in libertà. Questa "libertà" è il motivo per cui esistono le persone che non hanno creato l'immagine, il luogo in cui

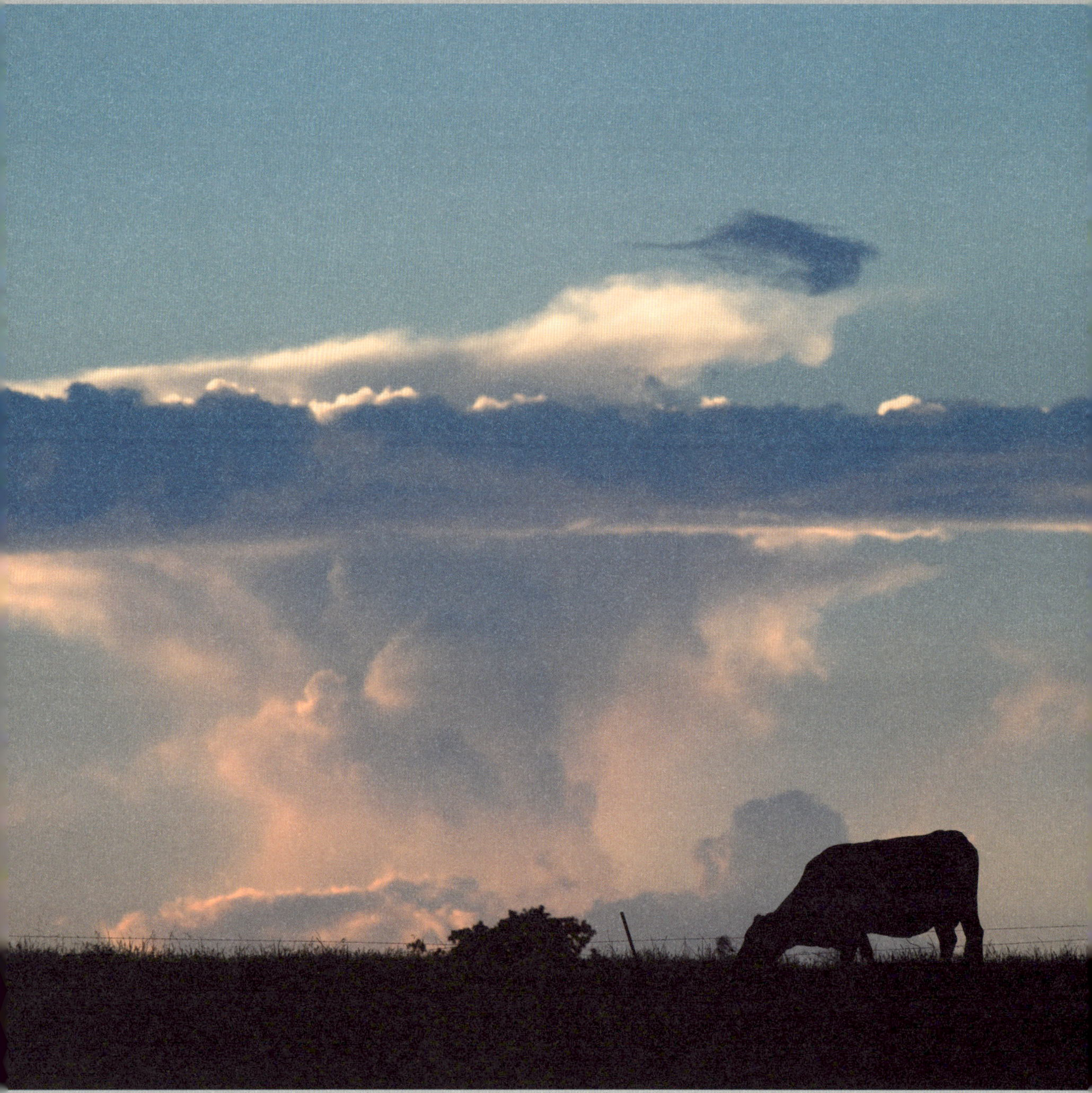

La prospettiva ha molto a che vedere con ciò che il fotografo vuole dire e con quello che l'osservatore interpreta. Le linee in questa immagine sono piacevoli, tuttavia ho sempre pensato che le linee delle nuvole rendessero il cielo un po', potremmo dire, nucleare.

Canon 1D Mk III, 200 mm, 1/200 sec, f/4.5, ISO 100

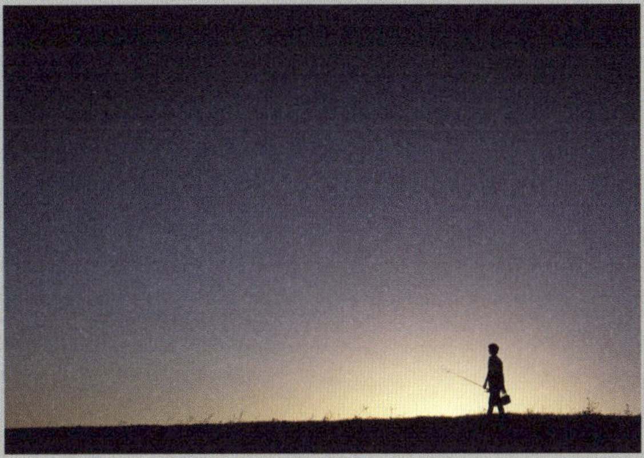

Un'immagine di un giovane che cammina lungo la diga di un lago, dopo un piacevole pomeriggio trascorso pescando, può significare molto di più. Cottondale, Texas.

Canon 1N, 24 mm, 1/400 sec, f/5.6, ISO 100, Fujichrome Velvia

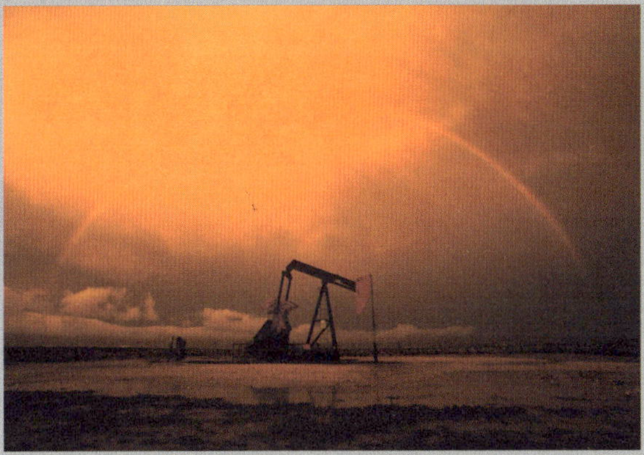

Il significato è variabile, quando diffondete un'immagine nel mondo. Questo pozzo di petrolio che si staglia su una feroce tempesta nel Texas Occidentale può significare una cosa, mentre l'arcobaleno che sbuca dalle nubi può cambiare l'interpretazione dell'osservatore.

Canon 5D Mk II, 17 mm, 1/50sec, f/5.6, ISO 200

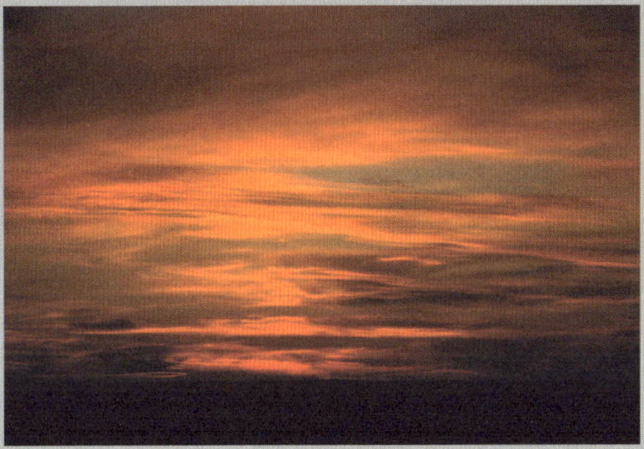

Come arte astratta, gli eventi naturali, come questo vivido tramonto a McAdoo, in Texas, sono aperti alle interpretazioni, agli apprezzamenti e alle critiche.

Canon 5D Mk II, 200 mm, 1/320 sec, f/2.8, ISO 100

l'interpretazione e la connessione con questa sono arbitrarie. Potrete anche essere in grado di spiegare la vostra immagine a un piccolo gruppo, ma sarà soprattutto la vostra immagine a parlare.

Oltre tutto, parlerà in modo diverso a persone diverse. Il messaggio che un'immagine invia agli osservatori è interpretato non solo in base alle intenzioni del fotografo, ma anche alla storia e al luogo dell'osservatore in questa "giungla", oltre alla materia contestuale che circonda l'opera, come il testo, altre forme d'arte e forse anche un inappropriato posizionamento su un sito web di social media.

Tutte queste cose, più molte altre, assumono un ruolo nel modo in cui un'immagine, la *vostra* immagine, viene vista, consumata e sperimentata da un certo numero di persone.

La giungla in cui si trova il pubblico è enorme, ma non è un luogo sfortunato in cui risiedere, per noi fotografi. Ricordate la mia storia del ritratto di Jeff Haley? Avevo una percezione completamente diversa della mia fotografia, rispetto a quella di altri fotografi e comunicatori visuali. Un po' di critica costruttiva non fa male di tanto in tanto - in quel caso si dimostrò molto utile. Mi aiutò anche a capire il perché la rivista scelse uno scatto diverso per il servizio. Non avete spesso la possibilità di ricevere feedback sulle vostre immagini, prima che vengano ufficialmente "pubblicate", ma quando è possibile è una cosa molto buona.

Quindi, se la fallacia intenzionale è un argomento con il quale ci confrontiamo continuamente, e con il quale *sembra* possiamo fare ben poco, perché sfruttarlo nello storytelling? O perché no? Parte del creare una storia significa essere in grado di comunicare efficacemente un messaggio. Le storie vengono raccontate ad altre persone e non c'è modo di controllare questa parte del processo. Se voi, il creatore, l'autore, il *fotografo*, volete raccontare storie, vale la pena considerare che ci saranno sempre diversi modi di vedere e fruire la storia che avete prodotto.

Non credo che la fallacia intenzionale dovrebbe portarvi a cambiare il vostro stile visuale, ma tenere a mente l'interpretazione del pubblico può aiutarvi a cercare quelle immagini che davvero possono raccontare la storia come la intendete.

CERCATE UN FEEDBACK GENUINO Le critiche costruttive hanno un grande valore. Se siete sempre preoccupati del fatto che le vostre immagini raccontino la storia che volete narrare, procuratevi altre opinioni sul vostro lavoro. Dopo aver prodotto una serie di immagini, modificatela a sufficienza da creare una piccola selezione (più o meno cinque scatti) e chiedete suggerimenti sulla direzione del vostro storytelling ad altre persone, che sapete esprimeranno pensieri onesti su ciò che le foto comunicano loro. Ricordate che questo tipo di critica non deve essere dannosa né polemica. Il suo unico scopo è aiutarvi a determinare se la storia che cercate di raccontare sta affiorando. Usate queste informazioni per crescere come fotografo e per migliorare continuamente le vostre capacità di storytelling.

Un'altra risposta potrebbe essere usare la fallacia intenzionale come modo per osservare le immagini che create. I fotografi, e altri artisti simili, hanno affrontato questo argomento per decenni, e più riconosciamo che il nostro lavoro è aperto a diverse interpretazioni, più siamo in grado di usare questa conoscenza nel modo di comporre, sul cosa enfatizzare nelle nostre foto, quale punto mettere a fuoco e anche quale temperatura del colore usare in certi scatti.

Le cupe Gorman Falls a Bend, in Texas.

Canon 5D Mk II, 35 mm, 0,5 sec, f/22, ISO 50

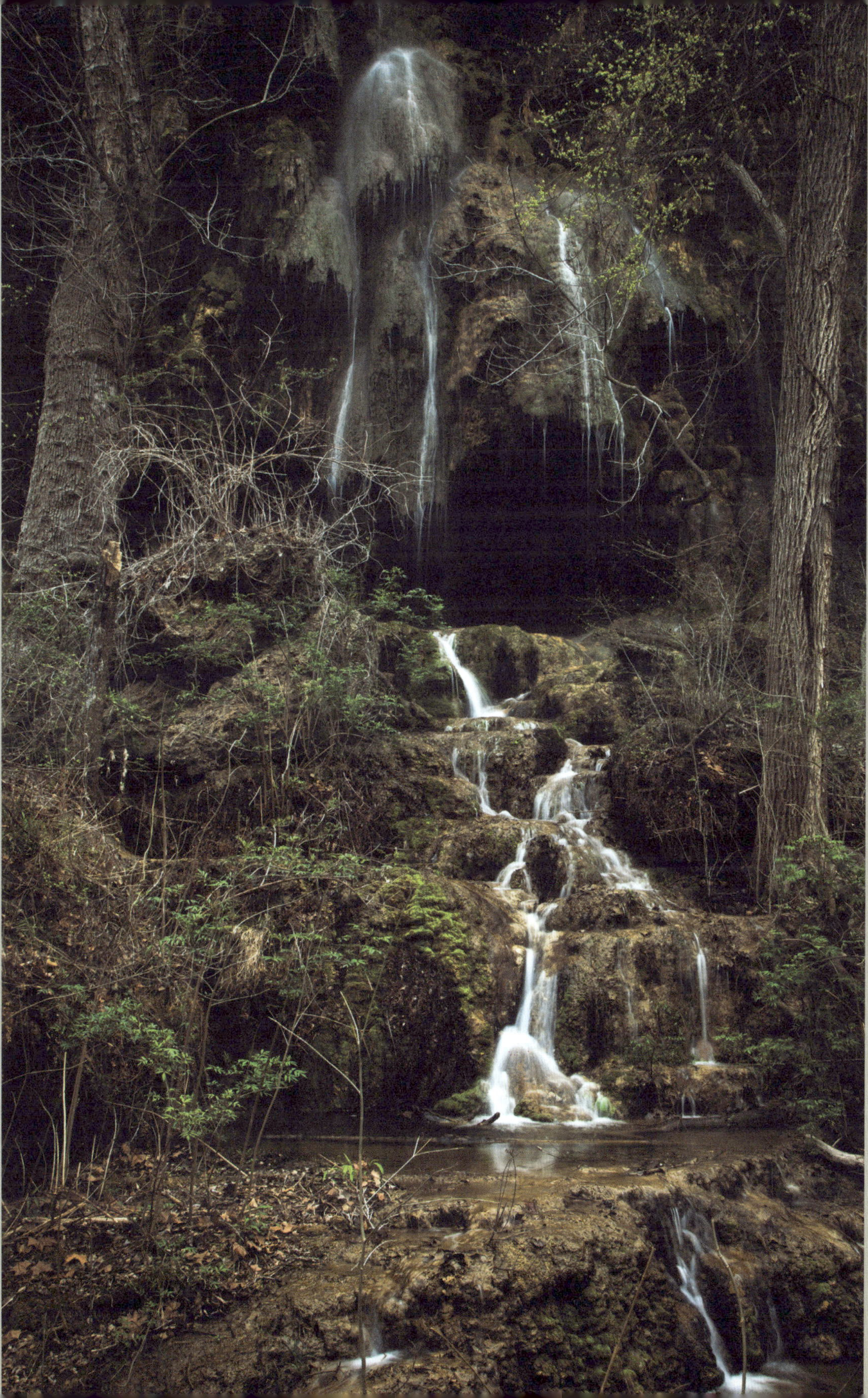

CASO IN QUESTIONE ROBERT FRANK, FOTOGRAFO E VISUAL EDUCATOR

Robert Frank è un nome noto nella storia della fotografia americana, sebbene durante gli anni '50 il suo nome non ricevette nient'altro che una fredda accoglienza nei circoli fotografici. Fotografo svizzero, emigrò negli Stati Uniti poco dopo la seconda Guerra Mondiale. Come molti colleghi, si scontrò con il compromesso tra la visione creativa e l'amministrazione editoriale, ma dopo diversi anni lavorava come freelance per alcuni dei nomi più noti di New York.

Nel 1955 Frank vinse una borsa di studio da Guggenheim per fotografare la vita negli Stati Uniti. Dopo due anni di viaggi lungo la nazione, alcuni con la sua famiglia, creò uno dei più importanti volumi di fotogiornalismo e di storia dell'arte: *The Americans*. Il libro mostrava l'interesse di Frank per le persone che crearono la nazione, ma, ancor più importante, rappresentava una deviazione dal fotogiornalismo tradizionale e dall'arte fotografica che evidenziava l'America ideale.

Tra gli altri temi, le 83 immagini usate per il libro toccavano le lotte di classe, la sfiducia della gente, la segregazione e la povertà. Le sue foto spesso erano sfocate ed estremamente "granulose" e il suo lavoro venne criticato per mancanza di tecnica e "qualità". Oggi, tuttavia, il libro è considerato una delle collezioni più iconiche della fotografia americana, in parte grazie al successo della *beat culture* e delle relazioni di Frank con persone come Jack Kerouac e Allen Ginsberg. A prescindere da come *The Americans* si guadagnò l'attenzione, comunque, resta il fatto che gli osservatori individuali del suo lavoro videro anche del significato nelle sue immagini, un significato derivato dalla volontà di documentare la vita americana.

Io e Kent Lowry, un mio caro amico e grande giornalista tecnico, parlammo spesso di *The Americans*, e lo invitai a tenere lezioni in alcune classi, per parlare della sua importanza per la fotografia. Kent sottolinea uno degli elementi chiave del perché il libro destò attenzione: la fallacia intenzionale. Sebbene Frank suggerisse un significato nelle sue immagini, consentì al pubblico di interpretarle in modo personale.

Kent ci aiuta a notare come le immagini di Frank siano state interpretate dagli altri: in modo diverso e con vari significati. A meno di non parlare direttamente con Frank, non possiamo sapere esattamente cosa volesse dire con le sue foto, ma tutti quanti possiamo attribuire un nostro significato alle storie contenute in quegli scatti. Robert Frank con *The Americans* fece in modo che gli osservatori pensassero alla storia dei loro simili. La collezione fornì spunti interessanti anche al di fuori della fotografia e fece in modo che gli osservatori si domandassero cosa stava succedendo alle persone ritratte nelle fotografie.

Ogni volta che penso al modo in cui il pubblico potrà interpretare un'immagine che produco, penso a Robert Frank, fotografo e visual educator. ■

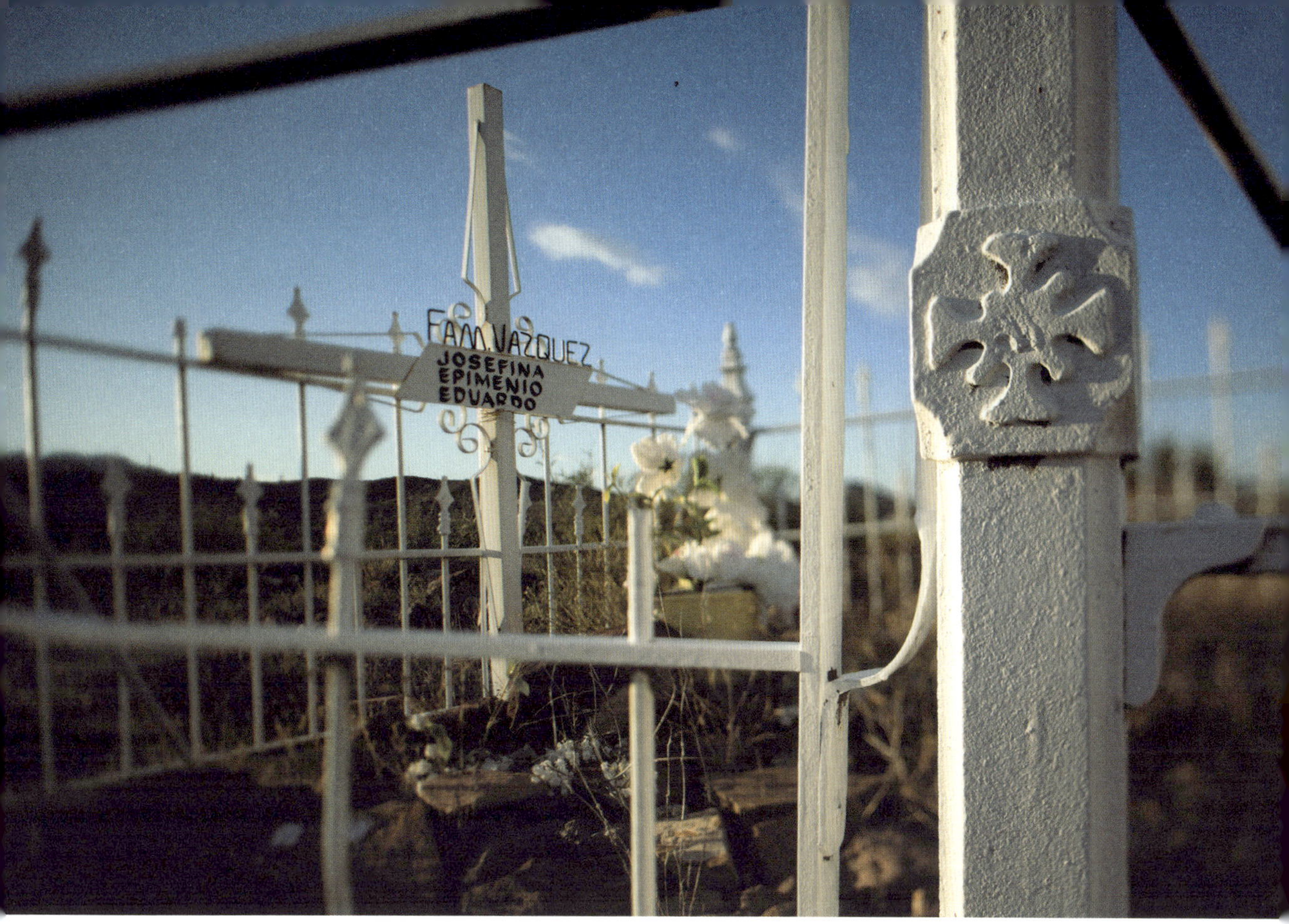

Fede e religione, al pari della morte, sono temi universali sui quali spesso le storie vengono costruite. Shafter, Texas.

Canon 5D, 24 mm tilt-shift, 1/400 sec., f/3.5, ISO 50

Dare intenzionalmente agli osservatori la possibilità di andare oltre la storia palese presente nelle vostre foto potrebbe darvi la profondità di storytelling di cui voi e le vostre immagini avete bisogno. Anziché fotografare una cascata come quella che avete visto in precedenza, o in condizioni ambientali e tecniche che usereste normalmente, approcciate lo scatto da un angolo che potrebbe enfatizzare la fragilità dell'ambiente circostante e sottoesponete la scena di due terzi di stop, per aiutare in modo sottile l'osservatore a interpretare l'immagine su un diverso piano emozionale.

È un po' come guidare lo spettatore a sperimentare l'immagine e, in effetti, è proprio così. Voi siete i creatori e, sebbene la fallacia intenzionale non possa sparire, a prescindere da ciò che fate, potete usare questa conoscenza come uno dei vostri attrezzi, in modo che vi aiuti a trovare e soffiare nuova vita nelle immagini, appena al di sotto della storia principale che volete raccontare al pubblico.

TEMI VISUALI

Le storie contengono messaggi – che possono trasmettere uno stato d'animo, una prospettiva o una morale. Le storie ci fanno sentire in un certo modo, ci forniscono un nuovo modo per osservare le cose, ci informano, educano

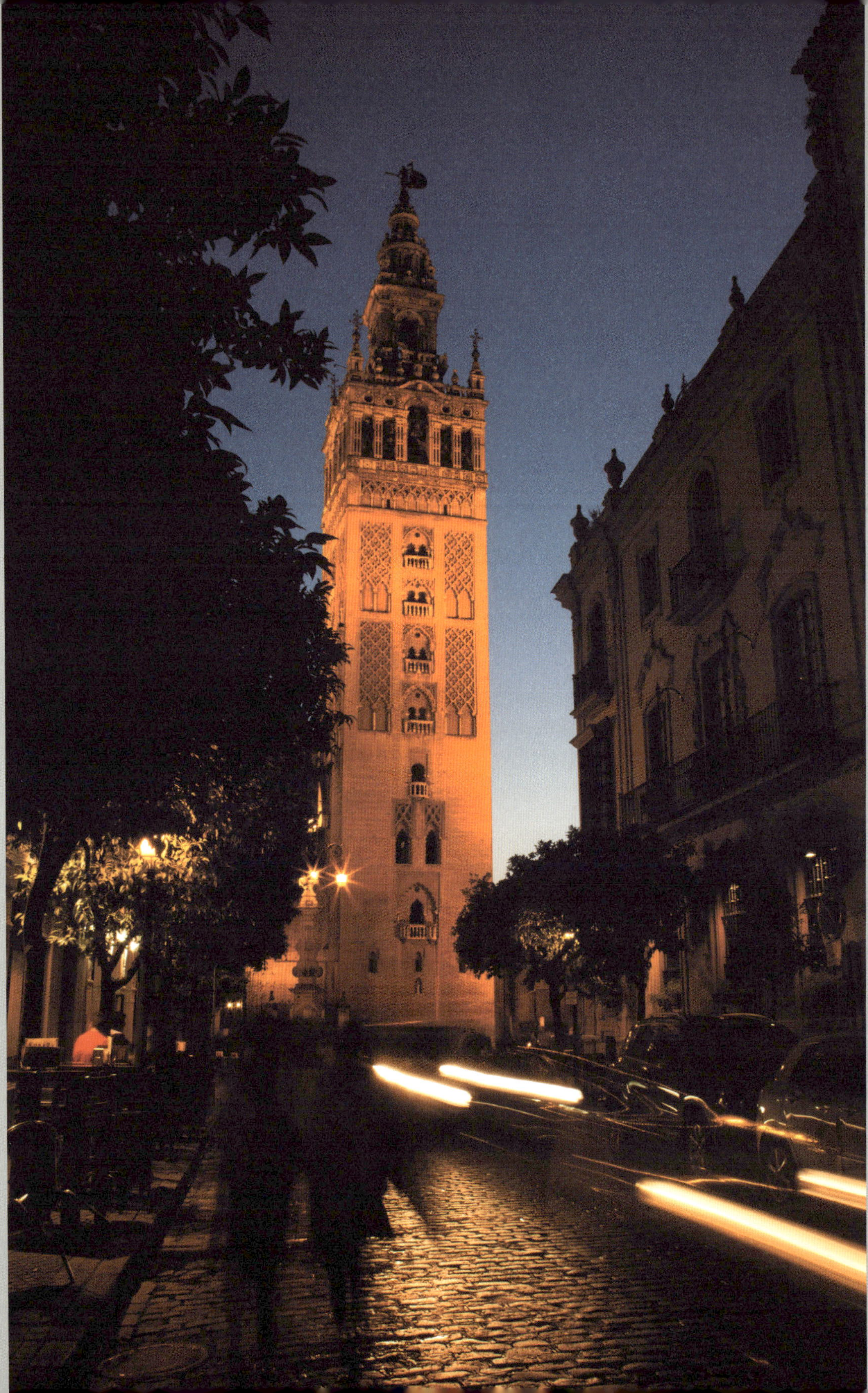

e intrattengono. Ancora più importante, le storie *riguardano* qualcosa. Che siano raccontate, trasmesse, mostrate tramite fotografie o film, le storie ruotano attorno a strutture narrative tematiche.

Ricordate quando avete sentito per la prima volta la frase, "La morale della storia è..."? La morale faceva parte del tema: giusto e sbagliato, il forte contro il debole, il bene contro il male. Questi temi, tra i tanti altri, sono gli elementi attorno ai quali viene costruita la storia.

Anche se sembra elementare pensare a queste idee accostandole a *Cappuccetto rosso*, certi temi resistono nel tempo. I temi sono vecchi quanto la storia stessa: essenzialmente, sono ciò che la storia è realmente. Amore, bellezza, fede, conflitto, pace e unificazione, distruzione, religione, progresso, conservatori e liberali, felicità e tristezza - questi sono tutti temi attorno ai quali le storie vengono create. Allo stesso modo, come molti fotografi e autori hanno sottolineato prima di me, più i temi sono universali - più queste basi tematiche sono vicine alla popolazione globale - più interessante sarà la storia.

I temi sono vecchi quanto la storia stessa: essenzialmente, sono ciò che la storia è realmente.

Se vi sembra troppo filosofico come argomento, considerate i diversi tipi di fotografi nel settore, che si concentrano sullo sport, sulla famiglia, sulla guerra, sui viaggi, sul lifestyle e altro. Tutti questi fotografi si trovano impegnati in shooting in base ai grandi temi che identificano il loro genere in quel momento. Questi temi possono essere ristretti a qualcosa di meno astratto, ma comunque onnicomprensivo. I fotografi di viaggio si basano sui temi che ruotano attorno ai viaggi e alle avventure della vita, dove la vita vi porterà e all'eccitazione che potreste provare lungo il cammino. I fotografi umanitari creano immagini che ispirano assistenza e giustizia, speranza e pace, oltre a una popolazione unita. I fotografi di matrimoni si concentrano sul catturare l'amore, la famiglia e il perpetuarsi di questi valori nel futuro.

Si tratta di generalizzazioni grossolane e ciascun genere ha le proprie possibilità tematiche più specifiche. Ma il punto è che va a nostro vantaggio, quando raccontiamo una storia, che si parli di fotogiornalismo sulla fame in Somalia o un matrimonio a Kalamazoo, nel Michigan, determinare o identificare i temi che ci aiuteranno nel processo di storytelling.

La fotografia di viaggio tocca argomenti tematici come la cultura e l'avventura. I movimenti sfocati delle persone e le luci delle auto vicino alla Giralda, antica torre campanaria di Siviglia, in Spagna, si collegano in modo astratto a questi temi.

Canon 5D Mk II, 24 mm, 2 sec., f/22, ISO 400

ESERCIZIO SCOPRITE I TEMI TRA LE VOSTRE IMMAGINI

Un ottimo modo per iniziare a sviluppare e scattare con i temi dello storytelling in mente è individuarli tra le immagini che avete già prodotto. Credo che ognuna di queste, che lo sappiate o meno, sia riconducibile a certi temi.

PARTE I: SCOPRITE IL TEMA

C'è una ragione per cui siete diventati fotografi e con buona probabilità sarà evidente nelle vostre immagini. Se avete iniziato a scattare durante i viaggi, allora probabilmente vedrete temi relativi alla cultura, all'avventura, al cibo e altre narrative globali. Per chi tra voi ha iniziato a usare la fotocamera quando è diventato padre o madre, un'occhiata nell'archivio di immagini incentrate sul vostro bambino dovrebbe richiamare temi vicini alla purezza, alla gioventù, alla gioia, all'amore e forse alla tradizione. Considerate queste motivazioni per imparare come scattare sfruttando i punti di forza. Avete iniziato a sviluppare immagini attorno a certi temi universali perché siete in sintonia con essi.

Stabilite cosa costituisce la maggior parte del vostro lavoro. Siete un fotografo di paesaggi? Un fotografo di lifestyle? Forse usate la fotocamera come strumento per modellare gli atteggiamenti delle persone riguardo ai meno fortunati e al modo in cui devono essere trattati. Spulciate i vostri archivi, se necessario, così da capire la vostra attitudine.

Quando avete capito il tipo di fotografia che vi attrae, iniziate a osservare le immagini che avete prodotto. Cosa rappresentano? Siate filosofi per un momento e scrivete su carta la risposta. Rispondendo identificherete uno o più temi universali che riguardano le vostre immagini e che le mettono in relazione al pubblico. Questa parte dell'esercizio può sembrare inutile o vaga, ma vi mette nella condizione di osservare per cercare e identificare i temi, non solo nel vostro archivio esistente, ma anche tra le immagini che dovete ancora produrre.

PARTE II: SCATTATE IL TEMA

Stabilite un weekend in cui scattare in base a un tema universale. Per il bene dell'esercizio sceglietene uno piuttosto astratto, come il bene contro il male, la prosperità, giovinezza e vecchiaia, il potere o anche la vita e la morte.

Dopo aver selezionato il tema, sviluppate una lista di 15 potenziali foto che possano evidenziare il tema stesso. Ciò rinvigorirà la vostra creatività e, anche se avete già creato una lista di immagini, ora avrete maggiori probabilità di vederne altre che corrispondono al tema scelto. Mentre fiori e cartelli stradali rappresentano interessi abbastanza specifici, le *immagini* di fiori o cartelli stradali possono contribuire a creare i temi di storytelling più generici, che raggiungano un pubblico più ampio. Terminato il weekend, modificate le vostre immagini per creare una top ten per il vostro tema, cercando di capire perché sono le più interessanti tra le tante. Il "perché" dovrebbe dipendere dal tema che avete scelto. Se incontrano il vostro gusto, annotatevi le ragioni per le quali queste foto sono rappresentazioni del tema. Un metodo più pratico per scrivere le parole in questa parte dell'esercizio è aggiungere le didascalie agli scatti, tenendo a mente il tema.

Sebbene possa sembrare poco pratico ripetere l'esercizio ogni volta che scattate, la pratica irrobustirà il vostro meccanismo di storytelling. Più siete aperti a trovare e sviluppare immagini che toccano temi universali o più specifici, più potente risulterà il messaggio che accompagnerà le vostre foto.

I temi che scoprite tra le vostre immagini o tra quelle che scatterete potrebbero cambiare nel tempo. Potreste aver iniziato per via dei vostri ragazzi, ma aver scoperto di preferire gli scatti il cui tema si focalizza sulla giustizia e sulla sua mancanza. Indipendentemente da ciò, conoscere l'importanza dei temi per lo storytelling vi spingerà a perseverare nell'identificare le possibilità di produrre immagini più intense. ■

Dal significato astratto e teorico alla specificità più dettagliata, le storie vengono sviluppate attraverso strutture tematiche. I temi danno alle storie un respiro, le mantengono sulla rotta stabilita e invitano un pubblico di nicchia o più ampio a consumarle e a interpretare le nostre immagini. Ricordate quel che vi ho detto della fallacia intenzionale? Una fotografia è un documento, ma di tipo soggettivo. Allo stesso modo, oltre quel che semplicemente compare nel frame, questo documento *significherà* qualcosa per qualcuno. Un arcobaleno che compare alla fine di una tempesta torrenziale ha significati diversi per diverse persone. I fotografi potrebbero osservare questa foto e pensare: "Bella foto". Altri potrebbero leggervi speranza, unità, forza o una promessa, tutto nella stessa immagine.

Date uno sguardo più approfondito alle vostre immagini. Quando iniziamo a pensare a una storia da un punto di vista tematico, iniziamo a notare quel che stiamo dicendo con le nostre foto. I fotografi possono scattare in base a un tema molto specifico e sviluppare immagini che veicolino anche qualcosa di più universale. Per esempio, sviluppare immagini tematiche attorno ai colori della città potrebbe accendere negli osservatori il concetto di cultura globale. Il bene contrapposto al male potrebbe essere enfatizzato nelle immagini sviluppate attorno a un tema più pragmatico: creature velenose del Nord America. Diventerete rapidamente esperti sulla versatilità delle vostre foto e inizierete a vedere come il metodo con cui sviluppare un tema per un particolare scatto vi possa fornire una guida creativa e una nuova visione di quel che si trova davanti al vostro obiettivo.

Fortunatamente, i fotografi sono in grado di fare di più che semplicemente dedicarsi al senso della vista: siamo in grado di lavorare sui temi che forniscono una dinamica aggiuntiva

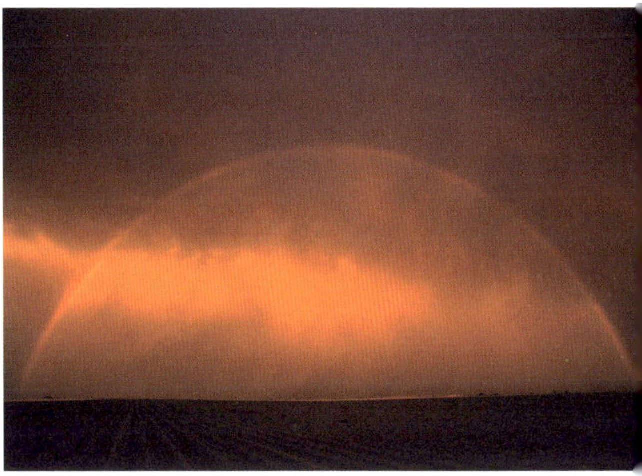

Dopo una tempesta, un arcobaleno per molti è un segno. Il significato implicito può ricadere in diverse strutture tematiche e la religione è una di queste. I cristiani credono che l'arcobaleno rappresenti una promessa tra Dio e la popolazione del mondo, affinché la terra non venga mai più distrutta dalle acque.

Canon 5D Mk II, 17 mm , 1/60 sec., f/3.2, ISO 400

I colori brillanti ed esuberanti completano il bianco tipico di Cordoba, città storica spagnola – un modo astratto per suggerire l'emozione del viaggio.

Canon 5D Mk II, 50 mm, 1/400 sec., f/8, ISO 100

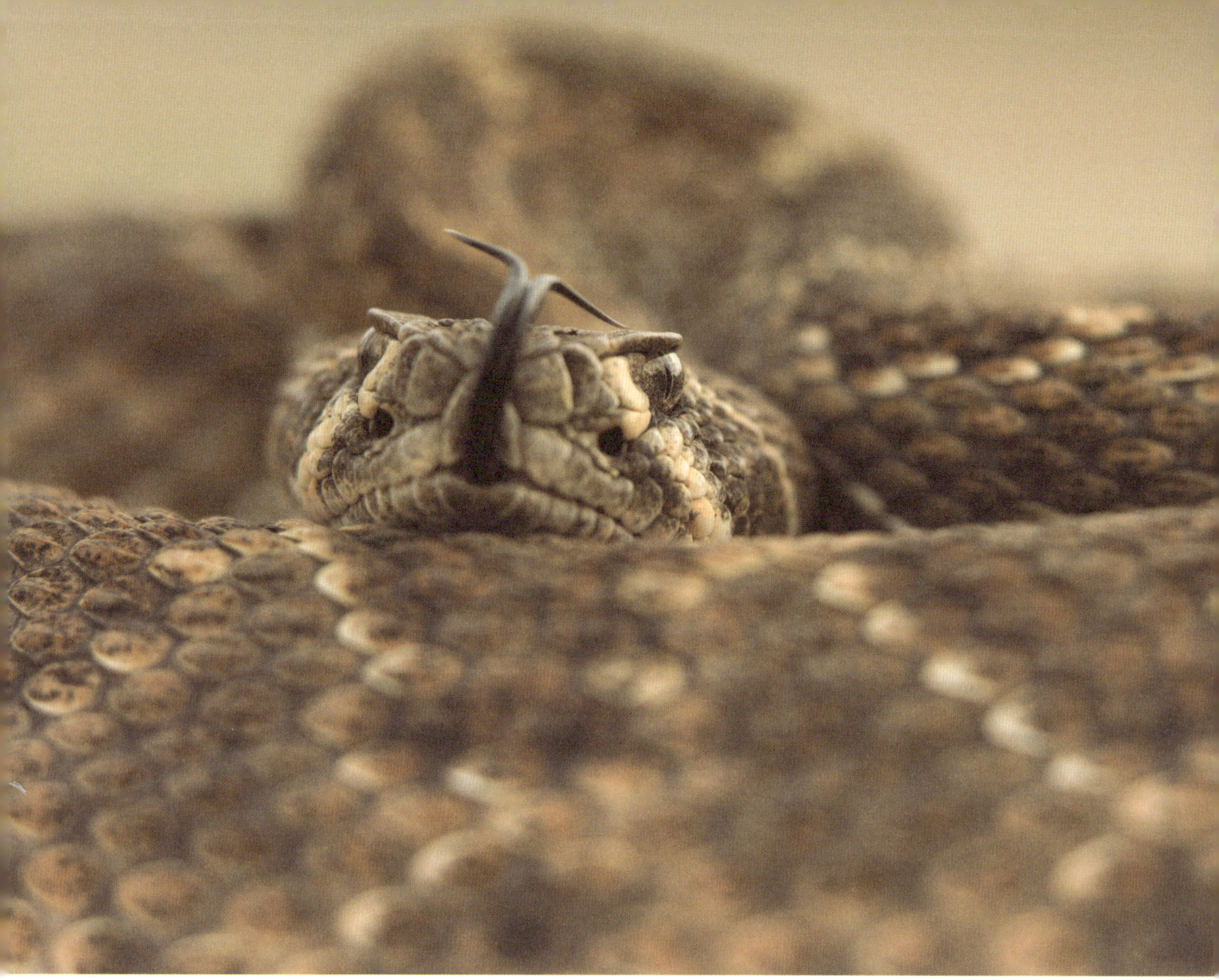

Un serpente velenoso, come questo serpente a sonagli diamondback, suggerisce simbolicamente il "male" in alcune culture.

Canon 1D Mk II N, 115 mm con tubi di estensione, 1/160 sec., f/4, ISO 50

alla storia. La capacità di raccontare storie visuali che ruotano attorno ai temi universali è importante. Mette la frase "un'immagine vale mille parole" in un'altra prospettiva, vero?

I temi sono sempre le fondamenta delle storie. Una rivista la cui mission sia la conservazione della fauna selvatica conterrà diversi articoli specifici, ciascuno dei quali parlerà al proprio pubblico in base a un tema più ampio: la conservazione della vita e il benessere. Potreste notare questo stesso tema affrontato anche da altre storie e immagini, di altre pubblicazioni riguardanti il lifestyle, la salute o anche la politica. I temi sono teorici, ma hanno una grande attrattiva. Le storie, incluse quelle visuali, sono tangibili e rappresentative. Senza i primi è difficile trovare le seconde.

STATE RACCONTANDO UNA STORIA? CONTROLLATE DI NUOVO

Fin qui siamo d'accordo: il motivo per cui molti tra noi girano con una fotocamera a tracolla è raccontare una storia con delle immagini. Tutti quelli che si mettono in gioco in questa parte del lavoro lo fanno a diversi livelli di attitudine, interesse e qualità. Alcuni tra noi potrebbero notare due anziani che chiacchierano in un parco e decidere di voler scattare una bella foto, mentre altri potrebbero trascorrere un mese intero a fare ricerche e scattare una serie di immagini su ciò che accade in una fabbrica di tessuti. Che la cosa sia intenzionale o meno, stiamo dicendo qualcosa con le nostre immagini. La domanda alla fine della giornata è: *cosa* stiamo cercando di dire?

Per crescere come storyteller fotografici è necessario essere, almeno in parte, riflessivi. Questa cosa si può manifestare a diversi livelli, ma in definitiva significa voltarsi indietro e analizzare il modo in cui avete ottenuto il racconto di una storia, e questo ogni volta che avete premuto il pulsante di scatto. Non esiste un processo di apprendimento in dieci passi, che vi possa insegnare il modo in cui si racconta una storia, ma sono pronto a scommettere che molte persone appassionate di fotografia hanno già ottenuto dei benefici semplicemente esaminando il loro stesso lavoro.

Ricordate il momento in cui stavate fotografando una fattoria incontaminata e, dopo aver scattato alcune foto stando in piedi, avete abbassato la vostra prospettiva per enfatizzare non solo la vastità dell'area, ma anche quel denso campo di orzo che sembrava un oceano di onde verdi? Ecco un esempio di cosa significa essere riflessivi. E che mi dite del momento in cui stavate guidando, dopo aver terminato il vostro primo incarico per il quotidiano locale, incentrato su un barbiere del posto e avete pensato: "Perché non l'ho fotografato seduto sulla sua sedia con un ombrello riflettente alla sua destra?!". Anche questo è essere riflessivi. E non dimenticate certo il post che avete scritto sulle vostre fotografie preferite, come vi sentivate il giorno in cui l'avete fatto, perché era importante scattare, la storia che sta alla base delle foto e perché le considerate importanti. Sì, avete indovinato: riflessione.

La riflessività è solo una parte di quel processo fotografico fatto di intuizione, processi ed esperienze vissute che ci rendono storyteller visuali migliori. Tuttavia, è un aspetto al quale possiamo sempre ricorrere, che si tratti di decidere un f-stop durante uno shooting o di modificare l'immagine al computer. Più lo facciamo, più diventerà la nostra seconda natura, proprio come il capire le equivalenze di esposizione e la messa a fuoco per la massima profondità di campo. La riflessività non deve diventare uno spreco di tempo da aggiungere al processo di editing di uno shooting

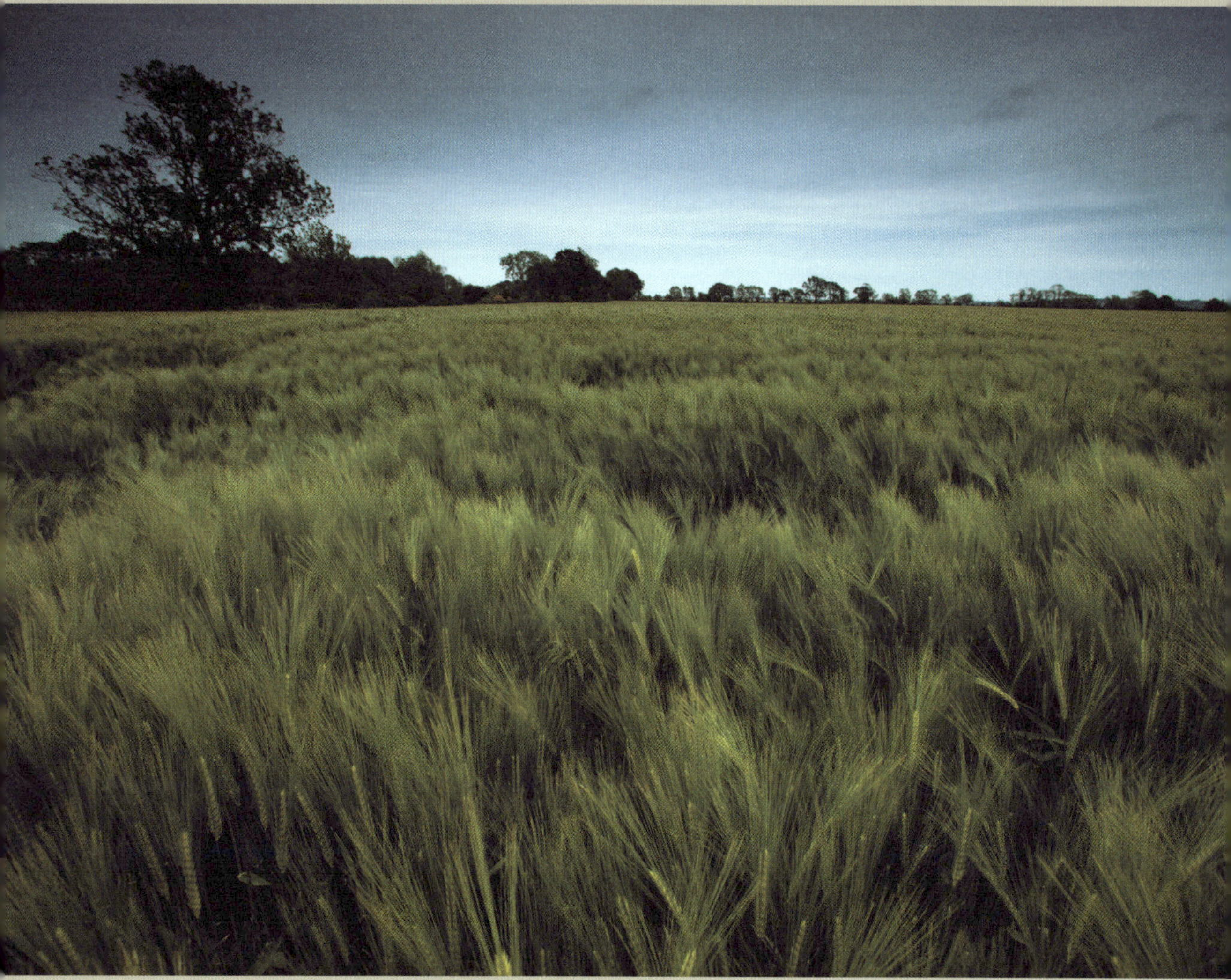

Abbassare un obiettivo grandangolare vicino al raccolto di orzo ha aiutato a enfatizzare l'immensità del campo, mentre un filtro graduato neutral density ha restituito i dettagli al cielo scozzese, carico di pioggia. Nei pressi di Montrose, Scozia.

Canon 5D Mk II, 17 mm, 1/160 sec, f/8, ISO 200

e non esistono regole che richiedono di tenere un diario (anche se conosco diversi fotografi di successo che si sforzano di farlo, per avere informazioni dettagliate e per ispirazione). La riflessività è una componente importante per migliorare le vostre capacità di storytelling, sia tecniche sia concettuali.

ALCUNE DOMANDE DI BASE

Essere riflessivi sul vostro lavoro significa essenzialmente farvi alcune domande riguardo le immagini che create. Queste domande non sono scolpite nella pietra e non esiste un elenco esaustivo. Ecco alcune domande astratte sulle quali rifletto spesso, consciamente o inconsciamente, lungo il mio percorso:

- Sto raccontando una storia con questa immagine?
- È questa la storia che voglio raccontare?
- Quali elementi nell'immagine possono distrarre o intervenire nel racconto di questa storia?
- C'è qualcos'altro che posso usare, che possa rafforzare la mia capacità di raccontare la storia che sto fotografando?

Nel resto del libro ci concentreremo su queste aree della creazione di una storia, che traggono benefici da una costante riflessività. Consideratelo come un incoraggiamento a scoprire sempre perché state prendendo certe decisioni tecniche, stilistiche ed estetiche. Le pagine che seguono spiegano i modi di considerare lo storytelling sul posto e in seguito come parte della vostra crescita come fotografo. Sarei presuntuoso se dicessi che queste informazioni sono obbligatorie. È solo un tentativo di farvi considerare il perché prendiamo certe decisioni con la fotocamera, che aiutano o bloccano il nostro talento nel raccontare una buona storia. A fine giornata, questo è il nostro obiettivo, vero? Dopo tutto, abbiamo questa importante responsabilità di essere i "badanti" della storia.

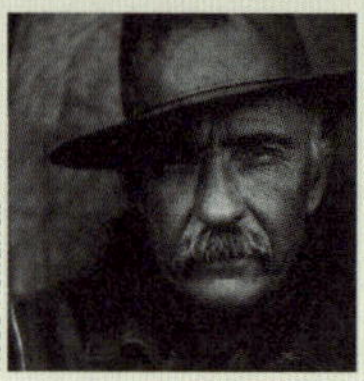
Robb Kendrick

Considero sfacciatamente Wyman Meinzer il mio mentore fondamentale nella fotografia. Ci siamo conosciuti molti anni fa e ho avuto l'opportunità di trascorrere qualche avventura con il fotografo ufficiale dello Stato del Texas. Ci incontrammo alla Texas Tech University quand'ero studente, quando decisi di seguire uno dei suoi corsi, corso nel quale ora insegno anch'io ogni estate. Fin dall'inizio ebbi la fortuna di poterlo chiamare amico e collega. Abbiamo fotografato e insegnato insieme in tutto lo Stato del Texas e nel Messico del nord e molti anni fa, insieme a sua moglie Sylinda, abbiamo avviato una piccola casa editrice.

Alcuni dicono, "Quelli che non sanno fare, insegnano" e viceversa. Wyman non è uno di quelli a cui queste persone si riferiscono. Le sue capacità di scattare, di insegnare in modo efficace e di ispirare i suoi studenti hanno influenzato anche me. Per circa un terzo di secolo ha documentato la terra selvaggia di questa nazione e la storia della natura del Texas, raccontando le storie di un numero infinito di persone durante i suoi viaggi, per la pubblicazione su riviste o libri. Il suo lavoro e i suoi insegnamenti hanno influenzato molti fotografi e li hanno aiutati a imparare come si racconta una storia visuale.

D Raccontaci qualcosa di te e della tua fotografia.

R Sviluppai l'interesse per la fotografia all'età di 12 anni. Mia madre mi regalò una vecchia Kodalux 120 a pellicola che tenevo sempre nella mia bisaccia, così scattavo foto mentre esploravo i canyon. Dopo due o tre anni diventai meno interessato e scattavo sempre meno immagini, per via dei limiti tecnici della piccola Kodalux. Anche in giovane età volevo guardare le cose da più vicino e avere così una visuale più intima del soggetto.

Dopo essermi iscritto alla Texas Tech University, venni incaricato di condurre una ricerca sulle abitudini alimentari dei coyote dei Texas Rolling Plains e mi feci prestare una macchina 35 mm per documentare i metodi della ricerca. Fu il momento in cui sviluppai un interesse più serio per la fotografia.

Dopo la laurea, nel 1974, continuai a lavorare sugli aspetti tecnici dell'arte e approfondii seriamente la fotografia in bianco e nero e il lavoro in camera oscura, studiando il lavoro di Fred Picker e di altri fotografi del tempo. Alla fine degli anni '70 passai al colore, grazie all'ispirazione di Ernst Haas ed Eliot Porter. Fotografando prevalentemente la fauna selvatica, i miei lavori erano già stati pubblicati su *National Wildlife* e *Texas Parks and Wildlife*, ma arrivai ai magazine più importanti a New York. Nel 1985 scattai diverse copertine e altre foto per *Sports Afield*, *Field & Stream* e *Outdoor Life*.

Pubblicai il mio primo libro nel 1993, intitolato *Roadrunner*, e da allora altri 22 libri di grande formato. Il mio lavoro come fotografo naturalistico mi ha portato in tutto il Texas, attraverso il selvaggio Messico del nord, nei territori degli Stati Uniti e nello Yukon.

D Quali furono le tue influenze sul modo di raccontare una storia con la fotocamera?

R Come detto, studiai inizialmente il lavoro di alcuni fotografi del bianco e nero, anche se ciò influenzò prevalentemente le mie conoscenze tecniche di fotocamera e pellicola. Il lavoro a colori di Ernst Hass ed Eliot Porter, nella loro documentazione del West, rappresentò una grande influenza sul mio futuro fotografico. Le collezioni di foto di entrambi riflettevano la personalità del West, che andava oltre la tipica immagine "poster": usavano la luce per massimizzare la dinamica dei colori e delle forme di questa fantastica regione. Proprio come fotografare la storia naturale delle specie selvatiche, riprodurre i paesaggi con tanta energia richiede conoscenze di geologia e degli angoli effettivi che servono per riprodurre correttamente l'ambiente. Questi due uomini erano maestri.

D C'è un episodio che ha enfatizzato il tuo ruolo come storyteller fotografico? Quando hai realizzato che ciò che facevi con la fotocamera andava oltre la tua persona e stava raggiungendo gli altri?

R Ricordo bene un episodio in cui compresi che il mio lavoro poteva influenzare gli altri. Era il 1981, quando trascorsi diverse settimane a documentare le abitudini di nidificazione del roadrunner del Texas. Fui così coinvolto dal processo naturale e storico di questa specie, che era evidente che il mio lavoro avrebbe potuto illuminare i lettori sulla vita di questo volatile, che per la maggior parte era ricordato solo come un personaggio di cartoni animati trasmessi in TV. Alla fine ebbi ragione e pubblicai dei saggi fotografici sul roadrunner praticamente in tutto il mondo.

D Il tuo lavoro come fotografo naturalistico si è evoluto negli anni, permettendoti di ottenere incarichi particolari. Qual è l'aspetto più importante della tua produzione fotografica, che ti aiuta a raccontare la storia che vedi?

R Penso che l'aspetto delle mie fotografie in grado di fare la differenza sia la volontà di offrire gli aspetti della storia naturale dei miei soggetti, che si tratti della fauna o della stessa terra: tutto quanto ha una storia da raccontare.

D Alcuni ti descriverebbero come uno storico, oltre che un fotografo. Come ti aiuta questa caratteristica, come storyteller visuale?

R Penso che essere uno storico possa migliorare l'interesse complessivo di un saggio fotografico. Mescolare la storia naturalistica della fauna, le persone, il clima e il paesaggio con fatti storici reali aiuta a stabilire una connessione con i lettori, in un modo che va oltre il tipico approccio fotografico. Si tratta di una metodologia più strutturata, credo, un sistema che stimola l'interesse del pubblico.

Un buon esempio di questo metodo è dato da uno dei miei lavori recenti, incentrato su un grande ranch qui in Texas. L'approccio che ci si attende per una produzione su un ranch riguarda, ovviamente, le attività tradizionali con il bestiame. In questo caso, invece, ho migliorato l'approccio con alcuni eventi storici interessanti che sono accaduti lungo i confini del ranch, come le azioni militari del XIX secolo contro gruppi ostili di Comanche, i cimiteri della stessa epoca creati dai primi coloni e le incisioni nella roccia dei cowboy del XX secolo, da tempo dimenticate. È un ottimo approccio, mentre si racconta la storia, aggiungere un'altra dimensione alla "commerciabilità" del prodotto.

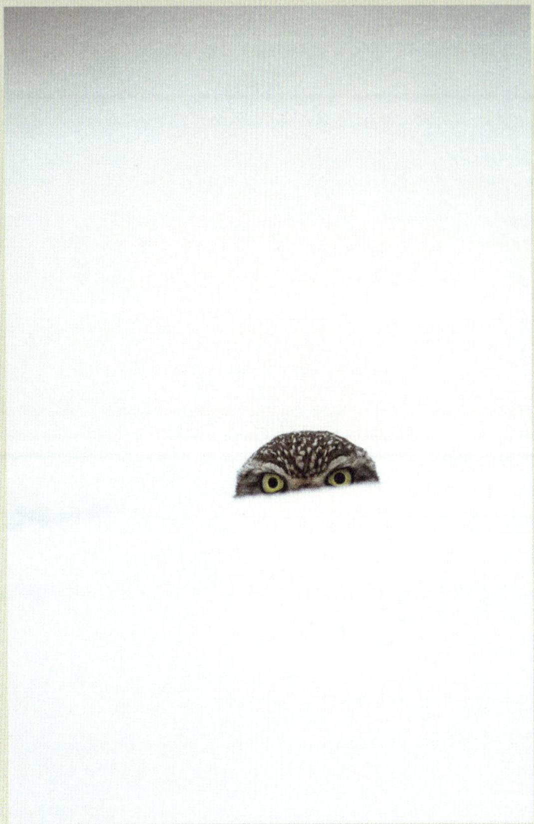

Wyman Meinzer

D Se dovessi scegliere una sola delle tue immagini per spiegare l'efficacia che si può raggiungere nello storytelling tramite la fotografia, quale sceglieresti e perché?

R L'immagine che credo possa rappresentare un buon esempio della forza dello storytelling sarebbe quella che ho scattato tanti anni fa, che ritrae una civetta rintanata nella neve. La foto accentua i grandi occhi, che sembrerebbero appartenere a una creatura audace e aggressiva, ma l'azione descrive la vera natura di un piccolo uccello con una personalità timida.

Come la maggior parte delle foto migliori, riuscii a scattarla quasi per caso, in una fredda giornata in cui decisi di lasciare l'ufficio per provare a scattare qualche foto durante una tempesta invernale. Spostandomi nelle praterie, alla ricerca di qualche mammifero alle prese con le condizioni avverse, li trovai tutti nascosti nei loro nidi. Tuttavia, nella neve c'era una piccola civetta. Mi sdraiai a terra e puntai la mia Canon F1N, con un obiettivo Canon da 500 mm f4.5L, quindi mi avvicinai a uno degli uccelli che presidiavano un nido. Mano a mano che avanzavo si nascondeva sempre di più. Alla fine, con i gomiti sepolti nella neve, riuscii a vedere solo i grandi occhi della civetta che mi osservavano, al di sopra di una montagnetta di neve. È una foto classica, che ogni volta che viene osservata provoca delle emozioni.

D Negli ultimi anni hai lavorato a molti libri. Tutto questo influenza il tuo modo di lavorare, come storyteller?

R I progetti basati su libri sono splendidi forum grazie ai quali il fotografo può veicolare la storia nella sua interezza, semplicemente perché permettono a chi fotografa un maggior investimento in tempo, così da creare immagini

Non diventate maestri solo della fotografia, ma sviluppate anche la curiosità nei confronti della storia dei vostri soggetti.

più penetranti. Molti dei miei incarichi per le riviste sono molto brevi - da tre giorni a una settimana - e condizionano molto il modo in cui è possibile raccontare completamente una storia visuale. Nella maggior parte dei casi, i progetti di libri possono essere pianificati con largo anticipo, concedendomi più tempo per tutte le mie esigenze. Le storie per le riviste sono spesso assegnate sotto l'impulso del momento e a volte nel periodo peggiore della stagione, perché sia possibile raggiungere lo scopo fotografico prefissato.

D Oltre all'attrezzatura, cosa ritieni estremamente utile per raccontare storie visuali?

R Un racconto visuale può essere migliorato anche usando Internet come mezzo per distribuire il messaggio. Un sito web, le piattaforme di social media come Facebook, i blog e le e-mail, sono forum straordinari tramite i quali la storia può raggiungere un pubblico che va molto oltre quello editoriale tradizionale. Con i cambiamenti tecnologici di oggi, con l'ascesa di Internet e il calo di lettori delle pubblicazioni stampate, è un'ottima cosa per un fotografo rivolgersi a questi mezzi, non solo per raccontare la storia, ma anche per promuovere il proprio lavoro presso un pubblico più ampio.

D Sei il fotografo di Stato del Texas. A cosa ti ispiri per raccontare la storia visuale del Texas? Come fai a trovare una storia in mezzo a tante?

R Lo Stato del Texas è una storia della varietà nel contesto della terra, delle persone, del cielo, del clima, della storia e della fauna naturale. Ciò che mi intriga è combinare tutti questi aspetti per diversi anni, così da definire la personalità del nostro grande stato. È un impegno che ha richiesto 25 anni di lavoro continuo e dedicato e centinaia di migliaia di chilometri per attraversare queste terre e raccontarne la storia. Questo sforzo ha avuto anche un grande valore educativo, in quanto riguarda il risveglio della ricca diversità culturale che definisce l'orgoglio del nostro patrimonio.

D Se potessi dare un suggerimento a coloro che iniziano a raccontare storie con la fotografia, quale sarebbe?

R Non diventate maestri solo della fotografia, ma sviluppate anche la curiosità nei confronti della storia dei vostri soggetti. Combinare l'applicazione di belle luci, un'attenta composizione e altri elementi necessari per ottenere una foto pregevole, con la conoscenza della storia, è fondamentale per produrre fotografie davvero grandi. I fotografi che non si comportano come studenti di storia o della storia naturale spesso scattano le loro foto in modo mono-dimensionale, perché non conoscono a sufficienza il soggetto da definire gli aspetti fotografici più intimi della sua vita o di quella del paesaggio. ■

Per vedere il lavoro di Wyman Meinzer, visitate il suo sito web all'indirizzo www.wymanmeinzer.com.

CAPITOLO 3

Scattare la storia

Nonostante sia vero, l'idea di considerare la fotocamera come un semplice strumento del processo fotografico sta diventando un cliché. Sicuramente è solo uno strumento, ma è anche essenziale. Siamo fotografi – usiamo le fotocamere. Abbiamo scelto una macchina fotografica come mezzo per esprimere una storia e, se vogliamo crescere continuamente come visual storyteller, è nostro dovere non solo capire come usarla, ma anche perché la usiamo in certi modi e in certe circostanze. I fotografi più abili usano questo strumento come un artigiano del legno usa il martello o il tornio.

Oltre a essere un ottimo modo per mostrare le variazioni cromatiche e le luci, il sovrapporre le silhouette delle cime montagnose è anche un buon metodo per sottolineare l'immensità del luogo. Big Bend National Park, Texas.

Canon 5D, 200 mm, 1/1.000 sec., f/4, ISO 100

Il segreto di questo gioco è usare la vostra fotocamera, anziché lasciare che questa vi usi. Tutti quanti passiamo attraverso questa lotta con macchine fotografiche, obiettivi, flash, treppiedi e qualunque altra cosa abbiamo nella borsa. Tuttavia, è ovvio che più tempo trascorrete lavorando con la vostra attrezzatura, più immagini producete e più tempo impiegate con le vostre immagini, più vi troverete a vostro agio con l'attrezzatura. Sfortunatamente, non è solo la quantità di tempo che impiegate durante uno shooting che determina la qualità delle vostre foto. Il vostro tempo deve concentrarsi per prima cosa sul perché state raccontando la storia.

La tecnologia delle fotocamere è complessa e fascinosa, e allo stesso tempo funziona soprattutto in base ai principi fondamentali della fotografia. Nonostante alcuni avanzamenti tecnologici, non è cambiato molto nel modo in cui il dispositivo funziona e produce immagini.

Per questa ragione, non credo che i "segreti" e i componenti tecnici debbano intimidire i nuovi storyteller. La comprensione del perché un'immagine funziona o non funziona diventa più facile, mano a mano che trascorrete tempo a osservare foto e a usare l'attrezzatura. In questo percorso dobbiamo solo premere qualche pulsante, per raccontare la nostra storia.

Questo capitolo non vi insegna come premere questi pulsanti (ci sono tanti altri libri che lo fanno), ma vi spinge a pensare a quei principi della fotografia in base ai quali premiamo i pulsanti. Aggiungere il "perché" al "come fare" è essenziale ai fini dello storytelling. È il modo in cui *vediamo* gli scatti della storia.

ATTITUDINE, TECNICA, STILE E CAPACITÀ DI STORYTELLING

I fotografi migliorano in continuazione grazie al lavoro. Sono pronto a scommettere che là fuori non c'è un solo fotografo che afferma di aver terminato la fase di apprendimento. Se vi capita di incontrare un individuo che afferma queste cose, non darei troppo peso a ciò che dice. Come accade in altre aree della vita, siamo eterni studenti di fotografia. Questo ci permette di migliorare in quattro diverse aree. Consideriamo il perché sono necessarie tutte e quattro.

Come detto, più tempo trascorriamo usando l'attrezzatura, scattando e rivedendo le immagini, più diventiamo tecnicamente competenti. Il concetto di esposizione, per esempio, può essere appreso senza neppure attivare l'otturatore una volta, ma finché non lo fate non lo capirete mai davvero. Non c'è dubbio che il funzionamento della fotocamera (e di tutto quel che c'è nella borsa) può essere imparato: ricordate, la fotocamera è sostanzialmente una macchina, con un manuale utente. Una volta che avete imparato quel che un certo modello può fare, dipende da ciò che sceglierete di farne.

Non solo continuiamo a imparare come produrre le immagini, ma tutti i fotografi lo fanno in modo diverso. Ipotizziamo che abbiate imparato come esporre durante i concerti dal blog di un fotografo di musica. Probabilmente avete applicato questa tecnica in modo diverso dal fotografo a fianco a voi, la notte in cui avete fotografato la rock band del momento. Forse quel fotografo ha imparato a esporre grazie a un altro collega, oppure per tentativi. Forse usa anche una modalità di esposizione diversa, con priorità di apertura anziché in manuale. Ogni fotografo ha il proprio modo leggermente diverso di svolgere un lavoro e questa cosa è chiamata tecnica.

Se avete trascorso un po' di tempo camminando attorno a un campo di calcio durante una partita, sentirete parlare di come certi scatti sono stati ottenuti più che in un'aula di un corso. È come ascoltare dei chitarristi che parlano del loro vibrato o pittori che discutono delle pennellate. La tecnica è importante per creare immagini coerenti e di successo, e il primo fattore che influenza la tecnica è, avete indovinato, l'esperienza con la fotocamera.

Con il passare del tempo, questa tecnica porta allo stile. Dico "con il passare del tempo" in modo astratto, perché lo stile non è qualcosa che si manifesta automaticamente dopo anni di uso della fotocamera. Potrebbe accadere il secondo giorno dall'acquisto della fotocamera o durante una passeggiata nel vostro orto, mentre fotografate la rugiada sulle foglie. Oppure, potete sviluppare uno stile dopo anni passati a trascinare stand per l'illuminazione, in location dove pochi altri si sarebbero avventurati. Tuttavia, lo stile è un'importante caratteristica delle vostre immagini, che si evolve a partire dalla vostra visione.

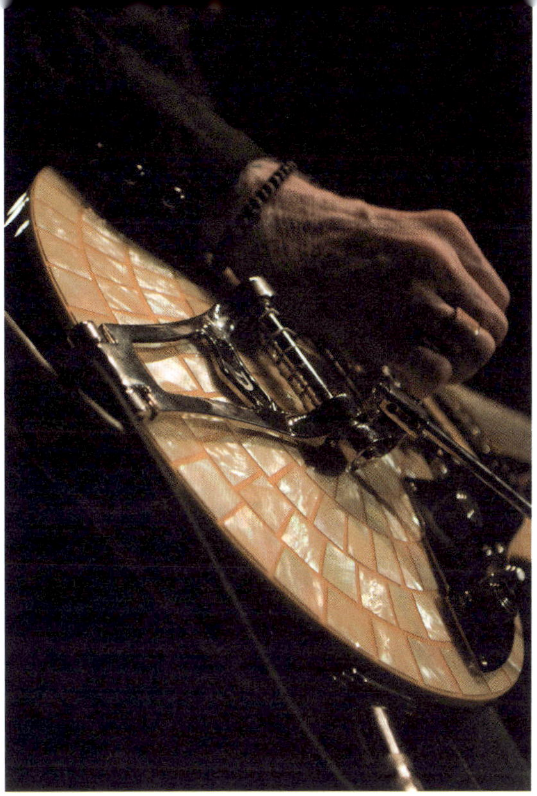

C'è una buona probabilità che chiunque abbia lavorato come fotografo in questo concerto possa aver imparato a scattare un'immagine come questa, forse solo leggermente diversa da quelle degli altri.

Canon 20D, 33 mm, 1/640 sec., f/2.8, ISO 800

Potete avere il vostro stile, anche se potreste non essere in grado di possedere la storia che state fotografando. Pensate a certe immagini che vedete con regolarità, che vi dicono immediatamente chi è il fotografo che le ha scattate. Questo è lo stile e diviene più pronunciato più siete in sintonia (tra le altre cose) con la vostra attrezzatura e la vostra tecnica.

Come fotografo, la vostra capacità di storytelling migliora combinando l'attitudine tecnica, la tecnica pura e lo stile. Sarebbe bello centrare questi obiettivi in ordine cronologico, e spesso è davvero così: tuttavia, non sempre uno segue l'altro. Alla fine dipende da come

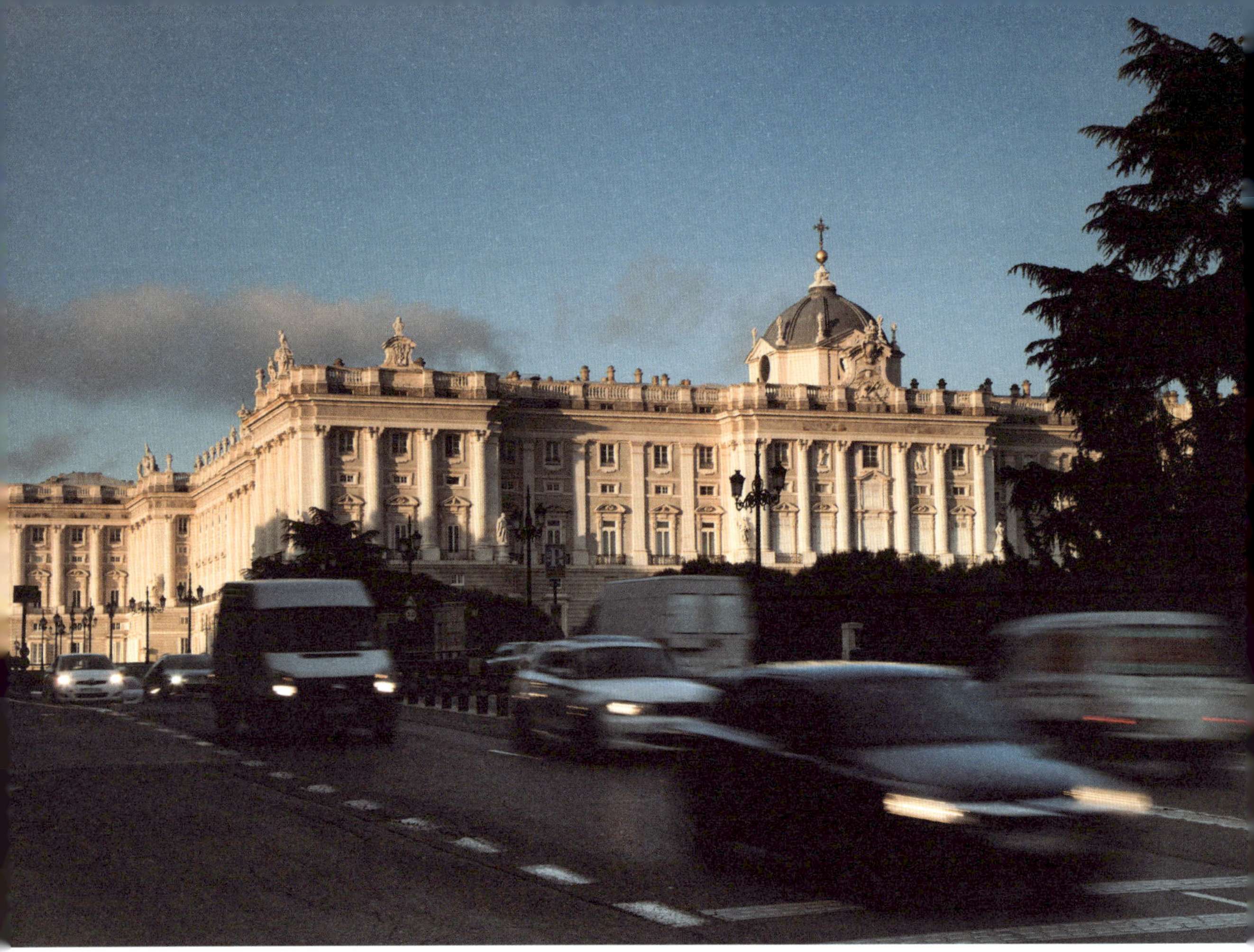

Il Palacio Real di Madrid, illuminato dall'alba, è incorniciato dalle attività in ombra e dalle strutture non ancora toccate dalla luce.

Canon 5D Mk II, 55 mm, 1/15 sec., f/11, ISO 200

queste aree funzionano insieme o da come le mettete all'opera. Se vi preoccupate di creare immagini che dicano qualcosa agli altri, allora il prendere in considerazione l'attitudine tecnica, la tecnica e lo stile risultante è essenziale per modificare l'efficacia del vostro lavoro da storyteller. Tutti possono raccontare una storia con una fotocamera. Cercate su Google *photovoice research*, la pratica di fotografare la vostra vita, e otterrete un punto di vista interessante e vario sul visual storytelling. Tuttavia, quelli tra noi che vogliono comunicare più efficacemente con le immagini devono davvero *usare* l'attrezzatura, migliorando continuamente la tecnica e coinvolgendo il proprio stile fotografico, così da poter parlare il linguaggio visuale in modo eloquente. Ora discuteremo di certi elementi della produzione di immagini. La rimanente parte del capitolo potrebbe porre molti "cosa succede se" in relazione alla produzione di uno storyteller, ma se continuate a lavorare sull'utilizzo della vostra fotocamera, la tecnica, lo stile e la capacità di raccontare una storia, allora si tratta di domande che dovrete considerare tutte le volte che lavorerete come fotografi.

LA LUCE: UNO STRUMENTO DI STORYTELLING POTENTE E CON MOLTE SFUMATURE

Non c'è discussione sulla fotografia che sia completa senza toccare l'argomento luce. Perché? È il *modus operandi* per ogni cosa inerente la fotografia dal punto di vista tecnico. Però non è tutto. A partire da Nicéphore Niépce e Louis Daguerre, i fotografi hanno capito il potere che la luce esercita, da un punto di vista estetico ed emozionale. Come i pittori prima, i fotografi hanno un grande vantaggio quando si concentrano sul modo in cui la luce deve "giocare" in un determinato ambiente.

La luce crea colori e ombre, i quali aiutano a definire il tono per il visual storytelling. La luce che usate per creare le immagini stabilisce un fondamento emozionale, dal quale emerge la storia. Per esempio, le foto noir sono spesso scure e sinistre, con ombre dure e ampie zone dello scatto che hanno un'esposizione completamente nera. Dall'altro lato, le fotografie di matrimoni sono spesso chiare e gioiose, con ombre diffuse e luci calde. Entrambi gli esempi semplificano molto i generi di questo settore, ma ci danno un'idea di come un elemento così basilare e importante come la luce influenzi la nostra percezione iniziale e l'interesse in questo tipo di immagini.

La luce riflessa dai crinali e dal muschio della foresta scozzese crea un *mood dark* particolare in questo scatto.

Canon 5D Mk II, 17 mm, 4 sec., f/22, ISO 100

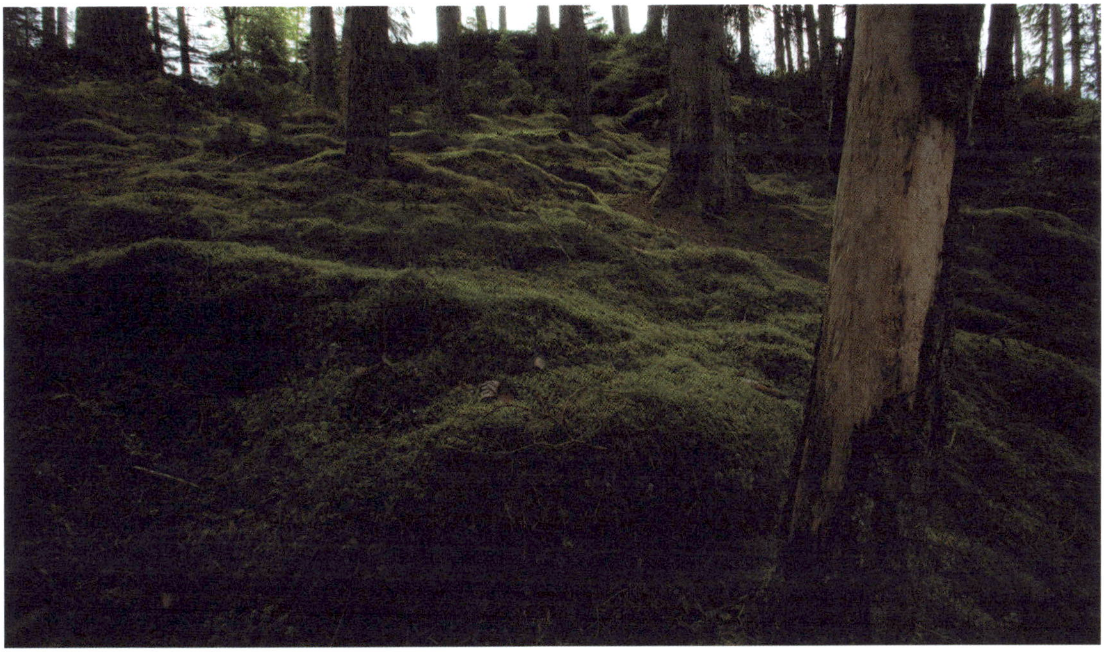

CASO IN QUESTIONE L'ILLUMINAZIONE CREA IL *MOOD*

Una volta affrontai un incarico incentrato su un programma di antropologia forense per un'università e sulle persone che rendevano possibile studiare queste cose. Quando ottenni l'incarico, mi venne detto di pensare al programma come al laboratorio di un *vero* investigatore del crimine e non al mondo creato dalle televisioni. La creatività era sotto stress, e non si può fare a meno di essere un po' influenzati dal senso visivo di Jerry Bruckheimer per il racconto di una storia.

Dovevo fotografare tre professori, uno dei quali era il Dr. Payne (sì, questo nome e la sua barba erano più che adatti). Normalmente mi presento in questi ritratti ambientati con qualche idea e di solito inizio con il classico scatto in ufficio.

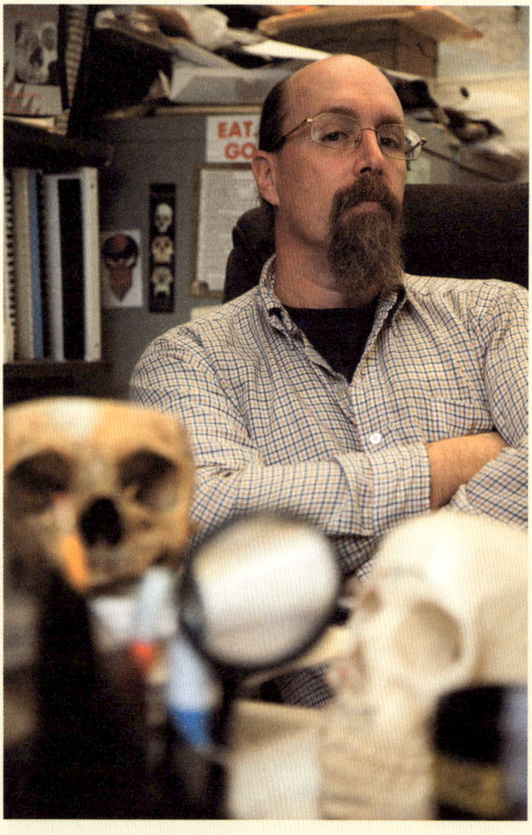

La maggior parte degli uffici di professori universitari lascia molto a desiderare in termini di decorazioni, ma il Dr. Payne aveva dei teschi a grandezza reale sulla scrivania, che potevano giocare un grande ruolo nella composizione della foto. L'illuminazione, come lo scatto, era standard. Usai un ombrello ampio per il soggetto e i teschi, producendo una luce ampia e uniforme. Le immagini prodotte erano rassicuranti e non minacciose. Erano adatte per la pubblicazione, se tutto il resto fosse andato male, ma non avevo ancora ottenuto lo scatto che volevo, per raccontare al resto del mondo quello che il Dr. Payne rappresentava. Volevo che la luce dicesse qualcosa in più della sola parola "rassicurante".

Dopo gli scatti in ufficio, ci spostammo in una grande aula, dove il Dr. Payne conservava alcuni strumenti, come altri teschi e una replica di uno scheletro, che teneva in un armadio (lo so, è una pessima battuta). Gli dissi che per gli scatti ancora da realizzare avrei voluto creare uno stato d'animo più dark, anche se molto semplice. Lo feci accomodare su una sedia e gli misi in mano un teschio di una vittima di omicidio vecchio di vent'anni e volli che solo tre elementi nella foto parlassero: la persona, il teschio e la luce.

Uno scatto rassicurante del Dr. Robert Payne, antropologo forense.

Canon 5D Mk II, 70 mm, 1/60 sec., f/4, ISO 400

Preparai uno strobo da studio con gel CTO in un octabox di medie dimensioni a sinistra della fotocamera e leggermente dietro al soggetto, e posizionai una Speedlite in un tavolo vicino, a destra della fotocamera. La Speedlite aveva un gel blu e anch'essa era leggermente dietro al Dr. Payne. La soft box produsse una luce abbastanza avvolgente da illuminare il volto e la testa del Dr. Payne, oltre al teschio, ma non a sufficienza da riempire le ombre nel lato opposto alla luce. La Speedlite venne direzionata sul collo e la testa, producendo un bordo chiaro e forte che aiutò a separare il soggetto dallo sfondo, producendo quell'aspetto dinamico che inizialmente avevo immaginato per il ritratto. Spensi le luci nell'aula e la velocità dell'otturatore fu abbastanza alta da assicurarmi che nessuna luce ambientale ricadesse sullo sfondo, lasciando che l'ambiente circostante il Dr. Payne fosse completamente nero nello scatto.

Le foto risultanti corrispondevano esattamente a ciò che volevo dire sull'interessante e quasi sconosciuto lavoro che il Dr. Payne svolge nel programma universitario di antropologia forense. Il feeling dark e quasi macabro della foto è intrigante e uno dei miei compiti, come storyteller, è fare in modo che le persone ascoltino (osservino, in questo caso) la storia che viene raccontata. Prevalentemente grazie all'illuminazione, questa seconda immagine funzionò molto meglio in confronto al primo scatto standard in ufficio. ■

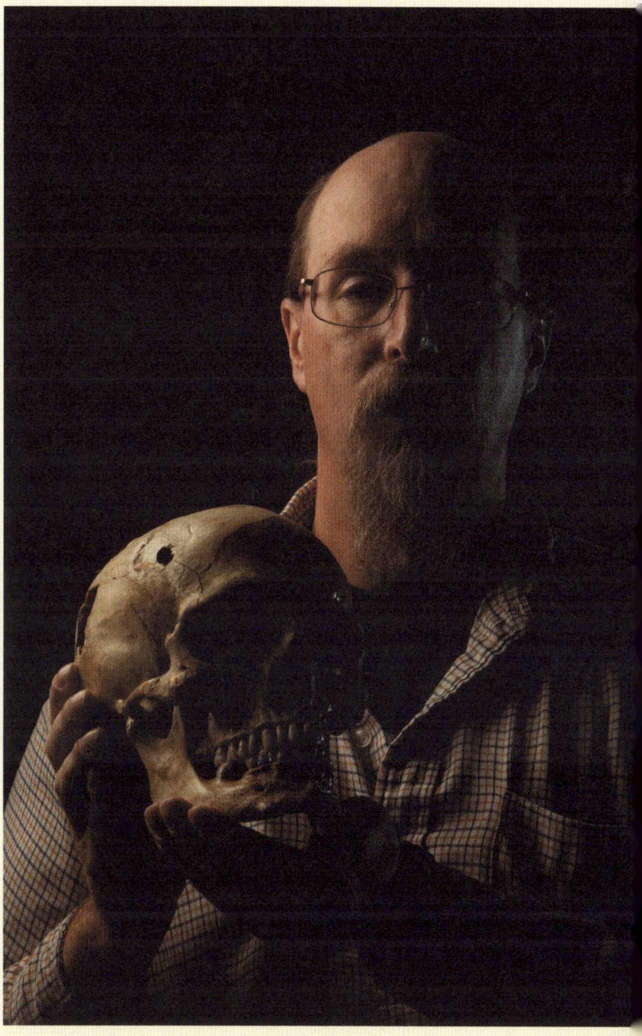

Uno scatto più intrigante e rivelatore del Dr. Payne.
Canon 5D Mk II, 95 mm, 1/60 sec., f/18, ISO 400

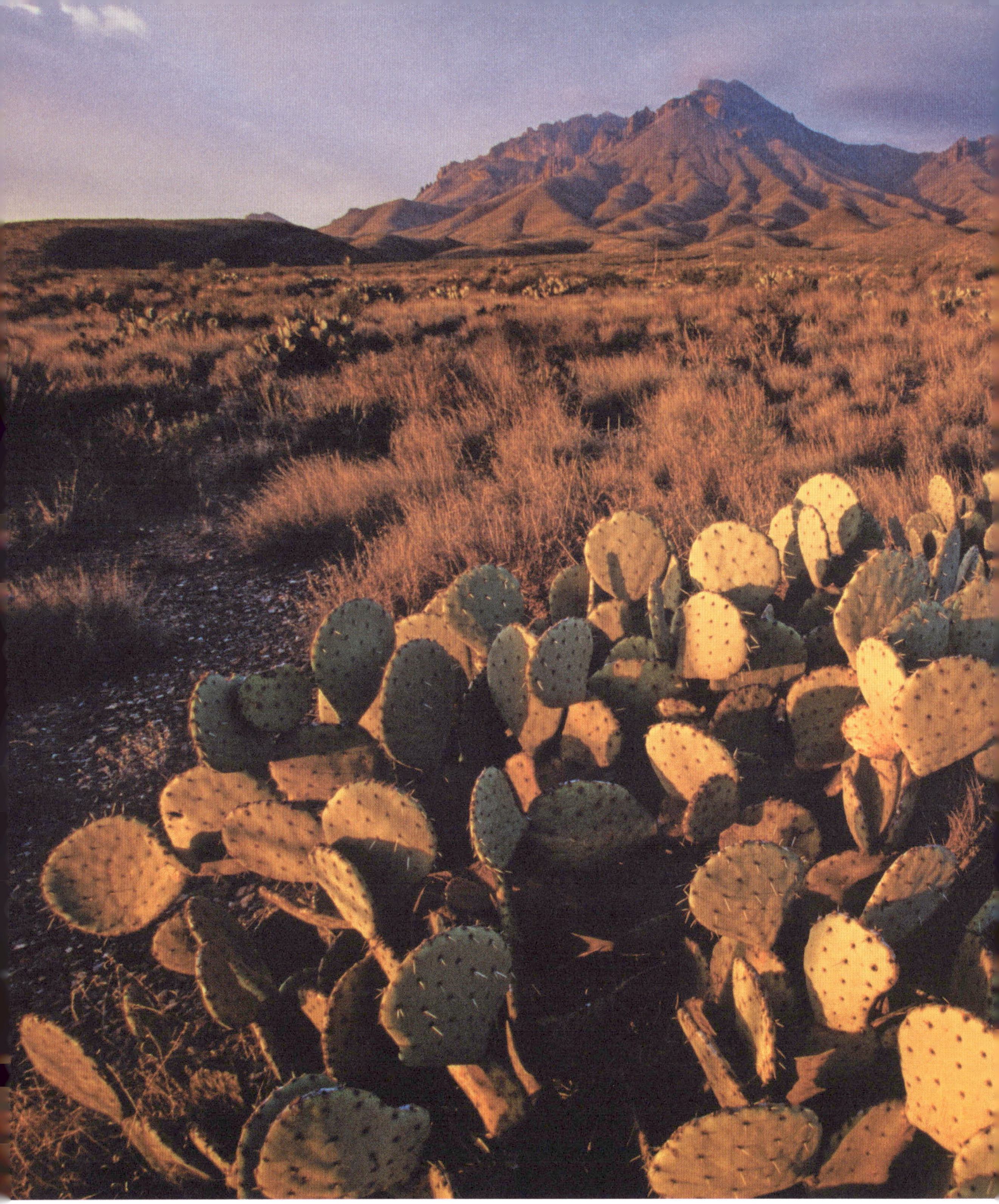

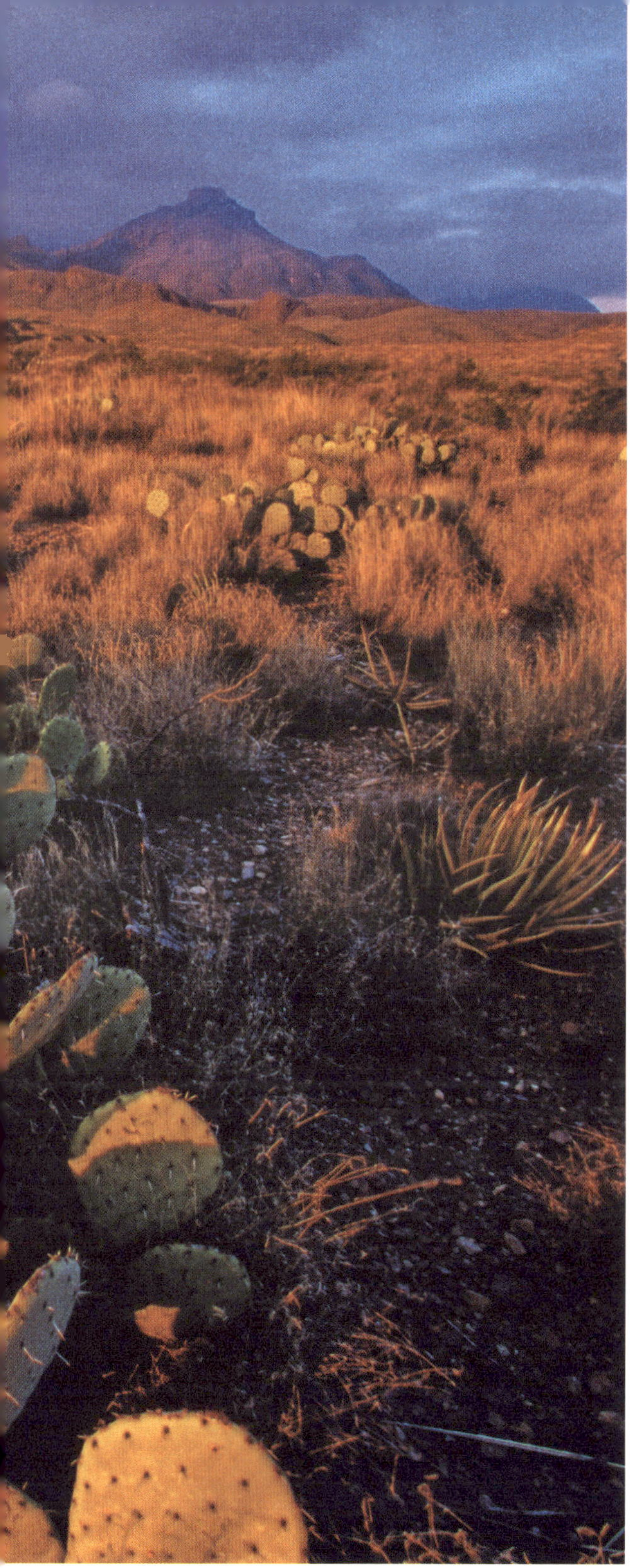

Oltre all'impostazione del tono emotivo dell'immagine, esistono altri due aspetti che promuovono lo storytelling. Il primo è la tangibilità. C'è un motivo per cui molti fotografi di grandi panorami scattano ai margini della giornata. Durante queste "golden hour" (ore dorate) la luce è al suo angolo più estremo, quasi parallela all'orizzonte naturale. Il risultato è che la luce è più calda, per via del maggior numero di piccoli detriti atmosferici attraverso cui passa, e produce ombre lunghe anche per gli oggetti più piccoli. La luce, in un certo senso, diventa un elemento tangibile e fisico dello scatto. Visivamente, la colorazione attraente e le ombre ci trascinano nel frame, all'interno della storia che è scritta nell'immagine stessa.

Mano a mano che il sole attraversa il cielo, le ombre perdono in lunghezza e dettaglio e i colori iniziano a impallidire e a fondersi assieme, eliminando parte di ciò che attira l'osservatore nello scatto, lontano dalla storia che questo racconta. Non è solo il colore della luce (ne parleremo ancora nel prossimo capitolo), è anche la sua direzione che ci aiuta a creare una texture e la tangibilità nei nostri scatti. Le ombre ci aiutano a determinare la direzione della luce e l'essere in grado di vederle porta fotografo e osservatore un passo più vicino alle tre dimensioni. Possiamo immedesimarci nelle ombre: ci danno orientamento, ci trascinano nella foto e le conferiscono una personalità. Se usiamo la luce in un modo che non produce ombre visibili, corriamo il rischio di perdere un'apparentemente piccola connessione viscerale tra foto e osservatore.

La luce di primo mattino bagna il paesaggio desertico che porta alle Chisos Mountains nel Big Bend National Park.

Canon 1N, 17 mm, 1 sec., f/22, ISO 100, Fujichrome Velvia

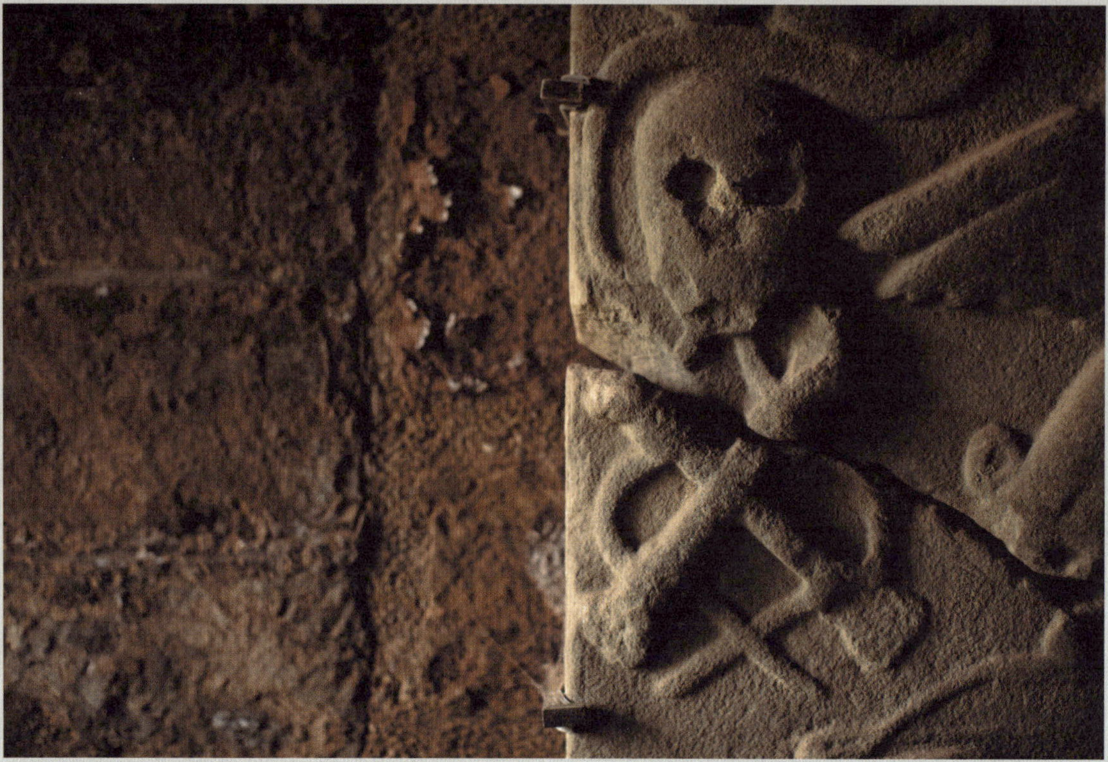

La luce crea ombre, che si trasformano in texture visive. Anche il più piccolo avvallamento di questo teschio con ossa incrociate ha un lato in luce e uno in ombra, che genera un senso di tangibilità.

Canon 5D Mk II, 50 mm, 1/80 sec., f/2, ISO 400

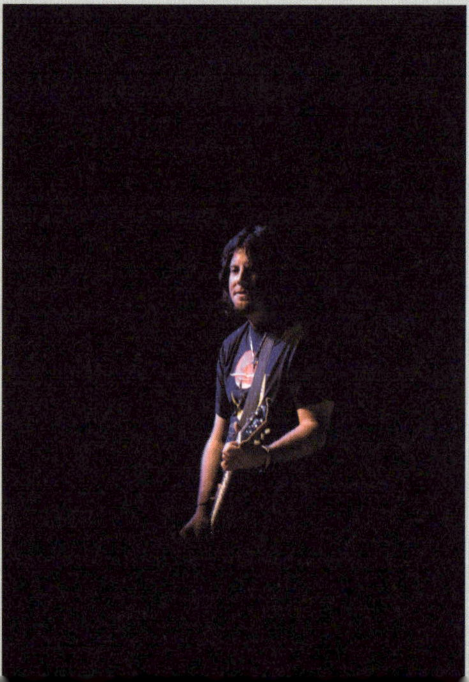

Le performance di musica live sono situazioni perfette per usare la luce per guidare l'attenzione degli osservatori. I riflettori aiutano ad attrarre lo sguardo dello spettatore sulla parte più importante del soggetto della foto.

Canon 1D Mk III, 200 mm, 1/200 sec., f/2.8, ISO 1600

Un'altra caratteristica della luce, nello storytelling, è la sua capacità di mettere in risalto le aree più importanti del frame. Vedere e usare la luce in modo che questa guidi visivamente l'osservatore attraverso la storia, può evidenziare dettagli che altrimenti potrebbero passare inosservati. La luce coinvolge i "lettori" dell'immagine e, quando siete in grado di creare una foto con una luce che aiuta a guidare l'osservatore attraverso il frame, state aggiungendo del valore al vostro storytelling.

Potreste trovare questo tipo di luce nel ritratto di un barista, sfruttando il riflesso sul piano di lavoro che guida l'occhio verso la macchina del caffè sullo sfondo, o potreste trovarla nello scatto notturno di una strada, con le luci al neon che retroilluminano un gruppo di persone accalcate sul marciapiede. Potrebbe anche essere la luce che incanalate artificialmente in una finestra per illuminare una scena o una persona. Questa luce non solo guida l'occhio nel frame, ma aiuta a rivelare i componenti che insieme vanno a formare la narrativa.

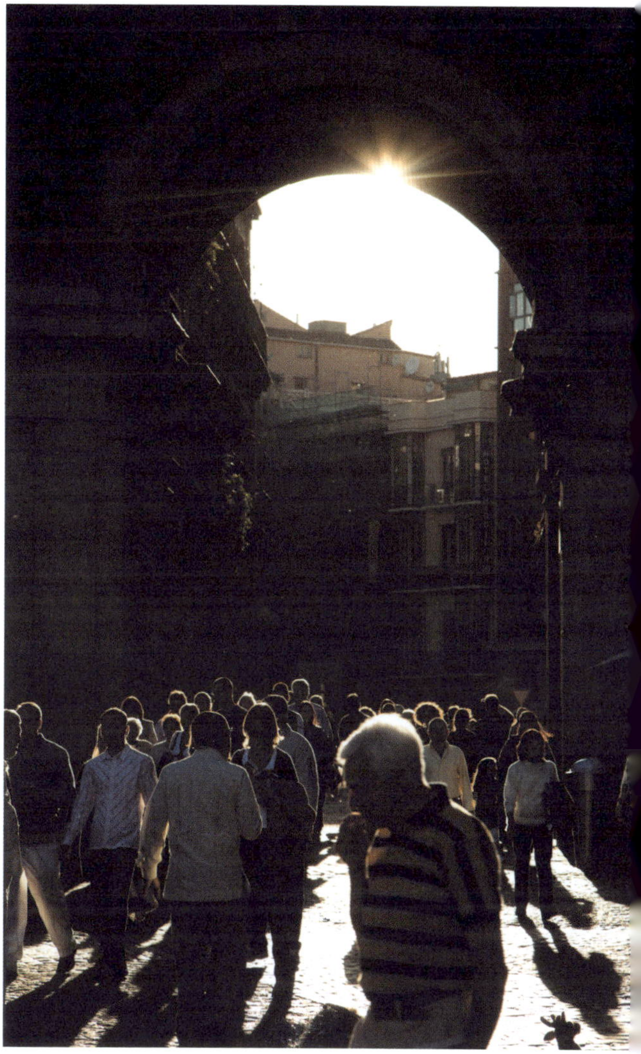

Il sole al tramonto retroillumina le persone che camminano in Plaza Mayor, a Madrid.

Canon 5D Mk II, 105 mm, 1/160 sec., f/8, ISO 100

SIATE CERCATORI DI LUCE Quando entrate in una stanza, osservate come la lampada in un angolo illumina la parete e come la luce si disperde, studiate il modo in cui la stessa luce entra dalla finestra e si riflette sulle superfici di diversi colori e anche come si formano le ombre sui volti delle persone, sotto alle lampade della cucina. La stessa cosa avviene anche all'esterno. Non tutti i paesaggi richiedono la luce della "golden hour", ma potete iniziare scegliendo il tipo di luce esteticamente più appropriato per la storia che volete trasmettere. Siete fotografi e, per raccontare una storia, dovete essere in grado di vedere la luce. Abituatevi a studiare i tipi di luce di tutti gli ambienti in cui vi trovate o in cui passate. Molto presto, il riconoscere la luce sarà la vostra seconda natura.

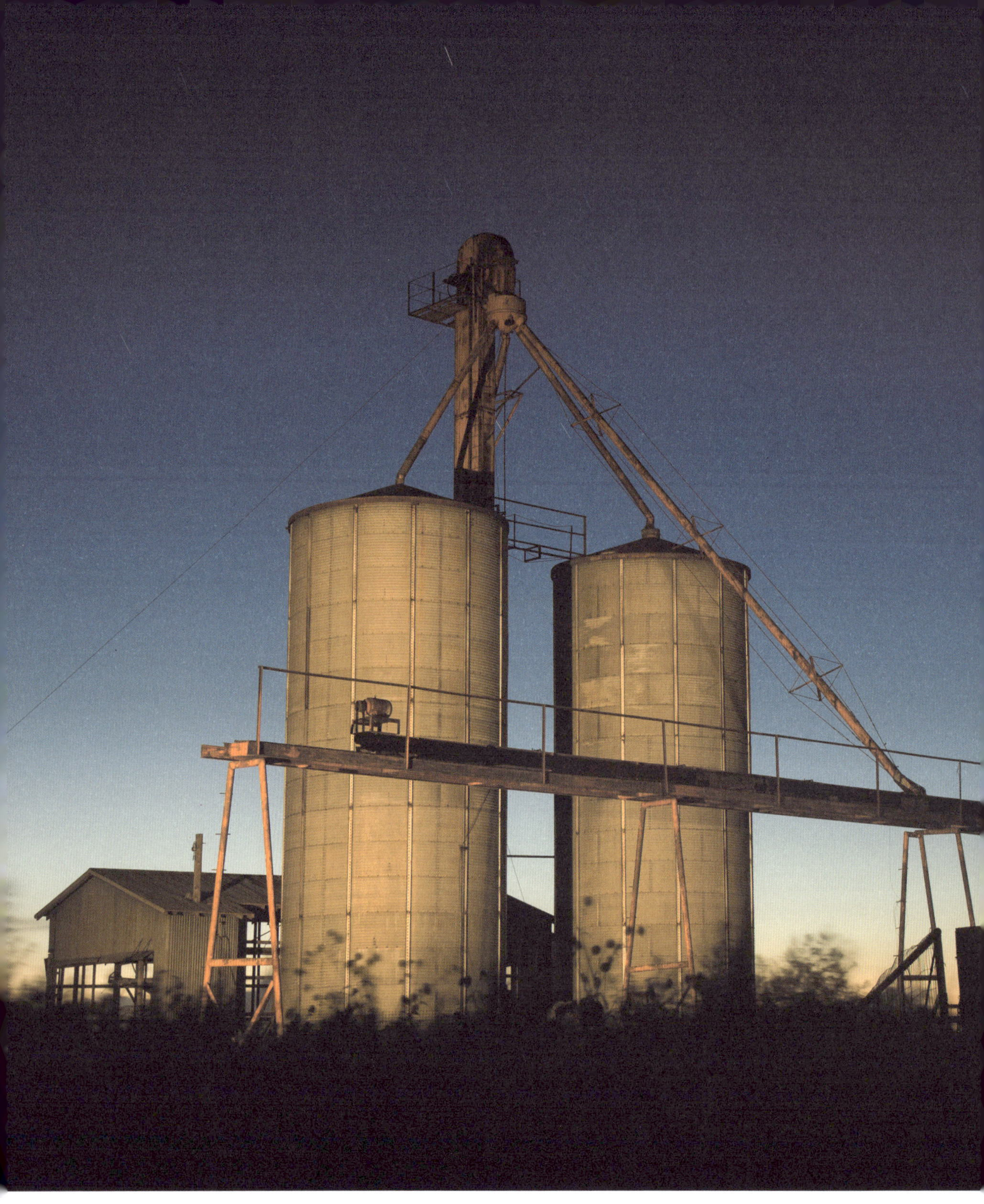

L'applicazione della luce è infinita e non parlo solo dell'uso di unità strobo e flash. Come fotografi, usiamo la luce per creare la base delle storie che raccontiamo con le immagini. Per poter usare la luce, però, dobbiamo *conoscerla*. Lo so, sembra una cosa un po' mistica parlare di diventare tutt'uno con la luce, ma poiché si tratta di un elemento fondamentale del nostro lavoro di fotografi, è giusto impiegare del tempo per conoscere i modi in cui questa funziona, le sue qualità e come queste stesse qualità possono essere usate per trasmettere un messaggio.

ATTENZIONE Non potete spegnere la luce. Tuttavia, sono sicuro che nessuno presterà troppa attenzione a quando voi, guidando con gli ultimi raggi di luce della giornata, farete notare quanto è bella la luce che colpisce i pali telefonici lungo la strada (sì, lo facciamo tutti).

Se c'è una cosa che non mi stancherò mai di rimarcare, riguardo alla luce nello storytelling, è la necessità per i fotografi di sintonizzarsi con il modo in cui questa aiuta gli aspetti emozionali, e come sia possibile sfruttarla per creare delle nuance nella narrativa visuale.

La luce è importante. Combinare la luce del tramonto con dei silos "dipinti" dalla luce aiuta a focalizzare l'attenzione dell'osservatore sulle strutture e sull'estetica dei colori.

Canon 5D, 45 mm, 2 min., f/6.3, ISO 50

COMPOSIZIONE: CREARE UNA STORIA CON UNO SPAZIO LIMITATO

La composizione è fondamentale per raccontare una storia. Non sono sicuro di poter enfatizzare a sufficienza l'importanza di una composizione efficace, per quanto riguarda la capacità di catturare l'attenzione dell'osservatore e di assumere il controllo dell'occhio, una volta che questo è puntato sul frame. Se la luce definisce la dinamica emozionale che intendete diffondere, la composizione deve creare il viaggio attraverso quell'esperienza. La storia di un'immagine si basa su quanto efficacemente può essere rivelata tramite una struttura osservabile, e la composizione offre appunto questa struttura.

Se consideriamo il funzionamento della regola dei terzi in relazione allo storytelling, potremmo essere in grado di manipolarla con successo quando abbiamo la fotocamera tra le mani.

La regola dei terzi: una guida fin dal XVIII secolo

Esistono molte "regole" nella fotografia, alcune delle quali sono legate più alle leggi della fisica e all'estetica. Tuttavia, nessuna di queste è più diffusa e controversa della regola dei terzi. Forse la prima cosa che si impara quando si inizia a studiare la fotografia, la regola dei terzi è stata per lungo tempo una parte del modo in cui i creativi producono il loro lavoro. Questa regola viene usata da quando i pittori del XVIII secolo ne hanno documentato l'uso, anche se probabilmente veniva già usata molto prima che qualcuno la descrivesse. Fin da allora ha ricoperto un ruolo importante nell'ambito visuale. Nel tempo ha anche raccolto la sua parte di critiche da parte di coloro che non ritengono di doverla sempre utilizzare.

Non ritengo totalmente sbagliate le critiche alla regola dei terzi, soprattutto nel momento in cui una delle altre "regole" della fotografia è proprio rompere le regole. Le immagini avvincenti possono essere prodotte sia seguendo sia ignorando la regola dei terzi. Tuttavia, se consideriamo per un momento il funzionamento di questa legge in relazione allo storytelling, potremmo essere in grado di manipolarla con successo quando abbiamo la fotocamera tra le mani.

Semplificando, dividendo il frame in una griglia 3×3, la regola dei terzi permette al fotografo di organizzare lo spazio per la creazione della storia. Per esempio, se posizionate il soggetto principale nel terzo sinistro del frame, potete usare gli altri due terzi per contenere ciò che può aiutare a esprimere la storia relativa al soggetto stesso. Potete scegliere di posizionare l'estremità di una pianta di vite nei due terzi rimanenti di un frame, per sottolineare che il vostro soggetto è un produttore di vino, o lasciare quei due terzi vuoti, portando l'occhio dell'osservatore a concentrarsi principalmente sui dettagli dei petali di un fiore.

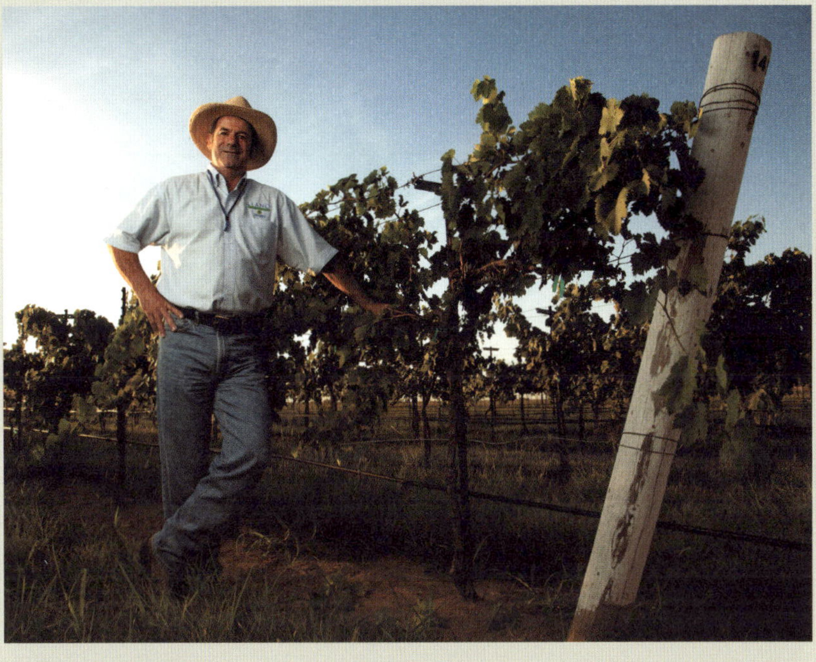

La linea di composizione creata dalle viti collega esteticamente il produttore di vino al raccolto, oltre a suggerire la profonda relazione con il suo lavoro.

Canon 5D Mk II, 24 mm, 1/80 sec., f/8, ISO 200

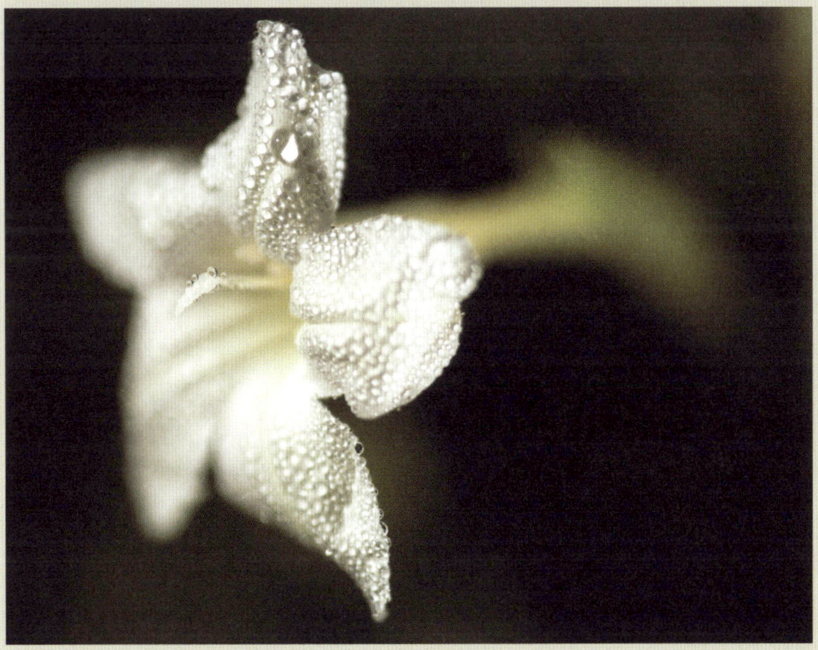

Posizionando questo fiore nel terzo sinistro del frame, possiamo sfruttare lo sfondo scuro e contrastato come spazio per l'interpretazione personale.

Canon 5D Mk II, 180 mm, 1/8.000 sec., f/3.5, ISO 50

Posizionando l'orizzonte sulla metà del frame possiamo forzare il fotografo e l'osservatore a prestare attenzione alle parti superiore e inferiore dell'immagine. Posizionando l'orizzonte nella porzione superiore o inferiore del frame, possiamo dare all'occhio una direzione in cui muoversi, lasciando uno spazio vuoto per altri elementi che possano aiutare a raccontare una parte della storia.

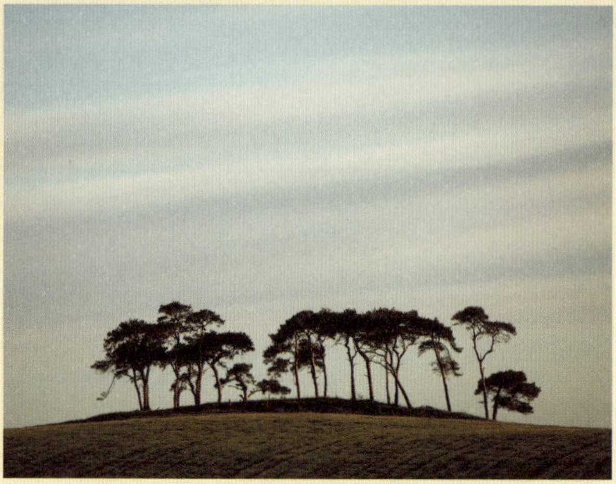

Canon 5D Mk II, 200 mm, 1/500 sec., f/4, ISO 100

Spingendo l'orizzonte al margini del frame posso sottolineare il valore del tramonto nell'ovest del Texas, pur fornendo una prospettiva tra il cielo e la terra. Così facendo si evita anche di includere troppo spazio scuro (inutile) al di sotto dei colori.

Canon 5D Mk II, 24 mm, 1/30 sec., f/5.6, ISO 100

Posizionando le linee dell'orizzonte in prossimità dei terzi del frame, potete guadagnare spazio per enfatizzare ciò che deve essere importante per l'osservatore. Questo non si applica solo all'effettiva linea in cui il cielo incontra la terra, ma a tutte le linee di separazione distinguibili. Un'immagine in cui una linea decisa divide il frame a metà distribuisce equamente l'attenzione dell'osservatore in due riquadri in competizione tra loro. Quando questo accade, è difficile indicare dove si trova la storia. Ciò non significa che non sia presente ma solo che è più difficile da scoprire. Le linee dell'orizzonte posizionate in accordo con la regola dei terzi sono utili per indicare dove l'osservatore deve concentrare lo sguardo e ancor di più per minimizzare la distrazione derivante da altre zone.

Livelli e percorsi

Amo molto usare linee e "pietre miliari" visive per creare percorsi lungo un frame, quasi come se stessi tenendo la mano dell'osservatore lungo tutto il cammino. Ho sempre pensato che il mio lavoro di fotografo consistesse per prima cosa nell'invitare l'osservatore nella scena, aiutarlo a orientarsi e quindi fornirgli una comoda via d'uscita.

Questo aspetto della composizione non è raro e vi ricorro ancora quando vedo delle linee forti o dei livelli di contesto pronti per essere fotografati. In certi casi, ricorrendo a luci artificiali e ad alcuni tecnicismi, scatto immagini con una forte composizione, ma che non hanno nulla da dire. Non vi dirò mai di non scattare queste foto, perché sicuramente costituiscono un buon allenamento alla composizione, ma quando si tratta

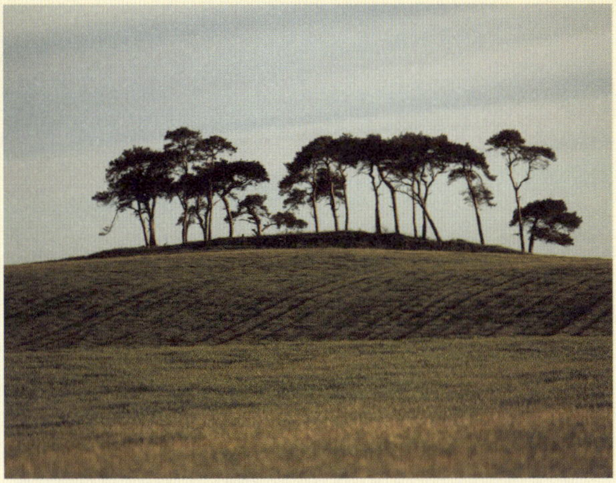

Canon 5D Mk II, 200 mm, 1/500 sec., f/4, ISO 100

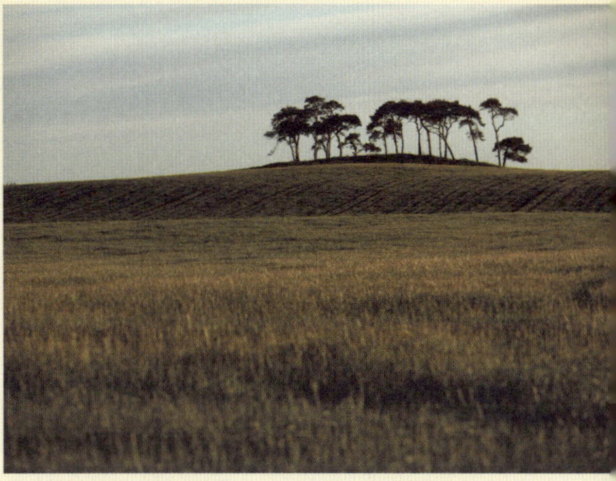

Canon 5D Mk II, 115 mm, 1/500 sec., f/4, ISO 100

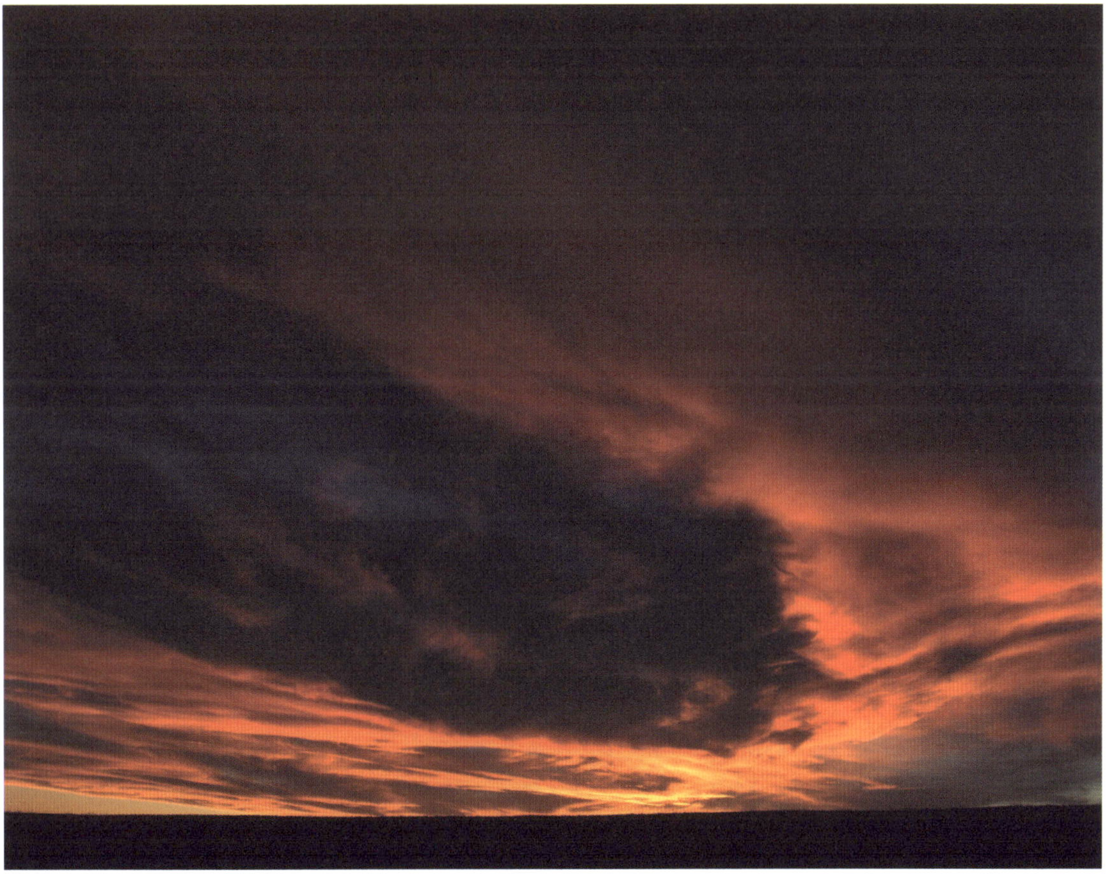

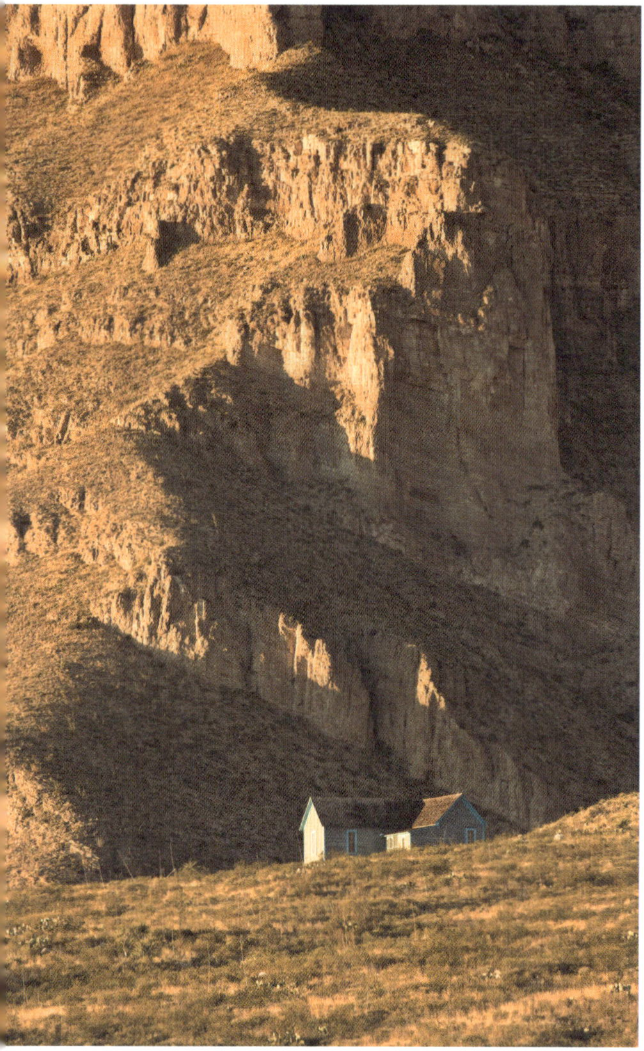

Tutte le linee conducono o aiutano a inquadrare la piccola casa alla base della montagna El Capitan, nel Guadalupe Mountains National Park.

Canon 1D Mk III, 200 mm, 1/200 sec., f/5.6, ISO 100

Un giornalista di una rivista in mezzo alla polvere diventa il punto di destinazione delle linee sfocate costituite dallo steccato del bestiame. Oltre allo scrittore, le linee continuano ad attrarre l'attenzione sui cavalli nello sfondo.

Canon 5D Mk II, 200 mm, 1/2.000 sec., f/4, ISO 100

di raccontare una storia, il nostro lavoro è quello di scattare immagini usando queste linee e perseguendo uno scopo.

Quando si lavora con elementi attraenti dal punto di vista della composizione, come linee dominanti, diagonali e livelli, gli storyteller fotografici sono avvantaggiati. C'è qualcosa lungo queste linee che permette all'immagine di parlare, oltre al solo livello di composizione? Che ne dite di quella casa isolata alla base delle montagne nel deserto, che contiene l'intera storia del territorio circostante, o forse di quella persona che sta scrivendo appoggiata a uno steccato metallico, immersa nella polvere mentre i cowboy vaccinano il bestiame? Le linee dominanti offrono un modo interessante non solo di aggiungere interesse visivo a un frame, ma anche di guidare l'occhio di chi osserva esattamente dove volete: alle parti della storia che state raccontando.

La creazione di livelli di composizione in un frame è anche un metodo efficace per evidenziare la storia e per unire diversi elementi. I livelli più visibili e riconoscibili sono i panorami ampi, come le vette montagnose all'alba o al tramonto o, per chi fosse interessato maggiormente alle scene urbane, i lati di più edifici colorati in un singolo frame.

Questo genere di livelli è attraente e riesce a comprimere così tanti contenuti che osservare un'immagine è un po' come sfogliare una cipolla (senza piangere). La creazione di livelli include anche l'uso di punti di interesse che rivelino i percorsi attraverso un frame, esattamente come per le linee dominanti. Non tutte le immagini devono includere diversi punti di interesse, ma quando c'è la possibilità di inserire diversi aspetti chiave di una storia in un unico frame, con una buona composizione, la cosa permette ai componenti del racconto di rivelarsi, anziché costringere l'osservatore a cercarli.

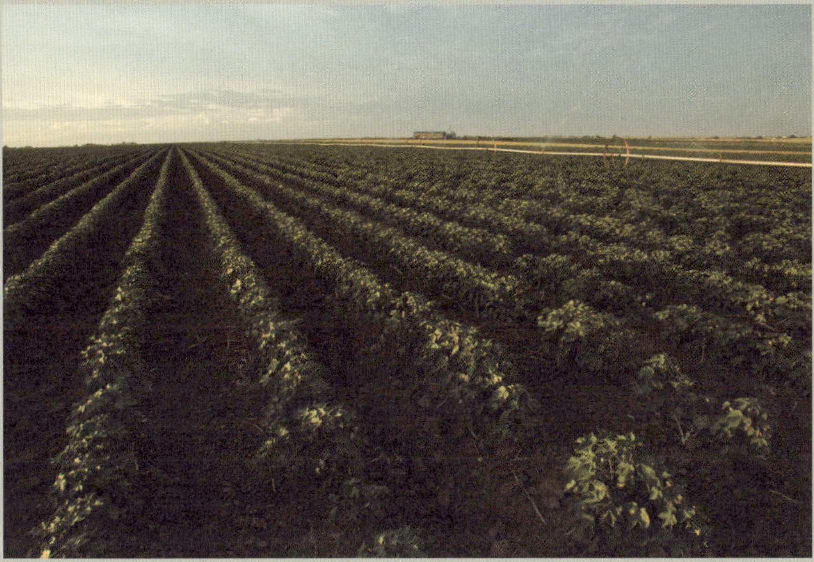

Le linee dominanti più forti, come queste piante di cotone, trascinano l'osservatore nel frame. A volte, posizionando una destinazione alla fine di queste linee, come una stalla all'orizzonte, aggiunge alle stesse un ulteriore elemento di attrazione.

Canon 1D Mk III, 17 mm, 1/30 sec., f/16, ISO 200

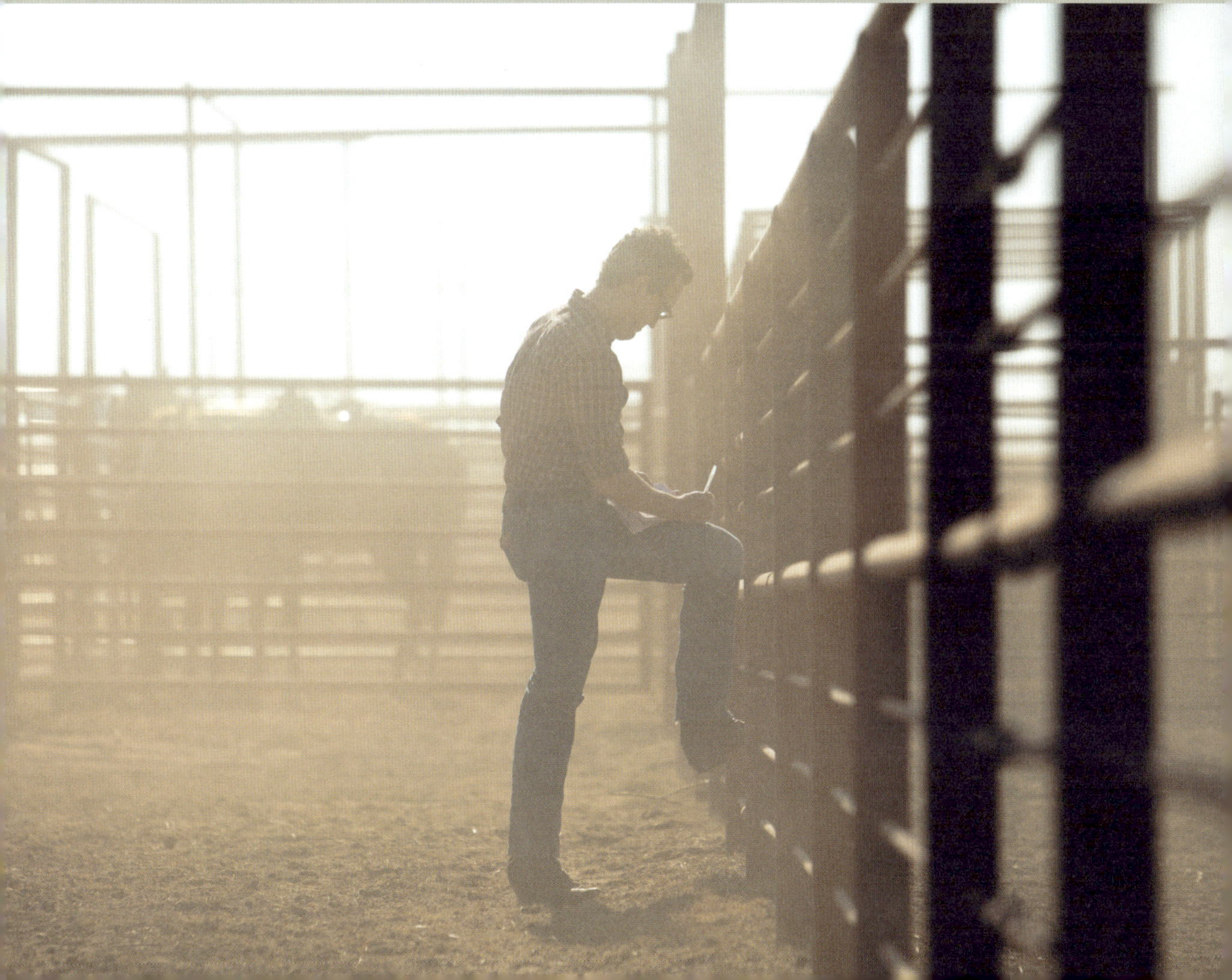

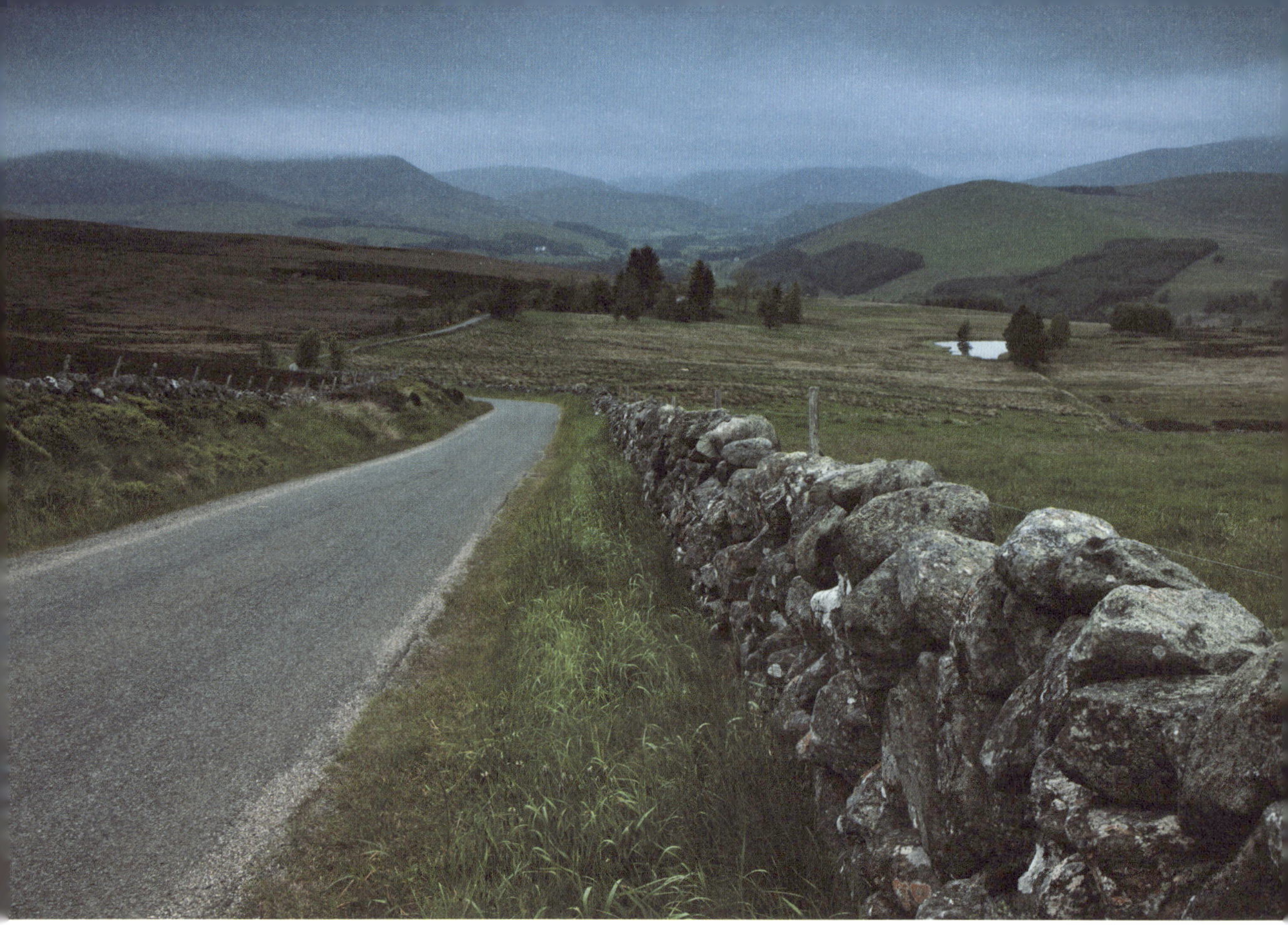

Le linee dominanti, come steccati o strade, sono elementi dello storytelling abbondanti e potenti. In questo scatto della Scozia rurale, forniscono una direzione e una destinazione dal punto di vista della composizione.

Canon 5D Mk II, 35 mm, .4 sec., f/16, ISO 200

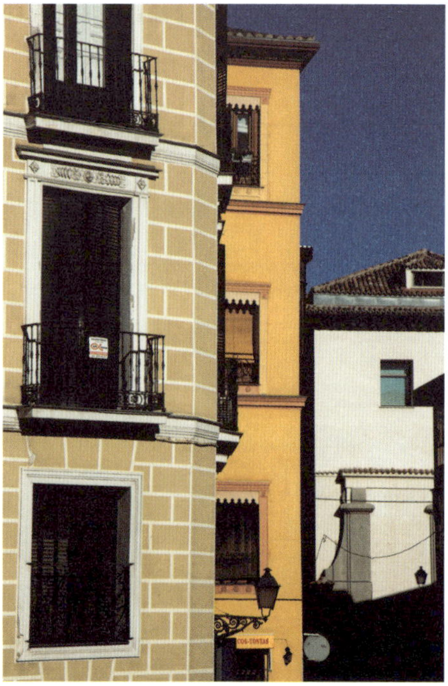

I livelli di colore abbondano nella città di Madrid.

Canon 5D Mk II, 105 mm, 1/160 sec., f/16, ISO 100

CASO IN QUESTIONE IL POTERE DELLA SEMPLICITÀ

Quando un fotografo ricerca una composizione eccezionale, è piuttosto facile per lui concentrarsi sulla ricerca di un'immagine che combini linee dominanti con livelli di colore, tutti tesi a creare il frame attorno al soggetto. Tuttavia, eccedere in questa ricerca può portare a un'immagine relativamente caotica e frustrante, che non porta a nulla se non a un mal di testa visuale. Abbiamo tutti la tendenza a esagerare in questo senso. Possiamo imparare solo dall'esperienza.

Ridurre un'immagine a una composizione semplice e pulita garantisce spesso un approccio altrettanto potente, se non addirittura superiore, allo storytelling. La semplicità lascia spazio alla narrazione della storia, all'apprezzamento visuale e all'interpretazione. La semplicità può raccontare una storia intera grazie a un solo suggerimento, coinvolgendo l'utente e permettendogli di creare un significato aggiuntivo.

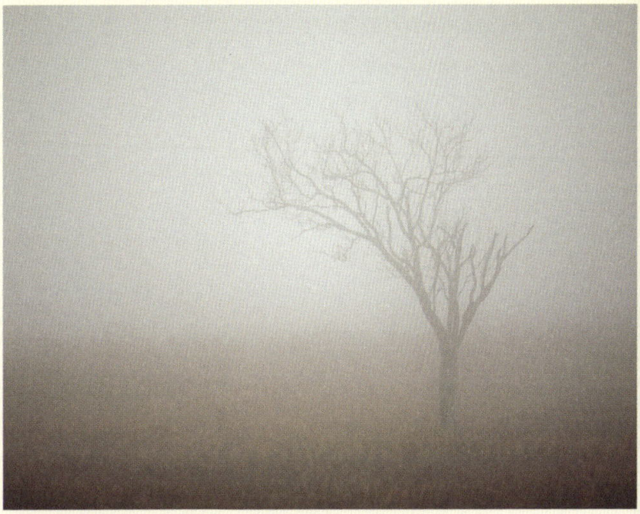

Un albero solitario avvolto dalla nebbia invernale, nelle pianure del Texas occidentale.

Canon 5D, 200 mm, 1/1.000 sec., f/2.8, ISO 100

Molti anni fa fotografai una quercia in una nebbiosa mattina d'inverno, mentre stavo guidando verso sud a Llano Estacado, una piana che si estende per buona parte nel nord est del Texas e a est del New Mexico. Si trattava di una di quelle situazioni in cui guardate fuori dal finestrino e vedete una scena che vi spinge a tornare indietro. La mia prima impressione sul soggetto fu di un'icona misteriosa della pianura, che appariva come un miraggio dalla nebbia. Scattai alcune immagini, seguendo la regola dei terzi, posizionando l'albero sul terzo destro, mentre la linea dell'orizzonte, quasi indistinguibile, era sul terzo inferiore. La porzione al centro e a sinistra dell'immagine era completamente vuota. Posizionai l'albero sul terzo destro solo perché i rami inclinati puntavano verso il lato sinistro del frame, dando una direzione agli osservatori, spingendoli all'interno della foto. Oltre a ciò, l'immagine è bidimensionale.

Eppure, la semplicità della composizione della foto esprime una storia tutta sua, liberando l'osservatore e il suo coinvolgimento con l'immagine. L'area vuota lascia spazio all'interpretazione, in cui la sensazione creata dalla densa nebbia avvolge la fragilità della struttura dell'albero isolato nel deserto. Pensate alla connessione emotiva che è possibile sviluppare con un'immagine che lascia questo genere di libertà di interpretazione, non solo per il fotografo, ma per chiunque la osservi. In questo modo, questo tipo di semplicità porta più efficacemente la storia in primo piano, perché lascia che sia il pubblico a raccontare una parte della narrativa incentrata su questo albero solitario, in un paesaggio invernale.

Il potere di una composizione semplice corrisponde al potere che viene concesso a chi "ascolta" la storia che l'immagine racconta. ■

Inquadrare: puntare un dito

Non è tanto difficile comprendere l'utilità dell'inquadratura, quando si parla di storytelling. Dal punto di vista della composizione, inquadrare permette al fotografo di puntare il dito direttamente sull'elemento che si vuole far notare in un'immagine. L'inquadratura è l'elemento della composizione che più spesso viene usato intenzionalmente, anche se a volte è assente, per via della mancanza di possibilità imposta dall'ambiente o perché il fotografo non vuole usare una determinata inquadratura disponibile. A prescindere da tutto questo, l'inquadratura è uno strumento potente che avete tra le vostre tecniche di storytelling.

L'inquadratura, però, non deve sempre avvenire attorno al soggetto principale. Alcune delle inquadrature di maggior successo sfruttano meccanismi leggermente diversi e si inseriscono naturalmente nel flusso dell'immagine.

Un albero inclinato o le gambe di alcuni componenti di una parata possono costituire ottimi meccanismi di inquadratura, proprio come gli specchi o le porte. A volte le inquadrature possono essere evidenti e grandi, oppure possono essere minime, come una variazione di colore nello sfondo. In ogni modo, sfruttano il subconscio per dirigere lo sguardo dell'osservatore dove volete voi.

Una buona inquadratura non va sprecata.

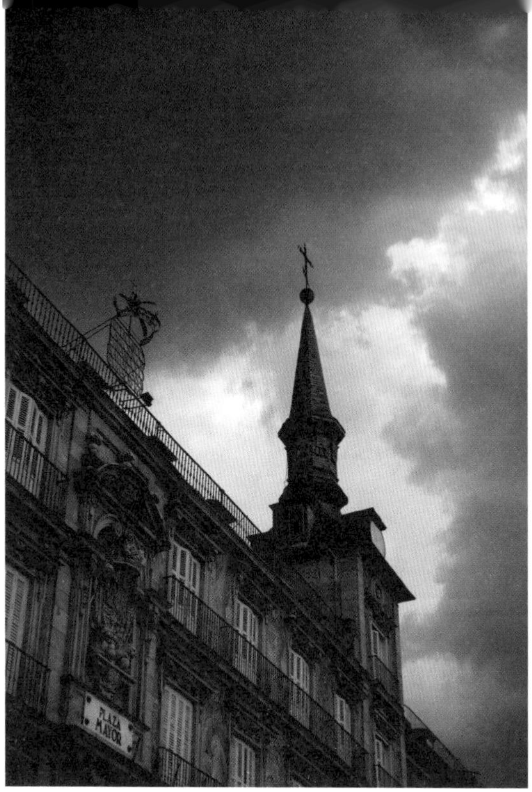

Le nubi della tempesta forniscono un'inquadratura inquietante per una torre secolare della Plaza Mayor di Madrid.

Canon 5D Mk II, 50 mm, 1/5.000 sec., f/2, ISO 100

PROFONDITÀ DI CAMPO: PONIAMO LE BASI

Non esiste uno strumento simile. Dalle immagini definite e nette di montagne o colline, a quelle astratte e "soft" di porte in stile moresco o di ritratti, l'apertura è forse lo strumento più usato e dato per scontato che le fotocamere offrono. Controllare la quantità di messa a fuoco in un frame è un modo potente per dire cos'è importante, per enfatizzare la composizione e creare interesse artistico e attrazione nel pubblico. In termini di storytelling, controlla l'influenza sulle caratteristiche della foto che devono essere, ehm... messe a fuoco (scusate il gioco di parole). È corretto considerare la profondità di campo come lo strumento che permette ai fotografi di contestualizzare o decontestualizzare un'inquadratura e i soggetti corrispondenti.

Foto con diverse profondità di campo raccontano cose diverse e, quando iniziamo a studiare la fotografia, impariamo subito come gestire queste caratteristiche. La massima profondità di campo per gli scatti ai paesaggi e l'esatto opposto per i ritratti e le altre immagini che riguardano le persone è la tecnica che hanno dovuto studiare in molti (se non tutti), incluso me.

Seguendo questo principio ogni volta, però, ci priveremmo di immagini che dicono molto di più del f-stop che è stato usato. Anziché pensare alla profondità di campo in termini di paesaggio o ritratto, si ottengono più vantaggi pensando a quale valore di profondità di campo ci permetterà di esibire al meglio il soggetto nel frame. Considerando gli scatti di qualunque tipo in questo modo, possiamo evitare di perdere le immagini che altrimenti non avremmo potuto vedere.

Grandi valori di profondità di campo (da f/16 a f/45) possono produrre immagini con troppi dettagli, soprattutto se volete enfatizzare un particolare aspetto dell'ambiente, come le gocce di rugiada sulle foglie di una pianta nel bel mezzo di una foresta. Allo stesso modo, i ritratti scattati da f/1.2 a f/2.8 possono essere estremamente decontestualizzati, quanto

Gli elementi di una banda in parata inquadrano un bambino entusiasta e la sua premurosa madre, a Madrid.

Canon 5D Mk II, 105 mm, 1/100 sec., f/4, ISO 400

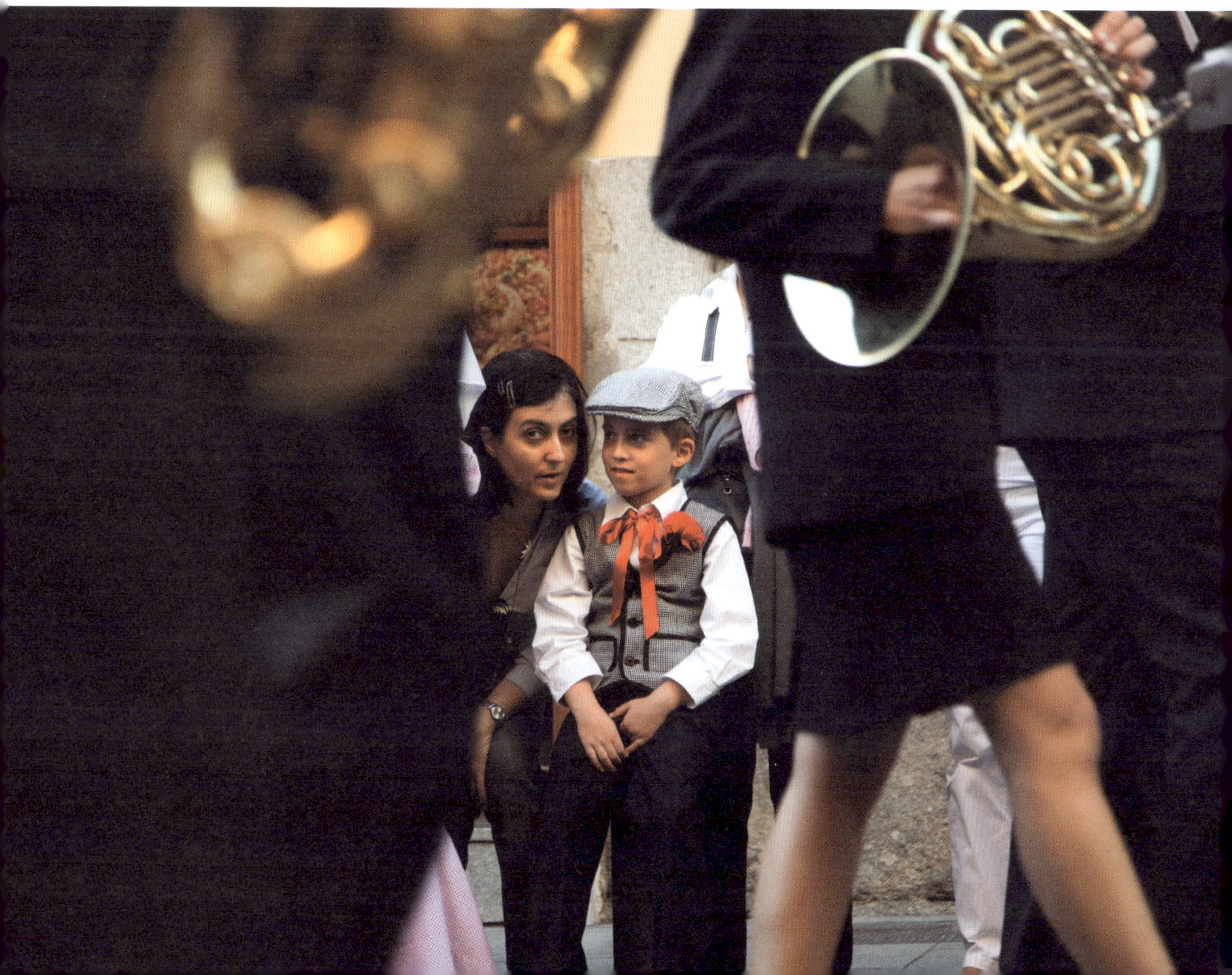

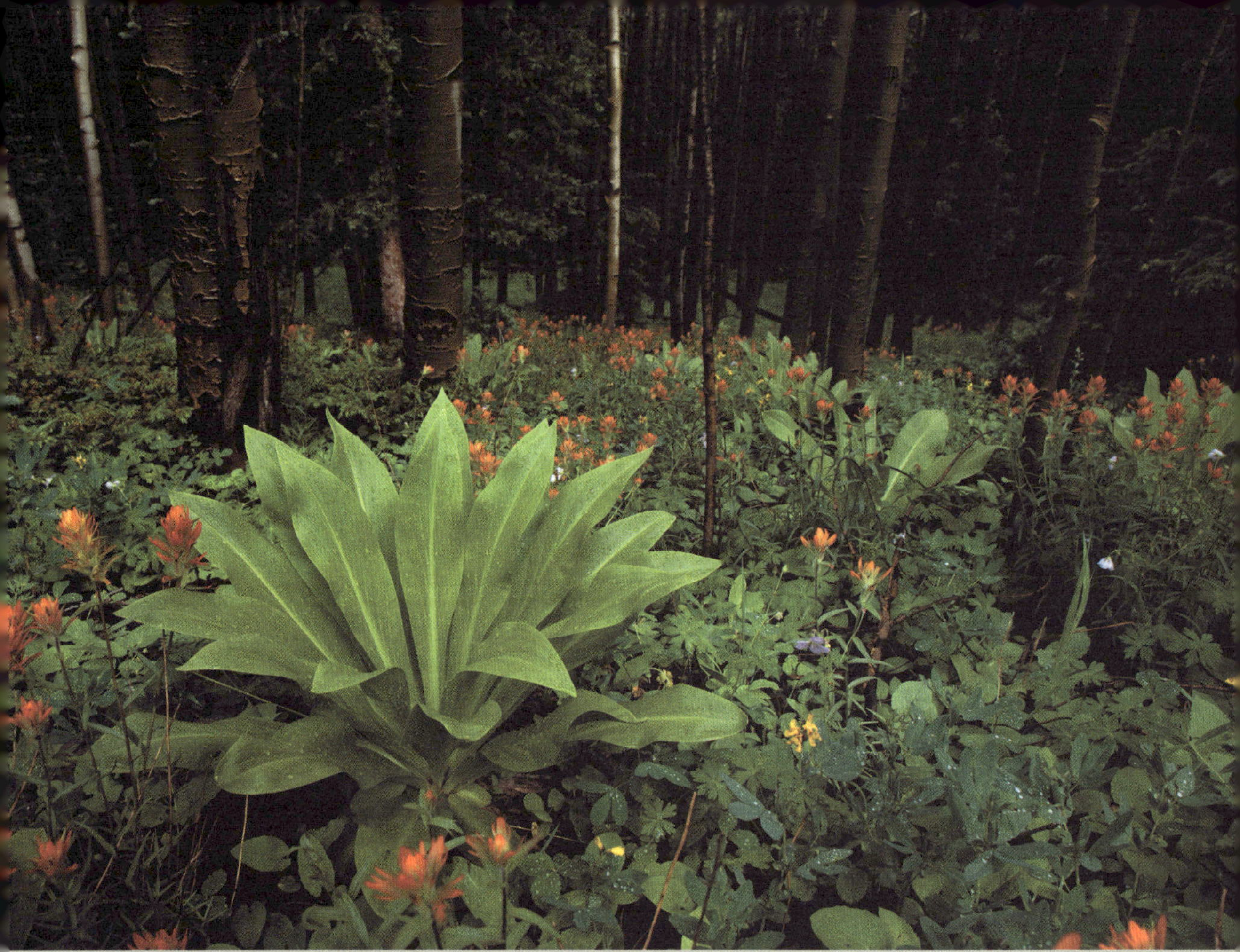

Anche se la profondità di campo non è infinita in questa foto della Rio Grande National Forest, offre sufficienti dettagli per dare all'osservatore un contesto, mentre allo stesso tempo porta l'attenzione sulla pianta coperta di rugiada (sopra).

Canon 5D Mk II, 24 mm, 1/60 sec., f/8, ISO 200

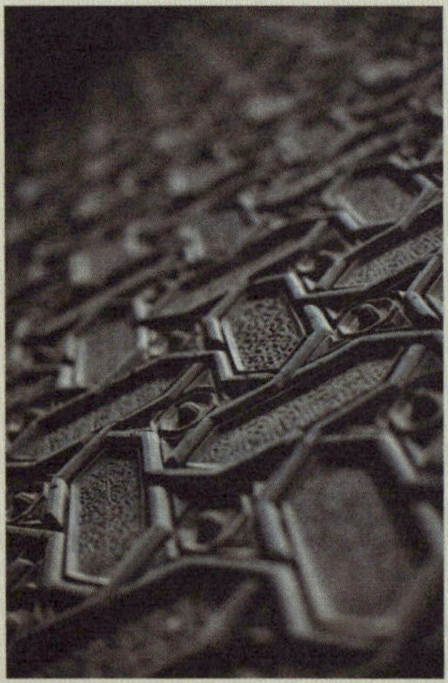

Le intricate incisioni islamiche decorano la porta di una cattedrale a Siviglia, Spagna (a destra).

Canon 5D Mk II, 50 mm, 1/250 sec., f/2, ISO 400

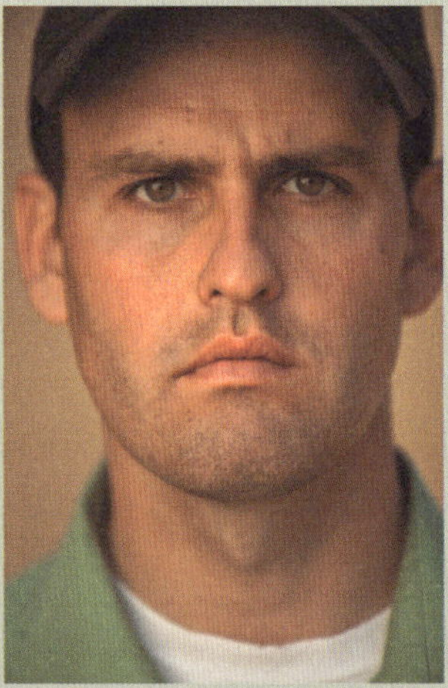

Gli scatti del volto sono l'ideale per una storia. A volte, però, la mancanza di profondità di campo può decontestualizzare l'ambiente. Spesso si tratta di una scelta stilistica (all'estrema destra).

Canon 5D Mk II, 200 mm, 1/800 sec., f/2.8, ISO 200

basta perché l'ambiente, che potrebbe raccontare parte della storia di una persona, non possa essere distinto. Forse, ridurre la profondità di campo per lo scatto nella foresta consentirebbe di notare quelle gocce, mentre osservate anche l'ambiente che circonda la pianta. Aumentando la profondità di campo da f/2.8 a f/5.6 per il ritratto, potreste aggiungere parte del contesto circostante, così da aiutare la storia senza interferire troppo con il soggetto.

Non esiste una quantità di profondità di campo universalmente "corretta". C'è solo la scelta del fotografo di aggiungere o rimuovere tale profondità, così da raccontare qualcosa di diverso nelle foto. Come altri elementi della fotografia, la profondità di campo è usata intenzionalmente per catturare l'attenzione verso o lontano dai soggetti. Considerare il perché usate una certa profondità di campo è un buon modo per creare lo storytelling delle immagini. Se quel che state immaginando richiede che lo sfondo debba essere fuori fuoco, con un'apertura di f/1.2, utilizzatelo. Sapere il perché è il modo migliore per prendere queste decisioni.

A 35 mm, f/2.8 offre comunque una profondità di campo sufficiente per mostrare l'ambiente dello storytelling, inquadrando l'artista Charise Adams senza distrazioni.

Canon 5D Mk II, 35 mm, 1/100 sec., f/2.8, ISO 400

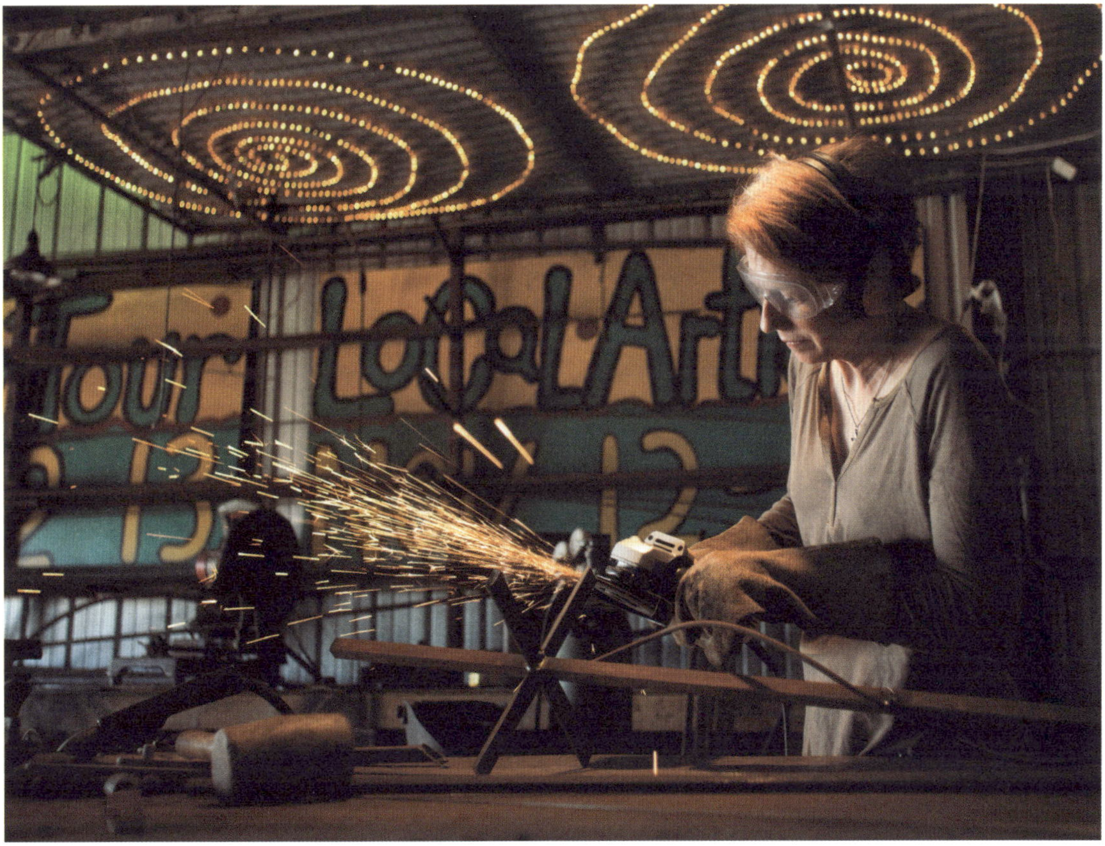

ESERCIZIO PRIORITÀ APERTURA

La profondità di campo è qualcosa che noi fotografi spesso diamo per scontato. Spesso usiamo gli estremi dei range delle aperture, o tutto aperto o tutto chiuso. Al tempo stesso, però, è uno degli strumenti più utili della nostra fotocamera. Ci aiuta a focalizzare l'attenzione direttamente verso il soggetto, risolve il problema degli sfondi caotici e aumenta la nostra capacità di vedere i dettagli in uno scatto, con tutte le variazioni intermedie. Come storyteller, la nostra familiarità con i mezzi necessari per questi compiti è simile a quella di un carpentiere che conosce l'uso dei suoi strumenti e tecniche: l'apertura è un po' come il nostro set di punte. È utile sapere quando occorre usare un certo tipo di punta.

Ecco un semplice esercizio che vi aiuterà a prendere più familiarità con il modo in cui la quantità di profondità di campo può dare risalto a una storia (o intralciarla):

1. Create un ritratto ambientato di un amico, un vicino o un membro della famiglia, usando solo un'ottica standard da 35 mm e un valore di apertura di f/16 o superiore. Create uno scatto a figura intera, uno intermedio e uno del busto, tutti con l'intento di raccontare la storia della persona nel suo ambiente. Fate attenzione agli sfondi troppo caotici e alla grande profondità di campo che otterrete con questi valori di apertura, anche quando vi avvicinate al soggetto.
2. Scattate gli stessi tre ritratti ambientati con la stessa ottica, usando però un valore di apertura di f/5.6 o inferiore. Lo sfondo caotico che avete notato nel primo esercizio inizierà a distrarre meno, mentre vi avvicinate, forse fino al punto di non riconoscimento - che potenzialmente potrebbe essere una scelta errata, quando volete creare un ritratto ambientato.
3. Terminati gli esercizi 1 e 2 usate un teleobiettivo e scattate a 200 mm (se avete questo obiettivo standard, altrimenti scattate alla massima lunghezza focale disponibile). Ripetete tutto quello che avete fatto nei due esercizi precedenti con la nuova lunghezza focale.
4. Trasferite tutte le foto che avete scattato negli esercizi sul vostro computer e selezionate i 12 scatti che rappresentano meglio i diversi valori di apertura e le combinazioni di obiettivi che avete usato. Studiate queste foto per stabilire quale livello di profondità di campo trasmette meglio la storia che intendevate raccontare con il ritratto. Potreste trovarne due o tre che ritenete un ottimo lavoro, ma probabilmente ne avrete molte di più che non trasmettono il concetto efficacemente. Senza considerare la composizione, uno dei motivi per cui queste immagini non funzionano dal punto di vista dello storytelling è dato dal grado di distrazione o dall'ambiguità dell'ambiente, che viene creato da determinate profondità di campo.

Non si tratta di un esercizio che vi aiuterà a identificare l'apertura migliore da usare con ogni obiettivo e in ogni situazione. Lo scopo è aiutarvi a iniziare a capire quale profondità di campo possa essere più utile rispetto ad altre, mentre sviluppate una storia per una particolare inquadratura. A seconda della scelta dell'obiettivo e dalla vostra distanza dal soggetto, un valore di apertura può sembrare più adatto degli altri, per dire qualcosa che potrebbe aggiungere chiarezza alla storia che volete raccontare. Ovviamente questo non significa che ci sia solo un valore di profondità di campo per ciascun esempio fotografico. Infatti, potete raccontare una storia con lo stesso soggetto e una sfilza di valori di apertura. Il vostro lavoro è stabilire il migliore per il vostro modo di narrare la storia in quel determinato momento. ■

ESPOSIZIONE: IL GRIGIO 18 PERCENTO CONTA?

Rischio di diventare un po' bisbetico. Iniziai scattando con la pellicola. La mia passione era quella a colori (non c'è nulla di sbagliato nel bianco e nero) e, come molti fotografi, non potevo fare a meno della Fujichrome Velvia. I colori erano vivaci e il contrasto era perfetto per quegli scatti al mattino presto o la sera. La tonalità delle ombre e i neri erano forse la mia caratteristica preferita della pellicola. Sto divagando. Per me, la parte più problematica degli esordi con la pellicola era ottenere le esposizioni corrette. Sapete, quei tipi di esposizione che all'inizio approcciate con il cartoncino grigio, annotando scrupolosamente i valori di velocità dell'otturatore, apertura e ISO per ogni scatto. Vi siete stressati in continuazione su quanto avreste dovuto compensare in caso non fossero disponibili le tonalità di grigio medio, sapendo che la latitudine di posa della pellicola non vi avrebbe perdonato gli errori.

Torniamo all'era digitale. Se ci pensate, non è cambiato molto. Le misurazioni della fotocamera funzionano sostanzialmente allo stesso modo, tranne che per alcune migliorie nella precisione. Continuiamo a scattare entro una gamma piuttosto limitata di valori tonali, che ora si

La luce solare che splende tra le nuvole nella Scozia centrale illumina un piccolo albero sul fianco di una collina, mettendo in ombra certe parti del frame.

Canon 5D Mk II, 200 mm, 1/250 sec., f/5.6, ISO 100

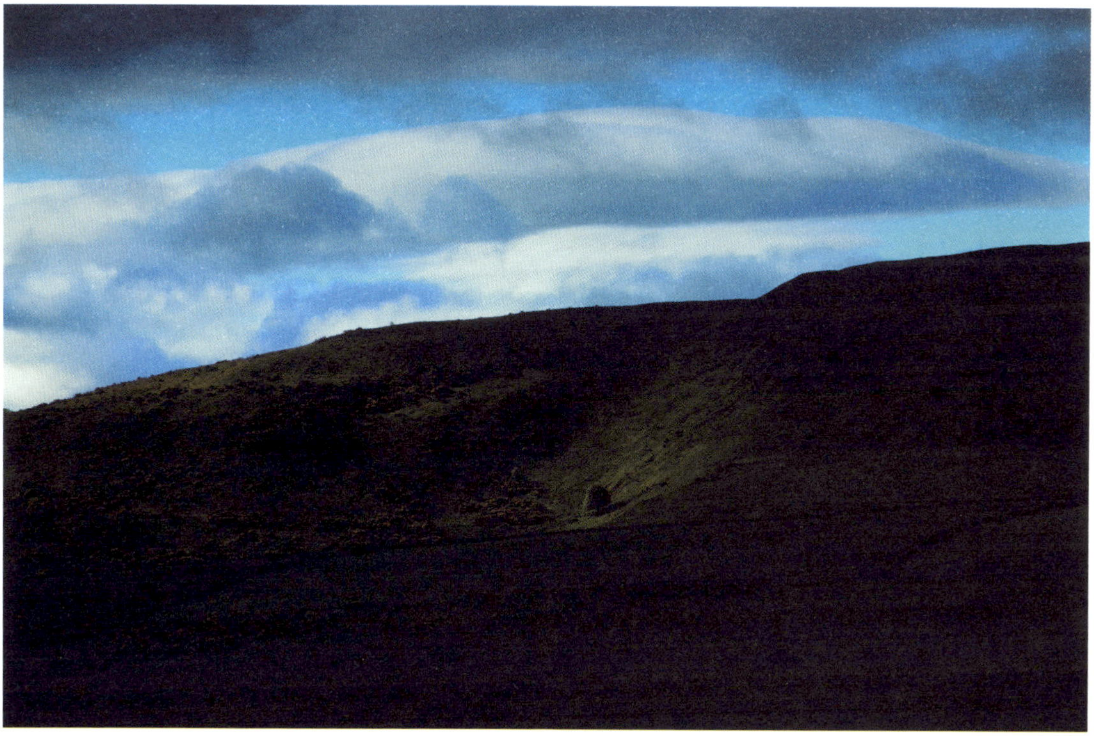

chiamano "intervallo dinamico" anziché latitudine di posa, che il sensore della fotocamera può gestire prima di incorrere in una sotto o sovraesposizione, e nonostante il fatto che ora possiamo dare un'occhiata allo schermo LCD e all'istogramma per ogni scatto, dobbiamo continuare a preoccuparci delle corrette esposizioni.

Sapere come esporre "correttamente" è una buona cosa, anche quando possiamo compensare facilmente nella camera oscura digitale. Quel che è meglio, però, è accedere a un dato ambiente e sapere come si deve esporre. Questo va oltre la ricerca del grigio 18 percento per la misurazione. Riguarda più la vostra conoscenza di come la fotocamera vedrà tecnicamente l'immagine che avete di fronte, oltre alla capacità di vedere l'immagine esposta nel modo in cui desiderate, ovvero in modo che ne migliori il significato, anziché nasconderlo.

Sapere come poter esporre una situazione fotografica vi aiuterà a prendere decisioni sul processo di storytelling. Potrebbe suggerirvi di modificare la scena con illuminazione artificiale, per aggiungere dettaglio in certe aree del frame, o anche di tornare sulla stessa scena in un momento diverso del giorno, mese, stagione o anno, per lavorare con una luce migliore. Potrebbe significare lavorare più vicino in un ritratto, perché nel caso opposto le aree del frame potrebbero risultare sovraesposte o presentare ombre scure, che donano un aspetto poco attraente. Dipende tutto da cosa volete dire con le vostre immagini. Acquisire familiarità con il modo in cui uno scatto verrà esposto vi darà molta più libertà nell'interpretare queste esposizioni per lo storytelling. Per ogni scatto abbiamo a disposizione solo alcuni stop, per ottenere un intervallo dinamico corretto, e sapere come questo intervallo potrebbe essere compromesso può aiutarvi a migliorare il vostro approccio.

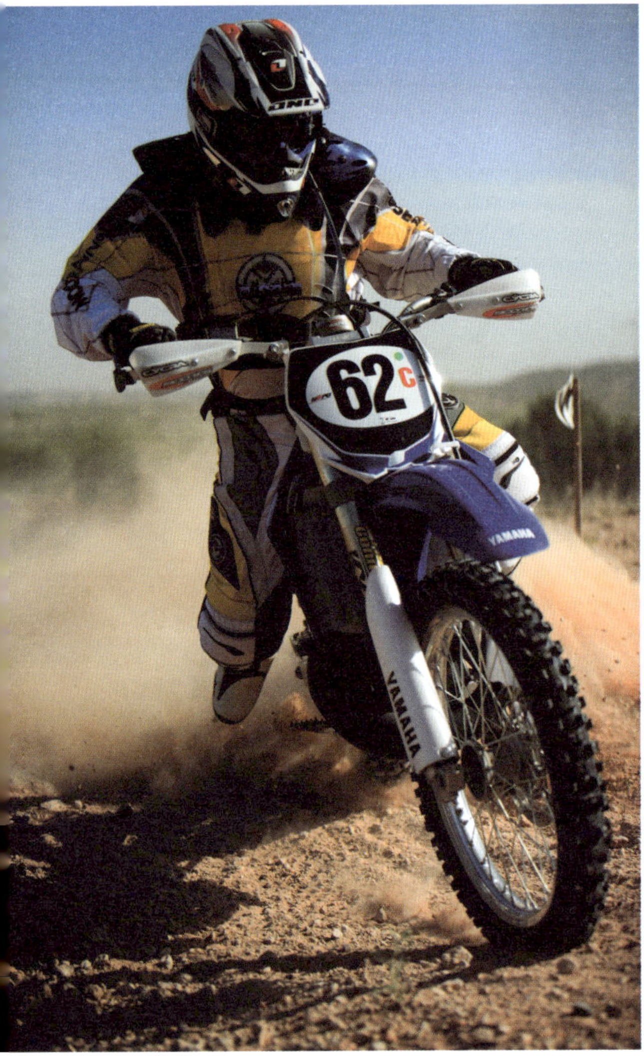

Lo scatto in azione di questo pilota di enduro e la coda di polvere dietro la moto, congelano un istante nel tempo e aiutano l'osservatore a immaginare la dinamica di questo sport.

Canon 5D, 70 mm, 1/5.000 sec., f/2.8, ISO 200

MOVIMENTO: UNA SINERGIA ACCATTIVANTE

Anche se si tratta di una fotocamera, possiamo fare molto più che catturare soggetti statici in un frame. A volte, ovviamente, un soggetto statico è tutto ciò di cui avete bisogno. Altre volte, però, catturare il movimento del soggetto è un modo coinvolgente per raccontare una parte più consistente di storia e attirare maggiormente l'attenzione sull'immagine. Sia i fotografi sia gli osservatori vengono attratti dalle foto che trasmettono movimento. Pensate al tipo di soggetto che vi interessa fotografare. Ora pensate a come il mostrarlo in movimento potrebbe aiutarvi ad aggiungere ulteriori contenuti alla narrazione della storia.

Gli scatti che mostrano motociclette congelate a mezz'aria, per esempio, toccano nel vivo l'osservatore, affinché contempli l'eccitazione e il rischio di un'attività che normalmente accade in pochi secondi. Il panning di un triatleta che affronta una salita in collina in bicicletta implica movimento, ma trasmette anche un frenetico senso di luogo e della velocità alla quale l'atleta si muove. Le esposizioni lente di acqua corrente trasmettono qualcosa di artisticamente simile, rendendo vivo il corso d'acqua o il fiume nell'inquadratura. Abbiamo le capacità tecniche per ottenere tutti questi tipi di scatto. Dobbiamo solo sapere come ci aiuteranno a raccontare le parti della storia che creano la narrativa completa.

Il movimento è anche un ottimo tema di storytelling su cui creare un portfolio di immagini. La vita è relativamente dinamica, anche se il vostro soggetto è una roccia (pensate alle rocce in movimento della Racetrack Playa, nel Death Valley National Park della California). Il mondo naturale e la vita umana sono sempre stati in movimento. L'abbiamo visto nell'attività della fauna selvaggia, nei cambiamenti ecologici tra ambienti umidi e secchi, fino alla crescita delle città del nostro mondo e alle attività atletiche e ricreative alle quali partecipiamo.

Se non altro, l'universalità del movimento sottolinea almeno l'importanza di considerare la creazione di immagini che prevedano del movimento per ciascuno dei soggetti che fotografate.

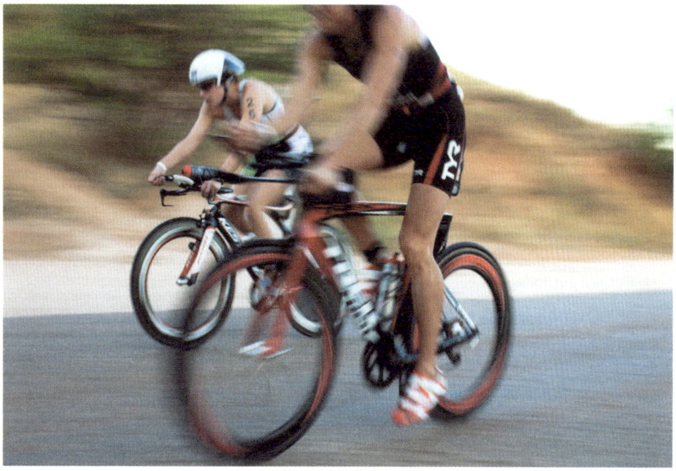

Il coinvolgimento visuale negli scatti che includono il movimento è spesso ottenuto tramite un panning. Abbassare la velocità dell'otturatore e seguire l'azione crea un'immagine piena di energia e crea un senso astratto di movimento.

Canon 5D Mk II, 50 mm, 1/25 sec., f/5, ISO 100

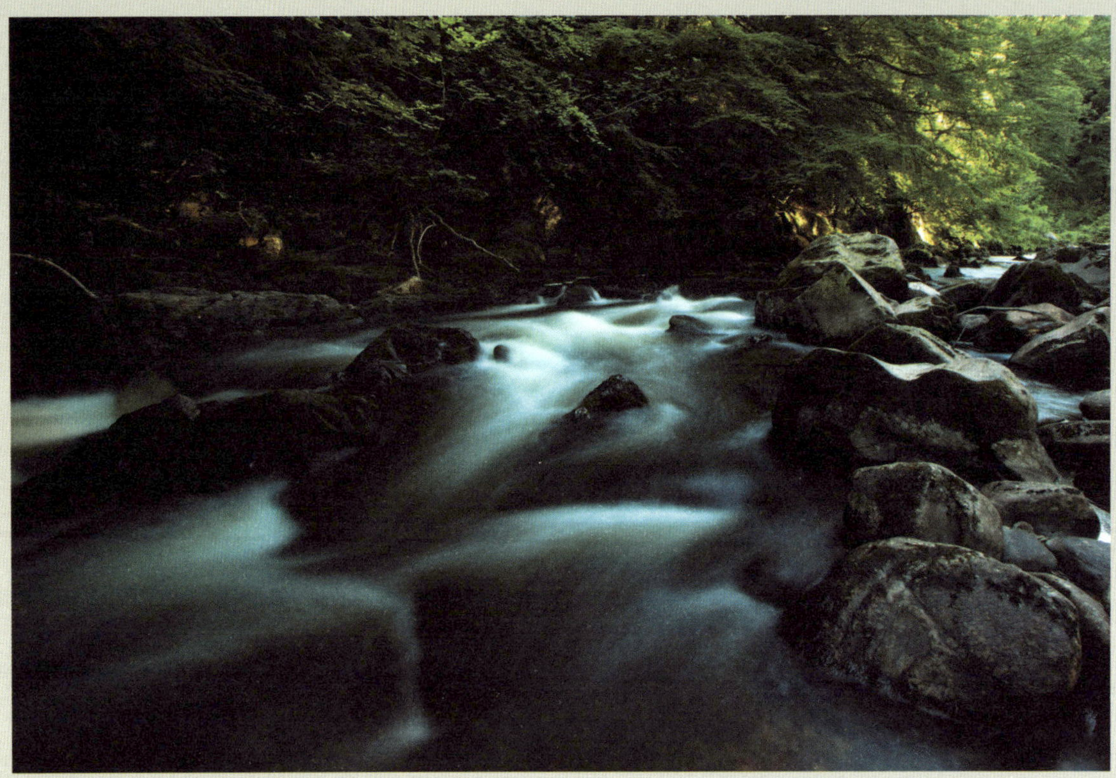

La sfumatura dorata di luce alla fine delle rapide, all'Hermitage di Dunkeld, in Scozia, offre all'osservatore una direzione da seguire, oltre alla sensazione che ci sia molto altro da osservare.

Canon 5D Mk II, 17 mm, 4 sec., f/22, ISO 50

Inserimento di grandi tortilla nel forno. A volte, mostrare le attività come movimento sfocato è un modo efficace per rendere bene la scena.

Canon 5D Mk II, 24 mm, 1/60 sec., f/4, ISO 1000

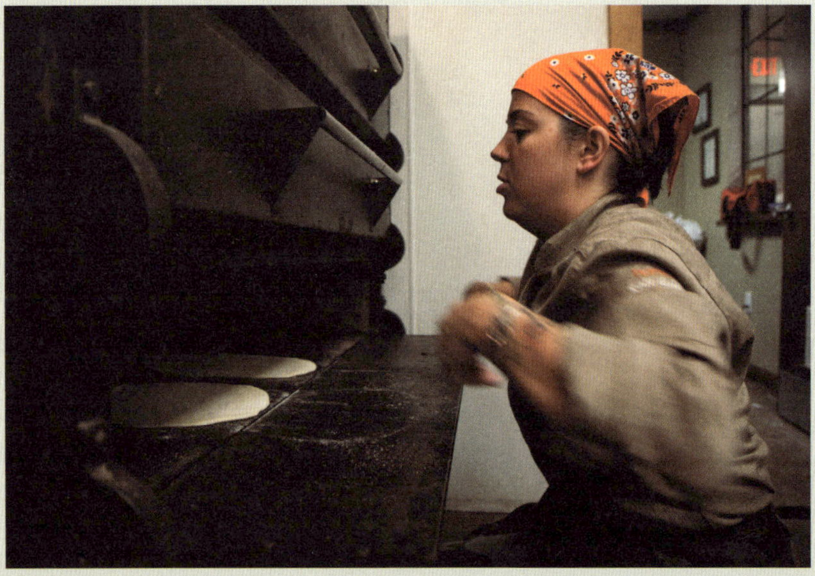

PROSPETTIVA: LA VISUALE DEL GATTO

Tecnicamente parlando, la prospettiva è l'equilibrio perfetto tra il modo in cui usate i vostri obiettivi e la vostra posizione nei confronti del soggetto. La prospettiva fisica che un fotografo usa per una determinata immagine è importante tanto quanto la composizione. Infatti, usiamo questi elementi insieme per enfatizzare alcune caratteristiche del soggetto o per "unire" dei contenuti, in una modalità che solo i media bidimensionali possono usare.

Utilizzare una lunghezza focale dall'angolo ampio (24 mm o superiore) non solo permette di catturare la vastità di un paesaggio o un ambiente urbano, ma se ci si avvicina a un elemento dell'immagine, si può enfatizzare la relazione e la connessione di quell'elemento con gli altri componenti del frame. Una cosa positiva del portarsi vicino a un soggetto usando un'ottica con una focale dall'angolo ampio è che l'ambiente nel quale esso è contenuto non viene perso dall'osservatore. Il fotografo può enfatizzare ciò che è importante nell'immagine, fornendo anche un senso di luogo. Mano a mano che aumentate la lunghezza focale, queste caratteristiche visive iniziano a trasformarsi. Le distanze iniziano a diminuire e il soggetto principale nel frame inizia a comprimersi. Questo diventa molto utile quando volete mostrare una forte connessione tra gli elementi in primo piano e nello sfondo di un frame. È utile anche quando volete mescolare colori e forme, per un'immagine emozionale e astratta.

Al contrario delle lunghezze focali con angolo ampio, più vi avvicinate al soggetto con le focali degli obiettivi medi o dei teleobiettivi, minore sarà la profondità di campo che potrete ottenere da un determinato valore di apertura. Cosa significa tutto ciò per lo storytelling? Se davvero volete isolare un soggetto, usando una grande lunghezza focale riuscirete nell'intento. L'angolo ridotto, unito alla significativa riduzione della profondità di campo ai valori di apertura più bassi, permette al fotografo di ottenere immagini che si focalizzano solo sul soggetto.

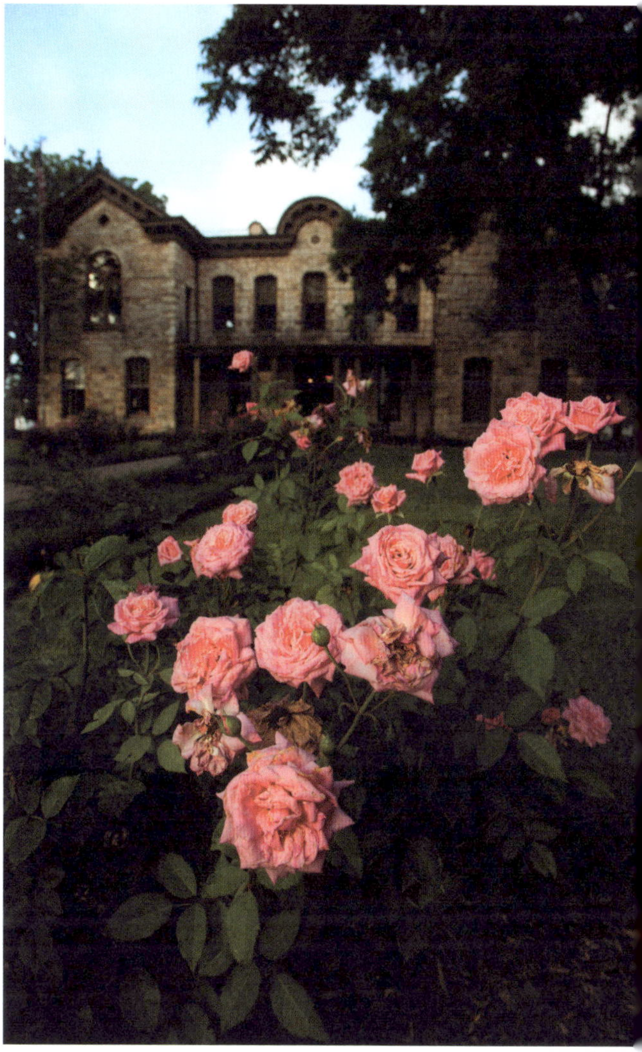

Avvicinandovi con un'ampia lunghezza focale potete dare enfasi a questi fiori, a Fredericksburg, in Texas, senza rinunciare al senso del luogo.

Canon 5D Mk II, 24 mm, 1/30 sec., f/8, ISO 100

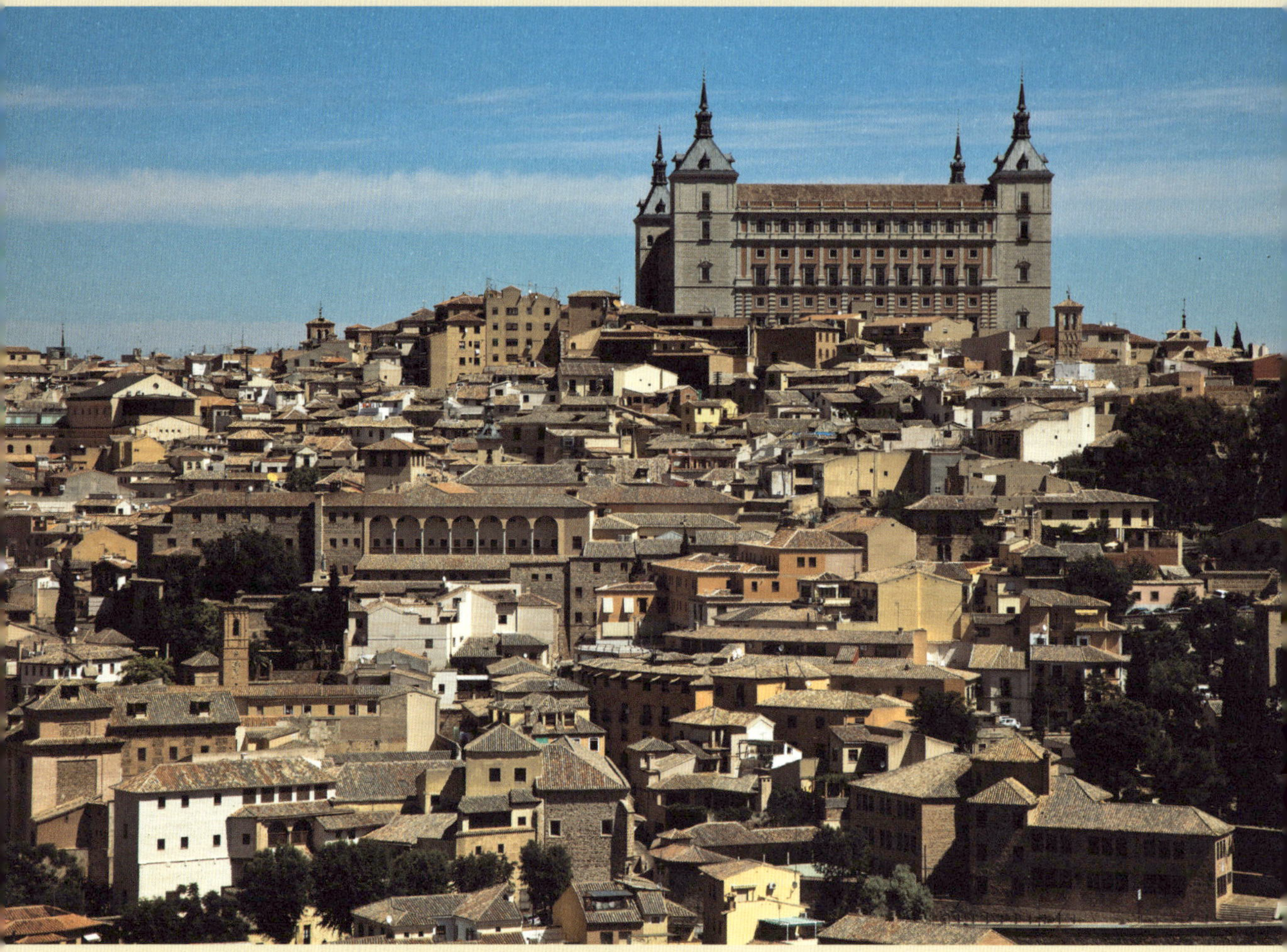

Maggiore è la lunghezza focale, più compresso risulterà il soggetto principale. Usare delle focali che si avvicinano allo status di teleobiettivo è utile per spiegare visivamente la densità di una città, come nel caso di questi edifici, che sembrano costruiti uno sull'altro a Toledo, in Spagna.

Canon 5D Mk II, 105 mm, 1/400 sec., f/8, ISO 100

LA DISTORSIONE DEI GRANDANGOLI Gli obiettivi grandangolari provocano un utile coinvolgimento. Quando acquistai il mio primo grandangolo, rimasi bloccato a quei 17 mm per almeno quattro mesi. Ero in grado di entrare in un mondo che non avevo mai visto prima di quell'acquisto e così lo feci!

Tuttavia, i grandangoli hanno anche dei lati negativi, il più evidente dei quali è la loro propensione a distorcere qualunque cosa sia troppo vicina. Avvicinarsi con queste lunghezze focali può aiutare a enfatizzare alcuni elementi rispetto ad altri, ma attenti a non avvicinarvi troppo. La roccia perfettamente simmetrica che avete posizionato in primo piano nel vostro scatto del panorama assumerà presto una forma oblunga.

Lo stesso problema di distorsione si manifesta anche con le persone. Più avvicinate il grandangolo a una persona, più la sua struttura facciale diverrà allungata. Fate attenzione ai nasi allungati, alle guance sporgenti e a posizionare una persona ai lati del frame! Gli obiettivi grandangolari sono molto utili quando occorre fotografare le persone: assicuratevi solo di sapere cosa può accadere se vi avvicinate troppo.

Un sistema di irrigazione ben illuminato e un bel cielo come sfondo possono contribuire ad arricchire un articolo sull'agricoltura. Tuttavia, la distorsione della prospettiva introdotta da un grandangolo potrebbe scoraggiare alcuni editor dallo scegliere questa particolare immagine.

Canon 5D, 17 mm, 1/50 sec., f/11, ISO 100

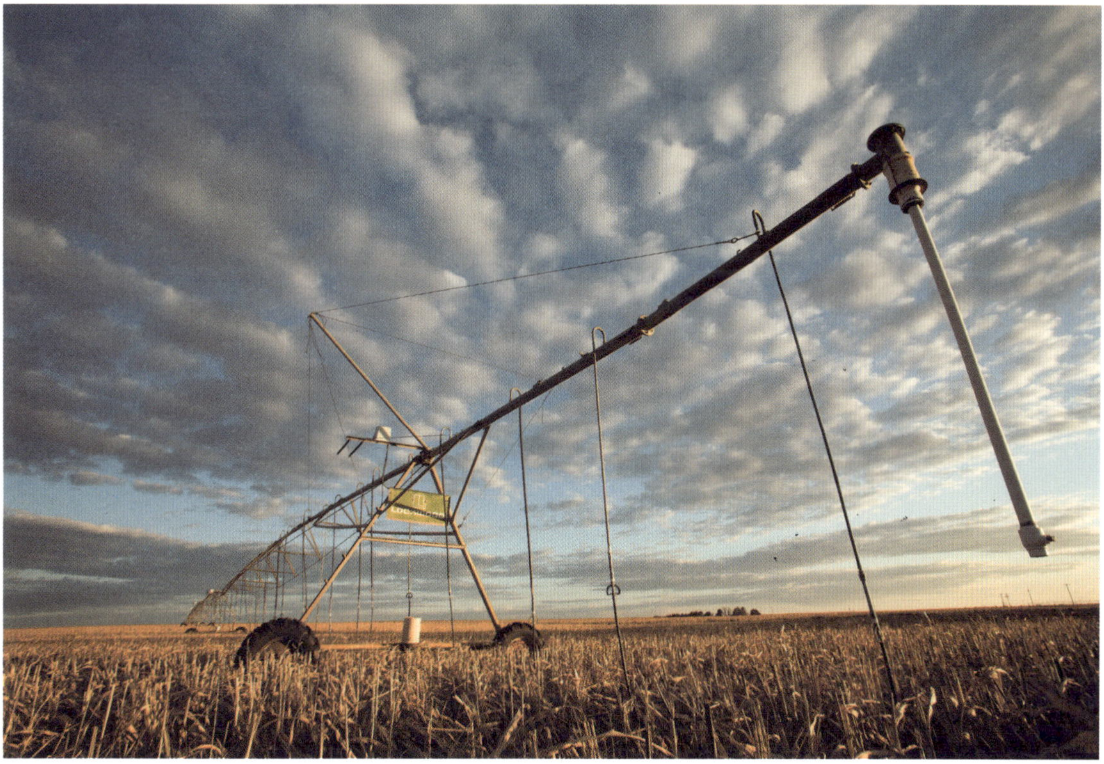

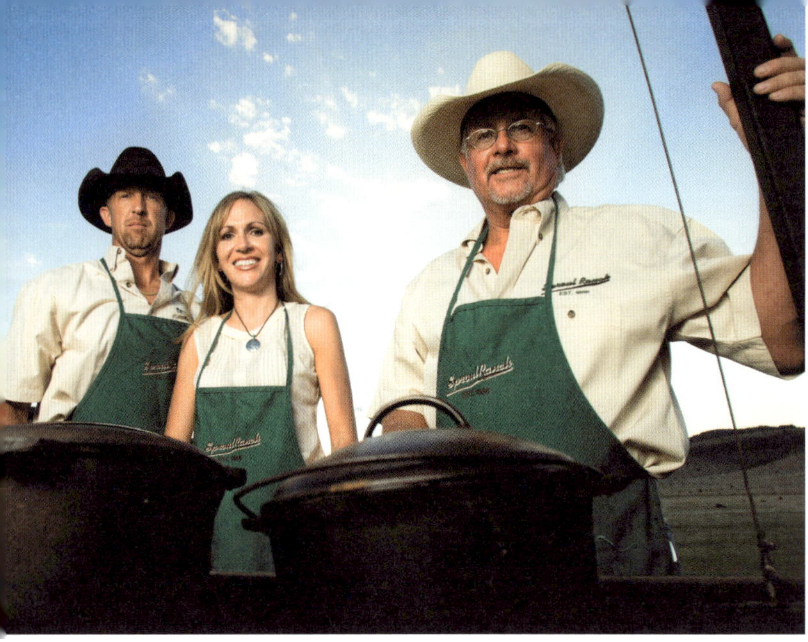

Fotografando i proprietari e il manager di un ranch di Fort Davis, in Texas, inquadrandoli leggermente dal basso, ne indicate visualmente l'autorevolezza.

Canon 1D Mk III, 17 mm, 1/60 sec., f/5, ISO 100

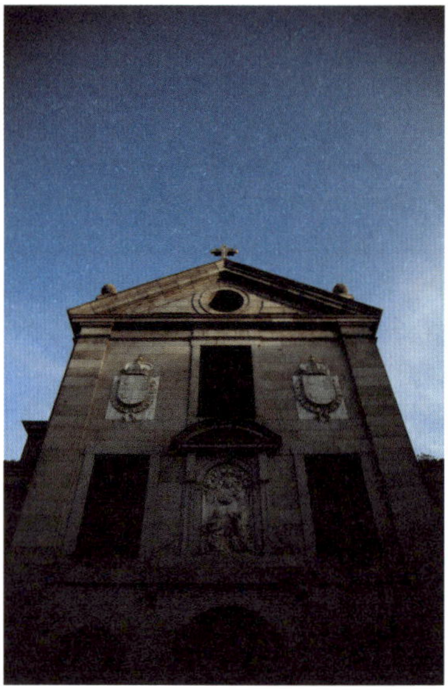

Il taglio di luce e la prospettiva particolare per El Monasterio de la Encarnación di Madrid possono essere interpretati come misteriosi, inquietanti o imperiosi.

Canon 5D Mk II, 24 mm, 1/1.250 sec., f/4, ISO 400

La posizione del fotografo, in relazione al soggetto, è un altro punto chiave per parlare un linguaggio visuale che racconti una storia.

La prospettiva di un obiettivo è un elemento: la posizione del fotografo, in relazione al soggetto, è un altro punto chiave per parlare un linguaggio visuale che racconti una storia. Presumibilmente, fotografi e osservatori si affidano alla posizione della fotocamera proprio come accade per l'illuminazione, ed è un bene.

Le due posizioni che consentono una migliore interpretazione sono scattare dal basso e da sopra il soggetto. Non importa che tale soggetto sia un essere umano o un masso immobile, quando lo scatto richiede di puntare la fotocamera verso l'alto, state dando forza al soggetto. Spesso questo porta autorevolezza, superiorità, intimidazione e, a volte, minaccia.

Al contrario, scattare da un'angolazione più alta del soggetto, in particolar modo quando questo è un essere umano, può portare a sminuirlo o considerarlo inferiore. Ovviamente non è sempre così e l'interpretazione coinvolge molti più aspetti oltre il solo essere umano, come la posizione, l'ambiente circostante, gli abiti, l'espressione facciale e altro. Tuttavia, per lo storyteller, il saper considerare la sua posizione in relazione ai fattori che caratterizzano il soggetto oltre alla composizione costituisce un grande vantaggio.

ESERCIZIO GUARDATEVI ATTORNO

Ecco un breve esercizio che può essere incorporato in qualunque cosa facciate con la fotocamera. Che sia dovuto alla pigrizia del fotografo o meno, non è raro cercare un'unica prospettiva durante uno shooting, soprattutto quando siete costretti dal tempo. Tuttavia, fa parte del nostro ruolo di storyteller dare almeno un altro aspetto al soggetto che stiamo fotografando.

Pensate a voi stessi come a un gatto. Pensate a cos'è in grado di vedere un gatto, data la sua capacità di portarsi sopra o sotto ogni cosa. Se il vostro modello per il ritratto ambientato che abbiamo affrontato per l'esercizio sulla priorità apertura, in questo capitolo, non è stanco di farsi fotografare, considerate un altro round di ritratti. Questa volta, però, avete la libertà di spostarvi attorno al soggetto e usare qualunque valore di apertura riteniate appropriato. Avvicinatevi, allontanatevi, fotografate dal piano del pavimento e dall'alto, usando una scala. Inclinate anche l'orizzonte.

Se non vi piacciono i ritratti o se il modello se n'è andato, provate a fotografare un oggetto, come una cabina telefonica o un piccolo fiore. Trovate un modo per rendere visualmente interessanti questi soggetti relativamente facili attraverso la prospettiva. Abbassatevi e posizionate il fiore in primo piano con un grandangolo, per aumentarne le dimensioni rispetto al resto. Scattate dall'esterno e dall'interno della cabina telefonica, così da trovare un angolo unico e intrigante con il quale definire il frame della storia.

Sfruttate quella che molti chiamano la visuale del gatto. Guardatevi attorno e trovate angoli che parlino alla storia e soddisfino da un punto di vista estetico. Molto importante: non fermatevi a un solo scatto. Per quanto scarso sia il tempo a disposizione, potete scattare di più. Più implementerete questo esercizio durante i vostri shooting, più la vostra scelta della prospettiva sarà basata sull'esperienza e sarete in grado di visualizzare le immagini per lo storytelling. ■

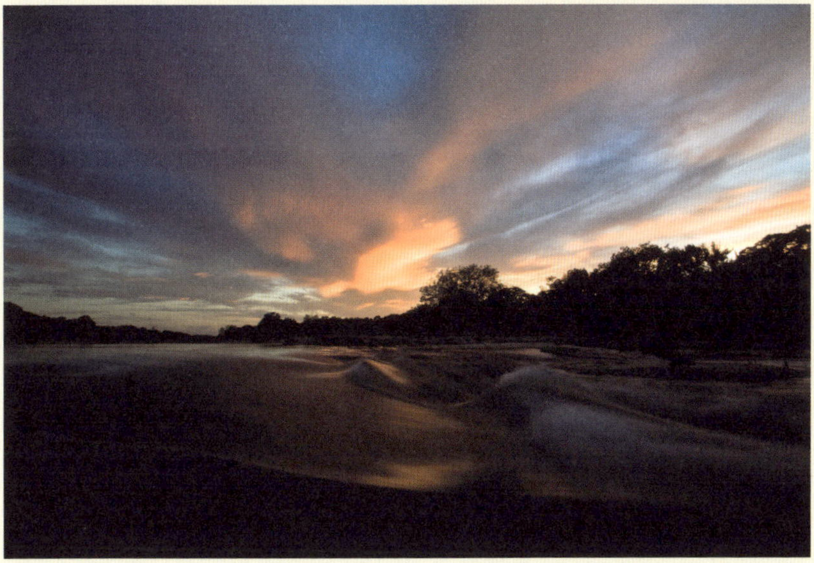

Anche se i gatti tendono a evitare l'acqua, usare la visuale del gatto sulle rapide del Llano River, vicino a Junction, in Texas, permette di posizionare l'osservatore a livello dell'acqua (e il fotografo nel bel mezzo del fiume).

Canon 5D, 17 mm, 0,6 sec., f/22, ISO 100

INFRANGERE LE REGOLE, SE NECESSARIO

In certe occasioni, scatti casuali si rivelano gemme. Questo ritratto di Baron Batch fu il primo che scattai mentre testavo le luci. Non mi accorsi neppure che l'apertura era a f/22. L'apertura chiusa aiutò a ridurre la luce artificiale, creando un feeling particolare sul volto che contrasta con i colori sgargianti del tramonto.

Canon 5D Mk II, 300 mm, 1/125 sec., f/22, ISO 100

Ricordate quanto ho detto in precedenza sulle regole? Sono ottime guide. Ci forniscono la struttura mediante la quale creare visualmente la storia che si snoda davanti ai nostri occhi. Nonostante quanto è stato detto in passato, penso che questo tipo di rigidità sia di conforto ai creativi, perché dà ai fotografi e agli altri comunicatori visuali dei confini entro i quali sviluppare le capacità creative e di storytelling. Tuttavia, queste cosiddette "regole" che teniamo sempre vive nelle nostre menti non rappresentano sempre la verità assoluta. A volte le regole vanno infrante.

Se fossimo robot programmati per azionare l'otturatore, seguendo sempre le regole, sarebbe un gioco da ragazzi. L'ultima volta che ho controllato, comunque, non eravamo robot. Osserviamo tutti in modo diverso, interpretiamo visualmente in modo differente e usiamo anche tecniche diverse per raccontare una storia simile. Queste caratteristiche creative sono ciò che rende difficile seguire le regole. Se vi dicessi di non scattare mai più un'immagine senza seguire la regola dei terzi o senza

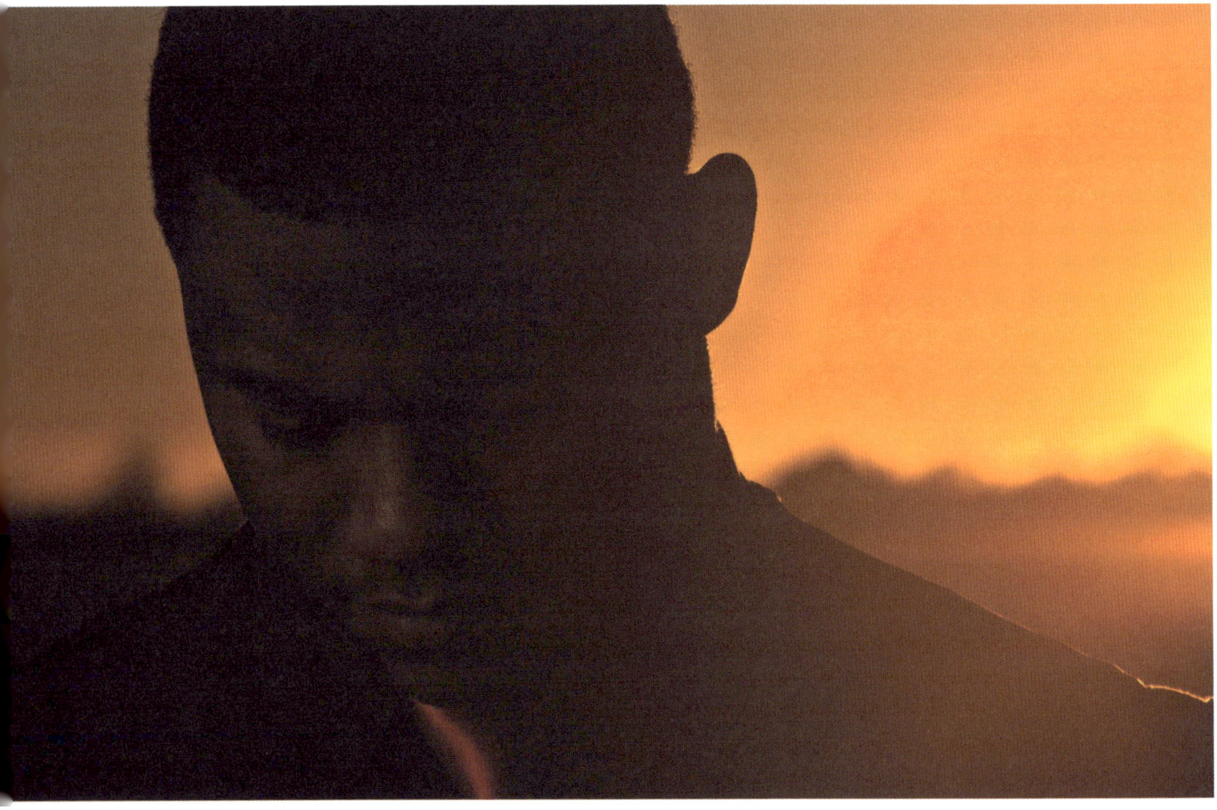

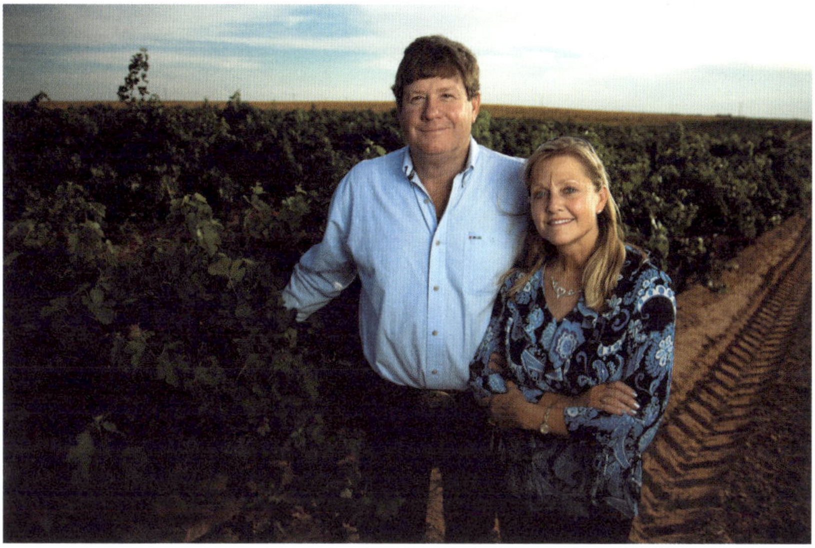

Anche se non c'è nulla da fare per i valori sovraesposti nel cielo, escluderli dalla parte in alto a destra del frame aiuta a eliminare le distrazioni, specialmente quando il soggetto principale ha una presenza forte in primo piano.

Canon 5D Mk II, 24 mm, 1/320 sec., f/4, ISO 50

sfruttare la prima e l'ultima ora di luce del giorno, potreste farlo. Per la maggior parte del tempo in cui fotografiamo, sono pronto a scommettere che non abbiamo problemi con questi confini. Tuttavia, non è poi così raro considerare necessario piegare tali regole. E questo non solo per per creare una rottura stilistica in un insieme noioso di immagini, ma per eseguire bene ciò di cui stiamo parlando in questo libro: lo storytelling.

Prendete per esempio la sovraesposizione. Le regole dicono che è una pessima cosa. Che ne dite di posizionare il soggetto al centro della composizione? Un'altra cosa da evitare. E scattare verso il soggetto da un'angolazione più alta? Non dovreste farlo, vero? A prescindere dalle critiche, a un certo punto della nostra carriera di fotografi dovremo andare oltre queste regole, per assicurarci che ciò che vogliamo dire in un'immagine venga effettivamente espresso.

Rompiamo queste regole in due modi: intenzionalmente, perché è impossibile non evadere mai queste "norme" fotografiche, e casualmente. Del primo caso è opportuno parlare e dal secondo è bene imparare.

Gli incidenti accadono e noi impariamo dall'esperienza. Anche se un piccolo incidente può produrre occasionalmente una delle più belle immagini mai viste dal genere umano, potreste non avere idea del come e del perché. Questi problemi e incidenti possono essere strumenti di apprendimento. Non eliminate subito gli scatti sbagliati. Osservateli sullo schermo per verificare se vi aiutano o meno a raccontare la storia.

Rompere le regole in modo intenzionale, o perché non c'è modo di evitarlo, sono situazioni simili. Quando contravvenete a una regola, come fotografi sapete di aver commesso una violazione, ma anche che questa è necessaria per poter illustrare una storia con maggior forza. Un esempio della violazione intenzionale di una regola è la copertina di questo libro. Le mani dell'artista della ceramica occupano il centro del frame, ma questo posizionamento ha enfatizzato il significato delle mani, di quest'arte e della vita dell'artista, in un modo più efficace di qualunque altro posizionamento. Lo scatto a f/2.8 e a 35 mm mi

Posizionare le mani dell'artista James Watkins al centro del frame enfatizza l'importanza delle stesse in questo lavoro.

Canon 1D Mk III, 31 mm, 1/60 sec., f/3.2, ISO 400

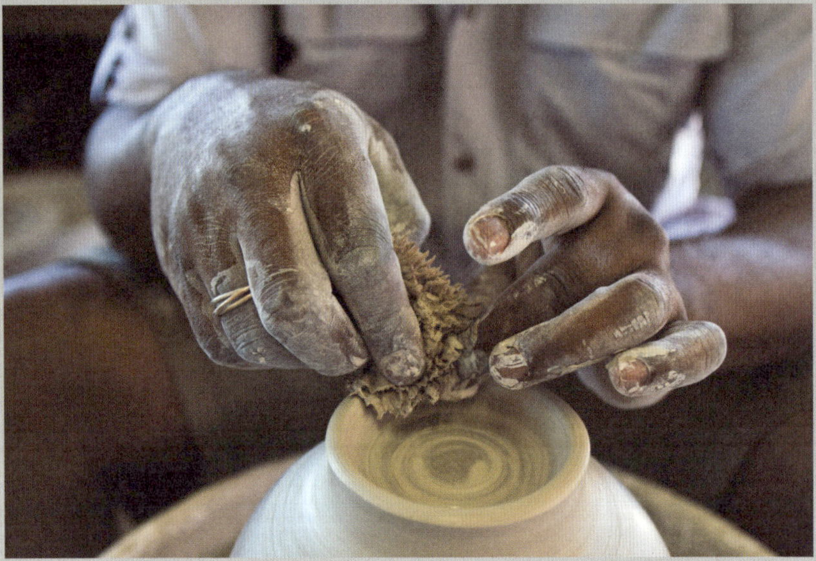

La sovra o sottoesposizione intenzionale a volte è importante ai fini della storia. Gli scatti "high-key" di bambini spesso spingono l'esposizione verso la sovraesposizione, per dare un senso di innocenza. È anche un buon metodo per fotografare i soggetti più anziani.

Canon 5D Mk II, 105 mm, 1/50 sec., f/4.5, ISO 800

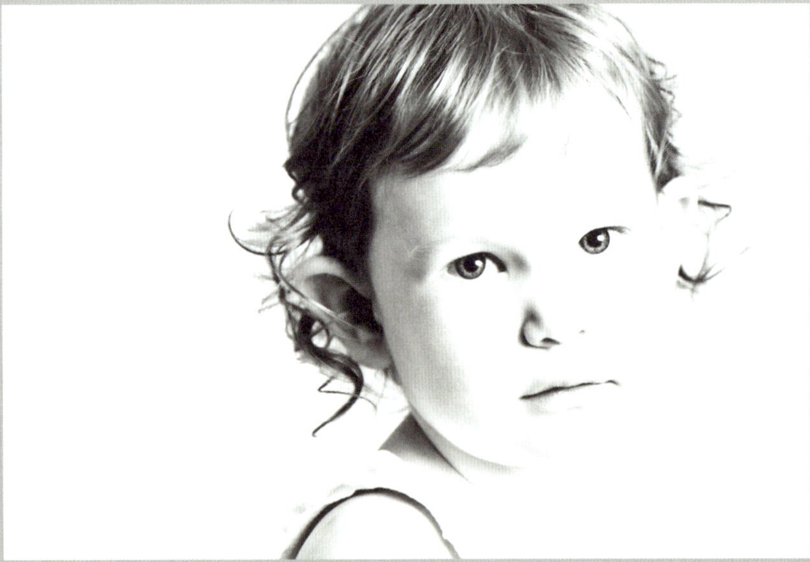

ha aiutato a diminuire lo sfondo caotico, permettendo alle mani di risaltare nel frame, insieme alla parte superiore del lavoro in preparazione. Rompere consapevolmente una regola denota anche la volontà di sottrarsi alla rigidità per rendere più interessante una storia. È una cosa che riguarda più il contenuto della foto che le attitudini tecniche che lo scatto richiede. Un buon esempio è scattare le foto di un articolo per una rivista, dove parti dello sfondo e la maggior parte del cielo violano l'intervallo dinamico della vostra fotocamera. Potete evitare la sovraesposizione in diversi modi, alcuni dei quali vi rallenteranno nel vostro lavoro. Il vostro compito è raccontare quella storia e a volte questo vi impedisce di usare alcuni degli strumenti che normalmente usereste per evitare di contravvenire a una regola.

Il miglior suggerimento, che metto in pratica nei miei stessi lavori quando il problema si manifesta (e succede spesso), è minimizzare la "rottura delle regole" con il potere del contenuto che avete l'incarico di fotografare. Usate la storia che state cercando di raccontare come fotografi e assicuratevi che risalti maggiormente rispetto al cielo "bruciato" o della linea dell'orizzonte posta a metà del frame.

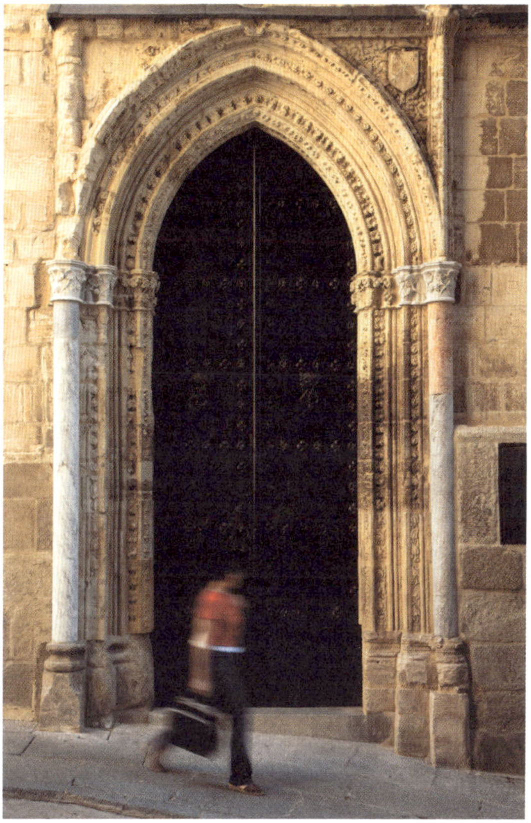

Un tipo di immagine celebre tra i fotografi di viaggi: le persone sfocate in movimento combinate con sfondi statici, che mostrano la vita attorno alle strutture, come in questa cattedrale a Toledo, in Spagna.

Canon 5D Mk II, 50 mm, 1/13 sec., f/9, ISO 200

CREARE L'OCCHIO PER LO STORYTELLING

Tutto l'apprendimento relativo alle competenze tecniche è inutile, se non sviluppiamo il nostro occhio per raccontare le storie. Tutti i dettagli che abbiamo affrontato fin qui lavorano insieme per "comporre" fotografie che informino, coinvolgano e attraggano.

L'essere in grado di riconoscere questi elementi definisce anche come noi *storyteller* reagiamo come *fotografi*. In seguito, dobbiamo continuamente sviluppare occhio per le storie fotografiche.

Osservare con insistenza

Sebbene il Bridge of Craigisla, vicino ad Alyth, in Scozia, sia l'attrazione principale dell'immagine, serve anche come elemento di inquadratura per altri importanti livelli dell'ambiente circostante.

Canon 5D Mk II, 80 mm, 1/125 sec., f/16, ISO 400

Non importa se state scattando da un mese o da oltre 25 anni, la parte di voi che vi definisce fotografi è in grado di notare una buona luce. Probabilmente riconoscerete anche composizioni particolari nei posti più strani. Che ne dite di quando siete alla fermata dell'autobus e chiacchierate con un anziano, quando a un tratto pensate che il suo volto sarebbe perfetto per un ritratto? Luce, composizione, forma e attività sono costantemente attorno a noi.

Anche senza una fotocamera, le storie si svolgono davanti a noi. Per creare un occhio da storytelling, i fotografi valutano costantemente ciò che sta loro di fronte da un punto di vista tecnico e di significato. Tecnicamente notate quella luce calda, splendida e tangibile del mattino, ma potreste anche notare gli aspetti estetici ed emozionali di un cactus retroilluminato e bagnato dalla rugiada. I livelli di composizione che riconoscete possono manifestarsi in ogni momento, compreso quando

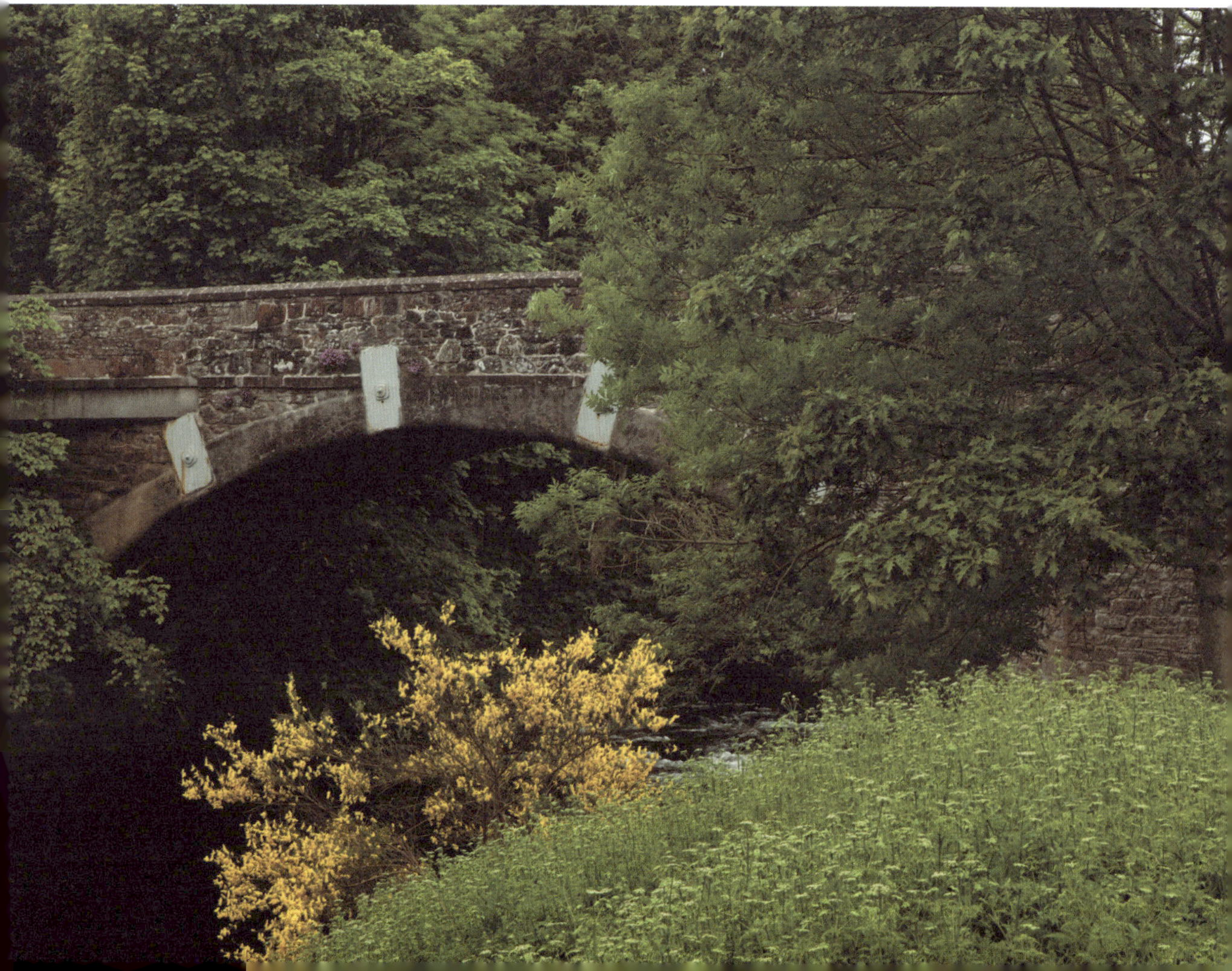

camminate nelle vie della città. E l'anziano con il quale stavate chiacchierando potrebbe raccontare la storia della sua precedente occupazione come minatore, quando improvvisamente pensate che potreste unire tutte le informazioni del racconto per creare un ritratto ambientato.

Le storie sono continuamente davanti a noi. Certo, alcune di queste sono più interessanti di altre ed è un'altra parte dello storytelling che tratteremo in seguito. Eppure, sviluppare un occhio insistente è essenziale sia per creare le vostre capacità come fotografi sia per usare queste capacità come storyteller. È un'attività che non ha mai fine. Notare in continuazione delle occasioni per le fotografie non è una cosa negativa, ma vi tiene sulle spine e non vi permette di abbassare la guardia.

L'importanza dei dettagli

Durante le fasi dello sviluppo dell'occhio per lo storytelling, gli studenti di fotografia normalmente ignorano le cose più interessanti. Tutti siamo alla ricerca della foto "perfetta", ma spesso sono gli elementi trascurati a dare una direzione alla storia.

La ricerca dei dettagli in una storia è essenziale per creare un senso visuale. Prendetevi del tempo per notare le gocce di rugiada sul cactus o le incisioni intricate su un palazzo storico, oppure le rughe sulle mani dell'agricoltore. Date un'occhiata a qualunque numero di *National Geographic* e capirete la frase "la somma delle parti è maggiore del tutto".

Fare attenzione ai gesti

Oltre a fare attenzione ai dettagli, considerate anche i gesti. I gesti sono componenti di un'immagine che a volte possono rappresentare la ciliegina sulla torta.

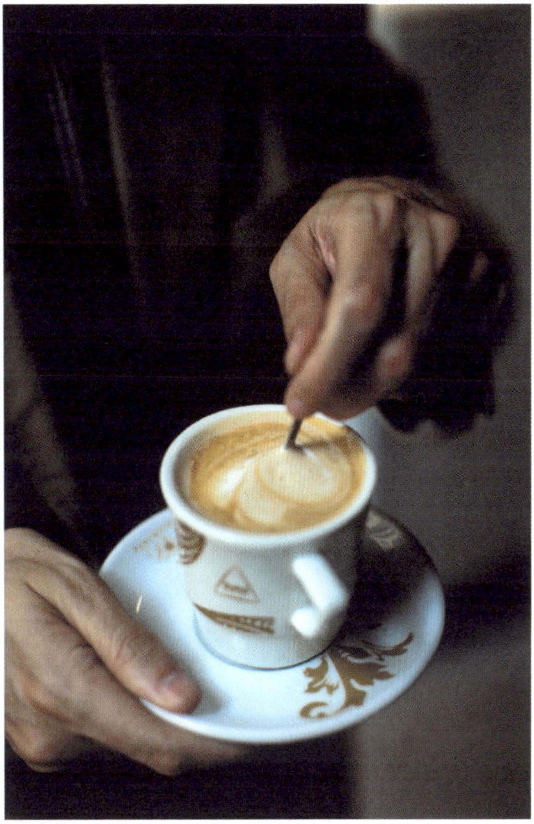

Considerare le condizioni di illuminazione vi aiuterà a produrre immagini più interessanti. L'illuminazione di una finestra su queste mani è attraente, ma sono i riflessi di luce sul cappotto e la transizione con le ombre più scure che trasformano quello nell'immagine in un interessante personaggio noir.

Canon 5D Mk II, 50 mm, 1/400 sec., f/2, ISO 200

Pensate ad alcune delle foto più iconiche della storia. Molte di queste sono immagini giornalistiche che riguardano qualche tipo di conflitto, come le guerre. La famosa immagine di Nick Ut, la giovane Kim Phuc ustionata, che fugge da un villaggio vietnamita bruciato dal napalm nel 1972, sottolinea energicamente l'idea di gesto. La storia, o perlomeno una parte

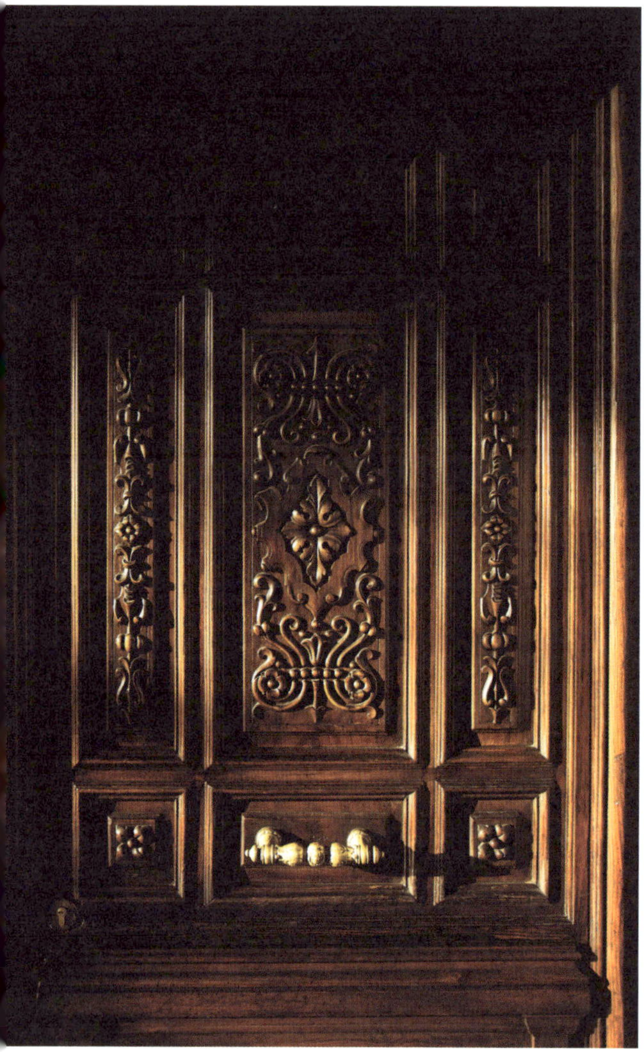

Una luce rivelatrice su una porta intagliata di Madrid.
Canon 5D Mk II, 32 mm, 1/60 sec., f/4, ISO 100

di essa, è evidente nella foto. Eppure, uno dei motivi per cui siamo ossessivamente attratti da questa immagine è la gestualità del viso di Phuc, il pianto silenzioso e il movimento del corpo e degli arti. Questi gesti spingono la storia verso di voi.

Non tutti i gesti sono così evidenti, ma quelli giusti aiutano a trasmettere con più efficacia il racconto, rispetto alle immagini che non sfruttano questi elementi. Cercate i gesti e preparate la vostra fotocamera. Ricordate la discussione sul diventare esperti?

Questa pratica vi permette di capire quando i gesti sono unici e dicono qualcosa sul soggetto. Non dovete fotografare necessariamente le persone. La gestualità è presente anche nei tramonti che fotografiamo, nella natura e negli animali.

Previsioni

Infine, la creazione continua dell'occhio per lo storytelling vi aiuta a prevedere *quando* le immagini devono essere prodotte, per avere risultati migliori. I fotografi di paesaggi usano sempre le previsioni. Rimasi stupito quando, parlando con alcuni di questi fotografi, sentii parlare dell'esatta posizione del sole nel cielo e di come la direzione della luce non fosse adeguata per quel determinato scatto. Avrebbero atteso sei mesi, quando il sole sarebbe stato orientato più verso nord-est. Essere in grado di fare previsioni di questo tipo non solo rende più intense le immagini che producete, ma è anche un modo per sviluppare un occhio fotografico e sensibilità narrativa.

Come già detto, i componenti discussi nel capitolo lavorano in armonia affinché la storia traspaia dalle immagini. A volte alcuni elementi sovrascrivono il valore di altri, tuttavia non esiste un componente che occupi il 100 percento della scena.

Riflettere sul posizionamento di questi elementi può essere complicato, soprattutto quando dovete considerare aspetti tecnici, estetici e narrativi.

Con il tempo, molti degli argomenti che abbiamo illustrato si materializzeranno in un battito di ciglia e potrete prendere decisioni in un lampo. Anche se non esiste un modo giusto o sbagliato per creare foto con questi elementi, è bene chiarire che l'uso delle regole e degli strumenti tradizionali vi aiuterà a produrre immagini più intense.

Conosciamo questi principi perché sono stati usati per centinaia di anni, per unire tutti gli elementi visuali che aiutano lo storytelling, ma ciò che importa è che sono ancora validi.

Prendere familiarità con la loro applicabilità può portare benefici e questo tipo di "allenamento" vi mette in condizione di creare immagini per lo storytelling davvero efficaci.

Prevedere la fioritura del King Ranch bluestem in estate e all'inizio dell'autunno aiuta a produrre immagini come questa, in cui la luce bassa accende i toni rosa nel campo.

Canon 1D Mk III, 200 mm, 1/125 sec., f/2.8, ISO 200

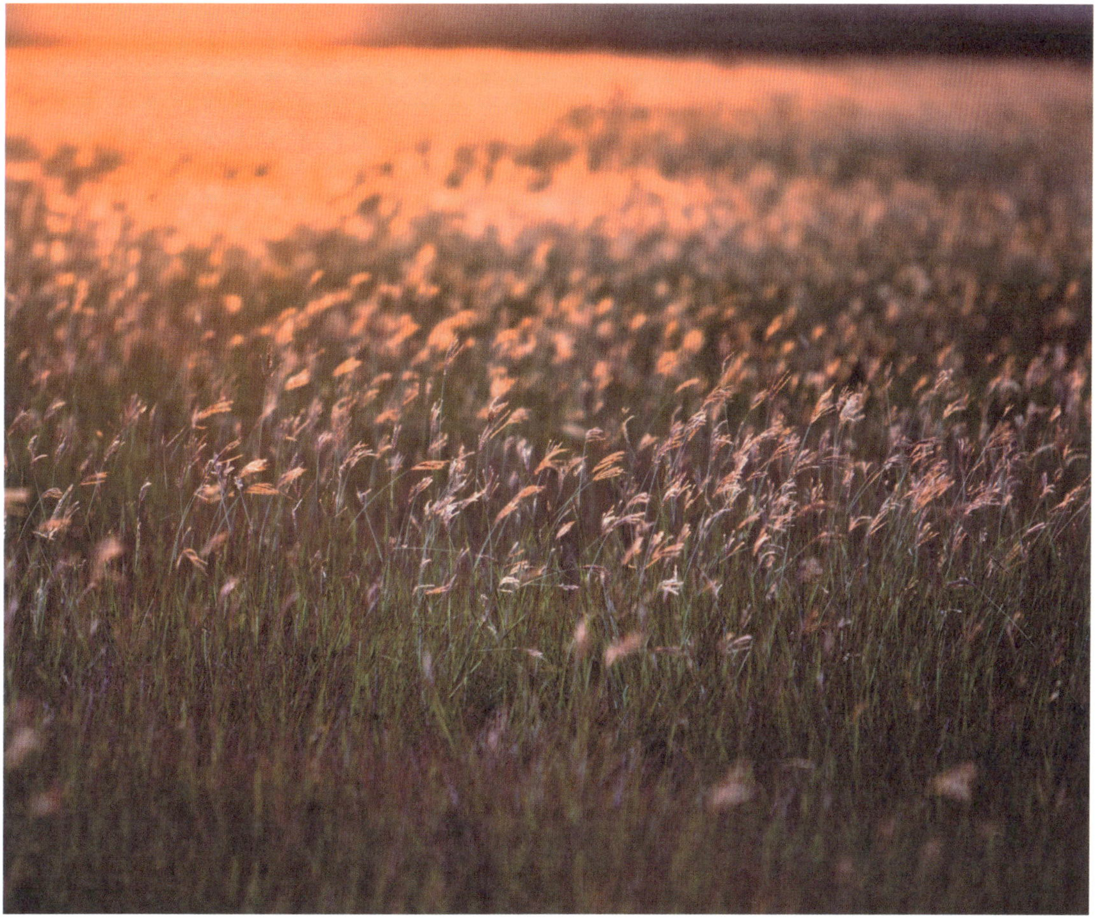

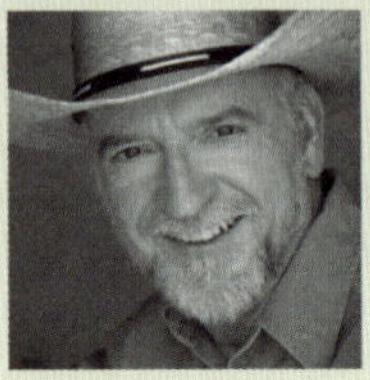

Quest'uomo ha un lavoro grande letteralmente come lo Stato del Texas. È stato il fotografo capo per il Texas Parks and Wildlife Department per 15 anni e racconta la storia dello Stato da ancora più tempo, se includiamo i tanti anni come freelance. Anche se ha conseguito una laurea in fotografia e un master presso i Professional Photographers of America, dice spesso che il suo dottorato viene dal duro lavoro. Non c'è dubbio che gli anni trascorsi a percorrere miglia con la sua attrezzatura gli abbiano fornito una profonda conoscenza come visual storyteller. Incontrai Earl la prima volta molti anni fa, durante lo shooting per la più importante rivista dello Stato. Nel tempo le nostre strade si sono incrociate molte volte e spesso ho partecipato ai suoi workshop e alle sue lezioni. Con un'immaginazione creativa e mai statica, e molte altre storie sulla fauna selvatica e sulla conservazione del patrimonio naturale, Earl è raramente lontano dai riflettori. È uno dei fotografi più impegnati che io conosca e per ottime ragioni può raccontarci una storia.

D Quali sono state le influenze sul tuo modo di usare la fotocamera per raccontare storie?

R Penso a cosa siamo come fotografi, a questa cosa chiamata il nostro "stile", che è semplicemente una miscela omogenea delle esposizioni e le interazioni che abbiamo avuto con altri fotografi e influenze visuali del passato. Tutti questi elementi sono mescolati nella nostra testa e il risultato siamo noi.

Ansel Adams ebbe su di me una grande influenza, soprattutto per gli aspetti tecnici delle sue fotografie e per la sua capacità di farne una scienza. Apprezzavo il suo modo di trasferire l'immagine previsualizzata nella mente in una forma fisica, usando vari processi di esposizione e sviluppo. Certo, era un lavoro da camera oscura, ma gli stessi concetti si trasferiscono anche nel mondo digitale. Ho studiato proprio tutto di lui, per poter ottenere le immagini che volevo.

Molti fotografi interrompono la propria crescita quando padroneggiano il lato tecnico della fotografia. Sono così preoccupati dalla meccanica – fotocamere, obiettivi e le velocità dell'otturatore – da ritenersi soddisfatti con tutto questo. A un certo punto, l'altro lato, la parte artistica, si manifesta e raggiungete quel punto "Aha!" che unisce l'arte alla scienza. È solo allora che la fotografia inizia a prendere davvero forma.

Penso di essere stato influenzato più dai vecchi maestri di pittura che da altri fotografi. Al liceo andai in tour in Europa e uno dei luoghi che visitammo fu il Louvre di Parigi. Una delle cose che mi colpì fu la potenza dei lavori dei vecchi maestri. Lo ricordo ancora oggi. Stavamo osservando questi antichi dipinti e le persone erano lì attorno, in silenzio e con la bocca aperta. Pensai, "Qual è il problema? Sono solo delle vecchie immagini di un gruppo di persone scomparse da qualche secolo, ma affascinano ancora la gente. Perché? Cosa c'è di così magico in questi lavori da catturare l'attenzione delle persone e da evocare una risposta così intensa?". Da quel momento divenne un viaggio personale, per scomporre e quantificare l'arte. Che cosa è in grado di causare questo impatto, la capacità di catturare l'attenzione di qualcuno?

Uno dei corsi che frequentai al college fu quello di Storia dell'arte. Al tempo la odiavo, perché pensavo: "Sono un fotografo, non un pittore". Tuttavia, iniziai presto ad appassionarmi. Ecco perché questi dipinti sono grandiosi! Iniziai, e lo faccio ancora, a studiare molti dei lavori dei maestri e a chiedermi, "Quali sono gli elementi di questi dipinti che posso applicare alla fotografia?". Questi elementi sono le basi che conosciamo - bilanciamento del colore, composizione, linee dominanti. Sono riconoscibili in quei dipinti e possiamo applicarli facilmente alla fotografia.

Uno dei fotografi che ha avuto una grande influenza su di me è Henri Cartier-Bresson, soprattutto con l'opera "The decisive moment". Passiamo dal dipinto a ciò che molte persone chiamano un'istantanea, una frazione di secondo. Che cosa c'era in quel breve lasso di tempo e come poté catturare tutto quel sentimento in una frazione di secondo, rispetto ai pittori, che hanno a disposizione anni per creare un'opera? Ebbe a disposizione 1/60simo di secondo o poco più.

Mi piace imparare dal suo lavoro e dal modo in cui egli incorporò gli elementi tipici dei dipinti in un semplice attimo. Fui impressionato dal suo uso della geometria. I suoi scatti non riguardavano solo persone che facevano cose - ma riguardavano la geometria, il posizionamento di oggetti e il suo modo di comporre, che si parlasse di metodo classico o di composizione asimmetrica.

Negli anni '80 mi interessai alla fotografia naturalistica di Eliot Porter. Erano scatti semplici, ma ricordo di aver visitato una sua mostra e di essere rimasto in soggezione dal colore delle sue foto. In quel momento usava il trasferimento del colore e ciò che mi impressionò, oltre alla maestria, fu la sua padronanza di questa tecnica. Fu un ottimo esempio di come la scienza e l'arte possono cooperare per ottenere immagini che catturino l'attenzione.

D C'è un momento particolare che ha enfatizzato il tuo ruolo come storyteller fotografico? Quando hai realizzato che il tuo lavoro con la fotocamera andava oltre te stesso e stava raggiungendo altre persone?

R Non c'è un momento particolare, ma fu una progressione graduale, soprattutto alla fine degli anni '80 e '90, quando viaggiavo spesso. Il feedback che ottenevo dalle persone, come "Oh, è una fotografia così bella", iniziava a includere considerazioni su come lo scatto faceva tornare alla memoria certe situazioni. Una foto in particolare riguardava un vecchio fienile vicino a Dubina, in Texas.

Era lo shooting per un articolo di *Texas Highways* sulle chiese vicino a La Grange. Avevo terminato di fotografare una delle chiese e guidai lungo la strada polverosa, attraversando un torrente grazie a un ponte fatto di tavole in legno. Passato il ponte notai un piccolo fienile. Era mattino presto e vicino alla costruzione c'era una vecchia quercia, oltre ai fiori selvatici che nascevano in quel periodo dell'anno. La luce era perfetta e iniziai a fotografare.

Un vecchio contadino attraversò il ponte con un camion. Si fermò e mi chiese cosa stessi facendo, quindi gli dissi che stavo fotografando il fienile. Mi raccontò che era cresciuto lì e iniziò a parlare della vita in quel luogo. Fu in quel momento che compresi che la fotografia è molto più che un bello scatto: è una sommatoria visuale di oggetti ed emozioni - fu grazie al fatto di trovarmi in un luogo che aveva ospitato la vita di qualcun altro e la sua storia.

A un certo punto la parte artistica si manifesta e raggiungete quel punto "Aha!" che unisce l'arte alla scienza.

Mi colpisce il fatto che molti dei luoghi che ho visitato raccontassero questo genere di storie. Molte volte andiamo semplicemente a scattare una bella foto. Vogliamo impostare l'f-stop e la velocità dell'otturatore corretta, quindi tornare a casa e osservare il risultato. C'è una certa soddisfazione in tutto questo. In un certo senso siamo sempre alla ricerca dello scatto perfetto. È un po' come una droga - dovete sempre apportare qualche miglioria. Tuttavia, mentre cercate l'ennesima modifica, state perdendo una parte importante delle storie, specialmente quelle delle persone che incontrate lungo il vostro percorso.

Una cosa è che le persone osservino le vostre fotografie e *vedano* qualcosa. Un'altra è che le osservino e *sentano* qualcosa. Se questo accade, avete davvero raggiunto un risultato importante.

D Ti ho ascoltato mentre parlavi del creare immagini per lo storytelling in relazione all'uso di livelli di interesse. Parlaci di questo approccio alla creazione di immagini avvincenti.

R È come se foste in piedi, davanti ai dipinti di quei vecchi maestri, e vi domandaste: "Possiamo quantificare l'arte?". Quindi, iniziate a scomporre gli elementi, tutti i livelli di interesse (da non confondere con i livelli di Photoshop) presenti nei dipinti. È importante ricordare che, come fotografi, abbiamo a disposizione una tela bianca. È nostro compito dipingerla con qualcosa che catturi l'attenzione, proprio come per i dipinti dei maestri - qualcosa che streghi l'occhio e che lo conduca dove vogliamo.

Inoltre, proprio come in un dipinto, lavoriamo su un medium bidimensionale e cerchiamo di renderlo il più possibile tridimensionale. Quando qualcuno osserva un'immagine, vogliamo che dica, "Posso quasi raggiungerla e toccarla".

Quando parlo agli studenti delle immagini interessanti, uso un'analogia: chiedo loro di immaginare di assaggiare un gelato. La vaniglia fatta in casa è buonissima e potrei mangiarne un chilo da solo. Sfortunatamente, molti fotografi sono soddisfatti da un singolo assaggio. Questa è un'istantanea.

Il soggetto va bene, tuttavia è solo la nostra base e da qui dobbiamo creare qualcosa, avendo come ultimo fine una coppa di gelato con tanti gusti. Iniziamo aggiungendo varie cose al mix, per migliorare il prodotto, come se fossero livelli di interesse visuale. Stiamo prendendo qualcosa di normale, l'assaggio di gelato alla vaniglia, e ne stiamo facendo qualcosa di straordinario.

Il livello più importante da aggiungere è la qualità della luce che usiamo per illuminare il soggetto. Una grande fotografia non è nient'altro che un soggetto normale, con un'illuminazione straordinaria, che si tratti di luce naturale o modificata dal fotografo.

Il livello successivo che aggiungete può essere la composizione. In un dipinto di un maestro, potreste trovare una donna seduta sotto a un albero con una bella luce, ma è importante fare attenzione a come il pittore ha usato la composizione, a come l'artista ha posizionato il soggetto contro la pianta, a come ha seguito la regola dei terzi e come le radici e i rami creano delle linee dominanti verso la donna.

Dopo la composizione, aggiungete un livello per il colore. Lo splendido abito blu della donna su uno sfondo caldo e giallo - due colori complementari che, quando combinati, creano vivacità visiva.

Una cosa è che le persone osservino le vostre fotografie e vedano qualcosa. Un'altra è che le osservino e sentano qualcosa.

Potreste avere delle texture nel vestito create dalla luce che, combinate con i colori, conferiscono più fisicità al tutto, al punto che potreste quasi toccare il tessuto. Texture, forma e colore sono tutti livelli usati per creare quest'immagine e potrebbero essercene altri, come il linguaggio del corpo o un comportamento. La donna potrebbe avere una posa malinconica - una dama dai movimenti fluidi. Prima di rendervene conto, vi ritrovate con un ritratto alla Thomas Gainsborough.

Come nella migliore delle coppe di gelato, potete metterci la ciliegina. Dal punto di vista fotografico, la ciliegina finale è quella cosa che non potete pianificare. Potete organizzare il vostro shooting, scegliere l'orario della giornata, impostare l'illuminazione, scegliere la location e la posa, ma a prescindere dal vostro soggetto, arriverà qualcosa che non avete considerato e che potrebbe rendere la foto ancora migliore! La possibilità di avere questa ciliegina aumenta più vi fate trovare pronti, trovandovi nel posto giusto al momento giusto - proprio come i fotografi naturalisti sanno dove e quando andare.

È quella nuance che appare in una frazione di secondo e che non potete pianificare. Può accadere o meno. Potreste sedervi là fuori ogni giorno per anni senza che accada nulla, ma poi arriva quella particolare cosa. Potreste fotografare un paesaggio con delle belle nuvole temporalesche e, appena prima del tramonto, notare quella "finestra" di luce di cinque secondi, che buca le nubi senza alcun preavviso. Ecco la vostra ciliegina.

C'è una certa differenza tra le immagini che *scattate* e quelle che *create*. Quel che cerchiamo, come fotografi professionisti, sono le immagini da *creare*. Scattare foto è assaggiare il gelato - l'immagine che creiamo è invece la coppa di gelato. Quindi, creare una fotografia richiede elementi di artigianalità, pianificazione e, più di ogni altra cosa, la sensibilità nei confronti della storia stessa.

D Hai incrementato molto il lavoro sul video e il multimedia per narrare una storia per il Texas Parks and Wildlife. Quanto tutto ciò ha cambiato il modo in cui *produci* una storia?

R Quando passate dalle foto al video e audio, dovete cambiare modalità mentale. Secondo me, dovete dedicarvi all'una o all'altra cosa. Dovete uscire di casa per scattare foto, oppure per registrare video. Non potete fare entrambe le cose. Potete conciliare le cose fino a un certo punto, ma dovete entrare in una particolare forma mentis per poter produrre un lavoro migliore e cercando di farli entrambi rischiate semplicemente di fare male tutto.

Fortunatamente, ho un certo background nell'ambito del cinema grazie al college e posso rifarmi a queste conoscenze quando devo registrare e modificare video per una storia. La transizione tra la fotografia e il video è simile al passaggio dalla dama agli scacchi e al momento provo un grande piacere nel lavorare con la dimensione aggiunta delle immagini in movimento.

D Che cosa comporta il combinare immagini, audio e video, per la persona che sta effettivamente fruendo della storia?

R Dipende tutto dalla sinergia. Si tratta di prendere poche cose e creare qualcosa di più grande della loro sommatoria. State aggiungendo una dimensione - un senso di luogo e di realismo. Otteniamo una sinergia aggiuntiva usando i siti di social networking, oltre ai nostri siti web, per distribuire il nostro contenuto. Per un'agenzia, significa dare alle persone un senso di partecipazione, così che possano connettersi con ciò di cui la storia parla. A volte il nostro editor pubblicava anche la mia email sotto alle mie storie, così da dare alle persone la possibilità di discutere con me del racconto e di condividere le loro storie.

D Se dovessi scegliere una delle tue foto per spiegare l'efficacia dello storytelling attraverso la fotografia, quale sarebbe e perché?

R Non so quale foto possa rappresentare questa cosa, ma fortunatamente ogni cosa che faccio racconta una storia. Non dovreste avere un insieme di fotografie per narrare un racconto – potete farlo con una sola immagine.

Lavoravamo a un articolo sulla palizzata al confine tra Texas e Messico. Prima di scattare lessi il manoscritto ed ebbi una buona idea di ciò che avrei dovuto trattare a livello visuale. Feci un po' di ricerche e provai a sviluppare qualcosa. L'articolo parlava di come la palizzata avrebbe interferito con la vita della fauna selvatica. Non approcciammo l'argomento sul piano politico e mantenemmo la rotta sull'obiettivo: la palizzata e gli animali selvatici.

Prima ancora di impugnare la fotocamera, volli trascorrere un po' di tempo provando a concentrarmi sul soggetto. Ero sopraffatto dalla palizzata – aveva una sua personalità. Ti avvicini e noti la sua altezza di circa 6 metri. È un'imponente palizzata in metallo di colore marrone scuro. Ero nelle aree rurali vicino al confine, quindi c'eravamo solo io e la palizzata.

Da un punto di vista fotografico, cercate di lasciare che emerga. Ciò che mi colpì furono le sue qualità architettoniche dinamiche e forti. Come fotografi, iniziate a osservarla in base alla prospettiva, visualizzando come potrebbe apparire con un grandangolo o con un teleobiettivo. Con il primo, la geometria delle sue forme è fenomenale. È imponente e scura. Dovete fare attenzione a esporre correttamente, perché potrebbe diventare nera. Anche se nasce come barriera, notate il suo lungo sviluppo e il fatto che, per consentire all'agricoltore l'accesso al terreno (la palizzata è posizionata a circa 400 metri dal confine effettivo), ci sia

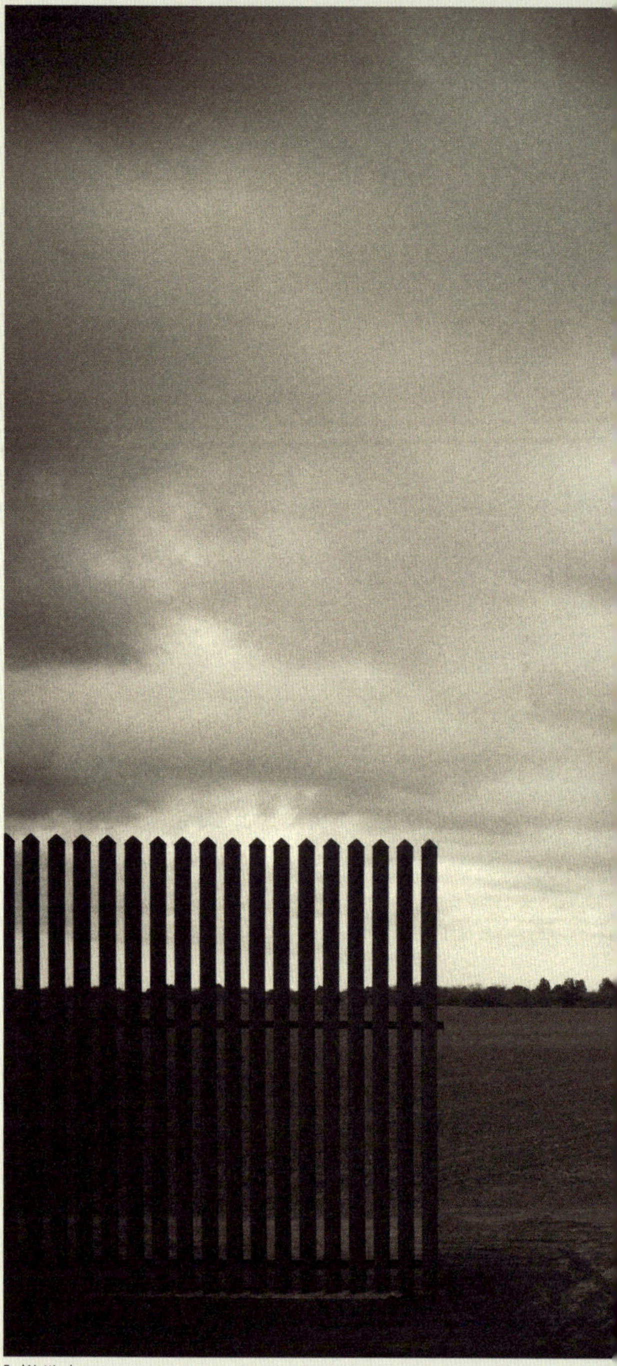

Earl Nottingham

Per molti fotografi, una fotocamera è un meccanismo di difesa o di isolamento dalla vita reale. Può agire come una palizzata tra noi, che diciamo: "Io sono un artista, tu sei un soggetto".

un'apertura di circa 9 metri che obbliga a porsi la domanda: "Qual è lo scopo di una palizzata?".

Quindi, uno dei miei scatti preferiti - una delle foto più semplici della storia - è un'immagine orizzontale e lunga di questa rigida e stoica struttura, con una strada in ghiaia che la attraversa, scomparendo in lontananza tra i campi sullo sfondo. I componenti di questa immagine trasmettono un'emozione particolare che contribuisce all'argomento principale, non solo politico o relativo alla natura selvaggia, che abbraccia questa affascinante struttura.

D Qual è il tuo processo cognitivo, quando devi creare una nuova storia o copertina?

R Se esiste già un articolo scritto, studio il manoscritto per cercare un legame con il messaggio, perché si suppone che le mie foto debbano lavorare *con* le parole scritte. È tutto relativo a quanto ho detto in precedenza, sul cercare di raggiungere un feeling tridimensionale. Se le immagini lavorano di concerto con le parole, creeranno una certa percezione di realismo.

Quando arrivo sulla location, ho carta bianca sul look da dare alla storia, proprio come in un film è il direttore della fotografia a decidere il trattamento definitivo per la pellicola. Raggiungo la location, cerco il feeling e penso visualmente. Quale fotografia posso scattare, che racconti efficacemente questa storia? Tornando al ragionamento dei livelli, cosa posso aggiungere? Dovrei forse tornare dopo un'ora, quando la luce sarà un po' diversa?

Quindi, l'unica cosa che manca è la ciliegina, che poi è ciò che crea le immagini. Per esempio, nel caso della palizzata del confine, se tutto ciò che ho a disposizione è questa grande e monotona palizzata, e all'improvviso compare un cavallo che proietta un'ombra sul lato dello steccato, ho trovato una ciliegina e posso ottenere foto più interessanti. In un certo senso, gioco continuamente con le tante possibilità visuali che ogni storia può consentire.

D Cosa puoi dirci invece delle storie che tu stesso crei?

R Produco diversi saggi fotografici ogni anno per l'agenzia della rivista. Devo solo farmi venire un'idea interessante. Per esempio, in questi giorni sto lavorando a una storia sugli animali feriti e riabilitati.

Le persone che trovano animali orfani o feriti, spesso li portano da specialisti. Non penso che a nessuno venga in mente quale aspetto abbiano gli animali che vanno in questo tipo di centri. Quindi, sto creando un saggio fotografico che intitolerò "Little Lives", inerente gli animali feriti che cercano di sopravvivere.

Voglio che la storia sia molto intensa, in bianco e nero, e che l'osservatore impatti energicamente con le foto di queste creature. Voglio che il lavoro abbia un certo stile - un po' ritrattistico. Intendo dare agli animali la dignità di un ritratto, anche se sono deformi o straziati.

Voglio che l'aspetto sia il più coerente possibile. Tuttavia, devo essere flessibile nei confronti del mio piano. Nella maggior parte degli shooting non so esattamente cosa dovrò fotografare, finché non me lo trovo davanti. Previsualizzo gli scatti con una sorta di sfondo uniforme, ma ho trovato animali che erano già in un ambiente molto interessante e che non avevo pianificato. Come poi è risultato evidente, queste aree erano perfette per la storia - le mie ciliegine.

D Quando hai completato lo shooting, la tua storia si evolve durante la fase di editing?

R È sempre in evoluzione. Non terminerà mai come me l'ero immaginata. Se procedete con i paraocchi, pensando di raccontare la vostra storia, non sarete ricettivi a tutte le altre cose che vi capiteranno. Tutto ciò che faccio in via preliminare è solo una road map generica di dove voglio andare da un punto di vista visuale. Ho impiegato diversi anni per capire questo modus operandi. Nuovamente, dovete andare là fuori e *scattare* quella foto. Non è semplice mantenere una sensibilità verso ciò che vi succede, per poi capitalizzarlo.

D Oltre all'attrezzatura, cosa trovi estremamente utile per raccontare storie visuali?

R L'attrezzatura è solo un aspetto. Obiettivi, f-stop, velocità dell'otturatore. È come dare lo stesso martello a due operai. Uno costruirà a malapena una baracca e l'altro creerà un palazzo. Cosa ha in più il secondo operaio? Non sto dicendo che posso costruire un palazzo, ma il mio strumento principale, oltre alla fotocamera, è l'essere in grado di fare ricerche sul soggetto ed essere sensibile a ogni elemento che mi circonda.

D Se volessi dare un suggerimento a chi inizia a raccontare storie con la fotografia, quale sarebbe?

R Uno dei miei mentori, Will Thompson, era un vecchio fotografo che viveva a Temple, in Texas. Lo incontrai quando aveva circa 80 anni. Divenne fotografo ai tempi della Seconda Guerra Mondiale e ho ancora alcune delle sue Kodachrome 4×5.

Fu lui a farmi conoscere il Big Bend. Era membro di alcuni club locali e mi invitava spesso ad andare al fiume Rio Grande. Alla fine, viaggiai con lui per un anno. Andammo insieme a Boquillas e notai che portava con sé una borsa di arance. Tutti i bambini del villaggio corsero verso di noi, cercando di venderci ogni cosa, ma Will dava loro delle arance. Le amavano, perché le mangiavano raramente. Gli chiesi: "Perché l'hai fatto?". Mi rispose: "Sai, le persone qui conducono una vita dura". Poi mi disse qualcosa che mi lasciò di sasso: "Anche il bambino più povero ha la sua dignità".

Rimasi colpito perché compresi che qualunque persona avessi incontrato, ogni soggetto, animale, oggetto inanimato e la terra aveva la propria dignità. Ora, quando approccio i miei soggetti, questo insegnamento è sempre con me. Si riduce tutto all'avere rispetto per ogni persona o cosa che fotografo.

Per molti fotografi, una fotocamera è un meccanismo di difesa o di isolamento dalla vita reale. Può agire come una palizzata tra noi, che diciamo: "Io sono un artista, tu sei un soggetto". Ma quando lasciate cadere questo ostacolo, potete essere davvero partecipi di queste splendide e infinite storie che ci circondano. ■

Per vedere i lavori di Earl Nottingham, visitate il suo sito web: www.earlnottingham.com.

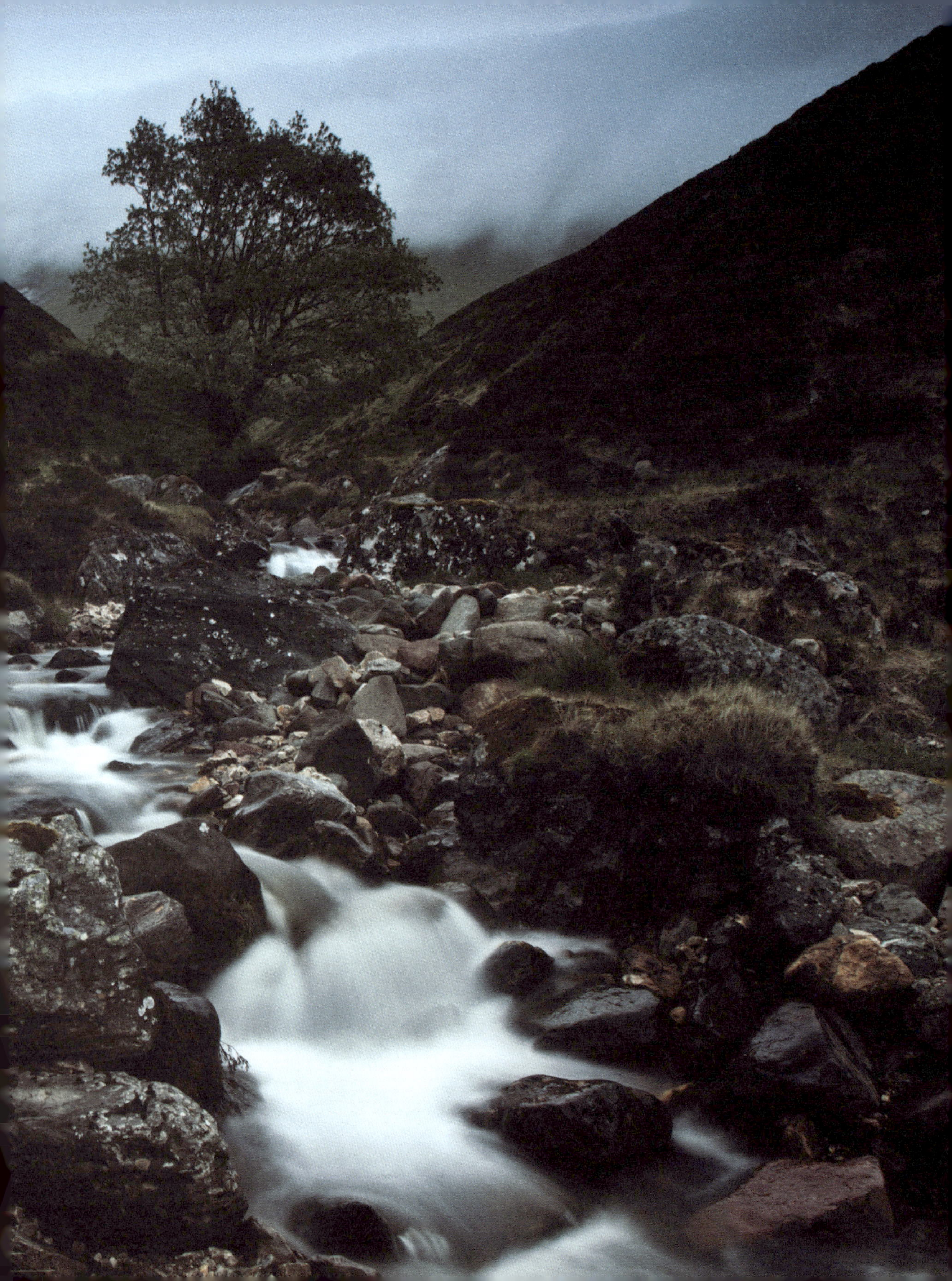

CAPITOLO **4**

Le immagini di storytelling

Il capitolo precedente ha evidenziato gli elementi delle immagini che aiutano a migliorare impatto, interesse e capacità informativa. Fino a quando questi elementi non vengono combinati in un frame, però, non potranno iniziare a raccontare qualcosa. Come ho detto in precedenza, la costante ricerca della giusta composizione, luce e prospettiva rinforzerà il vostro occhio fotografico e la vostra capacità di usare queste sfaccettature per i vostri scopi di storytelling. Le immagini che producete grazie all'esercizio del vostro occhio diranno molto di più. Queste vengono definite immagini di storytelling e sono molto utili.

La luce bassa, i colori tenui e le nuvole basse e dense che aleggiano sulle montagne nello sfondo aiutano a entrare nello stato d'animo caratteristico per queste Highland scozzesi.

Canon 5D Mk II, 24 mm, 3,2 sec., f/22, ISO 50

Non importa quanto pensate sia gravoso essere un "visual creative" , il raccontare una storia richiede che creiate il vostro "toolkit". Questo non significa che avete bisogno di tre corpi macchina, nove obiettivi, quattro flash, un treppiedi in fibra di carbonio e un giubbino. Significa che, oltre alla scelta del vostro equipaggiamento, potrebbe essere saggio includere alcune idee per delle foto e quella conoscenza che vi aiuterà nel racconto tanto quanto il vostro fidato 50 mm.

Lo shooting di una storia deve essere mirato, anche se avete appena fermato l'auto per fotografare un gruppo di cactus. Avete notato qualcosa in queste piante: forse alcuni cactus erano raggruppati in modo più fitto degli altri. Forse è stato per via del colore, per i frutti maturi o per l'illuminazione. Oppure volevate fotografare la vita durante una delle peggiori siccità nella storia. Qualunque sia il motivo, avete fermato l'auto e preso la decisione di scattare foto ai cactus allineati lungo il filo spinato. Avevate uno scopo e una storia che lo seguiva.

CONOSCERE IL VOSTRO TEMA

Ricordate la discussione precedente sui temi? Sono l'essenza della storia. Informano gli storyteller su quali contenuti cercare, dove cercare e quando potrebbe essere un buon momento per scattare foto che raccontino qualcosa. Per quelli tra noi che amano le storie, un tema è un faro che ci guida attraverso un mondo visuale complesso, una storia dopo l'altra.

I temi vi aiutano a sviluppare un piano d'azione. Offrono una solida struttura alle persone che spesso stanno fotografando entro confini relativamente flessibili. Per esempio, l'incarico di fotografare un costruttore di aquiloni mi fece pensare alla giovinezza e alla gioia, alla tradizione e al volo. L'uso di colori accesi e illuminazione semplice fu una naturale conseguenza per lo scatto, per sottolineare la connessione tra l'essere umano e il volo.

Il fatto di concentrarmi su alcuni particolari temi per questa breve storia, prima di scattare, mi aiutò a sviluppare tante immagini che avevo previsualizzato, rendendomi più ricettivo agli altri scatti importanti che si materializzarono durante lo shooting.

Chiedetevi: "Quello che ho nel frame del mio viewfinder quanto contribuisce alla storia che devo fotografare *e* rappresenta il tema che aggiunge enfasi al tutto?". Se come creatori dell'immagine dovete scavare troppo in profondità, allora capire il racconto potrebbe essere uno sforzo ancora maggiore per chi non fa parte del racconto. Domande come questa vi aiutano a sviluppare le vostre capacità di raccontare storie con un significato più profondo. Avere il controllo del vostro tema vi permette di rispondere a queste domande con consapevolezza.

Il cielo blu brillante, il sorriso gioioso sul volto del costruttore di aquiloni e la linea che lo collega a quest'ultimo contribuiscono tutti al tema di fondo di questa storia – i giochi in gioventù e le tradizioni per l'affinità del genere umano con il volo (pagina a lato).

Canon 5D Mk II, 32 mm, 1/160 sec., f/10, ISO 100

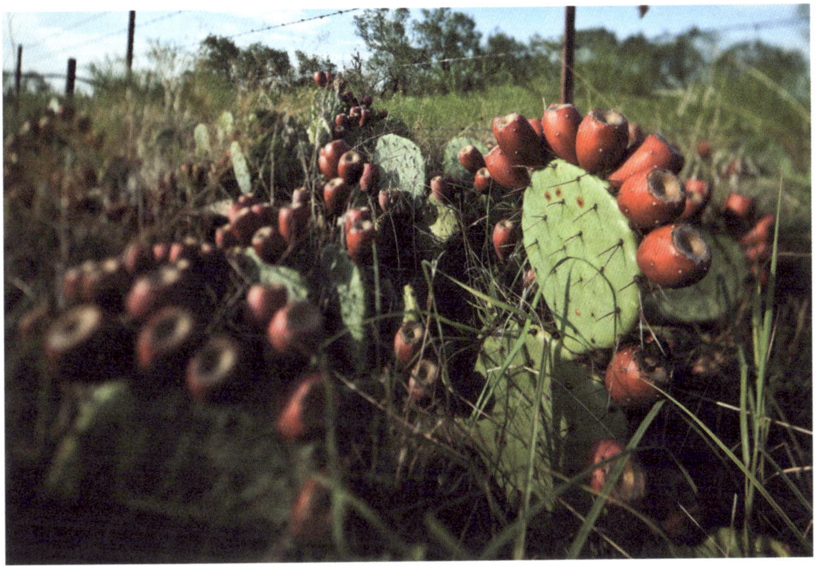

Più resistenti alla siccità della vegetazione circostante, questi cactus sono pronti per la prossima siccità, quando le temperature raggiungeranno i 40 gradi ogni giorno.

Canon 5D Mk II, 17 mm tilt-shift, 1/400 sec., f/4, ISO 100

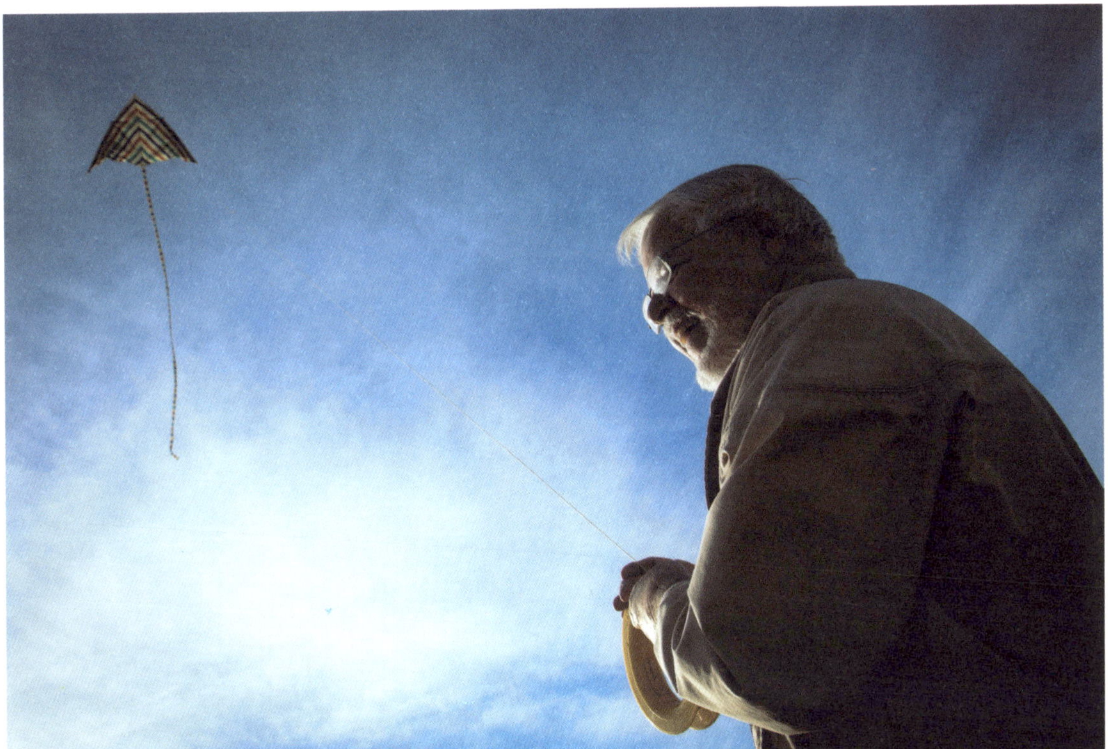

LA TOOLBOX DELLE IMMAGINI

Ogni strumento ha un suo scopo. La stessa cosa è valida anche per ogni fotografia.

Canon 5D Mk II, 17 mm, 1/40 sec., f/2.8, ISO 100

Finora abbiamo trascorso molto tempo parlando dell'importanza dello storytelling per una singola immagine. È sicuramente vero che alcune immagini hanno il potere di veicolare grandi quantità di informazioni sulla narrativa (ne parlerò in seguito), tuttavia, per il nostro lavoro di fotografi non è sempre una sola foto a dover svolgere tutto il lavoro. Anche se una sola foto può essere scelta tra centinaia per accompagnare un articolo sul violento conflitto tra due nazioni, è evidente che l'uso di altre immagini può aiutare a trasmettere in modo più efficace la storia visuale.

La maggior parte dei fotografi non viene assunta per scattare una sola foto che racconti un'intera storia. Un racconto visuale è molto simile alla scrittura. Proprio come uno scrittore descrive una scena per stimolare i sensi, i fotografi cercano di attrarre gli osservatori in un modo molto simile. Siamo alla ricerca delle stesse cose – personaggi, trame, ambienti, azione, conflitti, sfumature, gesti – e lo facciamo con la stessa attenzione verso la luce, la forma, la composizione e gli altri elementi che ci aiutano a creare immagini visualmente appaganti.

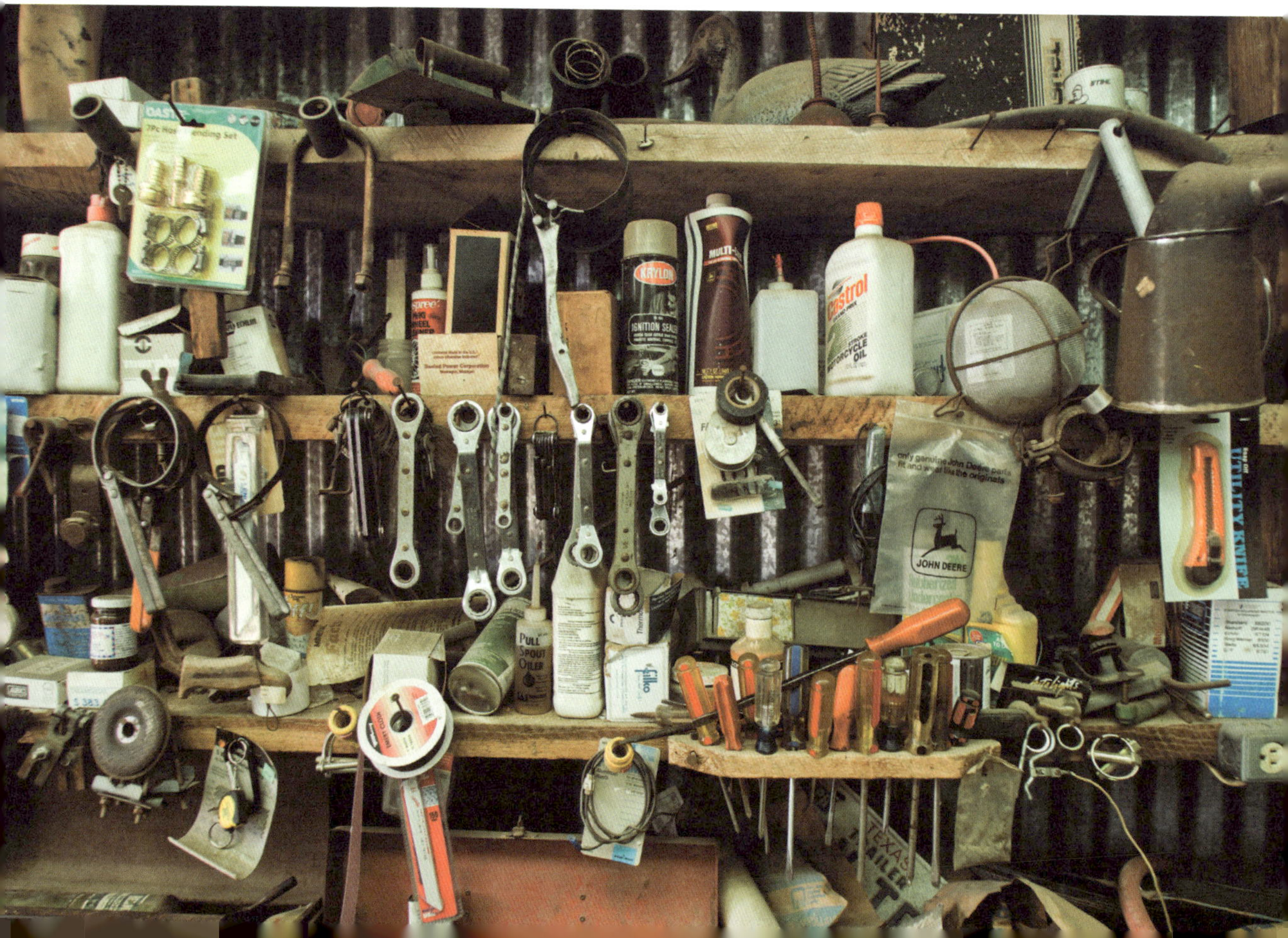

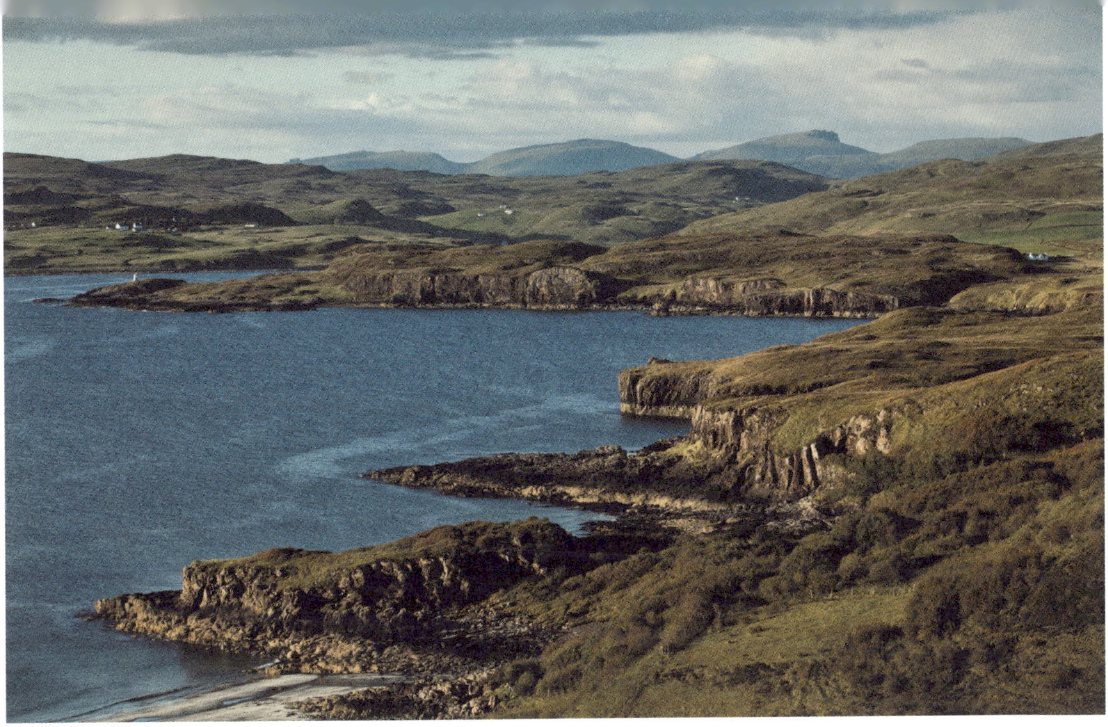

Per raccontare in modo efficace una storia spesso sono necessarie più immagini. È per questo che abbiamo la nostra toolbox delle immagini, all'interno della quale si trovano foto celebri che ci consentono di esporre meglio una storia visuale, aggiungendo più coinvolgimento. La creazione di tipologie può essere un lavoro controverso, simile all'affermare che la regola dei terzi sia l'unico metodo per comporre un'immagine. Ciò nonostante, i tipi di scatto elencati di seguito servono come guida fondamentale. Comprenderli significa imparare a stare in piedi prima di camminare, per poi iniziare a correre.

Una vista sulle acque, con qualche casa sparsa sul terreno ondulato, serve come scatto introduttivo per una storia che si svolge sull'Isola di Syke, in Scozia, o nelle vicinanze.

Canon 5D Mk II, 105 mm, 1/160 sec., f/7.1, ISO 100

Scatti introduttivi

Lo scatto introduttivo è tipicamente usato per definire il palcoscenico su cui si svolge la storia. Il racconto si verifica all'interno dell'ambiente mostrato in uno scatto introduttivo, quindi è molto utile per orientare visivamente ed emotivamente l'osservatore, prima che vengano prodotte altre foto più specifiche.

Gli scatti introduttivi possono avere diverse forme e dimensioni. Normalmente si tratta di classici paesaggi aperti o skyline luminosi di città. Ovviamente, gli scatti introduttivi non devono essere spettacolari. Quello perfetto vi dà una buona idea del contesto in cui la storia viene narrata. Se il racconto si snoda attorno alle caratteristiche naturali di un parco nazionale, allora quel panorama può fare al caso vostro. Ma se state fotografando una storia caratterizzata da aspetti meno "fisici", come

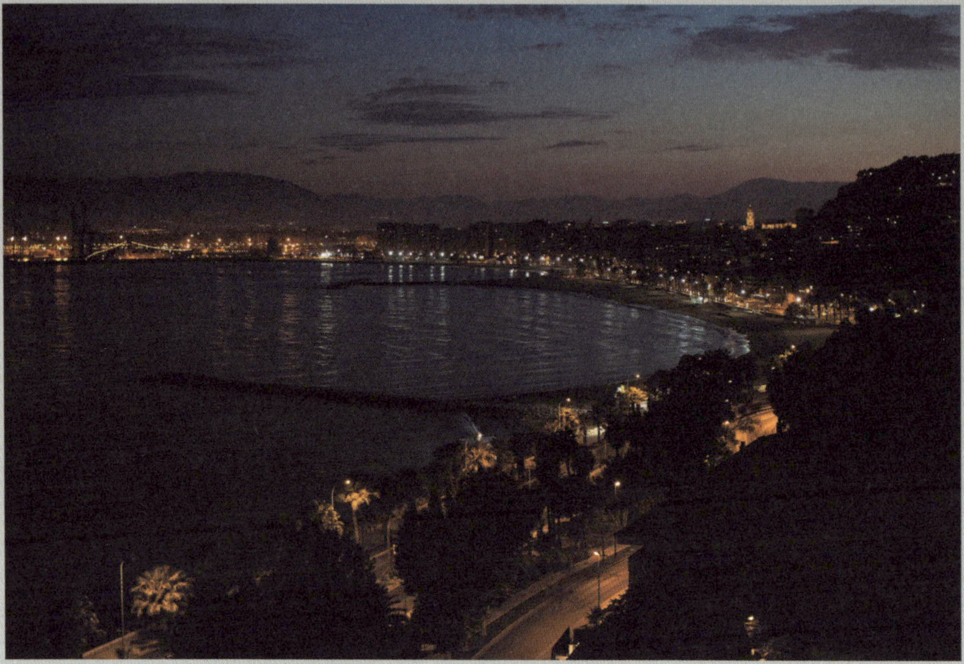

Canon 5D Mk II, 50 mm, 1/50 sec., f/2, ISO 800

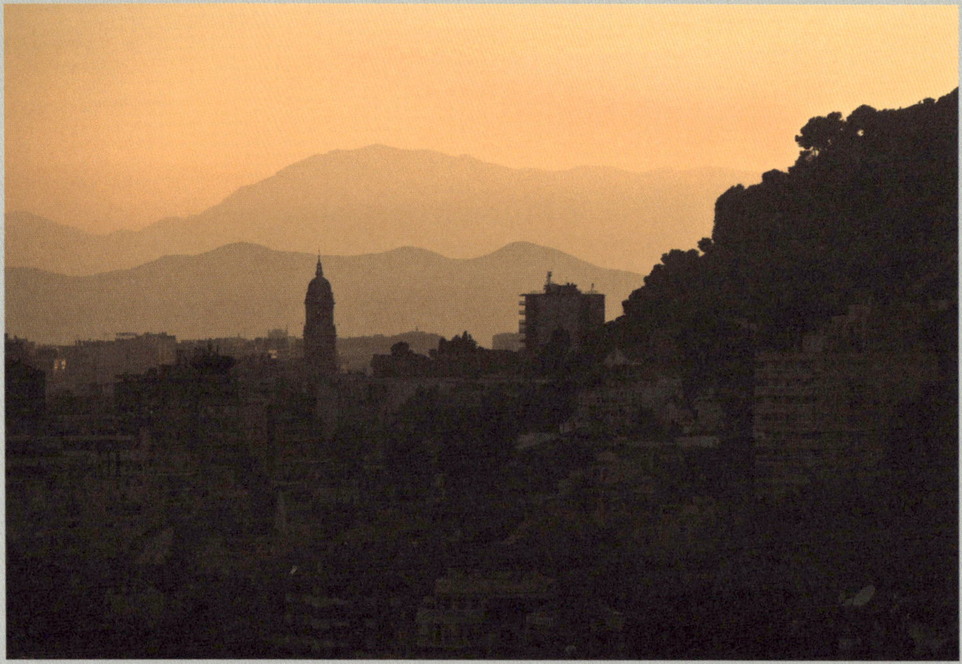

Canon 5D Mk II, 200 mm, 1/400 sec., f/5.6, ISO 100

un ospizio, uno scatto ben composto di un edificio o di una stanza può essere un buon punto di partenza.

Uno scatto introduttivo serve a diversi scopi e non solo a fornire lo sfondo per il racconto. Rende tutto ciò che non è familiare un po' più comprensibile all'osservatore. Senza uno scatto introduttivo, chi osserva avrebbe delle difficoltà a provare attrazione per una storia visuale che è caratterizzata solo da foto più dettagliate. Queste persone sarebbero distratte da domande fastidiose inerenti il *luogo*, anziché concentrarsi sul racconto incluso nelle foto. Immaginate che vi vengano fornite delle indicazioni stradali tramite i nomi delle vie, per una città a centinaia di chilometri di distanza e senza una mappa. Arrivati in città dovreste impiegare molto più tempo per scoprire dove vi trovate, rispetto al caso in cui voi foste nella medesima situazione, ma con una mappa tra le mani. La stessa cosa è valida per gli scatti introduttivi: un osservatore può mettere in relazione i più piccoli aspetti della storia, se l'ambiente circostante gli è familiare.

Gli scatti introduttivi aiutano a completare la storia.

Gli scatti introduttivi servono anche a trasmettere e stabilire una dinamica emozionale. Il modo in cui presentate l'ambiente vi aiuta a impostare il tono di tutta la storia. Gli scatti introduttivi non includono solo l'ambiente, ma anche la luce e il colore, caratteristiche che aiutano a "proiettare" uno stato d'animo e un senso di luogo, ponendo l'osservatore nello stato ideale per valutare le immagini che seguiranno.

Nonostante l'uso di certi obiettivi possa aumentare la prospettiva, gli scatti introduttivi aiutano gli osservatori a visualizzare la relazione fisica tra i vari soggetti. Questo genere di foto fornisce un senso di prossimità relativa e di fisicità tra i più piccoli elementi che costituiscono l'ambiente.

Infine, gli scatti introduttivi aiutano a completare la storia. Gli osservatori iniziano percependo un senso di luogo e, grazie a questo, sono costantemente consapevoli, anche se a livello inconscio, che la storia che stanno fruendo ha dei confini e che hanno un ambiente familiare in cui ritornare al termine del racconto.

Entrambe le immagini della città mediterranea di Malaga potrebbero servire come scatti introduttivi, nonostante una delle due mostri una porzione minore della città.

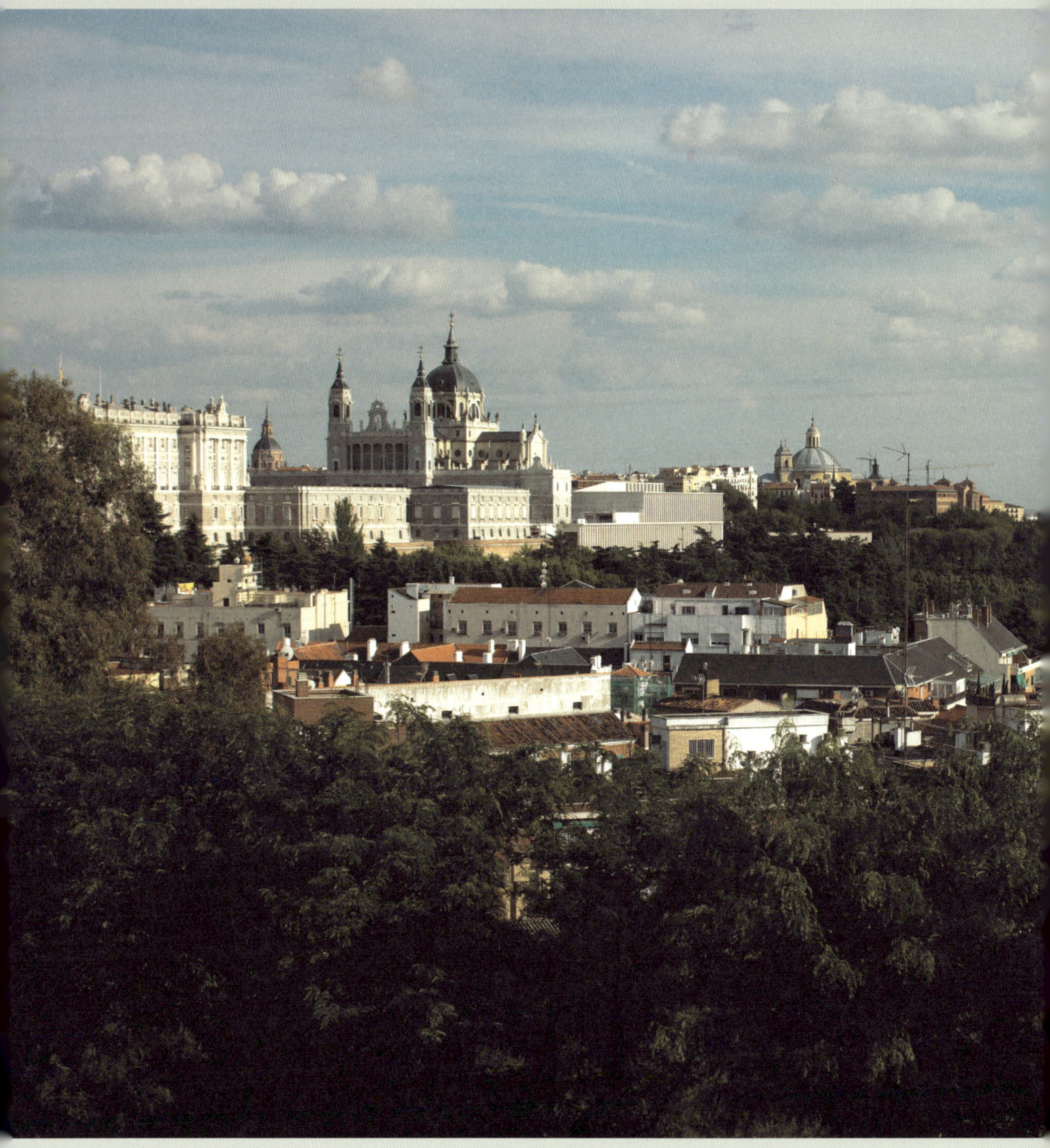

L'immagine di una città come Madrid, dominata dalla cattedrale, potrebbe aiutare a chiarire l'importanza della religione in questa zona e nelle immagini che seguono.

Canon 5D Mk II, 50 mm, 1/400 sec., f/5.6, ISO 50

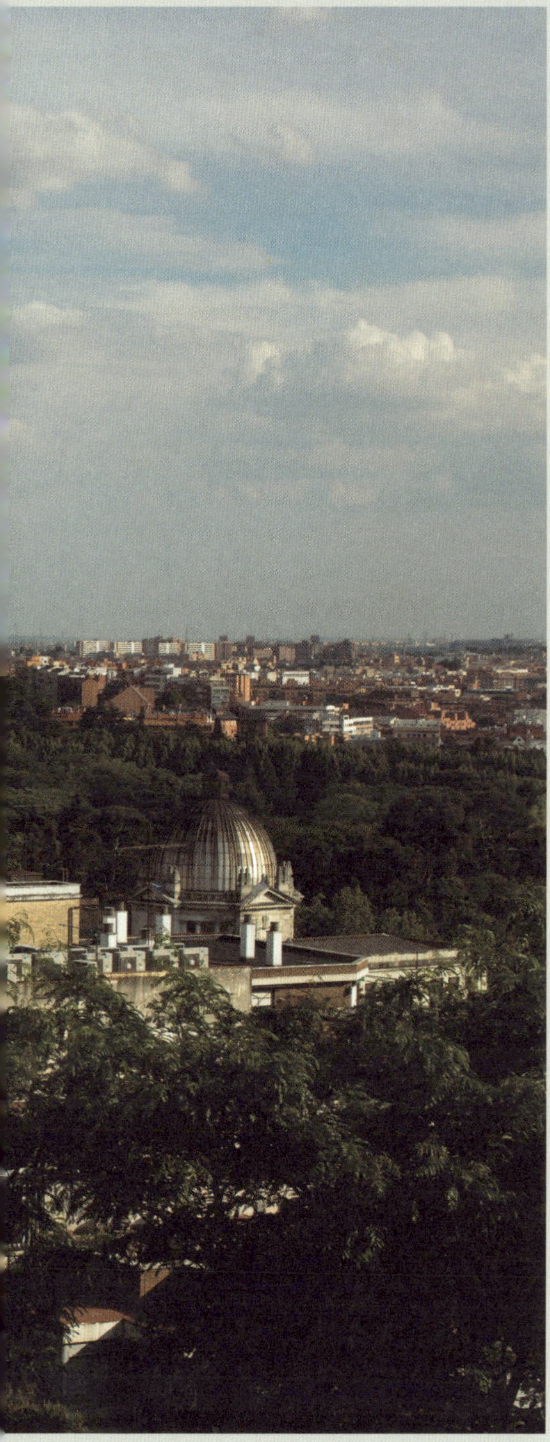

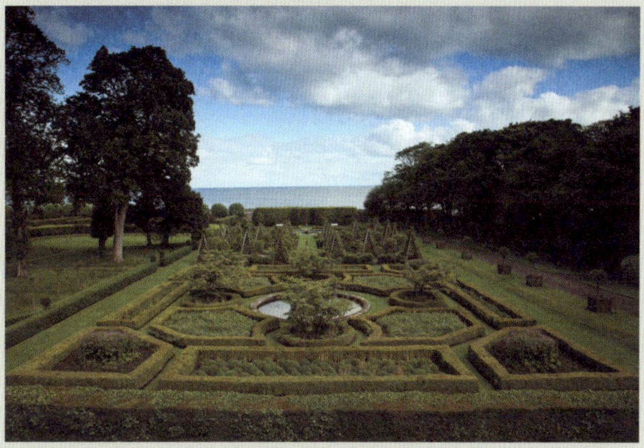

Una storia incentrata sui giardini dei castelli potrebbe beneficiare di un'immagine di un giardino ampio e complesso, con colori sgargianti, come la vegetazione e il cielo blu di questa foto del Dunrobin Castle a Sutherland, in Scozia.

Canon 5D Mk II, 24 mm, 1/50 sec., f/8, ISO 100

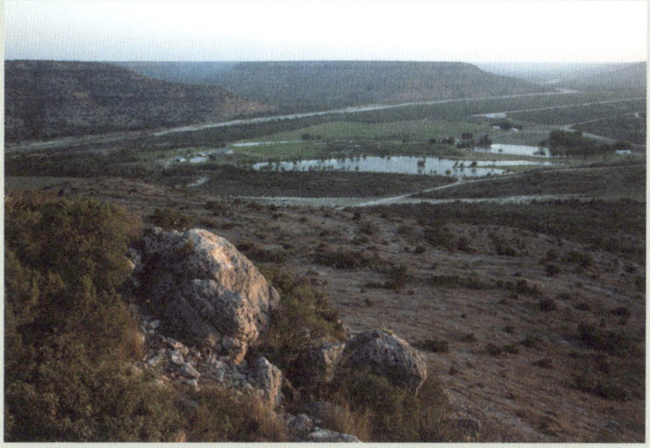

Fotografando dall'alto di una collina a sud di Sheffield, in Texas, i massi in primo piano contribuiscono a creare una prospettiva per la dimensione e la distanza dei fabbricati del ranch in lontananza.

Canon 5D Mk II, 32 mm, 1/6 sec., f/11, ISO 100

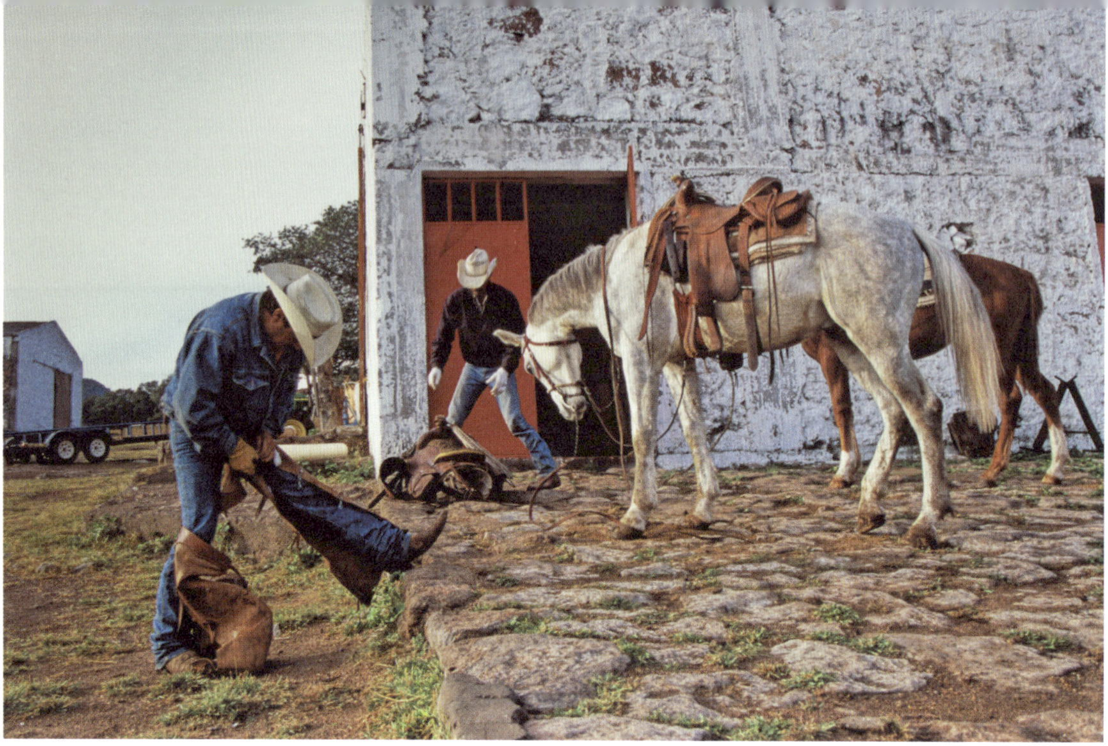

Uno scatto medio è una scelta pratica per mostrare questi cowboy messicani che si preparano per il lavoro in un ranch nella zona di Chihuahua.

Canon 1N, 35 mm, 1/125 sec., f/8, ISO 100, Fujichrome Velvia

Scatti medi

Si tratta di foto che rappresentano un passo in avanti rispetto agli scatti introduttivi e iniziano ad "assemblare" il racconto che è stato incominciato con le foto più ampie. Gli scatti medi permettono all'osservatore di instaurare un coinvolgimento più forte con le sfaccettature della storia.

I personaggi vengono presentati proprio con gli scatti medi e non parlo solo degli esseri umani. Queste foto mettono in risalto tutte le parti della storia, incluse persone, animali, arredi, strade, pali della luce e idranti. Gli scatti medi portano all'osservatore qualunque soggetto che sia significativo per il racconto. Un'immagine che mostra dei biologi che collegano un radio-collare a un animale, la cui specie è a rischio di estinzione, costituisce uno scatto medio, proprio come quello di una barca ancorata nella baia di una tranquilla isola.

Gli scatti medi non sono così ravvicinati da decontestualizzare completamente il soggetto dall'ambiente circostante. È vero il contrario. Queste immagini evidenziano le interazioni tra i "personaggi", senza disconnetterli da quel che gli scatti introduttivi fanno per la storia. Questa è parte dell'utilità degli scatti medi. Possono includere parti dell'ambiente, oltre a contenere le attività dei personaggi, le relazioni, le lotte e gli scambi.

Se gli scatti introduttivi contestualizzano la storia, gli scatti medi sono profondamente radicati in quella contestualizzazione. Questo non significa che queste foto non possano essere specifiche o non possano isolare

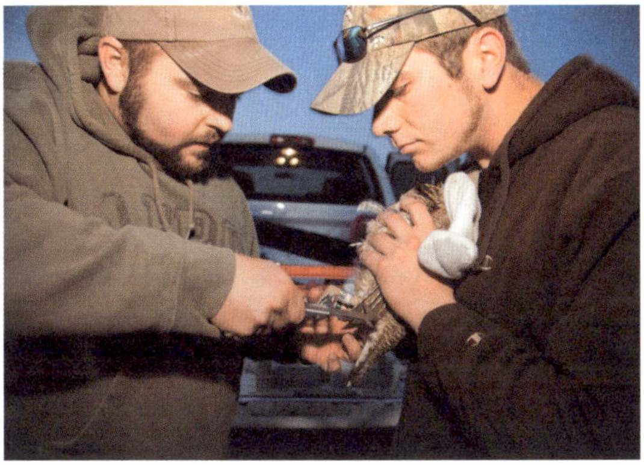

L'intimità di uno scatto medio porta l'osservatore nell'azione, come in questa prospettiva grandangolare di due biologi che stimano i membri di una popolazione di uccelli in estinzione.

Canon 5D Mk II, 24 mm, 1/6 sec., f/4, ISO 400

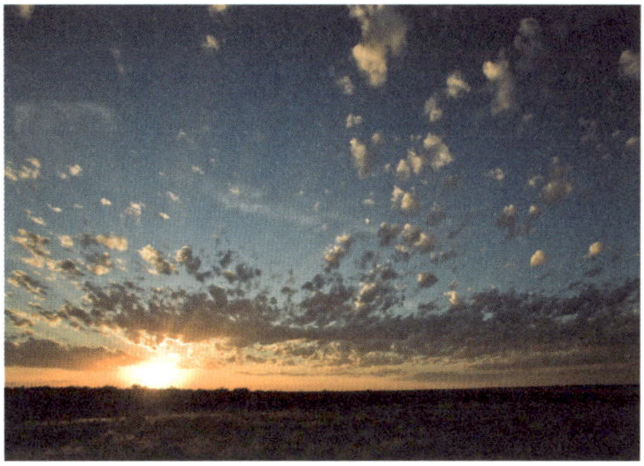

Anche se l'alba ampia e dinamica potrebbe dare il senso di un nuovo inizio nelle pianure del Texas, è solo quando vedete le creature come questa lepre (foto sotto) che comprendete parte della storia racchiusa nell'ambiente.

Canon 5D, 17 mm, 1/200 sec., f/5.6, ISO 100

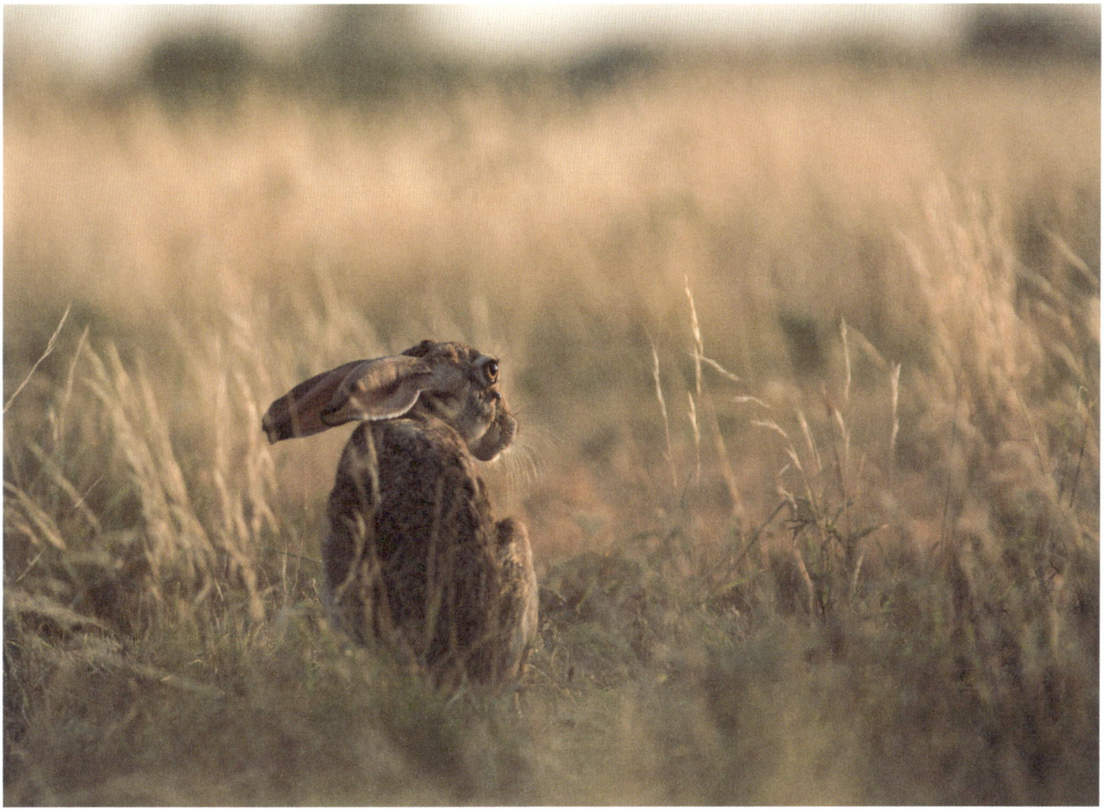

Canon 5D, 300 mm, 1/320 sec., f/4, ISO 100

dei personaggi dagli altri. Significa che sono legate in modo specifico al luogo in cui i personaggi agiscono in quel momento.

Oltre a identificare i personaggi in un determinato ambiente, gli scatti medi ci offrono spunti su chi o cosa crea delle relazioni nella storia. Sfruttando le percezioni generate dalla risposta allo scatto introduttivo, i personaggi giocano un ruolo fondamentale nel racconto. Le loro azioni e posizioni in relazione a tutto il resto nell'ambiente diventano tangibili, al punto che gli osservatori possono collegarsi a loro visualmente ed emotivamente in modo più profondo. Allo stesso modo, la struttura tematica che definisce la storia diventa più concreta e specifica.

Gli scatti medi dicono qualcosa di più finito sulla storia e il relativo tema. Anziché interpretare l'emergenza della vita in uno scatto all'alba nelle pianure del Texas, ora siamo letteralmente in grado di vedere gli animali che corrono nell'erba.

In questo senso, gli scatti medi trasmettono in modo efficace il racconto agli osservatori e per una buona ragione: la specificità. Questi scatti sono più dettagliati di quelli introduttivi, ma non così tanto da diventare astratti e da rinunciare allo storytelling. Rappresentano un intermezzo tra la definizione di un contesto e l'avvicinamento al soggetto, elemento quest'ultimo che renderebbe difficoltosa l'interpretazione del tema.

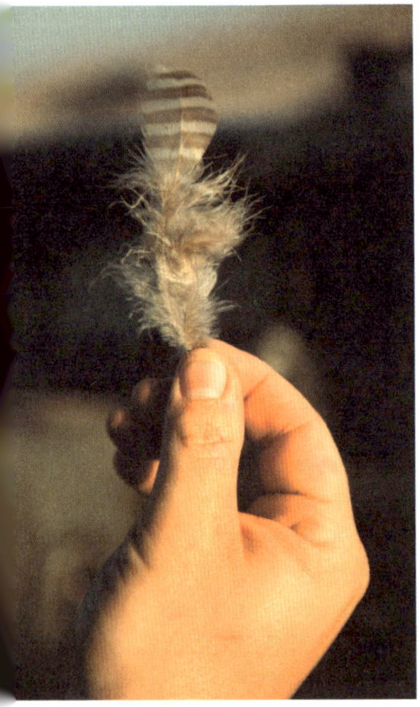

Il close-up di una piuma di un pollo della prateria gioca un ruolo importante in una storia sulla crescita della popolazione di questo animale.

Canon 5D Mk II, 105 mm, 1/125 sec., f/4, ISO 100

Close-up

Gli scatti close-up, o ravvicinati, sono spesso costituiti da immagini di dettagli e simili. Evidenziano i dettagli più piccoli che aiutano a completare il contenuto di una storia e lo fanno in un modo che riempie gli spazi lasciati liberi dagli scatti introduttivi e medi. Per esempio, uno scatto ravvicinato di un paio di guanti da lavoro in pelle rappresenta un'immagine dettagliata che potrebbe essere inclusa in una storia che parla di un agricoltore locale. Allo stesso modo, quando un fotografo scatta foto a un neonato, i close-up a piedi e mani danno agli osservatori un ritratto più artistico e quasi palpabile del bambino.

I close-up offrono un punto d'accesso alle più piccole texture visuali che compongono i personaggi e l'ambiente della storia. Potete considerare queste immagini dettagliate come gli aggettivi che i fotografi usano per descrivere una persona, un luogo o gli elementi inerenti la storia che deve essere raccontata. Scatti ampi di fiumi e corsi d'acqua sono necessari, quando occorre narrare la storia delle risorse idriche di un'area, ma uno scatto ravvicinato di alcune foglie che galleggiano su un lento torrente può trasmettere meglio il senso di umidità. I close-up dei vegetali in un mercato possono enfatizzare la freschezza, al punto che l'osservatore può quasi

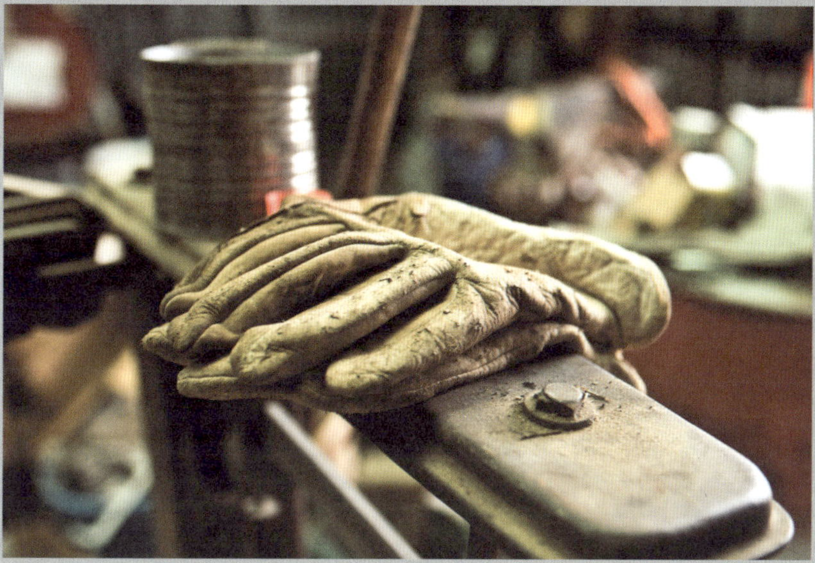

Un piccolo componente di una storia più grande.

Canon 1D Mk III, 33 mm, 1/40 sec., f/2.8, ISO 100

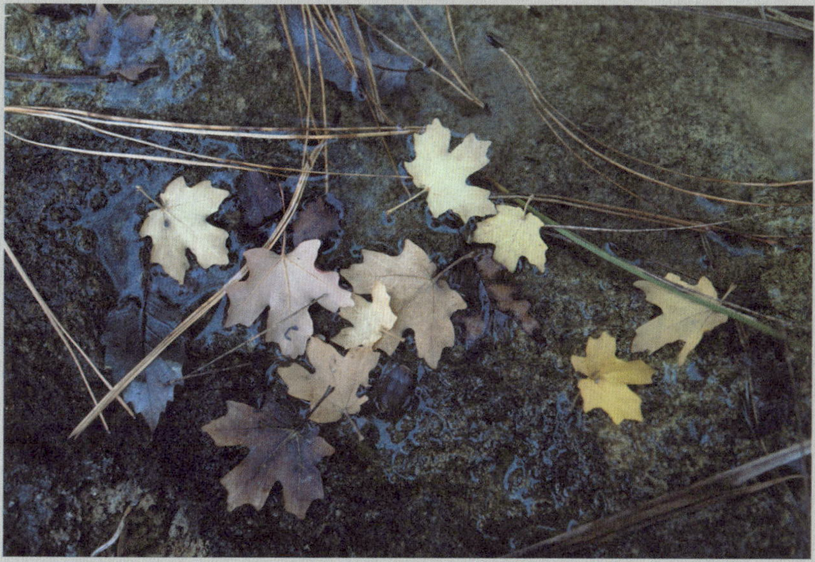

Un piccolo flusso d'acqua può costituire un'ottima ambientazione per un close-up con molte texture. Guadalupe Mountains National Park, in Texas.

Canon 5D, 45 mm, 1/40 sec., f/4.5, ISO 200

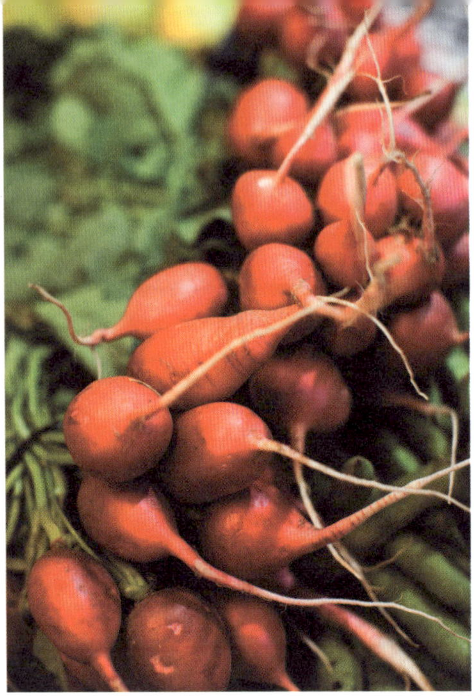

L'uso di una profondità di campo ridotta è un modo efficace per dirigere l'attenzione sui dettagli più piccoli di uno scatto close-up. Qui, il groviglio e le linee dei vegetali si abbinano bene con i colori del frame, così da enfatizzare la freschezza.

Canon 5D Mk II, 50 mm, 1/200 sec., f/2.2, ISO 400

percepire il profumo del giardino in cui sono cresciuti, mentre le foto ravvicinate di antichi intagli sulle pareti di una caverna possono far percepire le irregolarità della roccia.

Nonostante si tratti dei più piccoli e specifici componenti di una storia, tutte queste immagini completano gli scatti più ampi, in modo da appagare i nostri sensi. Si tratta di asset preziosi per il racconto complessivo.

Gli scatti ravvicinati e dettagliati fanno sì che l'osservatore si ponga delle domande, in particolar modo se sono visti prima di altri tipi di immagine che fanno parte della storia. Tutti abbiamo osservato almeno una volta un articolo di una rivista, che inizia con una foto in doppia pagina che ritrae un dettaglio di un soggetto più ampio, come la parte posteriore di un'auto classica o dei rotoli di tessuto pregiato. Queste immagini vengono usate per risultare intriganti agli osservatori, per allettarne i sensi e la curiosità. La stessa cosa è valida per i close-up di munizioni, usati per le storie che parlano di guerra, per una capsula di Petri retroilluminata, contenente l'ultimo ceppo influenzale, per una storia sulla ricerca nel campo della salute pubblica.

Iniziare con un close-up potrebbe sembrare poco intuitivo, ma non esistono regole riguardanti il tipo di foto con cui aprire una storia, come vedremo in seguito. I close-up, le immagini dei dettagli, possono essere intensi e attrarre l'interesse degli osservatori, oltre che fornire chiarezza agli scatti introduttivi.

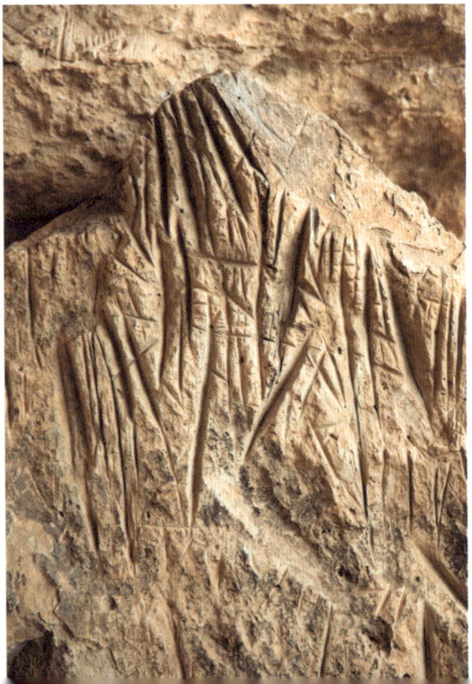

Segni di un popolo antico su uno sperone di roccia, nelle pianure a ovest del Texas. Una luce morbida e angolata permette di dare risalto alla profondità delle incisioni.

Canon 5D Mk II, 105 mm, 1/50 sec., f/4, ISO 100

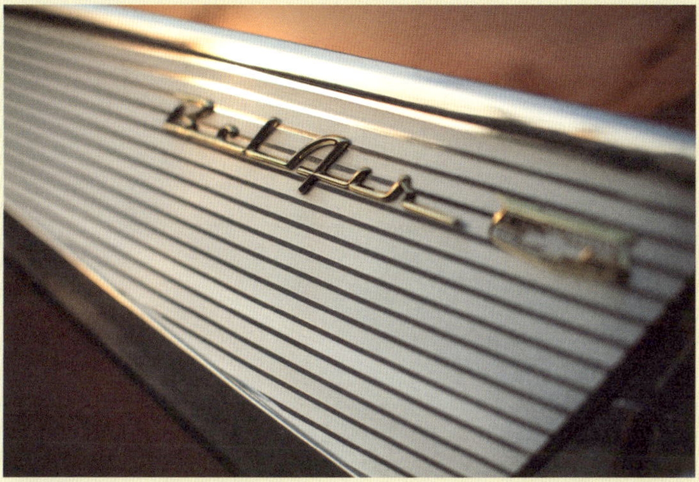

Un close-up di un elemento distintivo di un'auto classica fa sì che l'osservatore voglia scoprire altro del veicolo.

Canon 5D Mk II, 50 mm, 1/1.000 sec., f/2, ISO 100

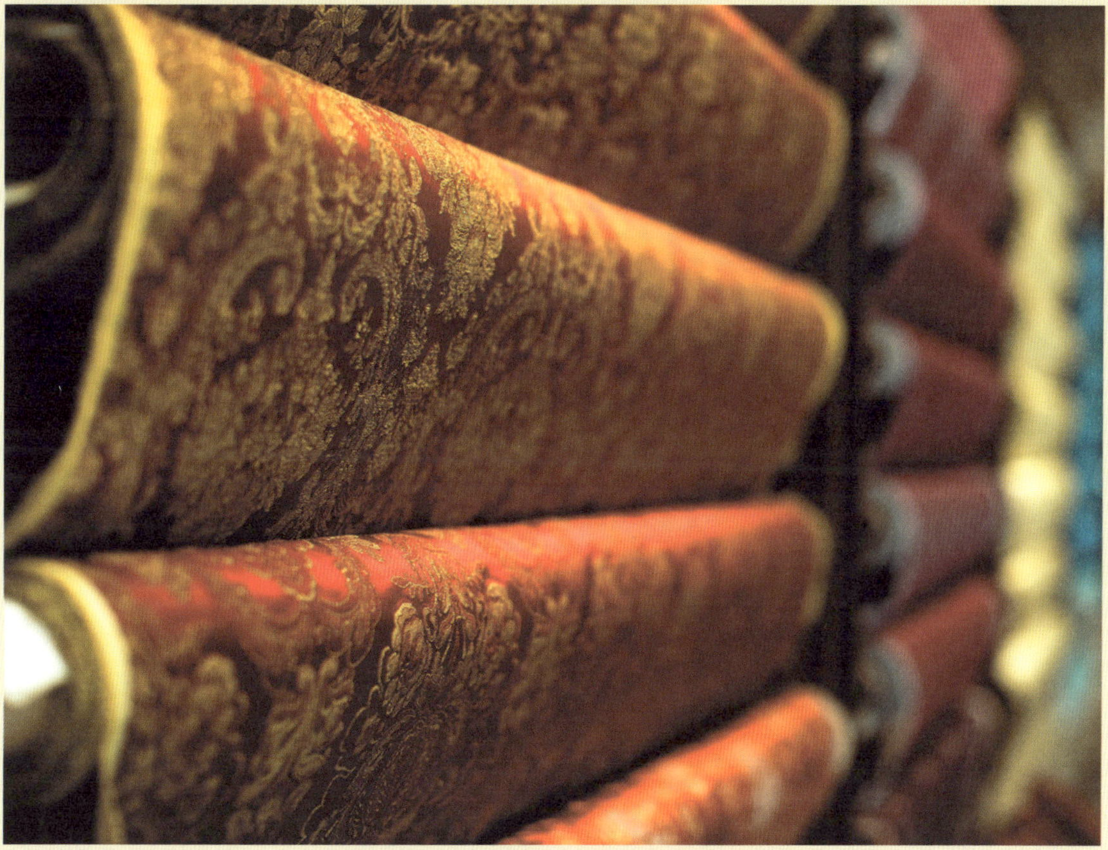

I frame pieni di colore, dettagli e una composizione ravvicinata non solo accendono l'interesse visivo, ma servono anche come ottime aperture di design per le storie.

Canon 5D Mk II, 50 mm, 1/100 sec., f/2, ISO 400

Il valore delle immagini interstiziali

Il termine "interstizi" si riferisce agli spazi che si trovano tra gli elementi di un insieme. In realtà, più questi spazi vengono riempiti, più completo apparirà l'insieme stesso. Quando applichiamo questa teoria allo storytelling fotografico, comprendiamo che più riempiamo spazi e buchi delle nostre storie con immagini correlate, più ci avviciniamo alla narrazione perfetta.

Le immagini interstiziali non sono completamente diverse dagli scatti medi e dai close-up. Infatti, potremmo considerare queste due categorie come interstiziali. Possono definire delle relazioni tra diversi ambienti in una storia o materializzarsi come semplici ritratti degli individui che giocano ruoli principali o secondari nella narrazione. Come risultato, le immagini interstiziali hanno diversi livelli di importanza, anche se sono il tessuto connettivo che unisce gli elementi più importanti della storia visuale.

Queste immagini aiutano i fotografi a rimediare alle situazioni in cui non possono completare una storia con una sola immagine. Non sono necessariamente i mattoni da costruzione principali, come gli scatti introduttivi di una piccola città vuota e delle sue vie principali o uno scatto aereo di un panorama, ma spesso sono il cemento che unisce questi blocchi. I close-up forniscono descrizioni dettagliate del contesto, mentre gli scatti medi evidenziano i fatti che contornano la storia dei personaggi. Entrambi aumentano la profondità dello storytelling, rendendo possibile una trattazione più completa e un miglior coinvolgimento dell'osservatore.

Non c'è nulla che vi obblighi a creare unicamente immagini che seguano i parametri precedentemente esposti. Non esiste una lunghezza focale preferita per uno scatto medio o un orario del giorno più indicato per uno introduttivo, ma la conoscenza della storia da fotografare può essere sfruttata per sperimentare diversi i tipi di immagine. Come per le regole di composizione, includere gli scatti introduttivi, quelli medi e i close-up nella vostra cassetta degli attrezzi migliorerà il modo in cui vedete e sviluppate le immagini di storytelling.

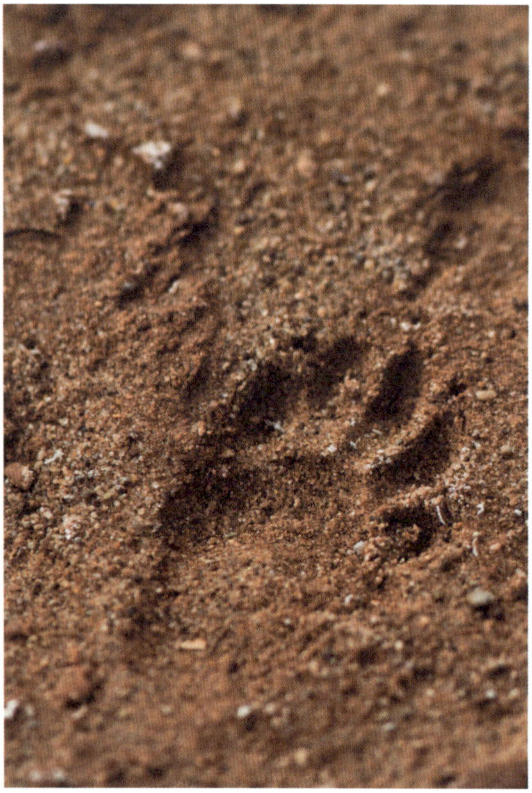

Gli scatti interstiziali, come questo close-up della traccia di un procione nel letto di un torrente, offrono sfumature per storie di piccoli animali selvatici. Sono facili da ottenere e non vengono dimenticati facilmente.

Canon 7D, 300 mm, 1/400 sec., f/4, ISO 100

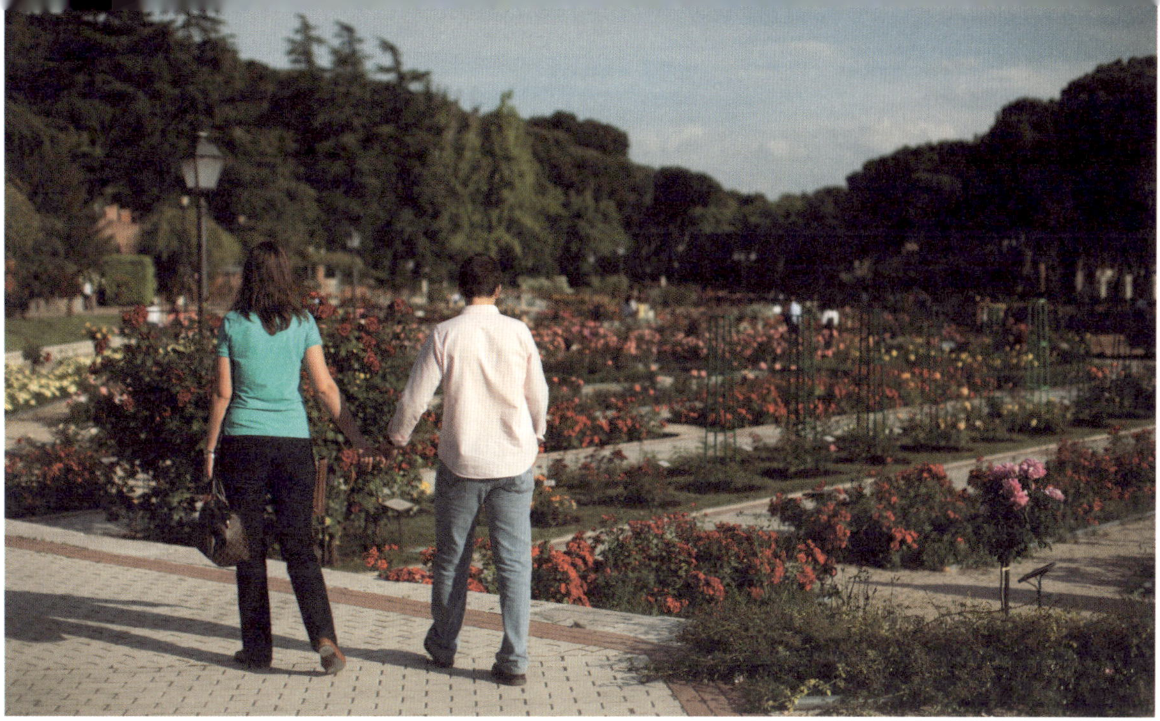

Una coppia mano nella mano in un giardino di rose a Madrid. Immagini come questa sono simboliche ed è semplice per un osservatore immaginarsi nella stessa situazione.

Canon 5D Mk II, 50 mm, 1/3200 sec., f/2, ISO 50

IL COINVOLGIMENTO UMANO

Ammettiamolo, siamo ossessionati dalle altre persone. Non mi credete? Una visita a un'edicola, per studiare le immagini presenti nelle riviste, vi convincerà. La maggior parte delle riviste che troverete usa immagini di copertina dedicate a celebrità, personalità, icone culturali, politici, artigiani, chef e così via. Essere ossessionati dalle persone non è necessariamente una cosa negativa. Sono le persone a rendere interessanti le storie.

La maggior parte delle attività che si verifica nel mondo riguarda l'interazione tra esseri umani. Le storie circondano le persone. Considerate l'amore e la guerra, due dei temi più spesso affrontati nelle immagini. Le storie su questi temi comprendono invariabilmente forti elementi umani. Con questo non intendo dire che le storie che non parlano di esseri umani siano meno importanti, ma solo enfatizzare il valore di quelle che vedono le persone al centro. Alla fine, gli esseri umani si relazionano con i loro simili, a prescindere dalla miriade di differenze che li separa.

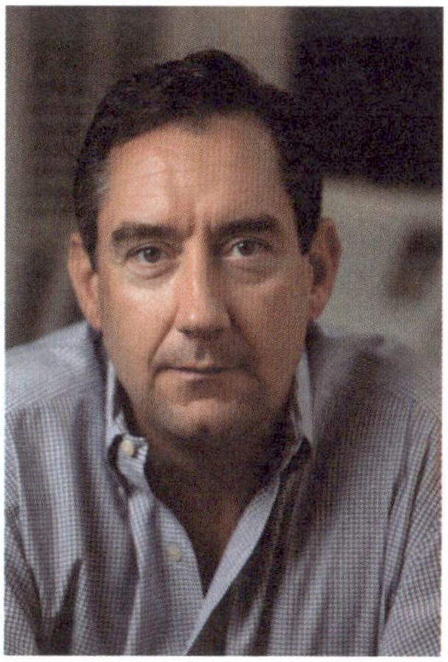

Non abbandonate mai uno shooting che riguarda una persona senza scattare almeno un ritratto del volto. A volte, un ritratto come questo serve come studio del volto che appartiene a un personaggio chiave della storia.

Canon 5D Mk II, 200 mm, 1/60 sec., f/3.2, ISO 200

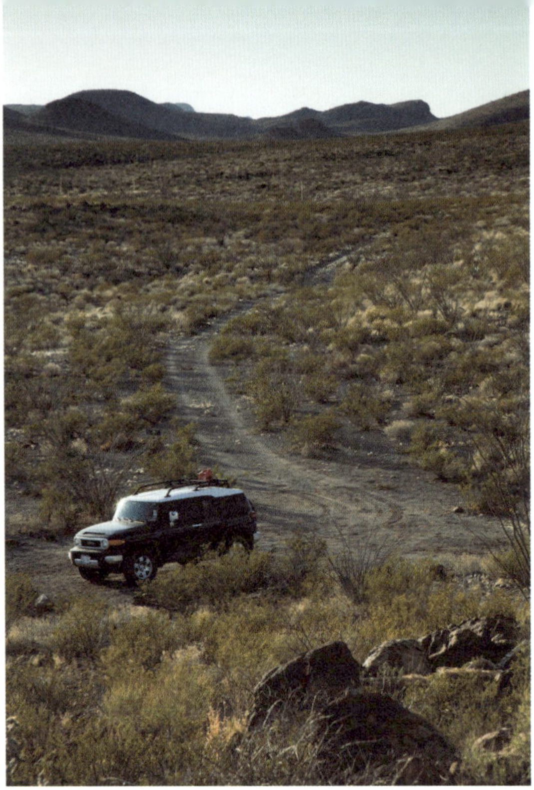

Anche se in quest'immagine non compaiono persone, il veicolo, fotografato presso una strada nel Big Bend Ranch State Park, prevede implicitamente la presenza umana.

Canon 5D, 105 mm, 1/60 sec., f/10, ISO 100

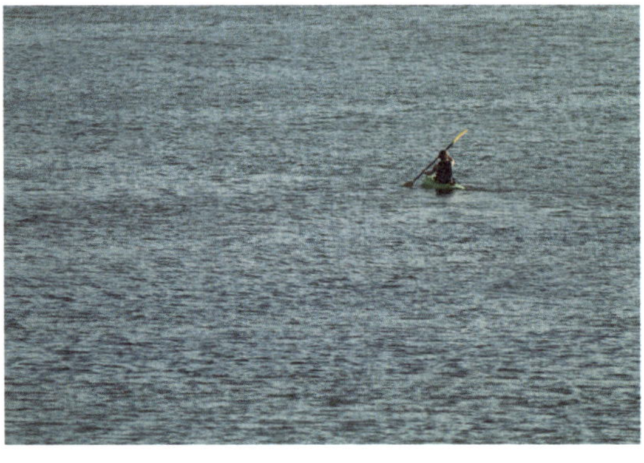

Anche se la canoa è un piccolo elemento nel frame, il fatto che l'atleta che la conduce sia un essere umano costituisce un elemento di attrazione per l'occhio dell'osservatore.

Canon 7D, 300 mm, 1/1.000 sec., f/4, ISO 200

Le persone danno agli osservatori una prospettiva relazionale, non solo per la prossimità fisica degli altri elementi dell'immagine, ma anche nel contrasto con questi elementi. Una persona in un frame è percepita come più dinamica di un albero o un camion dei pompieri. Quella persona può arrampicarsi sull'albero o usare una manichetta del camion. Le persone implicano l'interazione con l'ambiente circostante, anche se c'è un solo uomo in un frame composto in prevalenza da acqua. In un certo senso, l'includere una persona o un gruppo in un frame agisce come un invito per l'osservatore a vestire i panni del soggetto: come fotografi, più cerchiamo questo tipo di connessione, più interessante risulterà la storia.

Dal punto di vista della composizione, le immagini non devono sempre includere i corpi interi, o anche teste e volti, per trasmettere un senso di presenza. A volte tutto ciò che serve è un paio di mani che lavorano a un vaso di ceramica o i piedi di un atleta. Uno scatto ravvicinato di una stretta di mano trasmette un senso di potere, un messaggio universale, anche senza che si sappia di chi sono quelle mani. Anche le immagini che mostrano persone perse nel *bokeh* di un'apertura ampia possono suggerire in modo astratto una connessione con la storia. Altre volte, il contenuto in un frame è così fortemente incentrato sulle interazioni umane, che è facile farsi coinvolgere dall'immagine. Una pistola fumante o il bagagliaio aperto di un veicolo che contiene generi alimentari dicono che nei paraggi c'è

Pochi elementi del frame svelano la presenza umana – i corpi fuori fuoco sullo sfondo, le mani del cuoco – ma anche se tutto questo venisse perduto, il cibo sulla griglia direbbe comunque qualcosa sul ruolo dell'uomo in questa storia (pagina a lato).

Canon 5D Mk II, 24 mm, 1/60 sec., f/5.6, ISO 100

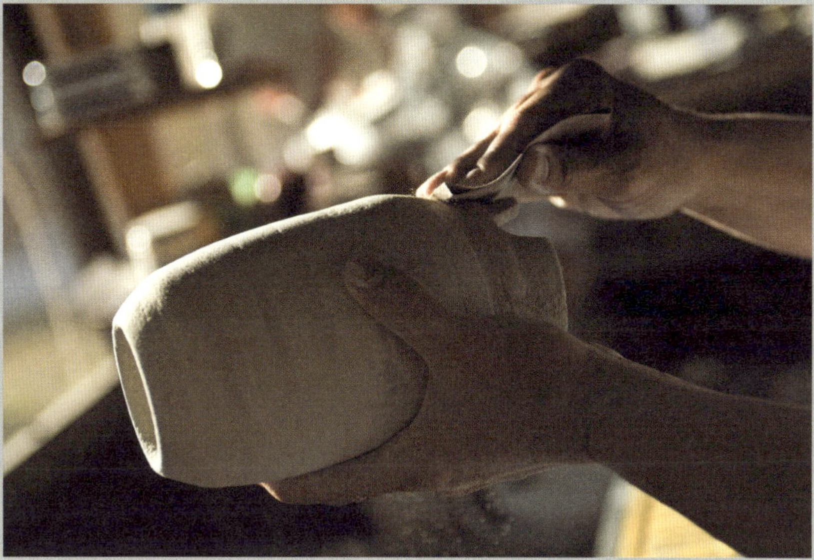

Lo scatto intimo di due mani che carteggiano un piccolo vaso di argilla connette l'osservatore e l'artista e cattura l'ambiente offerto anche dalle piccole particelle retroilluminate e in sospensione.

Canon 1D Mk III, 48 mm, 1/640 sec., f/2.8, ISO 200

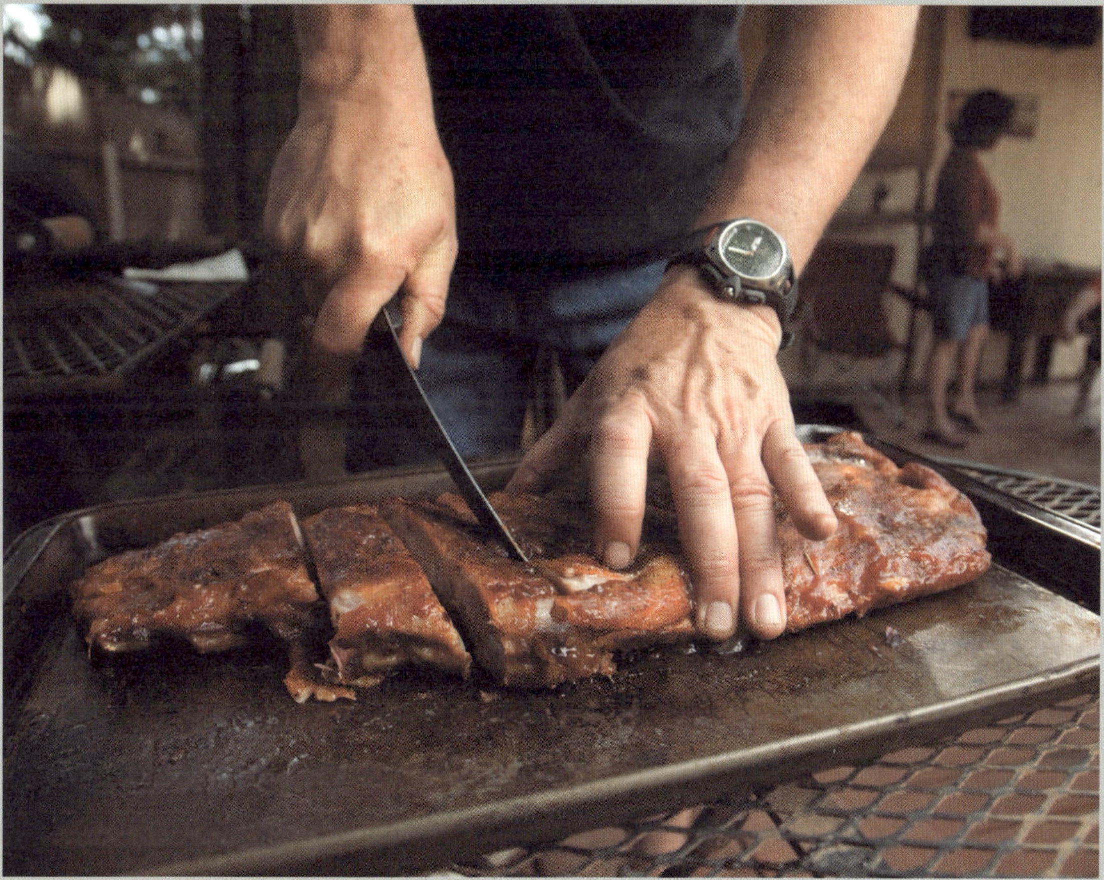

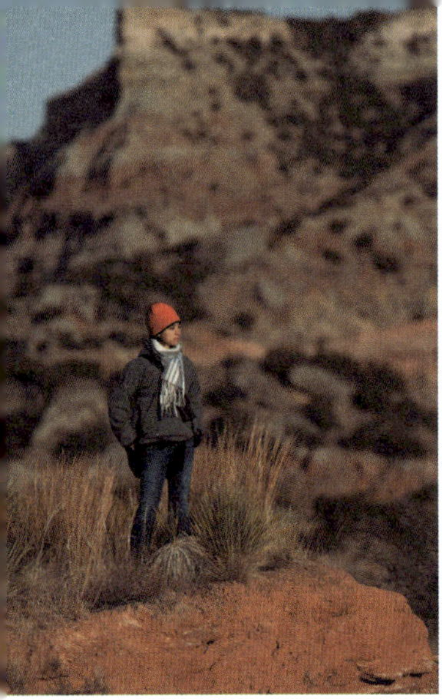

Qualcosa di molto semplice, come un capo d'abbigliamento, può svelare la relazione tra l'elemento umano e la storia. Nello scatto verticale al Palo Duro Canyon State Park, Amanda mostra una sciarpa che potreste vedere in una via di Chicago. L'altra sua immagine, scattata mentre osserva il paesaggio del Big Bend senza sciarpa, esclude un componente dell'abbigliamento che potrebbe distrarre l'osservatore.

Canon 5D Mk II, 400 mm, 1/1.000 sec., f/5.6, ISO 200

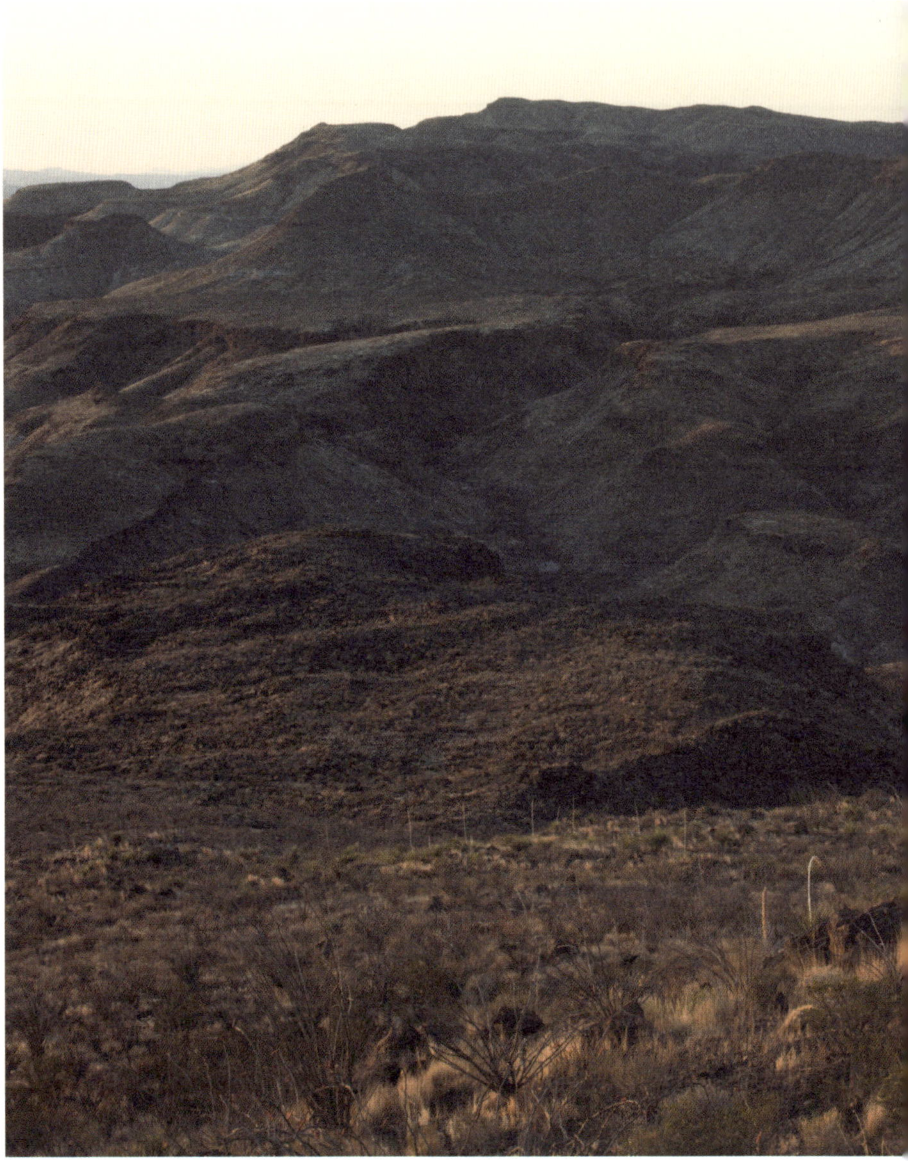

Canon 5D, 70 mm, .6 sec., f/32, ISO 100

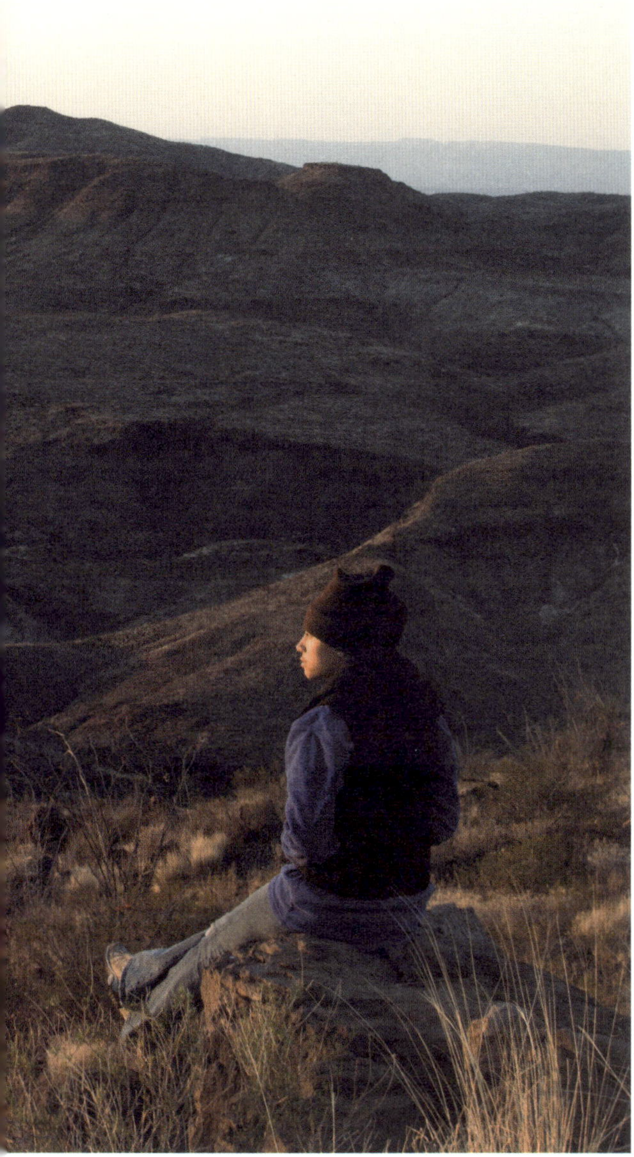

una persona che ha premuto il grilletto o sta per prendere le provviste, prima che il gelato si sciolga.

Ovviamente, l'inclusione di persone (o di parti di esse) in una storia è qualcosa che non va preso alla leggera. Includere la gente che rientra nella narrazione della storia va bene. È normale modificare le foto dell'ultimo shooting, quando vi rendete conto che l'elemento umano in alcuni scatti non combacia con l'idea di "panorami grandiosi" che volevate trattare. L'attenzione ai dettagli è importante quando fotografate le persone, soprattutto quando dovete vendere quella storia ad altre persone. Gli osservatori, in particolar modo quelli di nicchia, noteranno subito le deviazioni dei più piccoli aspetti del coinvolgimento di esseri umani, come l'abbigliamento appropriato e le attività in una storia.

CONOSCERE IL VOSTRO SOGGETTO

Se dovete dire qualcosa sulle persone o sul loro coinvolgimento in un racconto, allora vi conviene prendere un po' di tempo per conoscere chi state fotografando. Conversate con loro durante lo shooting, cercatene i nomi su Google o verificate l'eventuale presenza sui social media (lo so, sembra un'attività da stalker) e parlate con chi le conosce. Senza essere troppo intrusivi, provate a ottenere delle informazioni che le colleghino alla storia su cui dovete lavorare. Avere anche solo poche informazioni è meglio che affrontare uno shooting senza sapere nulla. Il vostro ruolo è connettere queste persone alla storia. Queste informazioni vi aiuteranno nel compito.

La stessa cosa è valida per gli animali selvatici e domestici, per i fotografi che si concentrano su questi temi. Per includere gli animali nelle nostre immagini dobbiamo sapere qualcosa di loro, forse anche più di quanto non sia necessario per gli umani. Mostrare la storia

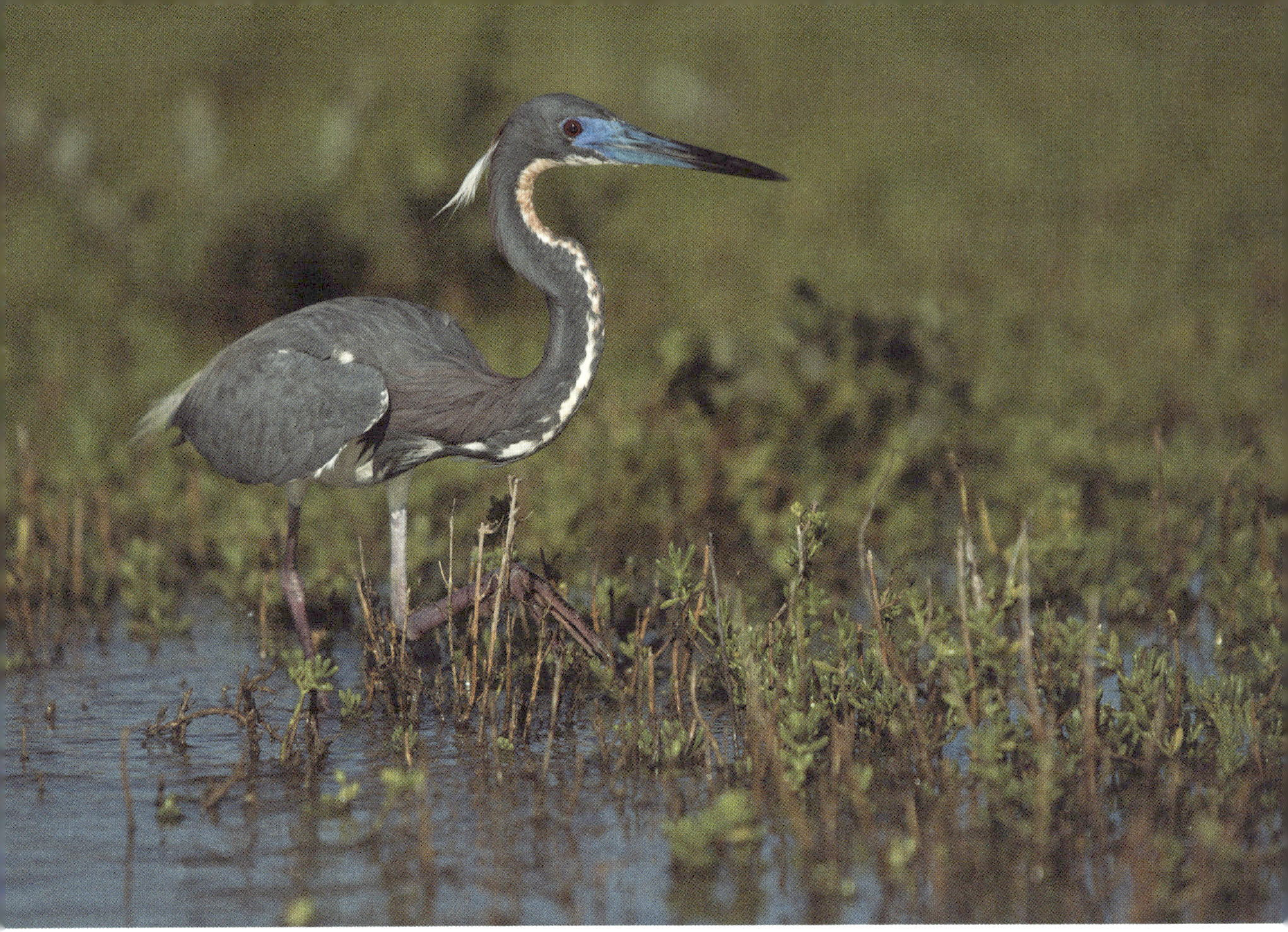

Un airone tricolore cammina tra gli arbusti nell'estuario poco profondo, vicino alla Mustang Island, in Texas, alla ricerca di cibo.

Canon 5D, 200 mm, 1/1.250 sec., f/3.5, ISO 50

La luce del primo mattino illumina gli occhi di una rana toro. Sapere quando e dove gli animali si trovano, in base alla stagione, è importante per i fotografi naturalisti e per la precisione della storia che raccontano.

Canon 5D Mk II, 400 mm, 1/1.000 sec., f/5.6, ISO 400

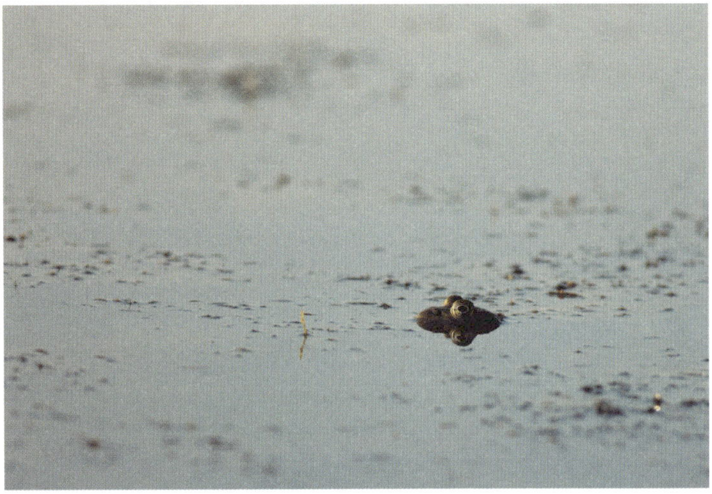

CASO IN QUESTIONE RECENSIONE EDITORIALE

Quando iniziai con la fotografia mi occupavo di paesaggi. Scommetto che molte delle persone che leggono questo libro non sono indifferenti alla cosa. Fu questo a spingermi a fotografare – fui ispirato dai fotografi di paesaggi più conosciuti e mi appassionai al tipo di soggetto. Quando le persone scoprirono che mi interessavo di fotografia, chiarì loro che mi interessavano solo i paesaggi e la storia naturale.

Iniziai presto a notare i progressi del mio lavoro. Stavo iniziando a catturare efficacemente i dettagli della luce, a trovare i livelli di composizione in chilometri di deserto e a esporre per trovare una dinamica di colori al mattino presto o addirittura all'alba. Mentre mi trovavo nelle campagne, stavo costruendo il mio portfolio con immagini relative all'agricoltura.

Inviai il mio primo portfolio di immagini a una rivista chiamata *Progressive Farmer*. Conoscevo la pubblicazione, essendo cresciuto in un ranch e avendola ricevuta per diversi anni, e inviai le foto che ritenevo più rilevanti per la mission della rivista, che mostrassero le mie abilità con la fotocamera. Scatti di bianchi campi di cotone dall'ottima composizione e con splendide luci, l'alimentazione dei bovini in un lungo truogolo, la macchina raccoglitrice che ho già citato e anche una foto di un serpente a sonagli minaccioso facevano parte del mio portfolio.

Dopo circa un mese ricevetti una lettera da Jim Patrico, photo editor di *Progressive Farmer* (e ottimo fotografo). Nella lettera, mi ringraziava per l'invio delle foto e mi faceva notare i punti di forza di alcuni scatti. Mi disse che aveva provveduto a registrare la mia candidatura per il futuro e mi diede un ottimo suggerimento. Aveva notato che in nessuna delle immagini che avevo inviato c'era una forte presenza umana. Mi incoraggiò così a dedicare tempo a documentare le persone coinvolte nel settore agricolo.

Presi a cuore il suo consiglio. Mi fece pensare al valore della presenza delle persone nelle foto e cosa questo potesse significare per un editore. Non ero né timido né spaventato dalle persone – volevo semplicemente che nelle immagini non comparissero elementi innaturali (ricordate, ero interessato ai paesaggi).

Iniziai a capire cosa significassero le persone in una fotografia: creavano un'altra sfaccettatura per lo storytelling. Quando vengono fotografate correttamente nell'ambiente, attraggono gli osservatori e i lettori. E non dimenticate il fattore denaro: rendono più vendibili le foto.

Oggi la maggior parte di quel che pubblico tramite incarichi include la presenza di persone. Ritratti, foto di persone che interagiscono tra loro, escursionisti, atleti in azione, imprenditori, scegliete voi. Passai rapidamente dall'essere un purista dei paesaggi all'interessarmi delle storie raccontate dalle persone e dai luoghi. Nonostante sia molto interessato alla bellezza dei paesaggi, oggi sono più cosciente che la presenza di una persona può aggiungere più profondità alla storia di un luogo o anche a un racconto tutto nuovo. ■

naturale degli animali selvatici può portare a potenziali critiche. Studiare i movimenti degli animali, i rituali, la loro biologia e l'habitat contribuisce direttamente a produrre immagini che raccontano in modo più intenso la loro storia.

I gesti

Ho visto paragonare lo storytelling a molte cose, ma le mie preferite sono il gelato e le coppe con ciliegie (amo il cibo...). Ciascun livello rivela qualcosa di unico. I livelli di una storia sono come un dessert che include diversi livelli di sapore, che si combinano in qualche modo irresistibile. Il contesto, i personaggi, la relazione tra questi e il contesto e le sfumature di queste interazioni e l'ambiente contribuiscono tutti alla storia. Anche all'interno di ciascun livello, potrebbero essercene degli altri. Quando le persone fanno parte del racconto, uno di questi livelli è rappresentato dai gesti.

Le persone, più o meno consciamente, usano gesti unici quando interagiscono tra loro e con l'ambiente. Potrebbero essere certe maniere che includono movenze graziose di mani e braccia, sopracciglia inarcate in modo sospettoso e occhiatacce in risposta a qualche strano evento o un modo coinvolgente di sorridere. La gestualità è evidente dalle emozioni dei vostri soggetti, oltre che dalle posizioni uniche in cui li trovate. Quando modificate diverse immagini della stessa persona, oltre alla composizione e al contesto generico, i gesti sono un elemento importante dell'elenco di cose da cercare. Non si tratta solo della ciliegina sulla torta, ma del modo particolare in cui questa è posizionata.

STUDIATE I GESTI Nel suo lavoro con i ritratti, Richard Avedon era un maestro della gestualità. Non solo era in grado di evocare gesti emozionali da chi sostava davanti al suo obiettivo, ma riusciva a vederli anche nelle sue foto in fase di modifica. Questo donava ai suoi scatti un look caratteristico e una grande bellezza.

Fate sempre attenzione alle immagini migliori prodotte dagli altri. In quegli scatti potreste identificare ciò che ha spinto il fotografo a esporre quelle particolari foto, anziché altre. Osservate i ritratti e le foto di persone create dai grandi nomi della fotografia. Cercate quel che vedono: espressioni facciali, il modo in cui il soggetto portava i capelli, la luce che ne colpiva la spalla in quel frame. Più sarete in grado di notare le caratteristiche uniche degli scatti di altri fotografi, più probabilità avrete di scovare i gesti nelle vostre immagini, anche se siete stati voi a catturarle.

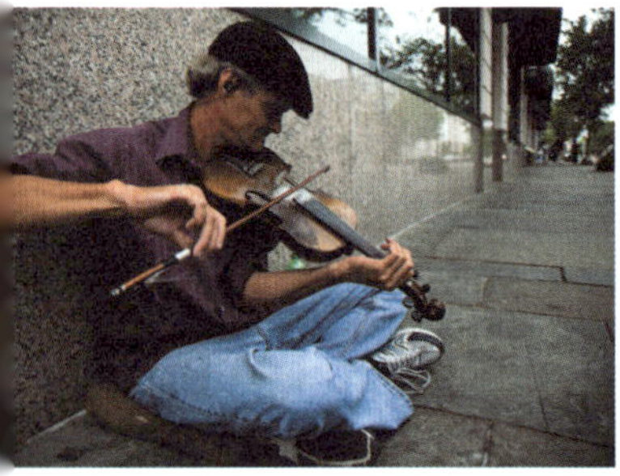

Canon 5D Mk II, 24 mm, 1/800 sec., f/4, ISO 400

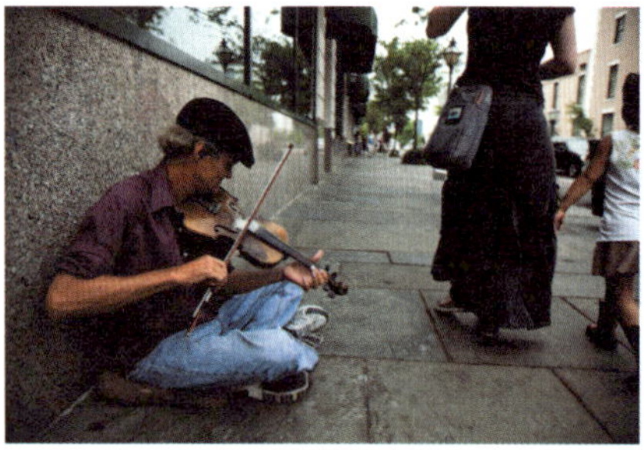

Canon 5D Mk II, 24 mm, 1/1.000 sec., f/4, ISO 400

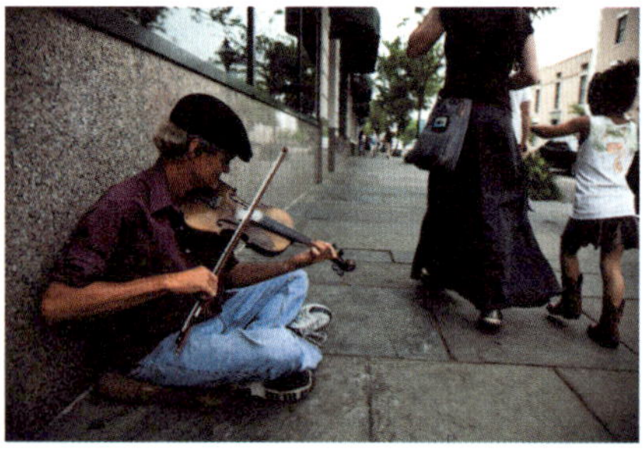

Canon 5D Mk II, 24 mm, 1/1.000 sec., f/4, ISO 400

A volte, la gestualità potrebbe non essere così fine. In certi casi, i gesti sono evidenti come tutti gli altri elementi combinati dell'immagine. Prendete come esempio la foto iconica di Jim Marshall, che ritrae Johnny Cash mentre mostra il dito alla fotocamera. C'è una gestualità spettacolare sul volto e la bocca, nella postura e anche nel mosso della paletta della chitarra. È difficile però ignorare quell'unico dito, fuori fuoco, che si erge dal pugno chiuso. A quell'epoca, il gesto catturato in una singola immagine svelò la personalità del cantante. La storia contenuta in quest'unico frame ha aiutato a etichettare questo artista, un tipo di musica e uno stile di vita.

I gesti bloccano lo sguardo su una fotografia o forzano l'osservatore a guardarla nuovamente, per studiarne i contenuti. Essere uno storyteller

Fotografare il musicista di strada insieme ai passanti ha permesso di definire un'altro pezzo della storia. Quando la bambina sollevò le braccia per ballare, mi accorsi che quel gesto designò questo scatto come *la* foto per antonomasia.

Canon 5D Mk II, 24 mm, 1/1.000 sec., f/4, ISO 400

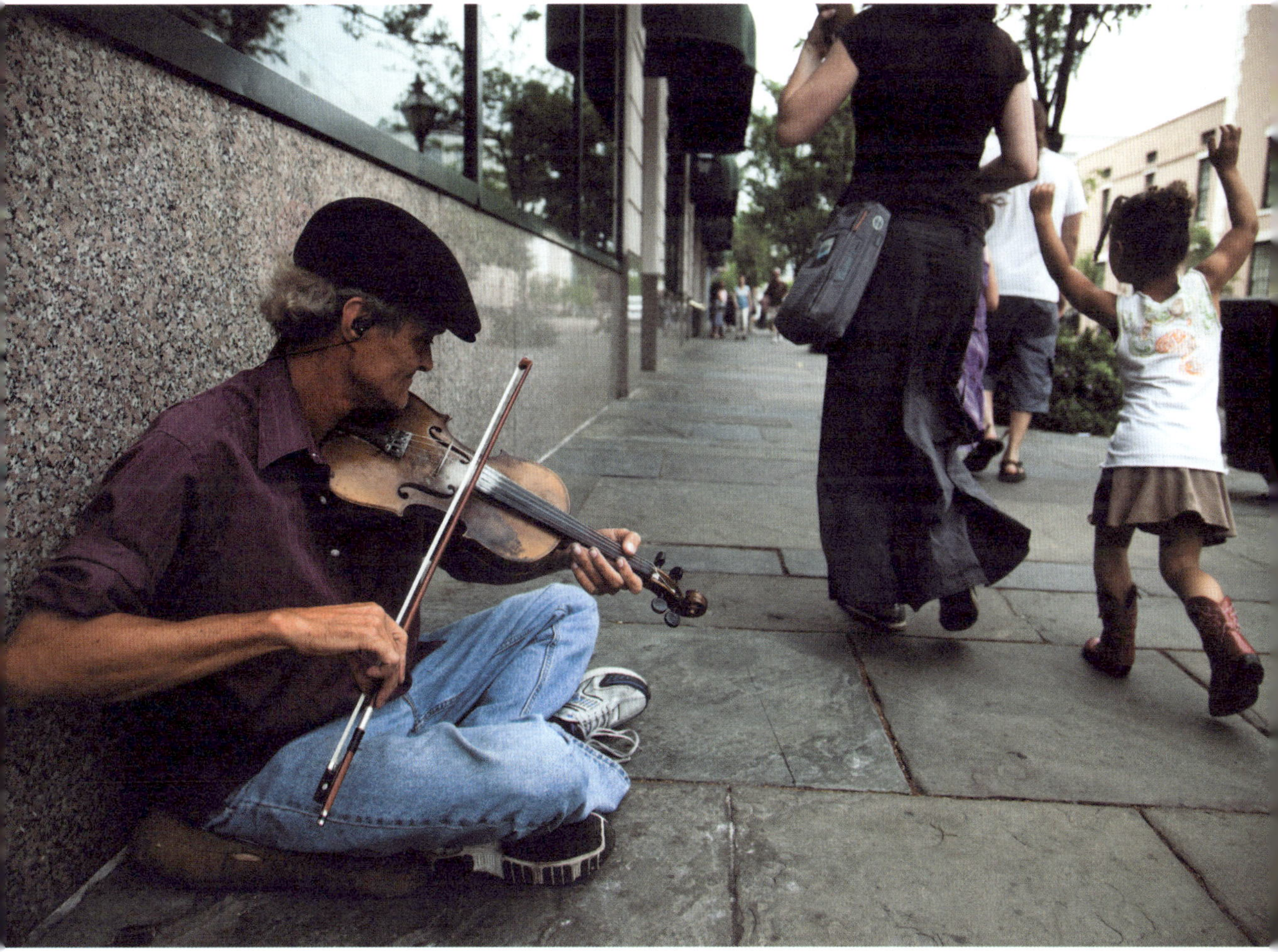

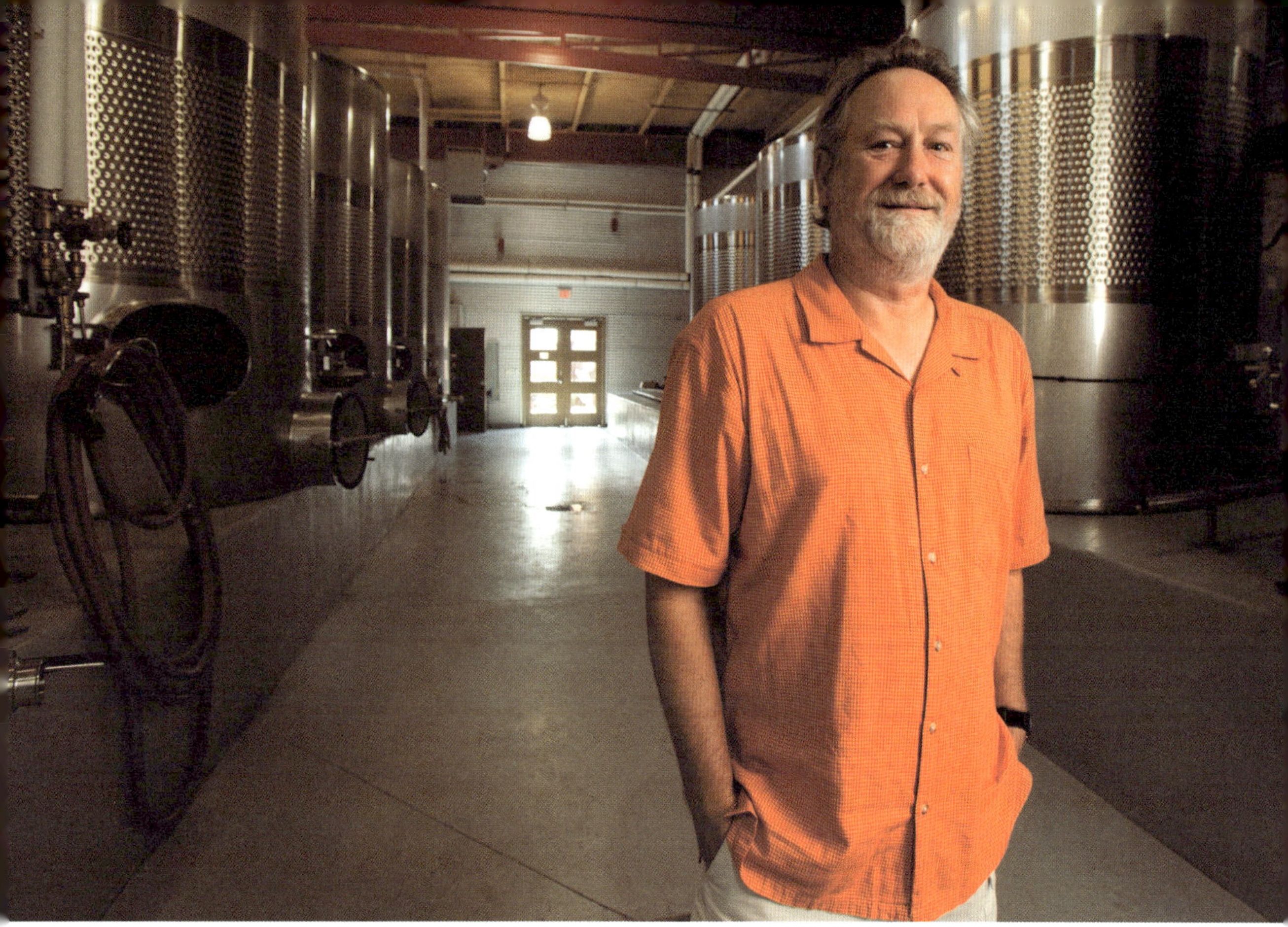

Un produttore di vino nella sua cantina può rappresentare uno scatto introduttivo per una storia sul settore vitivinicolo della zona.

Canon 5D Mk II, 17 mm, 1/13 sec., f/5, ISO 200

diligente vi permetterà di ottenere numerose opportunità per catturare la gestualità. Non è sempre evidente – a volte non fino a quando lo shooting è terminato, l'attrezzatura è impacchettata e siete pronti a osservare le foto di notte, davanti a una pizza fredda – ma quando la vedrete, la riconoscerete.

I ritratti

I ritratti da soli raccontano una parte della storia. Gli osservatori hanno già un grande feeling con le persone che compaiono nelle immagini e il concentrare questa connessione direttamente tra il soggetto e il pubblico può portare grande valore all'esperienza. Qualunque storia coinvolga l'elemento umano dovrebbe includere un ritratto o due dei personaggi principali, anche solo di scatti del volto.

Ricordate il settore riviste dell'edicola locale che ho citato prima? Scommetto che il 95 percento, forse il 99, di quelle riviste ha in copertina un ritratto di questo tipo. I ritratti non solo soddisfano la nostra voglia di scoprire le altre persone, ma creano un canale tra noi e la storia all'interno delle pagine. I ritratti ben realizzati irrobustiscono questa connessione umana, anche quando avete già iniziato a sfogliare le foto di un articolo. Dare un nome ai volti con le didascalie e osservare i corpi e le azioni contenute nel frame della storia visuale dà vita a quest'ultima.

I ritratti delle persone coinvolte in una storia a volte sono "pezzi da riflessione". Con questo intendo dire che a volte i ritratti sono progettati proprio per farci pensare. Come per tutte le immagini, esiste una parte di interpretazione lasciata all'osservatore, ma questa caratteristica è accentuata con i ritratti.

Un esempio comune è dato dallo studio dei volti. Le rughe profonde sul volto di un vecchio pescatore sferzato dal vento, la gioia e la sorpresa negli occhi di un bambino o le labbra strette di un genitore severo sono tutti esempi dei dettagli che invitano l'osservatore a porsi domande e a interpretare il perché quei volti abbiano quell'aspetto. Il pescatore è stanco per via degli anni trascorsi nelle fredde acque del Mare del Nord? Cosa prova quel bambino? Quanti figli hanno visto quell'espressione sui volti di mamma e papà? I ritratti storici di Mathew Brady dei generali della Guerra Civile degli Stati Uniti mostrano la stanchezza, l'ansia e la violenza di quella guerra. Anche se la maggior parte degli scatti è stata eseguita su uno sfondo neutro, i volti dei generali da soli trasmettono molte delle informazioni che si possono leggere sui libri di testo.

Per quanto significativi e speciali siano i ritratti ai fini dell'efficacia di una storia, le fotografie stesse non sono così diverse nel formato rispetto alle immagini di cui abbiamo già parlato. In tutta onestà, i ritratti possono essere realizzati per soddisfare la necessità di catturare scatti introduttivi, medi o close-up. Il punto in cui compaiono nella sequenza del racconto, la loro rilevanza e l'appeal per i lettori sono tutti aspetti che aiutano a determinare come un ritratto debba essere creato, usato e fruito. Un ritratto ambientato completo di un produttore di vino davanti alle vasche di fermentazione può servire come perfetto scatto introduttivo per un racconto che include anche uno scatto medio di uno scienziato che esegue dei test sull'uva, per assicurarsi dell'omogeneità della raccolta. Un ritratto close-up - del volto o ancora più ravvicinato - può aiutare a isolare la persona dalla struttura contestuale, se lo si vuole, o fornire un "pezzo da riflessione", come detto in precedenza.

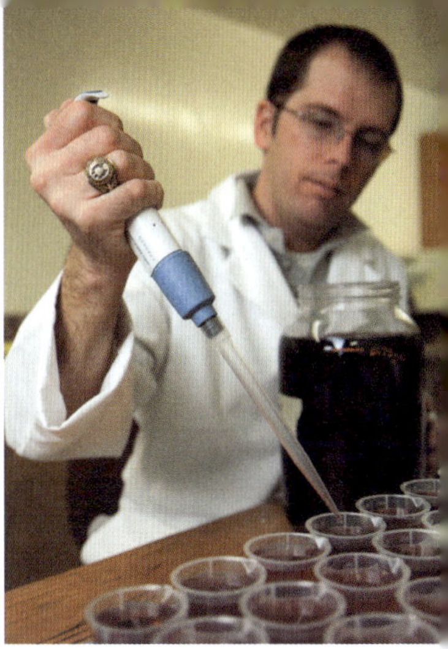

Uno scatto medio di un enologo aiuta a scandire la storia dell'industria vinicola.

Canon 5D Mk II, 35 mm, 1/80 sec., f/4, ISO 800

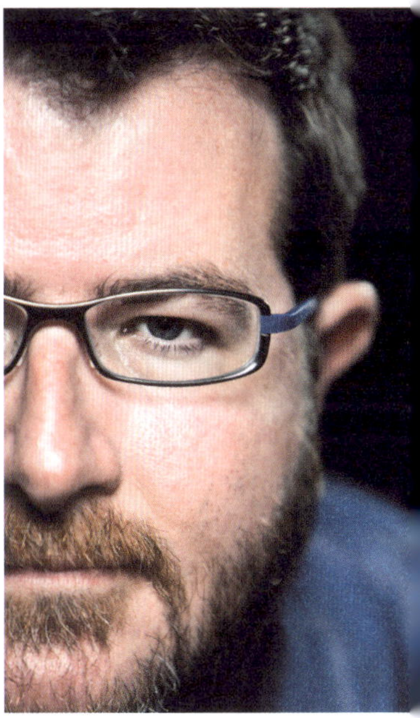

Porre il piano del fuoco critico sull'occhio (o sugli occhi) del soggetto è uno dei metodi più efficaci per connettere l'osservatore e il personaggio.

Canon 5D Mk II, 200 mm, 1/200 sec., f/2.8, ISO 50

Focalizzatevi sugli occhi

Non voglio insistere troppo, ma gli occhi in un ritratto sono un elemento chiave per stabilire un collegamento con gli osservatori. C'è qualcosa di stranamente cosmico nel modo in cui siamo attratti dagli occhi nelle foto di altri esseri viventi, anche di animali. Sicuramente gli psicologi conoscono

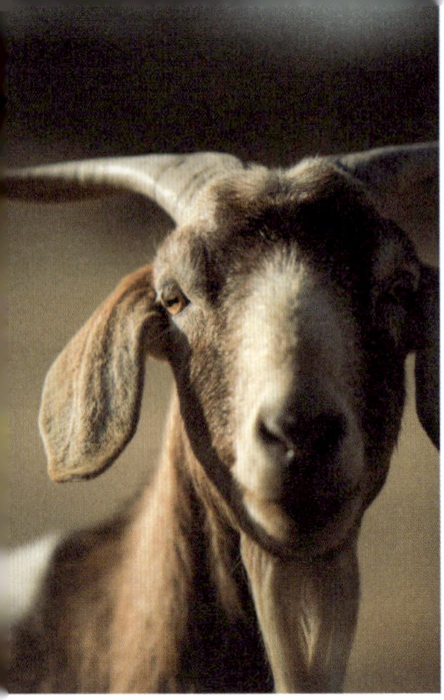

I fotografi di animali e naturalisti possono beneficiare dal posizionare il fuoco sugli occhi dei soggetti. Occhi definiti significano vita e vitalità, tanto in un animale quanto in un essere umano.

Canon 5D, 200 mm, 1/1.600 sec., f/2.8, ISO 100

questo fatto ma, per quanto mi riguarda, è un fenomeno straordinario. Gli occhi raccontano le sfaccettature del volto. Negli occhi vediamo emozioni, intenti e movimento. Ci suggeriscono anche dove guardare nel frame. Gli occhi diventano le porte d'ingresso per il resto dell'immagine.

Per questo motivo, porre il fuoco sugli occhi è un fattore cruciale. Oltre agli occhi, gli osservatori concentreranno lo sguardo nell'area a fuoco dello scatto e, se gli occhi sono esclusi, la foto potrebbe diventare leggermente inquietante. Una distrazione visiva come questa potrebbe forzare l'attenzione lontano dalla storia. Posizionare il piano critico del fuoco su un occhio o su entrambi offre all'osservatore una base da cui esplorare il resto del volto e di quel che è incluso nel frame. Nei ritratti, inizia tutto da dove l'occhio comincia - un altro occhio.

Illuminazione per ritratti

L'ho già detto prima, ma lo ripeto: la luce è importante per il racconto e l'illuminazione per i ritratti richiede un po' di considerazione. In generale, la luce è responsabile della definizione del tono emotivo di un'immagine e il suo utilizzo per illuminare il volto o le forme di una persona non esula dal discorso. A seconda di quel che state cercando di dire sul soggetto e la storia, l'illuminazione avrà necessità differenti.

Nei ritratti, la luce diretta e dura crea bordi duri, ombre profonde che normalmente vengono interpretate come grintose e decise, mentre una luce morbida e avvolgente viene percepita come morbida e conciliante.

Tendo ad affrontare l'illuminazione nei ritratti prendendo in considerazione il grado di diffusione della luce ambientale o artificiale disponibile. I tre gradi di diffusione che uso sono:

- **Luce diretta:** il sole diretto o un semplice flash. La luce diretta è spesso forte e dura e proietta ombre che potreste letteralmente tracciare con una matita. È una luce utile per ritratti sfrontati e forti.
- **Luce diffusa:** al contrario della luce diretta, quella diffusa è molto morbida, non provoca ombre forti e spesso è creata naturalmente dal cielo coperto. Proviene da tutte le direzioni, per questo provoca poche ombre, e con sufficienti fonti luminose, tecnicamente potete ricrearla anche con dei flash. Quando è artificiale, tuttavia, spesso vengono usati grandi modificatori, come soft box o octa, usati insieme a riflettori. Questo tipo di luce spesso è usata nei ritratti in cui sia necessario creare un leggero conflitto o per enfatizzare la bellezza.
- **Luce diffusa direzionale:** combinando le qualità della luce diretta e diffusa, quella diffusa direzionale definisce la situazione in cui la luce

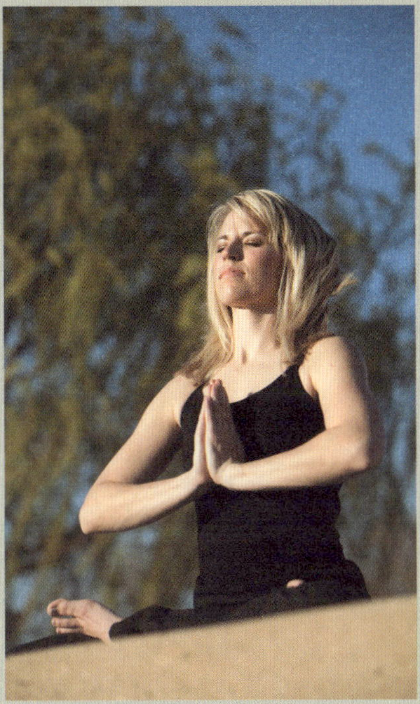

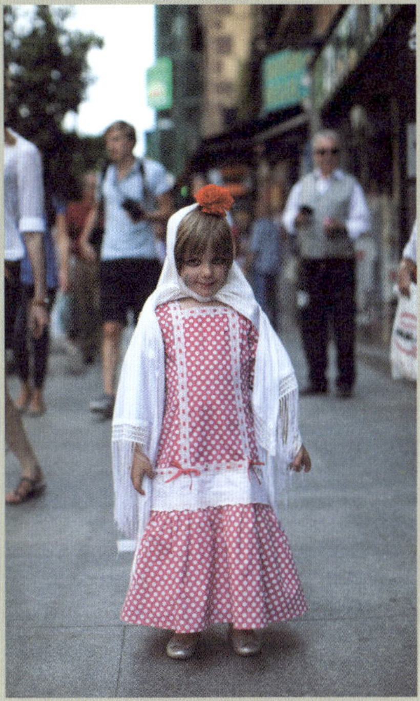

La luce naturale diretta della sera aiuta a creare ombre nette, con dettagli che cadono all'interno dei limiti della gamma dinamica della fotocamera (all'estrema sinistra).

Canon 5D Mk II, 24 mm, 1/6 sec., f/4, ISO 400

La luce diffusa di questo scenario permette di far risaltare i dettagli dell'abbigliamento della bimba senza ombre invasive e mantenendo esposto anche lo sfondo (a sinistra).

Canon 5D Mk II, 50 mm, 1/800 sec., f/2, ISO 50

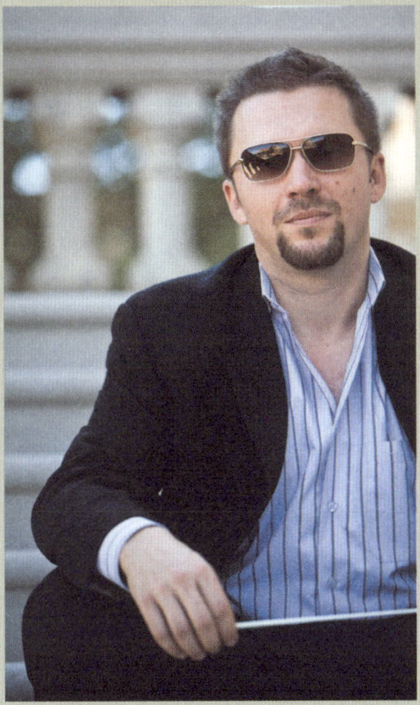

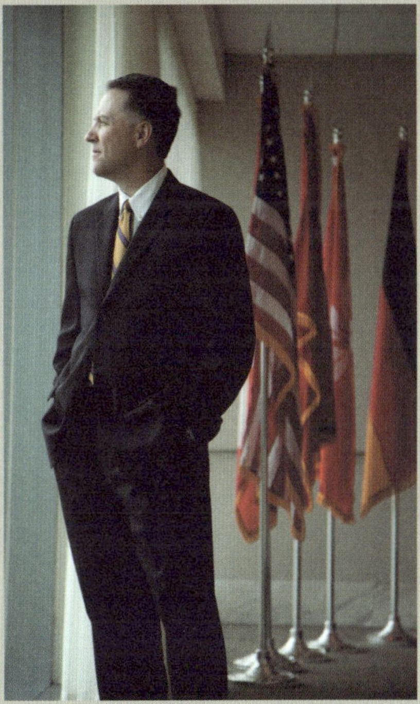

Uno scatto del celebre direttore d'orchestra Tomasz Golka. La luce diffusa usata sottolinea la finezza che accompagna una carriera così esaltante (all'estrema sinistra).

Canon 5D, 150 mm, 1/250 sec., f/3.2, ISO 200

Un'ampia finestra è un'eccellente fonte di luce diffusa direzionale. Le ombre non sono dure, ma hanno sufficiente profondità da trasmettere una percezione, come la forza o l'autorità tipiche dei ritratti di dirigenti (a sinistra).

Canon 5D Mk II, 105 mm, 1/160 sec., f/4, ISO 200

La luce che porta le ombre a cadere verso la fotocamera, spesso chiamata luce corta, è più scenografica di quella che colpisce il lato del volto più vicino alla macchina fotografica. Qui, l'illuminazione corta è usata per trasmettere la sincerità e il mistero che circondano il sensei di arti marziali Walt Bushey.

Canon 5D Mk II, 125 mm, 1/200 sec., f/4, ISO 200

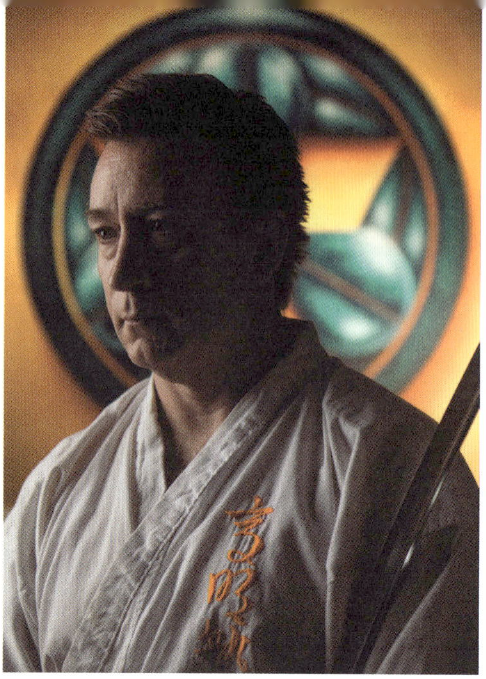

La retroilluminazione che colpisce il collezionista e meccanico di auto John Hewlett aiuta a farlo risaltare dall'altrimenti caotico e compresso spazio, oltre a veicolare il senso dell'ambientazione del garage.

Canon 5D Mk II, 50 mm, 1/100 sec., f/2, ISO 100

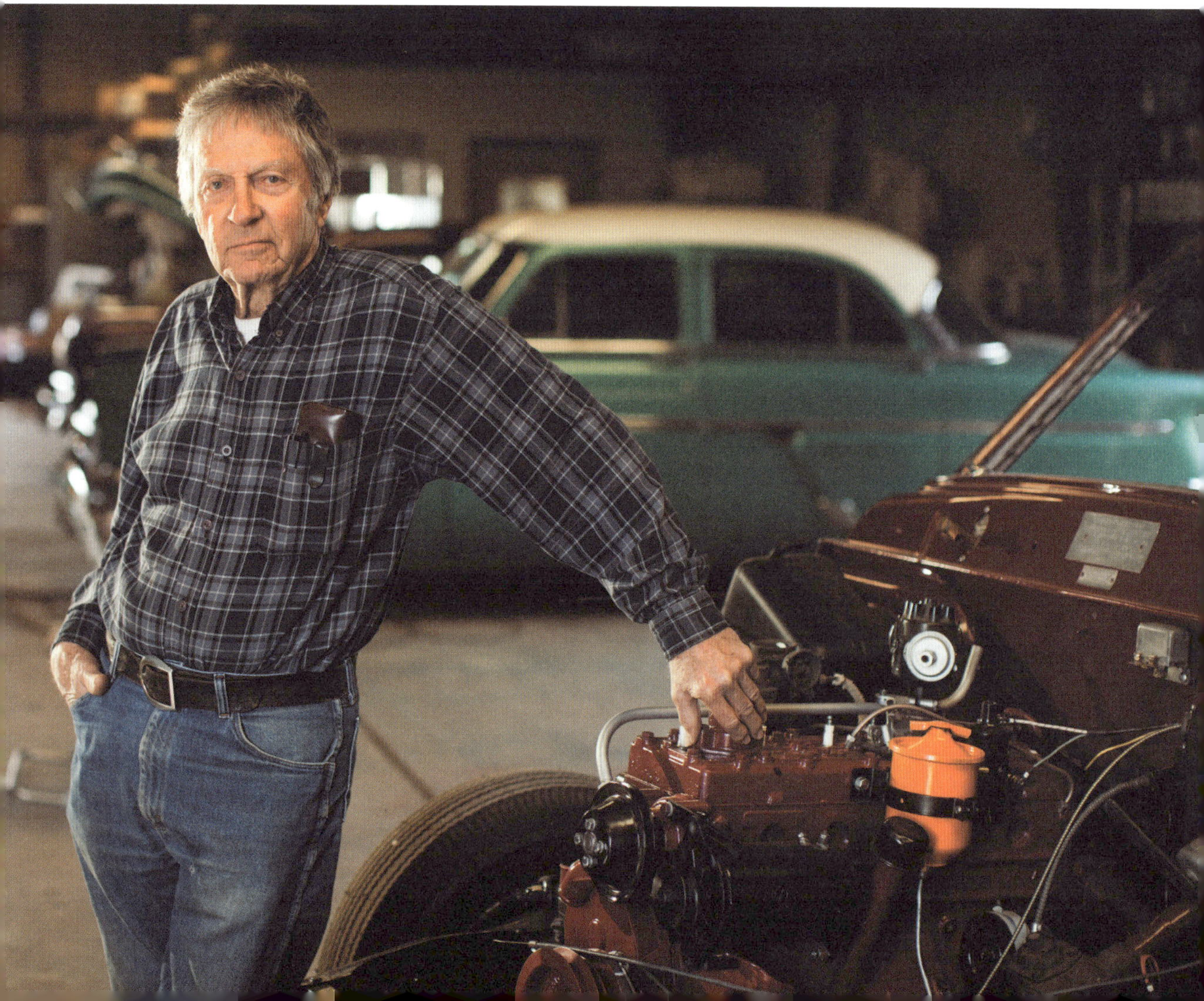

colpisce il soggetto, ma è sufficientemente morbida da avvolgere una parte del volto o del corpo in ombra. Le ombre sono ancora evidenti, ma rivelano comunque dei dettagli.

La luce diffusa direzionale è molto usata e potete spesso vederla con la luce solare del mattino e della sera, quando i raggi solari passano attraverso il pulviscolo atmosferico che funziona come diffusore naturale. Una delle fonti preferite di luce diffusa direzionale è una semplice finestra. Ombrelli riflettenti e soft box rientrano tra i vari modificatori artificiali progettati per fornire questo tipo di illuminazione.

Uno dei valori di questa luce è dato dalla sua utilità. Può essere usata per scolpire i volti, come complemento ad altre fonti luminose o per ricreare la direzione e la caduta naturale della luce in certe aree. Come il nome suggerisce, la luce diffusa direzionale è utile per i ritratti che richiedono una luce più vivace e con una direzione apparente, ma che non sia troppo dura o morbida da trasmettere qualcosa di non desiderato.

La direzione da cui la luce colpisce la persona che viene fotografata va considerata con attenzione. È una cosa che i pittori classici hanno capito tempo fa e che serve a trasmettere emozioni e orientamento visivo verso i personaggi. Per esempio, la luce che colpisce il soggetto sul lato da un piano parallelo mette in ombra la metà del volto, trasmettendo mistero, oscurità, inganno o altre emozioni e interpretazioni drammatiche. Anche se non è necessariamente l'illuminazione più bella, la luce proveniente direttamente da sopra al soggetto porta un senso di interrogativo o di minaccia. Illuminare da sotto produce ombre macabre verso l'alto, mentre la luce proveniente da un angolo orientato in basso in diagonale (l'esempio tipico è 45 gradi) spesso è usata per simulare le caratteristiche del sole.

Anche la retroilluminazione del soggetto è importante. Nonostante molti manuali affermino che si tratta di un ottimo modo per separare il soggetto dallo sfondo, usata insieme a un'altra fonte di luce principale la retroilluminazione può produrre un bagliore angelico nel ritratto di un bambino o forse un senso di ampiezza nel garage di un meccanico.

Composizione nei ritratti

La composizione nei ritratti permette al fotografo di rafforzare la connessione del soggetto con il racconto. La composizione è sempre un elemento cruciale della fotografia, ma forse ancor di più ora che state lavorando con un soggetto che merita più attenzioni di un albero secolare.

Quando si parla di ritratti, spesso è bene riflettere su come ridurre le distrazioni dell'ambiente, mentre al tempo stesso bisogna cercare dei modi per dirigere l'attenzione verso il soggetto. Esempi comuni di distrazioni che possono rovinare un ritratto sono pali, tralicci elettrici o qualunque altro tipo di materiale di sfondo che possa sporgere dal corpo o dalla testa del soggetto. Tutti l'abbiamo fatto e continuiamo a farlo. A volte si riesce a evitarlo, ma più cerchiamo potenziali elementi di rischio, più è probabile che riusciremo a trovare modi di comporre il ritratto che non distraggano l'osservatore dal personaggio principale.

Comporre i ritratti per portare l'attenzione verso il soggetto è un'operazione che viene ottenuta allo stesso modo che usereste per qualunque altra composizione, tranne per il fatto che spesso potrete spostare il soggetto nell'ambiente. Cornici, percorsi e linee dominanti giocano i soliti ruoli e con un soggetto umano

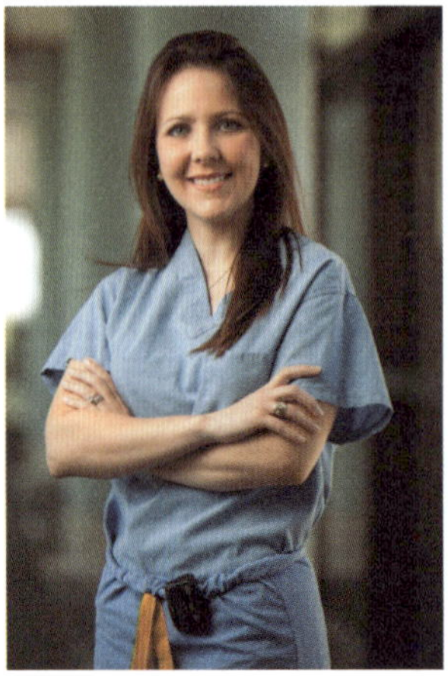

Anche se le colonne in questo ritratto di un dottore sono fuori fuoco, posizionare il soggetto e la fotocamera in modo che le linee dello sfondo non fuoriescano dalla testa riduce la possibilità di distrazione per gli osservatori.

Canon 5D Mk II, 140 mm, 1/125 sec., f/2.8, ISO 100

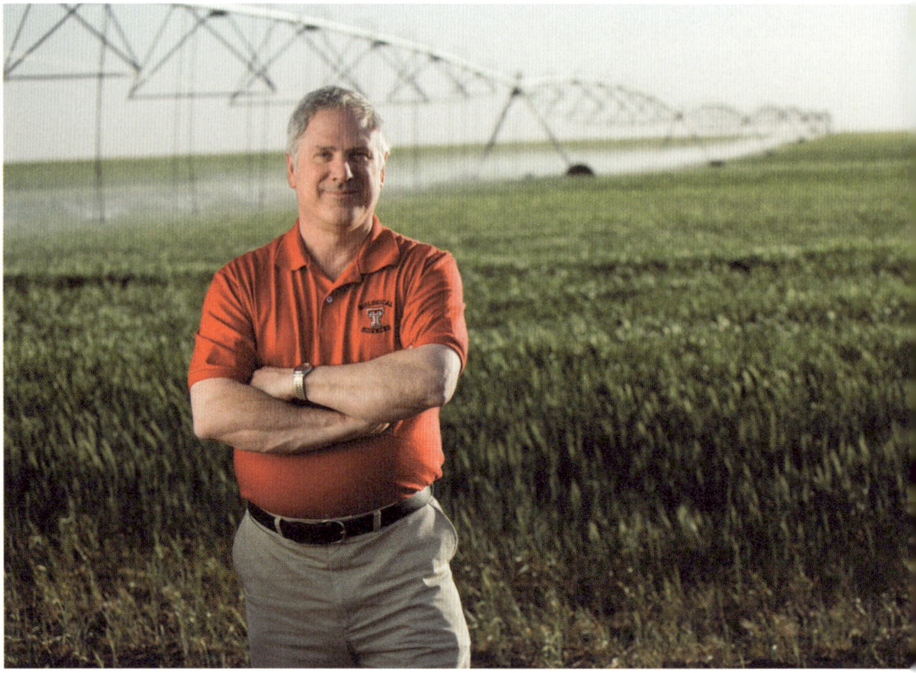

Questa immagine segue la regola dei terzi, ma le linee che corrono attraverso la testa del biologo rischiano di creare fastidio. A volte, il modo migliore di risolvere un problema come questo è mettere completamente fuori fuoco queste linee, in base a quanto consentito dall'obiettivo e dall'apertura.

Canon 5D, 70 mm, 1/640 sec., f/4, ISO 100

Tutte le linee in questo frame aiutano ad attirare l'attenzione dell'osservatore sul proprietario del ranch Bob Macy.

Canon 5D Mk II, 65 mm, 1/60 sec., f/4, ISO 200

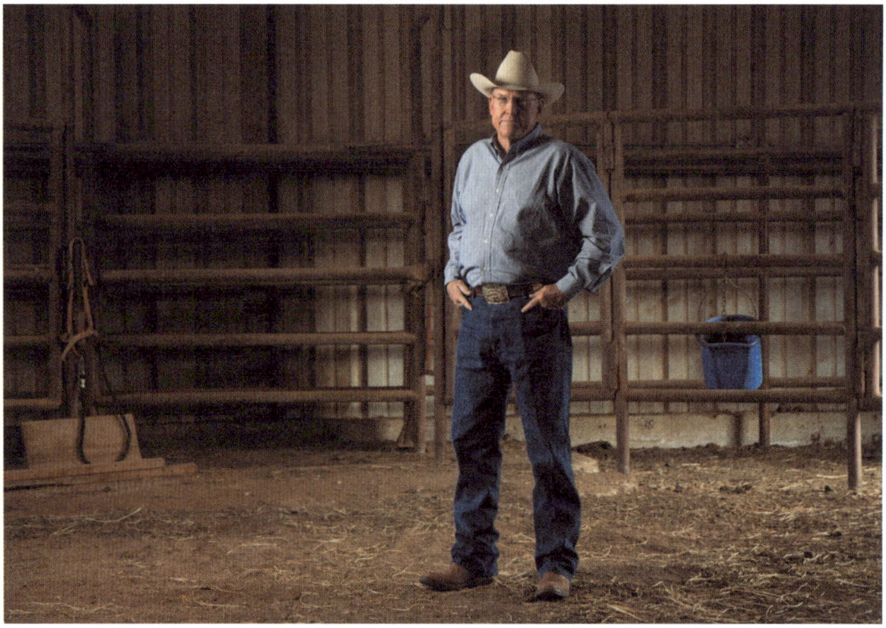

ESERCIZIO SCATTATE AUTORITRATTI

Tutti hanno la propria opinione in merito agli autoritratti, ma scommetto che ogni fotografo se ne è scattati almeno uno o due. Credo che siano parti importanti del processo di apprendimento dello storytelling. A volte ci fotografiamo quando vogliamo provare una nuova tecnica di illuminazione o anche come "manichini" per il vero modello o soggetto. Altre volte vogliamo scattare ritratti seri, che dicano qualcosa di unico.

Si tratta di momenti importanti nel percorso per diventare visual storyteller migliori. Vi conoscete meglio di chiunque altro al mondo (nonostante quel che vi dicono i vostri genitori) e un modo per migliorare le vostre abilità di presentare la storia di altre persone usando la fotografia è fare la stessa cosa con voi stessi. Le parole di Socrate "Conosci te stesso" sono un ottimo suggerimento per la fotografia.

Il vostro esercizio sarà quello di creare cinque autoritratti in altrettanti ambienti. Producete immagini che trasmettano chi siete in relazione a ciascuna location. Vi conoscete abbastanza da creare cinque distinti ritratti? Che cosa userete per raccontare la vostra storia? La vostra personalità, l'occupazione, la fede, gli hobby e i sogni sono piattaforme di lancio per creare idee e produrre immagini che raccontino qualcosa di reale. Pensate alla composizione che vorreste usare, il tipo di illuminazione, oltre al contenuto del frame, e quindi mettete in pratica le vostre idee.

Ciascun autoritratto non deve raccontare ogni cosa (non esiste immagine che lo possa fare), ma deve rivelare importanti informazioni su di voi a chiunque osservi le foto. Lavorate come fareste per lo storytelling di ritratti di altre persone. Immaginate il modo in cui il pubblico potrebbe fruire e interpretare le informazioni in ciascuna immagine e riconducete tutto a voi stessi.

Fotografare voi stessi per scopi di storytelling è uno dei modi migliori per sottolineare il significato generale dei ritratti, oltre al valore dello scoprire più informazioni sulla vita del soggetto, il suo ruolo e la sua storia. Il tipo di conoscenza che usate per creare ritratti di voi stessi è identico a quello che vi sforzate di ottenere per i ritratti altrui.

Se non altro, avrete almeno cinque ritratti autobiografici, in caso un giorno dovessero essere necessari per scopi di marketing. ■

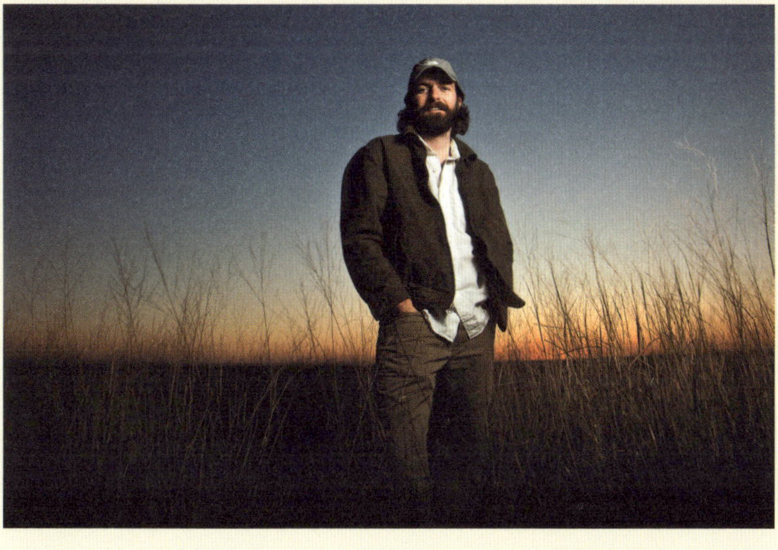

Un autoritratto al tramonto, nel Texas dell'ovest, uno sfondo che vedo spesso dalla mia casa a Lubbock, in Texas.

Canon 5D Mk II, 24 mm, 1/250 sec., f/5, ISO 100

CASO IN QUESTIONE RITRATTI AMBIENTATI

L'espressione "ritratto ambientato" gira già da un po' nei circoli fotografici, forse perché è uno dei tipi più diffusi di ritratto. Il suo scopo è migliorare il racconto relativo a una particolare persona (o gruppo), includendola nel suo ambiente reale o simbolico.

A differenza degli scatti del solo volto o delle foto in studio con sfondi non descrittivi, i ritratti ambientati collegano il soggetto a un luogo e iniziano a colmare parte del vuoto interpretativo che circonda quella persona e il suo ruolo nella storia. Con questo non voglio dire che questo tipo di ritratti limiti il diritto dell'osservatore di interpretare il significato: è solo un modo per introdurre il soggetto in un ambiente realistico, elemento che migliora il significato. Per questo, i ritratti ambientati sono strumenti di storytelling efficaci.

Sono da sempre un fan di Arnold Newman, creatore di ritratti ambientati e fotografo iconico. Se Henri Cartier-Bresson è il padre del fotogiornalismo, allora Newman è l'equivalente nel campo del ritratto ambientato. I suoi ritratti biografici, carichi di storia di personaggi noti e meno noti, rappresentano alcune delle immagini più significative e creative disponibili su questo genere di soggetti.

Quando iniziai a considerare i ritratti come un modo per espandere il mio lavoro, mi ispirai alle foto di Newman. In seguito scoprii persone come Gregory Heisler (l'assistente di Newman e ora uno dei principali - o forse *il* principale - creatore di ritratti ambientati al mondo), Yousuf Karsh, Joe McNally e Annie Leibovitz, tra gli altri. Fui influenzato dall'attenzione che questi storyteller prestavano all'intera scena racchiusa nel frame, sia che stessero scattando per degli editoriali o per scopi pubblicitari. Sviluppai rapidamente un'affinità con questo genere di immagini e oggi la maggior parte del mio lavoro è costitutita proprio da ritratti ambientati.

C'è uno dei miei ritratti ambientati che preferisco, per alcuni motivi. Molti anni fa, ero in visita alla mia famiglia nel ranch a nord del Texas dov'ero cresciuto. Avevo avviato il progetto di un piccolo libro autoprodotto, incentrato sui ranch centenari e volevo scattare alcuni ritratti dei miei nonni come complemento al resto delle immagini e del testo. Volevo catturare l'idea del loro lascito come proprietari di ranch e come operatori fortemente legati alla terra e alle risorse che questa offre. Mi immaginavo una foto ampia, che mostrasse una porzione del ranch, e volevo usare l'illuminazione naturale.

Definimmo così un orario e una location vicina a un'area che sarebbe stata facilmente riconoscibile da chi fosse passato in prossimità del ranch. Una mandria di bovini Black Angus era già al pascolo che avevamo scelto come location e mio nonno, da bravo professionista com'è sempre stato, prese un secchio di cubetti di proteine e li sparse a terra in una linea, incoraggiando il bestiame a rimanere in quella zona per un certo tempo. Volevamo che gli animali occupassero un ruolo importante nel ritratto e questo ci permise di lavorare nell'area senza farli scappare. Erano occupati con il cibo.

Dopo che ebbi scattato qualche foto ravvicinata dei miei nonni, il sole era a dieci minuti dal tramonto. A questo punto, usai un obiettivo 70-200 mm f/2.8 a 70mm, che comprimeva la scena a sufficienza da mantenere il bestiame come parte importante del frame e da evidenziare l'area in cui stavamo scattando. La luce era calda e ricadeva nella gamma dinamica della fotocamera, quindi feci posizionare i miei nonni leggermente lontano dal sole (potete notarlo da come le ombre si formano sui volti e sui corpi) e aggiunsi un riflettore da 52 pollici appena fuori dal frame, per riempire alcune delle aree in ombra. La luce risultante era naturale, non

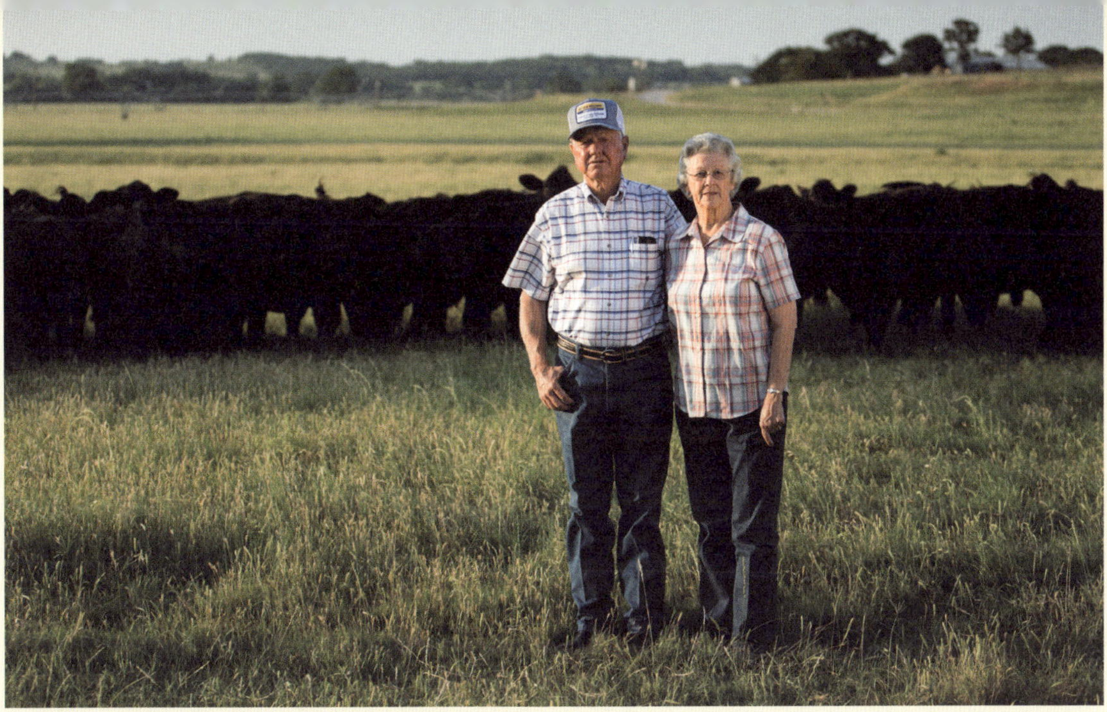

Melvin e Jannie Lou Meadows del Meadows Ranch a Cottondale, in Texas.

Canon 1D Mk III, 70 mm, 1/400 sec., f/2.8, ISO 100

prepotente, ma anzi piacevole. I dettagli dei volti e dell'abbigliamento sono facili da identificare.

Tra i tanti ritratti che ho realizzato negli anni, questa foto racconta la storia delle persone nel frame meglio di ogni altra. Certo, è molto più facile quando conoscete i soggetti da una vita, siete cresciuti con loro gironzolando con un camion e lavorando col bestiame. Ancora una volta, è così che dovrebbe essere, giusto? Conosco i miei soggetti. Ho svolto le mie ricerche (essendo parte della famiglia), ho passato in rassegna le location possibili (ho vissuto nel ranch per 18 anni) e ho usato queste informazioni per costruire un'immagine che racconta almeno una parte della loro storia. Tutto, dalla verde erba estiva agli animali, dai pascoli sullo sfondo alla strada che taglia il ranch e ai fienili che si scorgono in lontananza tra gli alberi, crea il contesto e aggiunge significato alla storia. Gli abiti pratici della coppia sono tipici di chi lavora in agricoltura e la loro vicinanza riflette il loro legame che dura negli anni.

Infine, i loro volti raccontano molte più cose di tutto il resto. Nei loro occhi e dalle sopracciglia si possono scorgere anni di duro lavoro, stress e soddisfazioni. Il fatto che nel ritratto non stiano sorridendo appare naturale e dimostra anche la serietà con cui la loro generazione è cresciuta. In questa fotografia di due persone fiere di essere parte del ranch di famiglia c'è un po' di America.

Se dovessi scegliere un'immagine per riassumere la storia di questo ranch, questa potrebbe essere quella giusta. Non ho ancora finito di fotografare la mia casa d'infanzia, ma questa immagine mi dice così tante cose che neppure un migliaio di foto dello stesso luogo potrebbe raccontare. Tutti abbiamo preferenze per certe immagini, in gran parte per via della storia che si cela dietro la realizzazione degli scatti. Tuttavia, quando questa storia coincide con quella che state cercando di raccontare attraverso un ritratto ambientato, non fatevela scappare! Potreste creare la vostra fotografia preferita. ■

Il cotone è il re nel Texas dell'ovest e, oltre a dipingere il raccolto con una forte luce dorata, il cielo blu scuro dominante dà all'immagine più potenza (a fianco, in alto).

Canon 5D Mk II, 65 mm, 1/60 sec., f/4, ISO 200

La varietà delle tonalità di verde tra le colline di Perthshire, in Scozia, accentua la fertilità della terra e la bellezza del paesaggio (a fianco, in basso a sinistra).

Canon 5D Mk II, 160 mm, 1/200 sec., f/2.8, ISO 100

come punto di messa a fuoco, potrebbero anche diventare strumenti ancor più efficaci. Tenetelo a mente, la prossima volta che scatterete in un nuovo ambiente. Potreste trovare ancor più elementi della scena che, da un punto di vista della composizione, vi possano aiutare a mettere in evidenza il soggetto come elemento principale della fotografia.

CONSIDERAZIONI SUL COLORE

La fotografia tocca anche aspetti psicologici. Forse non sempre il contenuto del frame ci parla in modo subliminale, ma esistono forze in un'immagine che colpiscono la nostra psiche. Il colore è una di queste e torna molto utile quando bisogna raccontare una storia visuale.

Anche prima che le storie esistessero in forma visuale, gli oratori usavano i colori per definire ed enfatizzare i messaggi emotivi nei loro racconti. Questo approccio si è sviluppato nel tempo e, come risultato, i colori assumono un significato culturale universale. Le ore notturne causano timori non solo perché non è possibile vedere bene, ma anche per via di certe associazioni che facciamo con i colori della notte. Gli angeli sono stati spesso descritti con abiti bianchi e dorati, influenzando la nostra percezione di altri contenuti visuali che mostrano colori simili. Come visual storyteller, impariamo come combinare i colori del soggetto per creare determinate sensazioni o impressioni.

Ecco un breve elenco di alcuni dei significati tradizionalmente associati a diversi colori:

- **Bianco:** purezza, pulizia, vuoto, speranza, bellezza.
- **Nero:** mistero, significato, eleganza, tradizione, morte.
- **Rosso:** pericolo, energia, potenza, forza, sonorità.
- **Arancio:** felicità, spontaneità, creatività.
- **Giallo:** pace, passività, saggezza.
- **Verde:** crescita, naturalezza, freschezza, unione.
- **Blu:** fiducia, pace, struttura, forza, saggezza.
- **Viola:** regalità, lusso.

Per gli scopi di storytelling, comprendere il significato del colore tipico di un paesaggio selvaggio ci aiuta a visualizzare il modo in cui il frame può parlare a un pubblico più vasto.

Che dire del bianco e nero? L'assenza di colore è in grado di parlare al pubblico in un modo altrettanto efficace. A volte potreste scegliere di scattare in bianco e nero (o convertire in post produzione) per dirigere l'occhio del pubblico, senza obbligarlo a processare mentalmente le informazioni sul colore. Il bianco e nero può anche dire qualcosa sul vostro soggetto, aumentando la drammaticità o suggerendo tradizione e senso

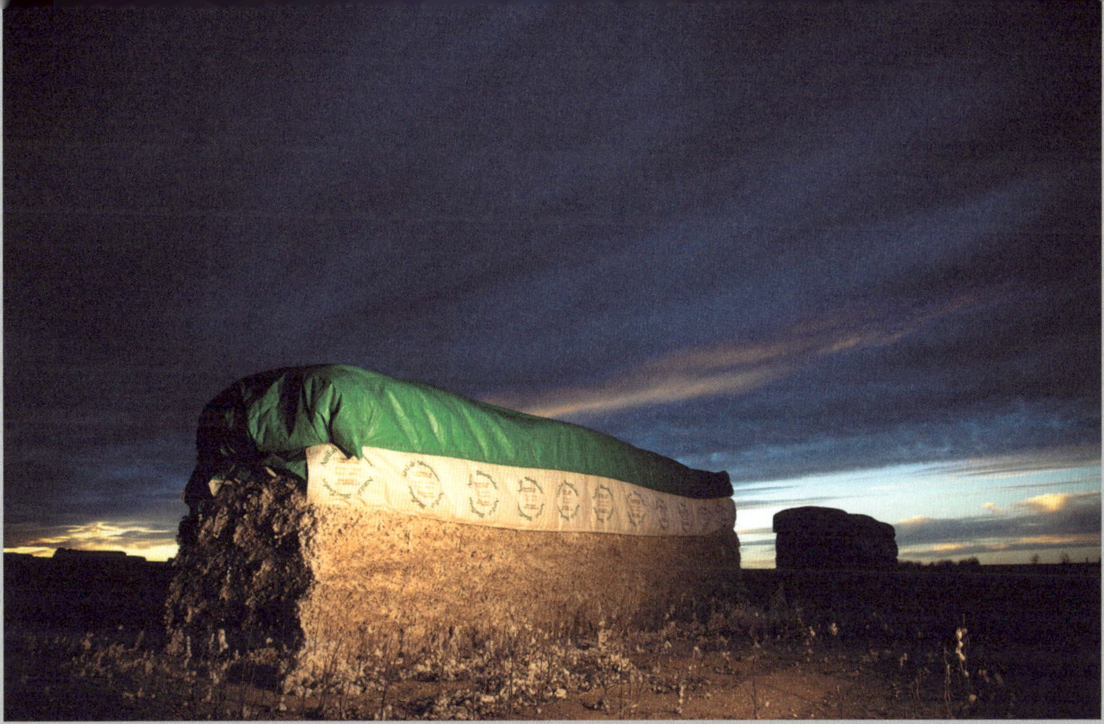

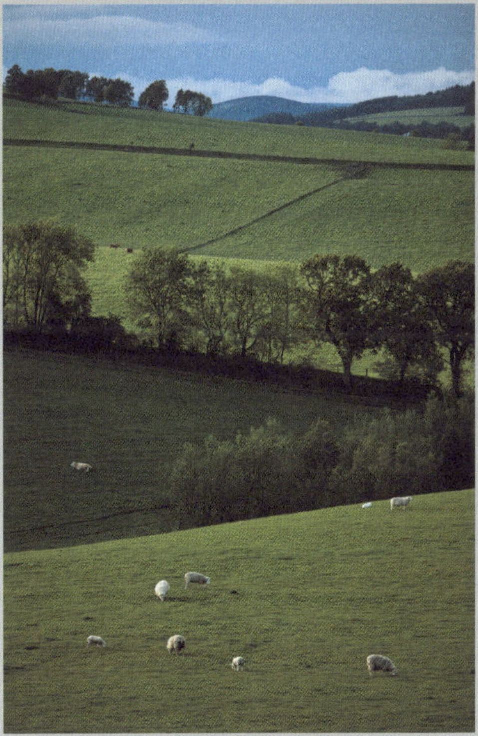

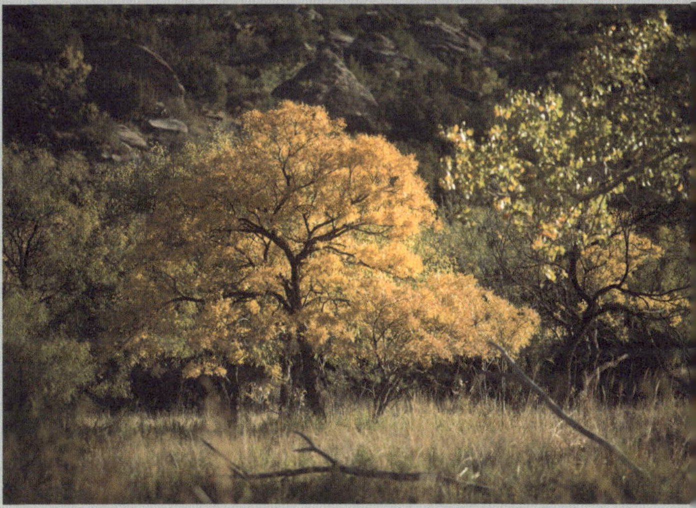

Il bagliore delle foglie gialle dell'albero, combinato con la lunghezza focale e la ridotta profondità di campo, trasmette un senso di solidarietà tra questi boschi a Canyon, in Texas.

Canon 5D, 200 mm, 1/1.000 sec., f/2.8, ISO 100

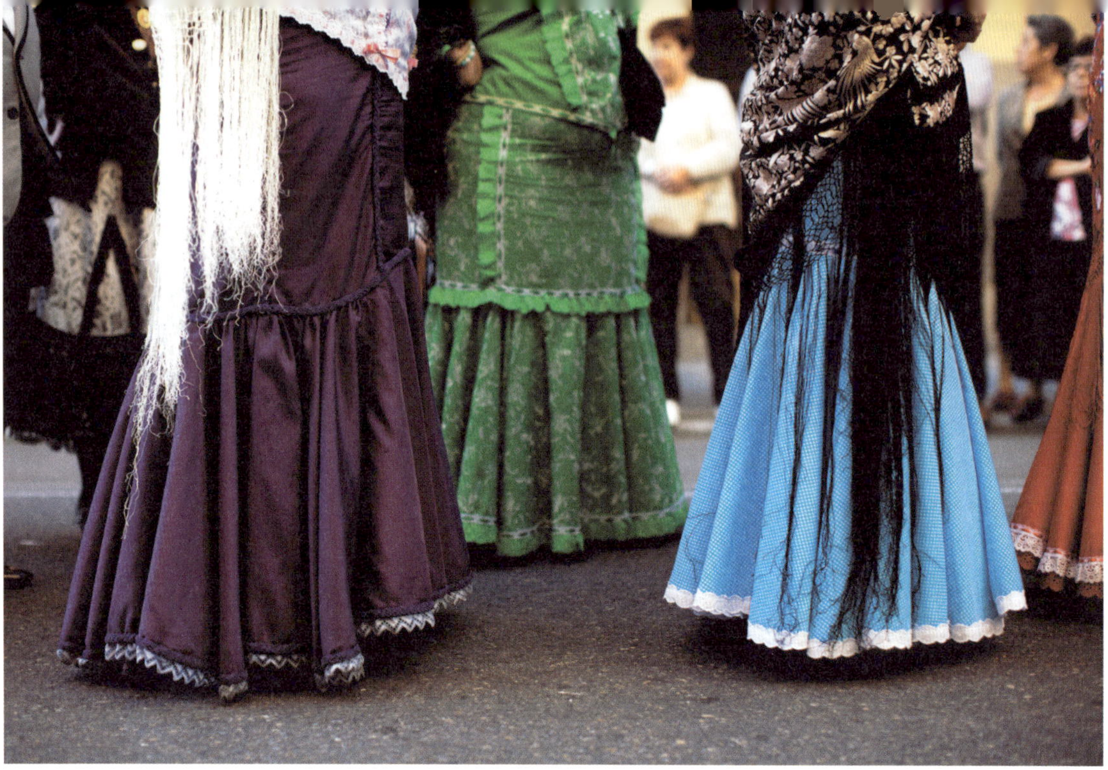

Una tavolozza ad alta attrazione visuale. Questo scatto ravvicinato di abiti da festival, a Madrid, enfatizza il "colore" della cultura spagnola.

Canon 5D Mk II, 50 mm, 1/250 sec., f/2, ISO 200

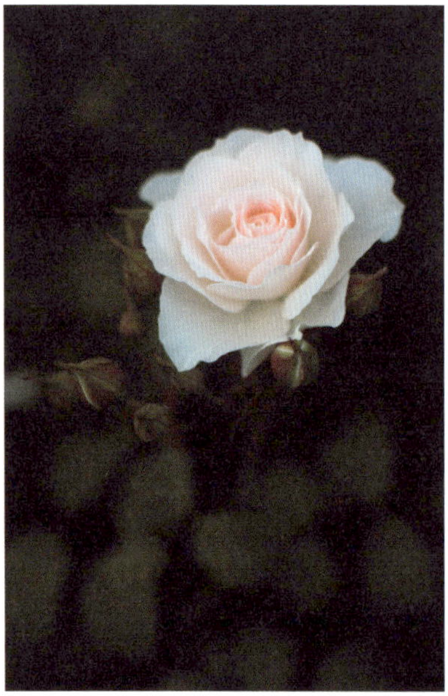

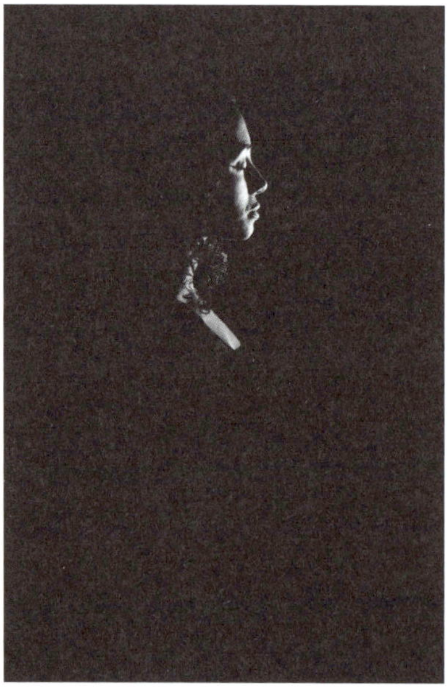

Il contrasto tra il bianco delicato sul tono grigio scuro spinge la rosa verso l'osservatore e tocca i punti tematici dell'innocenza e della bellezza (estrema sinistra).

Canon 5D Mk II, 50 mm, 1/640 sec., f/2, ISO 50

Semplici e forti, le immagini in bianco e nero portano l'attenzione sulla potenza della luce e rimuovono i colori che potrebbero distrarre dal frame, guidando l'occhio sul soggetto principale (a sinistra).

Canon 5D, 45 mm, 1/60 sec., f/4, ISO 100

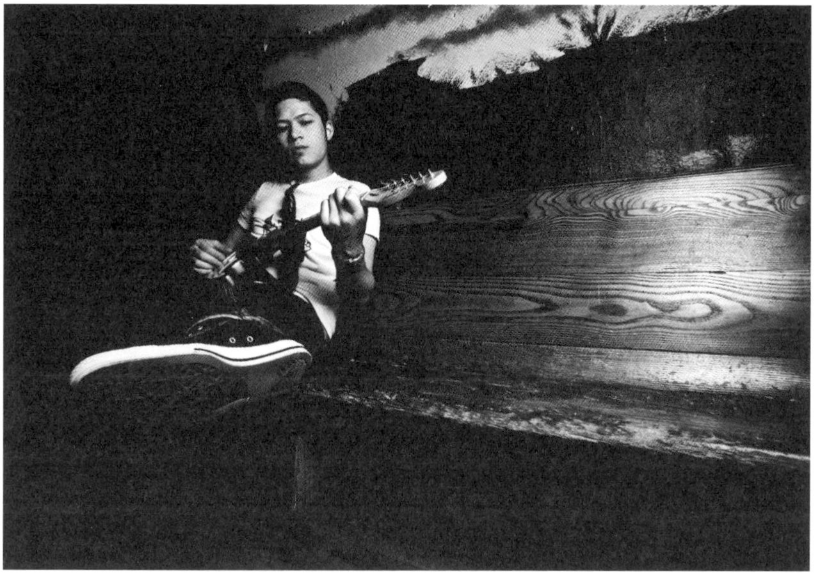

Le immagini contrastate in bianco e nero usano i valori della luce per guidare l'occhio alla scoperta del frame, come l'ombra scura che inquadra il musicista.

Canon 5D Mk II, 17 mm, 1/60 sec., f/10, ISO 200

Le immagini senza colore rappresentano modi intensi per creare interesse e per trasmettere affinità nei confronti delle attività più semplici.

Canon 5D Mk II, 17 mm, 1/50 sec., f/2.8, ISO 800

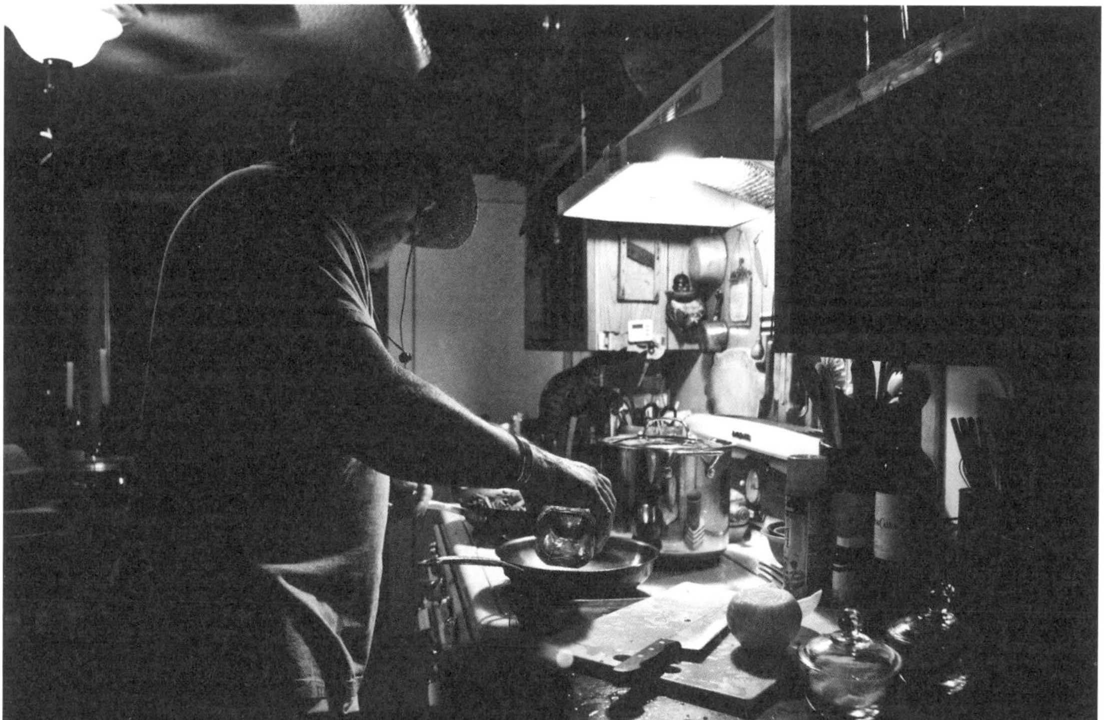

storico. Le mie convinzioni rispetto al bianco e nero si basano sempre sullo scopo da ottenere. Come per ogni altra cosa che facciamo, dev'esserci una ragione per usare il bianco e nero.

PENSATE AL DESIGN

Nonostante sembri fuori luogo, il design è un argomento pertinente e del quale occorre tenere conto quando si creano dei "visual" che completano una narrativa. Vista la grande quantità di media con i quali è possibile presentare una storia, considerare i principi di design di ognuno di questi potrebbe spingervi a fotografare seguendo un certo stile o formato. Le riviste rappresentano l'esempio classico dello shooting

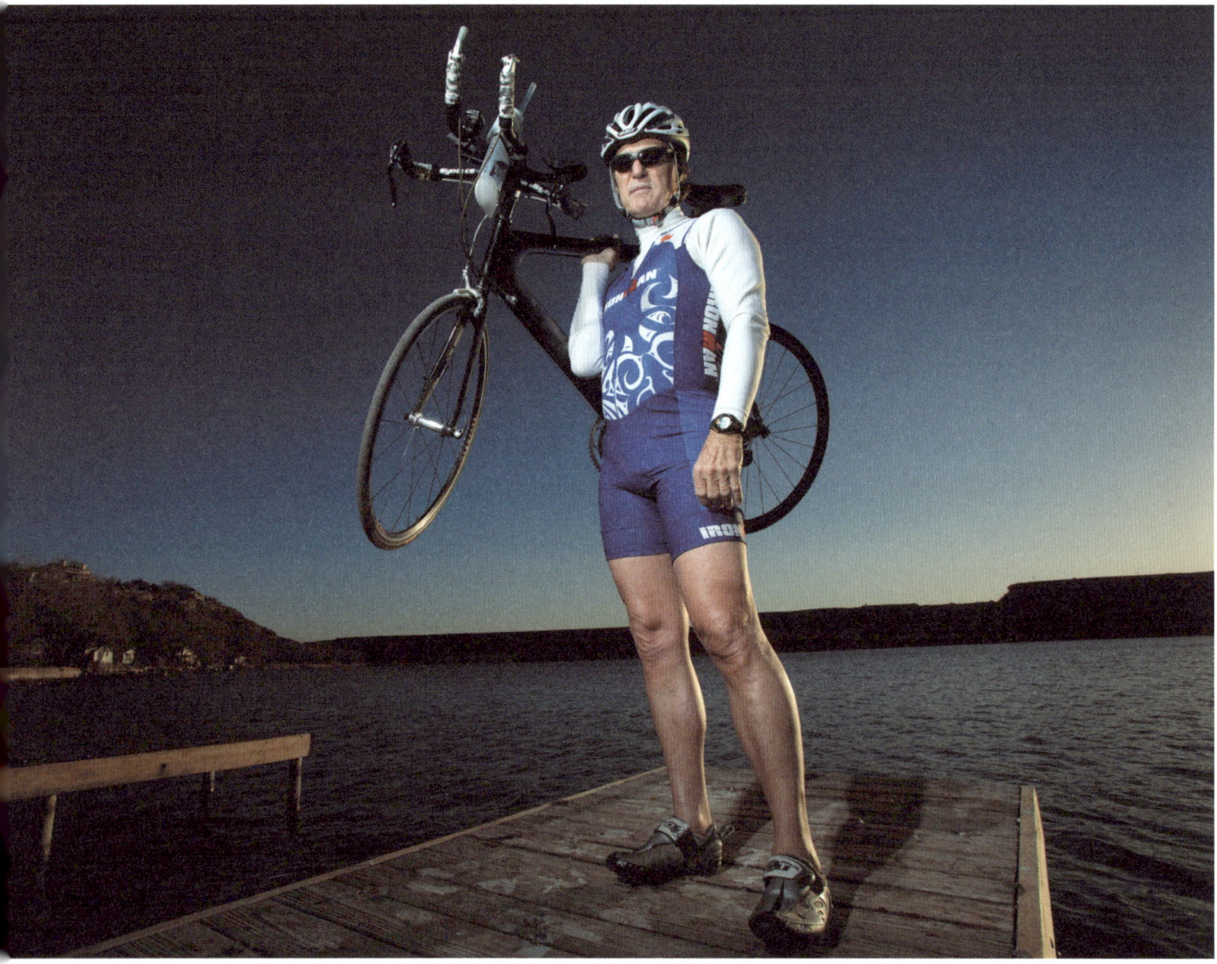

Lo spazio negativo che circonda il triatleta 70enne Mike Greer non solo gli permette di risaltare dinamicamente, ma offre anche uno spazio per gli elementi editoriali di design, con i quali è possibile migliorare la storia nel frame.

Canon 5D Mk II, 17 mm, 1/200 sec., f/13, ISO 100

per il design. Alcune immagini sono più adatte per una doppia pagina rispetto ad altre. Includendo uno spazio negativo in un frame, non solo guidate l'attenzione verso il contenuto principale, ma fornite anche un'area che il designer potrà usare per i testi. La stessa cosa è valida per molte immagini di copertina. Gli scatti verticali che contengono spazio per la testata e permettono il ritaglio secondo misure specifiche sono spesso preferite dagli editor e dai designer, anche rispetto a foto migliori, ma che non offrono spazio. Dopo tutto, hanno bisogno di spazio per scrivere i titoli.

Si tratta di una considerazione pratica e non vi sto suggerendo di tenerla sempre a mente. Il vostro scopo principale è raccontare qualcosa e farlo bene. È opportuno tenere a mente, però, che una parte del lavoro consiste nell'assicurarsi che gli scatti siano adatti ai media cui sono destinati. Se lavorate con degli editori, il formato delle riviste potrebbe influenzare il vostro modo di scattare. Se pensate di raccontare una storia in formato wide-screen, questo potrebbe influenzarvi prima ancora di iniziare lo shooting.

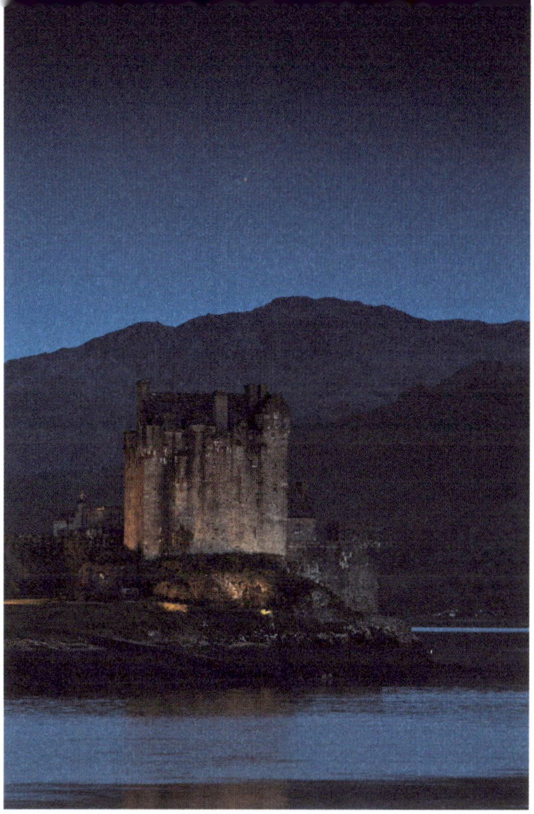

Canon 5D Mk II, 170 mm, 0,4 sec., f/9, ISO 200

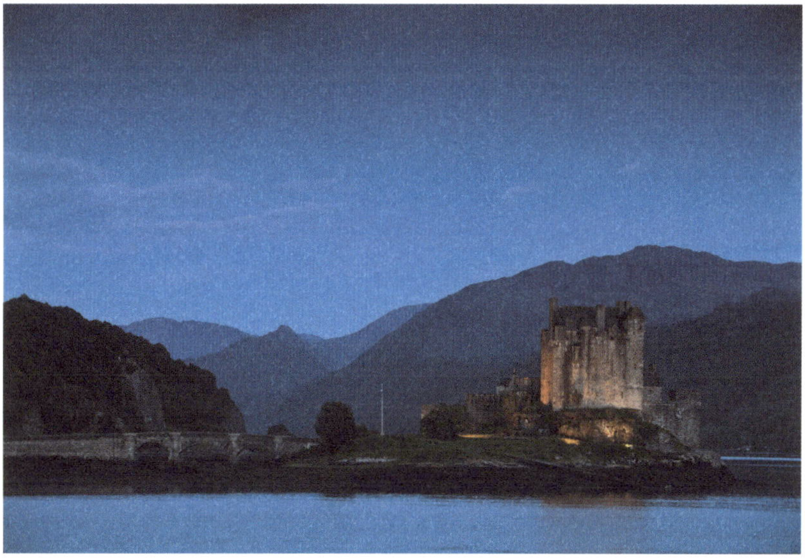

Negli shooting per le pubblicazioni, scattate sempre foto in formato verticale e orizzontale. Un verticale con molto spazio per la testata è una potenziale copertina, mentre un orizzontale ben composto può servire per un'apertura su doppia pagina. Eilean Donan Castle, Dornie, Scozia.

Canon 5D Mk II, 108 mm, 0,4 sec., f/7.1, ISO 200

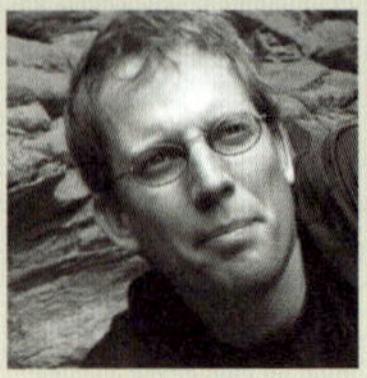

Eric Barth

Conobbi Michael Clark dopo aver letto di una delle sue esperienze al limite delle possibilità umane, mentre penzolava da una rupe con una corda, in nome della fotografia! Da allora, ho seguito il suo lavoro attraverso una varietà di argomenti e storie. I suoi incarichi spaziano dal mondo editoriale a quello commerciale, quando non è sospeso nel vuoto per la rivista Climbing *o per un progetto pubblicitario per Nikon o Red Bull, porta la sua fotocamera attraverso i paesi più selvaggi del Cile, per la gara Wenger Patagonian Expedition.*

Con un talento naturale per la pittura e la scultura già dalla giovane età, l'ingresso di Michael nella fotografia avvenne, come per molti altri, come un modo per incanalare la sua creatività. Durante il suo lavoro universitario come fisico, iniziò a praticare l'arrampicata e, vivendo e arrampicandosi nel sud della Francia, decise di ravvivare il suo rapporto con l'arte e la fotografia fotografando lo sport. Da allora, il suo lavoro dinamico l'ha reso uno dei fotografi d'avventura più ricercati in tutto il mondo.

D Quali sono state le influenze sul tuo modo di usare la fotocamera per raccontare storie?

R Le influenze che ho ricevuto per tutta la vita non hanno nulla a che vedere con la fotografia. Sono cresciuto come un artista, quindi ero interessato da persone come Picasso e Dalí. Quest'ultimo ebbe una grande influenza su di me. Anche i modernisti come Monet hanno avuto una grande influenza, e disegnavo seguendo i pittori del Rinascimento come Michelangelo. Il loro senso dell'illuminazione era grandioso. Avendo iniziato la carriera artistica in giovane età, godevo di grande libertà alle lezioni del liceo e potevo sperimentare.

Parlando di carriera fotografica, avrei letteralmente fatto pazzie per collaborare con le riviste di arrampicata, perché pensavo sarebbe stato grandioso frequentare certe location. Lavoravano tanti fotografi in queste pubblicazioni, ma tutti avevano stili simili.

Le mie influenze nel corso degli anni sono cambiate. Penso che i pittori mi influenzino ancora molto, soprattutto nella composizione. In termini di racconto, Dalí ebbe una grande influenza, per via del modo in cui creava le storie con la pittura, come, per esempio, per gli orologi molli. C'erano così tanti elementi che era necessario sedersi a osservare il quadro per ore, prima di capirne il significato. I dipinti di Dalí sono semplici, ma molto intensi. Quando fotografo e cerco di immaginare una foto per una pubblicazione o per la pubblicità di un cliente – e quando le immagini devono raccontare una storia – penso in modo simile a quanto faceva Dalí per creare quei dipinti. Che cosa posso posizionare in quella parte del frame? Riesco a raccontare la storia? C'è altro che posso fare?

Le influenze più recenti includono James Nachtwey, il famoso fotografo di guerra. Ho visto il film dedicato a lui, *War Photographer*, e il modo in cui componeva le sue immagini mi ha colpito molto, oltre ad aver cambiato il modo in cui guardo attraverso l'obiettivo. Altre influenze includono Platon, Dan Winters, Joe McNally e Andrew Eccles. Mi hanno aiutato a espandere il mio mondo, non allontanandomi dagli sport avventurosi, ma nel modo in cui interpreto la ritrattistica. Questo ha sviluppato il mio lavoro e il modo in cui studio i materiali. In un certo senso il cerchio si chiude e sto tornando a essere un artista, anziché catturare semplicemente immagini di qualcuno che fa cose straordinarie.

D Descrivici il tuo tipo di lavoro. Come vivi lo sviluppo di un racconto?

R Penso che le persone mi conoscano principalmente per il mio lavoro con gli sport di avventura, l'arrampicata, la mountain bike, il kayaking, il surf e ogni cosa abbia a che vedere con lo sport outdoor. Ho iniziato anche a farmi conoscere per i ritratti e scatto da sempre foto di paesaggi. Tuttavia, credo che il mio lavoro sia caratterizzato più dalla fotografia di avventura e dagli sport. Ricevo molte telefonate dagli editor, che vogliono vada a fotografare qualcosa di avventuroso, perché necessitano di qualcuno che abbia competenze in campo outdoor, che non soffra di vertigini o che possa restare appeso a un elicottero sospeso a decine di metri sull'oceano per scattare una fotografia.

D Quanto è importante previsualizzare il processo di storytelling?

R Credo che sia la cosa più importante. Premere il pulsante è la parte più facile. Per molti lavori, parlo a lungo con i clienti, anche per un paio d'ore, prima di uscire e iniziare lo shooting. A volte non avvio neppure le lavorazioni. Piuttosto, mi concentro per cercare le location, torno indietro, parlo nuovamente con il committente della storia delle ragioni che stanno dietro la creazione di ogni immagine, quindi avvio lo shooting. Dipende tutto dall'incarico e da come il cliente vuole approcciare il lavoro.

Non sempre si verificano queste lunghe conversazioni con il cliente per gli shooting editoriali, ma a volte parlo con i giornalisti o mi viene inviato l'articolo che verrà pubblicato. Leggendolo, posso farmi un'idea di cosa stia cercando l'editor. Le immagini non devono copiare l'articolo, ma posso far leva su certi aspetti che sembrano interessanti e posso arricchire l'articolo, oppure scattare diverse foto che diano un senso totalmente diverso all'articolo.

Terminate le conversazioni inerenti l'incarico, anche se si tratta di un mio lavoro, rifletto a lungo sull'argomento. In seguito, redigo ciò che chiamo una "shot list", un elenco per gli scatti: prendo nota di tutti i tipi diversi di immagini che voglio produrre. In questo processo sono molto descrittivo. Se immagino un elicottero a terra, con una luce vivida che proviene da sotto la fusoliera, lo scrivo. Previsualizzo il set di immagini nella mente e, una volta sulla location (o prima, se possibile), parlo con gli atleti e le persone con cui lavoro per verificare il da farsi. Determino così gli scatti che posso ottenere e ragiono su cosa fare in seguito. A volte nella mia "shot list" includo anche dei disegni.

Per come lavoro, non mi definisco un fotogiornalista. Non mi limito a mostrare e catturare ciò che mi sta di fronte. Io influenzo la situazione per creare le immagini che ho in mente. Dico alla persona coinvolta di andare lì e ripetere una cosa molto a lungo, anche 10 o 20 volte, così da poter ottenere ciò che voglio. Cerco di creare un'immagine, anziché limitarmi a scattare foto di quel che vedo.

Ricevo molte telefonate dagli editor di riviste, solo perché non soffro di vertigini o posso restare appeso a un elicottero sospeso sull'oceano per scattare una fotografia.

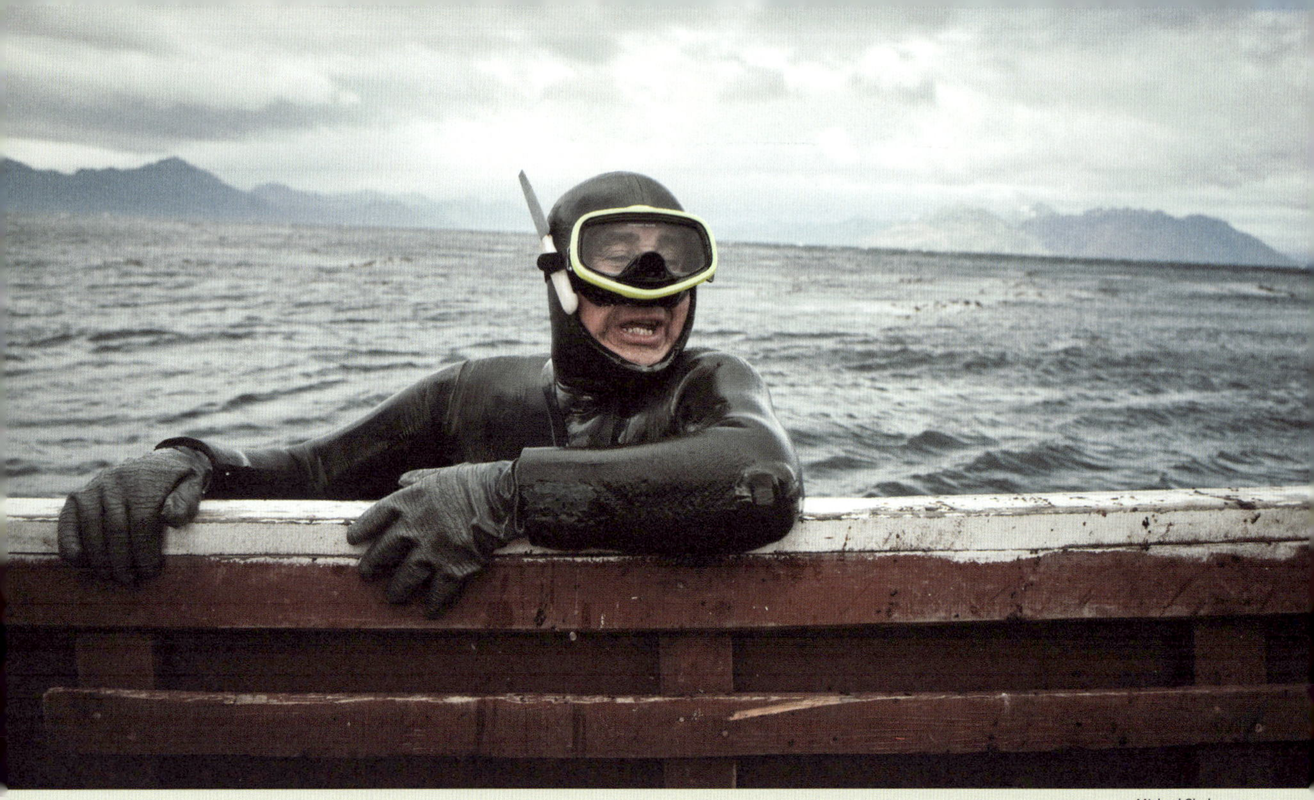

Michael Clark

Anche nei casi in cui devo fotografare eventi, come la Patagonian Expedition Race, che ho seguito nelle ultime tre edizioni, ci sono momenti in cui chiedo agli atleti di tornare davanti alla fotocamera o di ripetere un movimento, se hanno tempo. Cerco di anticipare quel che succederà e ho sempre una "shot list" delle foto che ho in mente di produrre. Cerco sempre queste immagini e faccio in modo di avvantaggiarmi delle situazioni.

D Pensi che esista un metodo migliore di un altro per lo storytelling?

R No, tendo a non differenziare. Dipende tutto da ciò che il cliente desidera. Un editore a volte vuole solo un'immagine, che deve raccontare una parte di una storia complessa. Un altro cliente potrebbe volere un'intera storia, perché vuole usare diverse immagini per le sue attività. Penso che sia molto più difficile raccontare una storia con un'immagine che con molti scatti. Ovviamente, è necessario includere molte più cose in quella singola foto ed è necessario riflettere più a lungo.

D Se dovessi scegliere una foto che hai realizzato, che secondo te è in grado di raccontare una storia, quale sarebbe e perché?

R C'è una foto che ho scattato nel febbraio del 2010 a un pescatore in Patagonia, che dimostra il valore del racconto. Non sono sicuro che trasmetta l'intera storia, ma perlomeno spinge le persone a farsi domande. Il pescatore è aggrappato al bordo della sua barca. Ha un coltello attaccato alla maschera e sta guardando di lato. La foto fa sì che una persona si fermi e si domandi cosa stia succedendo. Dove si trova quest'uomo e cosa ha fatto o sta per fare? Si apre un mondo di domande e interpretazioni. Penso che alcune tra le immagini più intense non debbano necessariamente rispondere a tutte le domande, quanto piuttosto lasciare la porta aperta alle interpretazioni. La foto in questione apre questa porta e la tiene spalancata.

Anche il racconto stesso è bello. Stavo fotografando la Patagonian Expedition Race. Mentre seguivo la gara, lavoravo con un fotografo australiano e uno scrittore statunitense. Facevamo trekking da tre giorni nel bel mezzo del nulla e ci trovavamo a 800 chilometri dalla città più vicina – alla fine del mondo – in un luogo che non compariva sulle carte geografiche. Arrivammo alla Fortescue Bay, dove una nave avrebbe dovuto trasportarci al traguardo della gara. Ma la nave non c'era.

Eravamo fradici, perché stava piovendo dall'inizio della gara e, avvicinandoci all'oceano, i venti erano così forti da farci incorrere nel rischio di ipotermia. Iniziammo a cercare un luogo in cui piantare una tenda, quando notammo una piccola barca vicino alla baia. La guida che era con noi si mise in contatto con la barca, chiedendo se fosse possibile salire a bordo. I due pescatori furono molto gentili e nuotammo fino alla barca con le nostre attrezzature. Fu una bella avventura. Appena saliti a bordo, io e l'altro fotografo ci rendemmo conto che era un'occasione perfetta per delle foto.

I pescatori erano spossati. Erano padre e figlio, e il primo trascorreva 15 ore al giorno sott'acqua per tagliare le alghe rosse, che chiamavano luga, dal fondale. Finimmo con il trascorrere 30 ore con queste persone. Il giorno seguente li informammo che avremmo voluto fotografarli durante il lavoro. Il padre si immergeva sul fondo della baia con una muta spessa, respirando grazie a un tubo collegato a un compressore sulla barca.

Decisero di immergersi all'ora di pranzo e ci domandarono se volessimo ricci di mare e granchi reali. Non appena ci informarono della cosa, iniziai a scattare foto e trascorrere tempo con il padre, mentre risaliva dal fondale. Quando scattai questa foto, si era appena aggrappato al bordo della barca e suo figlio stava aprendo uno dei sacchi contenenti i ricci. Ce ne saranno stati almeno un centinaio. Non risalì subito in barca, perché voleva prendere dei granchi. Fu in quel momento che scattai. Solo lui sul bordo della barca. Il legno consumato e le montagne sullo sfondo funzionarono bene per il ritratto ambientato.

Penso che quest'immagine racconti la storia, ma non è sempre così. Non c'è niente di speciale nel frame. Avevo una fotocamera e un obiettivo. Non usai flash, mi limitai a scattare. Vidi il pescatore aggrappato alla barca mentre gli altri aprivano ricci di mare e restai con lui. Era così a suo agio da non notare neppure che lo stavo fotografando. O forse se ne accorse, ma non vi prestò attenzione. È raro trovarsi in un posto simile, quando scattate ritratti come questo.

D L'essere tu stesso un atleta di sport estremi, ti aiuta in qualche modo a creare una storia visuale per i tuoi soggetti?

R Ci sono tante persone che scattano foto di sport di avventura e che sono eccellenti fotografi. Alcune di queste possono raggiungere luoghi in cui non posso o non voglio andare, ma per la maggior parte dei casi posso spingermi più o meno in qualunque posto. L'arrampicata può essere la condizione più estrema in termini di posizionamento, soprattutto quando sono appeso a diversi metri da terra. È una prospettiva molto strana per una persona comune. Puoi impugnare la fotocamera per scattare foto a un free climber, mentre ti trovi sospeso sopra di lui e non guardi neppure nel mirino, ottenendo comunque qualcosa di interessante. Detto questo, gran parte del mio lavoro consiste nel trovare nuove e interessanti prospettive. Mi piace cercare nuovi angoli e sperimentare nuove tecniche.

Condivido una mentalità simile a quella di molti atleti che fotografo. Prendete per esempio il base jumping. Possono passare anche due giorni nella location, prima che gli atleti saltino, quindi ho molto tempo per fare amicizia. Posso anche non praticare il loro sport, ma dal momento che pratico altre discipline simili, posso capire come gli atleti si preparano mentalmente ed emotivamente. Conosco le emozioni che stanno affrontando senza dover parlare con loro o fare domande e comunico queste emozioni attraverso le fotografie. Quindi, c'è senza dubbio una connessione con le persone nel frame che non tutti i fotografi hanno e che traspare dalle immagini. Penso che sia un fattore importante, che rende molto efficaci queste fotografie.

D In un paio di occasioni hai rischiato grosso. Pensando ai rischi connessi ad alcuni dei tuoi shooting, perché affrontarli per la fotografia?

R È una buona domanda e vorrei stravolgerla un po'. Per me non si tratta sempre di rischi estremi. Restare sospesi su una parete in cordata? Sono lì perché ho fiducia nell'equipaggiamento e perché non lo considero rischioso. Certo, c'è la possibilità che accada qualcosa, ma potrei inciampare e battere la testa anche camminando sul marciapiede. È un problema di rischio accettabile e di allenamento, legato al sapere ciò che si può fare e all' avere fiducia nei propri mezzi e nell'equipaggiamento. Se qualcosa va storto, è molto probabile si tratti di un evento imprevedibile, come un incidente d'auto.

Sono quasi caduto da una parete perché una corda si è spezzata, ho rischiato di venire colpito da una roccia che si staccata da 300 metri di quota e sono anche caduto nelle sabbie mobili. Il rischio esiste, ma è anche uno degli aspetti più belli degli sport d'avventura e uno dei motivi per cui è così affascinante fotografarli. Alcune persone fanno cose fuori dalla norma e si assumono rischi calcolati. Non ti svegli un giorno, decidendo di saltare un crepaccio largo 15 metri con una mountain bike. Salti il terrapieno di 30 centimetri del tuo vialetto, poi salti il masso alto 60 centimetri, procedendo gradatamente fino al punto in cui sei in grado di calcolare i rischi in base alle tue abilità. Per il mio lavoro di fotografo, è solo questione di capire cosa posso fare. Quando sei sospeso su uno strapiombo di 1.000 metri, però, tutti sono alla massima all'erta. Tutti prestano la massima attenzione.

D C'è stato un caso che ha sottolineato l'importante ruolo che svolgi come storyteller fotografico? Quando hai capito che ciò che facevi stava raggiungendo altre persone?

R Qualche anno fa, ebbi l'opportunità di fotografare la competizione di surf Eddie Aikau Big Wave, sulla costa nord di Oahu: si rivelò la più grande gara di surf nella storia. La fotografai insieme al mio amico Brian Bielmann, che è "il Padrino" della fotografia di questo genere. Io vivo in New Mexico, pertanto ovviamente non sono un fotografo di surf a tempo pieno, ma mi permise di seguirlo. A un certo punto mi stancai di restare solo e girai qualche location, per trovare qualcosa di diverso e a metà pomeriggio, verso la fine della gara, mi ritrovai su una roccia dalla parte opposta rispetto a tutti gli altri fotografi, insieme a un ragazzo con una videocamera Red One con un obiettivo Canon gigantesco. Restammo lì per ore.

Scattai una foto di Andy Irons mentre entrava dentro un'onda alta quasi 5 metri, a 15 metri di distanza dalla spiaggia. Cavalcò l'onda fino alla spiaggia e fui l'unico fotografo a cogliere quello scatto. Quella notte stavo editando le foto e mostrai a Brian alcune immagini, passando velocemente in rassegna quelle di Andy che surfava vicino alla spiaggia, perché pensavo non fossero nulla di speciale. La composizione era buona, c'era molta schiuma e sembrava piuttosto caotica. Brian vide la foto e quasi cadde. Mi spiegò quanto raro fosse uno scatto del genere nel surf e io invece stavo per trascurare una foto che, per certi aspetti, era storica.

Brian mi spiegò quanto raro fosse uno scatto del genere nel surf e io stavo invece per trascurare una foto che, per certi aspetti, era storica.

È solo per dimostrare che a volte non sapete neppure di aver immortalato qualcosa di importante. Come scoprii in seguito, quando pubblicarono la foto, Andy Irons la vide e ne volle una stampa. Rimasi senza parole. Andy Irons, il re dei re nel surf, voleva una mia foto da appendere alla parete. Produssi la stampa e, mentre era sulla mia scrivania per far sì che l'inchiostro asciugasse, ricevetti un'e-mail da Brian, che mi informava che Andy era deceduto. Ho ancora con me quella stampa e quest'anno la darò a Brian, affinché la consegni alla moglie di Andy. Ti prende un nodo alla gola se inizi a pensarci troppo.

In tutta onestà, non mi metto certo seduto a pensare che sia un lavoro di vitale importanza – come fotografi non curiamo certo il cancro, né salviamo vite – ma sappiamo quando facciamo un buon lavoro. Quand'ero più giovane e disegnavo o dipingevo, vivevo momenti di creatività intensa ogni volta che riconoscevo di aver fatto un buon lavoro. L'adrenalina scorreva nel mio corpo, anche se ero semplicemente seduto a disegnare o dipingere. Con la fotografia è la stessa cosa: quando sapete che le cose vanno per il verso giusto, avete un momento importante e ne avete bisogno. Proprio come se fossi preda di una dipendenza, cerco costantemente di far sì che questo accada, così da poter creare nuove e interessanti immagini. In un certo senso, sto facendo accadere le cose, in modo da poter ottenere l'immagine che ho nella mia mente. Di fatto è la mia ossessione.

D Oltre all'attrezzatura, qual è la cosa che trovi estremamente utile per raccontare storie visuali?

R La previsualizzazione e la "shot list" sono tutto. Una volta che siete usciti per affrontare lo shooting, è difficile pensare a queste cose.

È molto importante avere anche una storia da raccontare. È una cosa ovvia, ma è anche quella che dimentichiamo più facilmente. Tutte le mie immagini preferite raccontano qualcosa di interessante e avventuroso della storia che sta dietro lo stesso scatto.

D Se potessi dare un suggerimento a coloro che iniziano a raccontare storie con la fotografia, quale sarebbe?

R Potrebbe sembrare una risposta generica, ma dovete perfezionare il vostro mestiere. Non importa quel che fate, che siate un fotografo, uno scrittore, un artigiano del legno o un fabbro, se non avete la padronanza del vostro mestiere, è difficile raccontare bene una storia. Se non siete a vostro agio con la fotocamera e non conoscete tutto ciò che può fare, sarà difficile svolgere il lavoro e produrre immagini di grande qualità. Fate tutto quel che dovete fare per perfezionare il vostro mestiere. Non accadrà nel giro di una notte. Alcuni professionisti, che lavorano nel campo da 15 anni, continuano a imparare quotidianamente. Io lo faccio. Visto quant'è complicato il mondo digitale dei giorni nostri, perfezionare il mestiere è un problema molto importante. ■

Per vedere il lavoro di Michael Clark, visitate il suo sito web: www.michaelclarkphoto.com.

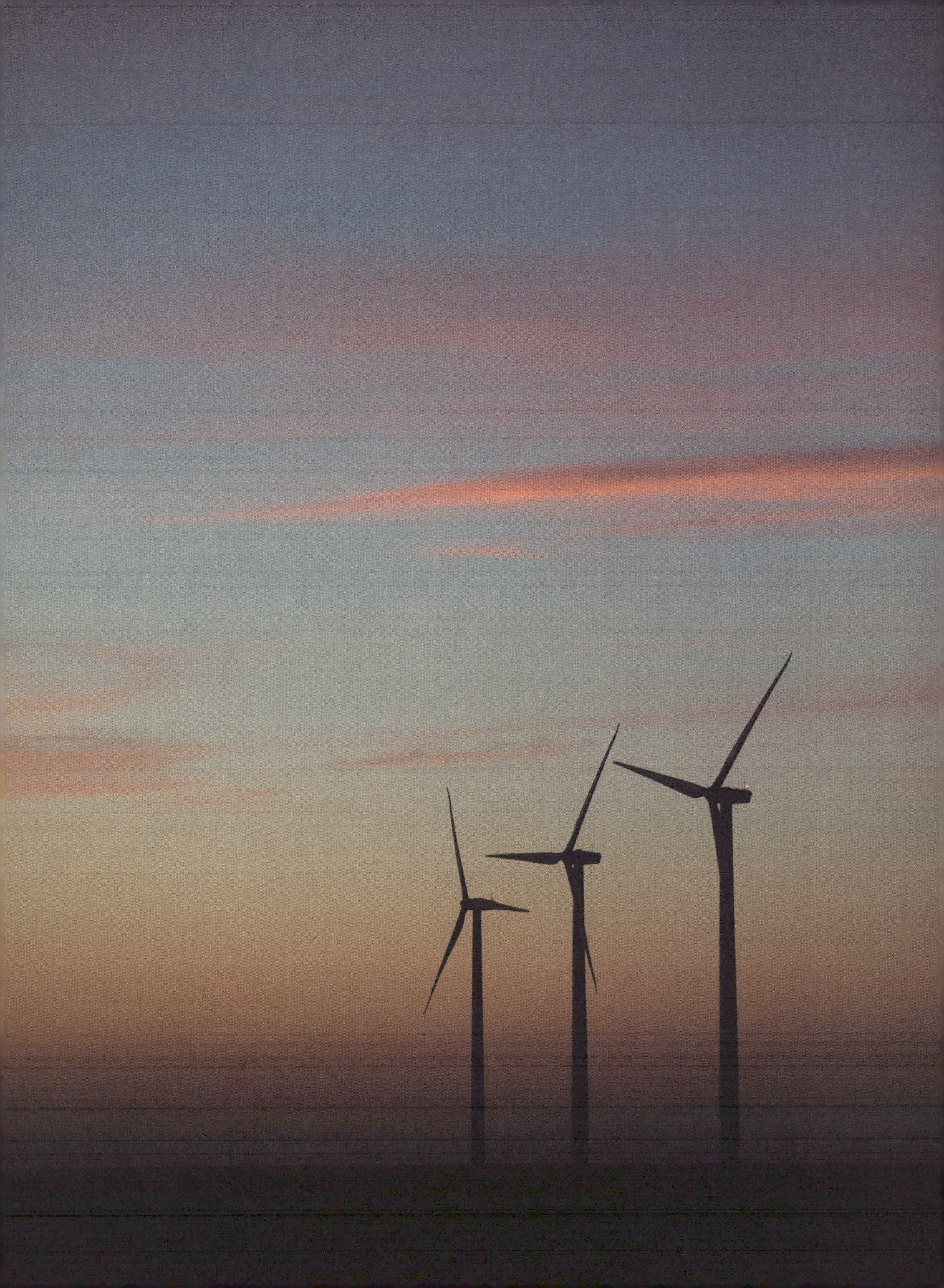

CAPITOLO **5**

La storia che raccontate

Le storie sono attorno a noi e avete sempre la vostra fotocamera con voi, vero? Bene. Identificare una storia e cercare di seguirla per creare immagini che la supportino non è sempre qualcosa di semplice. A volte, la storia è evidente come un muro di mattoni rossi, mentre altre volte è nascosta nelle ombre proiettate da quel muro. Sta a noi fotografi essere in grado di guardare attraverso le complessità di un dato ambiente e determinare quali storie ci interessa raccontare, quelle che vale la pena affrontare e come abbiamo intenzione di assicurarci che vengano raccontate.

Lo sfruttamento di energia eolica rinnovabile in alcune parti degli Stati Uniti è sia un segno della progressiva conservazione sia una potenziale minaccia alla vita degli animali selvatici: due prospettive contrastanti della stessa risorsa.

Canon 5D Mk II, 130 mm, 1/200 sec., f/2.8, ISO 200

LA STORIA INTERESSANTE

Sotto la superficie dei nostri oceani esiste un mondo di misteri. L'Atlantico, in South Carolina.

Canon 5D Mk II, 24 mm, 1/1.000 sec., f/4, ISO 100

Nel bene e nel male, c'è un evidente e innegabile ordine gerarchico per i racconti. Anche se ci piacerebbe pensare che ogni storia si meriti la stessa attenzione, nella realtà non è così. Per esempio, i racconti trattati nella rivista *National Geographic* sembrano avere più peso di quelli dedicati all'esposizione di bestiame trattati nel quotidiano locale. Inoltre, c'è un'altra gerarchia anche nelle storie che immaginiamo o sviluppiamo noi stessi, come creativi visuali. Tutti noi produciamo idee per una fotografia o una serie di immagini, alcune delle quali vengono prodotte davvero, altre vengono invece archiviate per una successiva revisione e altre ancora vengono scartate. Questi due ordini gerarchici vengono influenzati da molte variabili, ma tra queste ce n'è una che spicca: se una storia è o non è *interessante*.

Quindi, che cosa rende una storia interessante? Spesso, alcune caratteristiche particolari di una determinata storia sembrano dare qualcosa in più a certe immagini o a certi saggi fotografici rispetto ad altri. C'è un buon motivo: questi elementi attraggono l'attenzione visiva

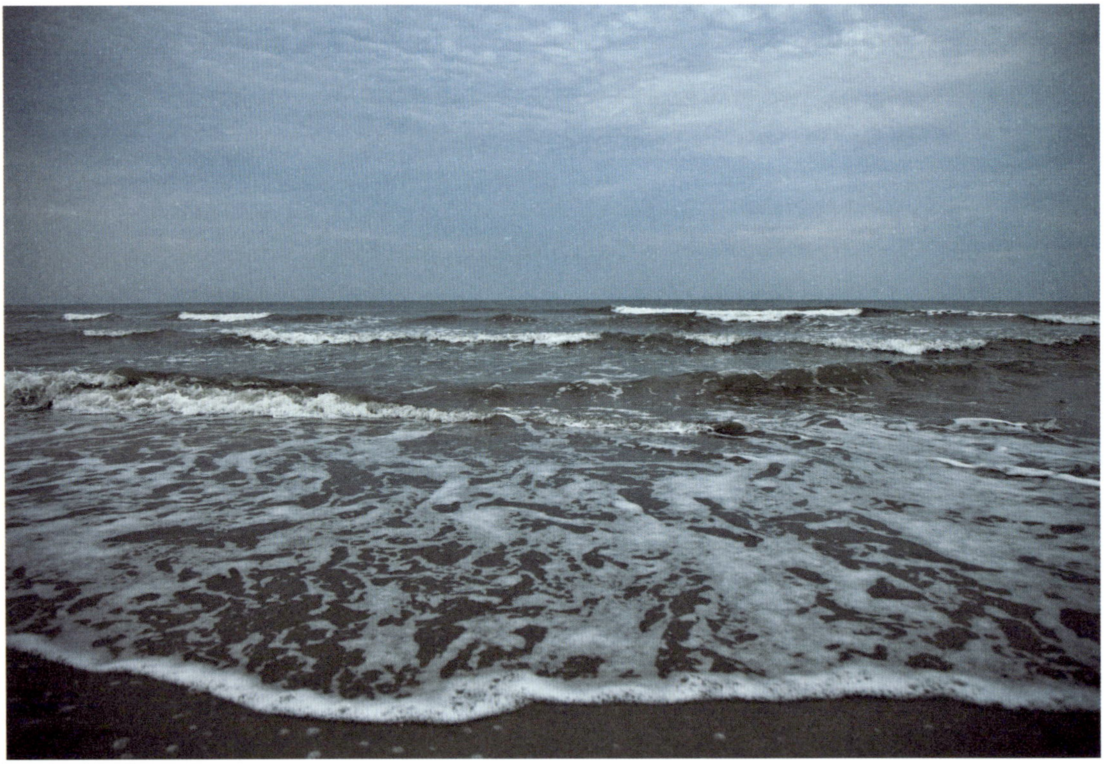

e la considerazione. È importante ricordare, tuttavia, che non tutti sono interessati alla stessa cosa. Diversi tipi di pubblico spesso determinano la storia e la direzione che questa assume. Comunque sia, uno storyteller deve sempre conoscere le caratteristiche che determinano l'appeal di un racconto:

- **Unicità o estraneità:** l'originalità di una storia è attraente. Da un punto di vista visuale, se abbiamo a disposizione qualcuno o qualcosa che nessun altro ha, o se si conosce poco del soggetto, allora l'interesse per la storia aumenta. Ho una forte avversione verso l'immergere la testa sott'acqua. Potrei svenire davanti a serpenti velenosi e animali rabbiosi e non mi reputo certo tra i più coraggiosi. Di conseguenza, la fotografia subacquea, i documentari sulle scoperte oceaniche e qualunque altra cosa avvenga sotto la superficie di uno specchio d'acqua per me è estremamente interessante. Anche se la mia fobia non è poi così comune, l'oceano è sempre un mistero per la maggior parte delle persone: ecco perché l'argomento gode sempre di grande interesse.
- **Prossimità (nel luogo e nel tempo):** quanta familiarità avete con quel che sta accadendo, per esempio, in Tasmania? E in Kirghizistan? A meno che non abbiate viaggiato verso questi luoghi o viviate lì, potreste non avere informazioni a riguardo o non essere interessati. La stessa cosa è valida anche per ogni altro luogo che non sia in prossimità della vostra casa o luogo di residenza. Le storie che avvengono vicino a casa ottengono molto più interesse di quelle lontane. Queste includono i racconti inerenti noi stessi, anche se si svolgono in luoghi lontani. I racconti incentrati sui conflitti in Medio Oriente, per esempio, potrebbero essere interessanti per le madri e i padri dei soldati coinvolti, così come una storia del vincitore di un premio nazionale sull'istruzione può esserlo per una piccola comunità rurale dell'Idaho, dove l'insegnante vive e lavora.

Le storie si basano anche su una linea temporale e più queste si discostano dalla data attuale, meno sono interessanti per i fotografi e per il pubblico. Certo, esistono storie senza tempo, ma nella maggior parte dei casi una storia ha una linea temporale che ne riduce l'importanza.

Prendete per esempio il primo anno dopo la nascita di un bimbo. È un anno particolarmente interessante per i genitori e i membri della famiglia, ma è solo uno (e mi dicono che passi velocemente). Se ve lo perdete, potete sempre godervi quelli seguenti, ma non potrete mai recuperare quei primi momenti. E che dire, se voleste

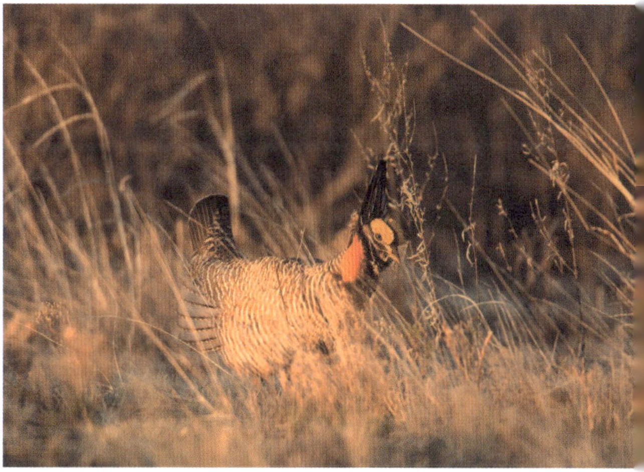

Più il loro numero diminuisce, più diviene raro vedere un pollo della prateria. Uno sguardo ravvicinato a questi pennuti è visivamente interessante per coloro che sono interessati alla natura e alla vita selvatica.

Canon 5D Mk II, 700 mm, 1/640 sec., f/5.6, ISO 1000

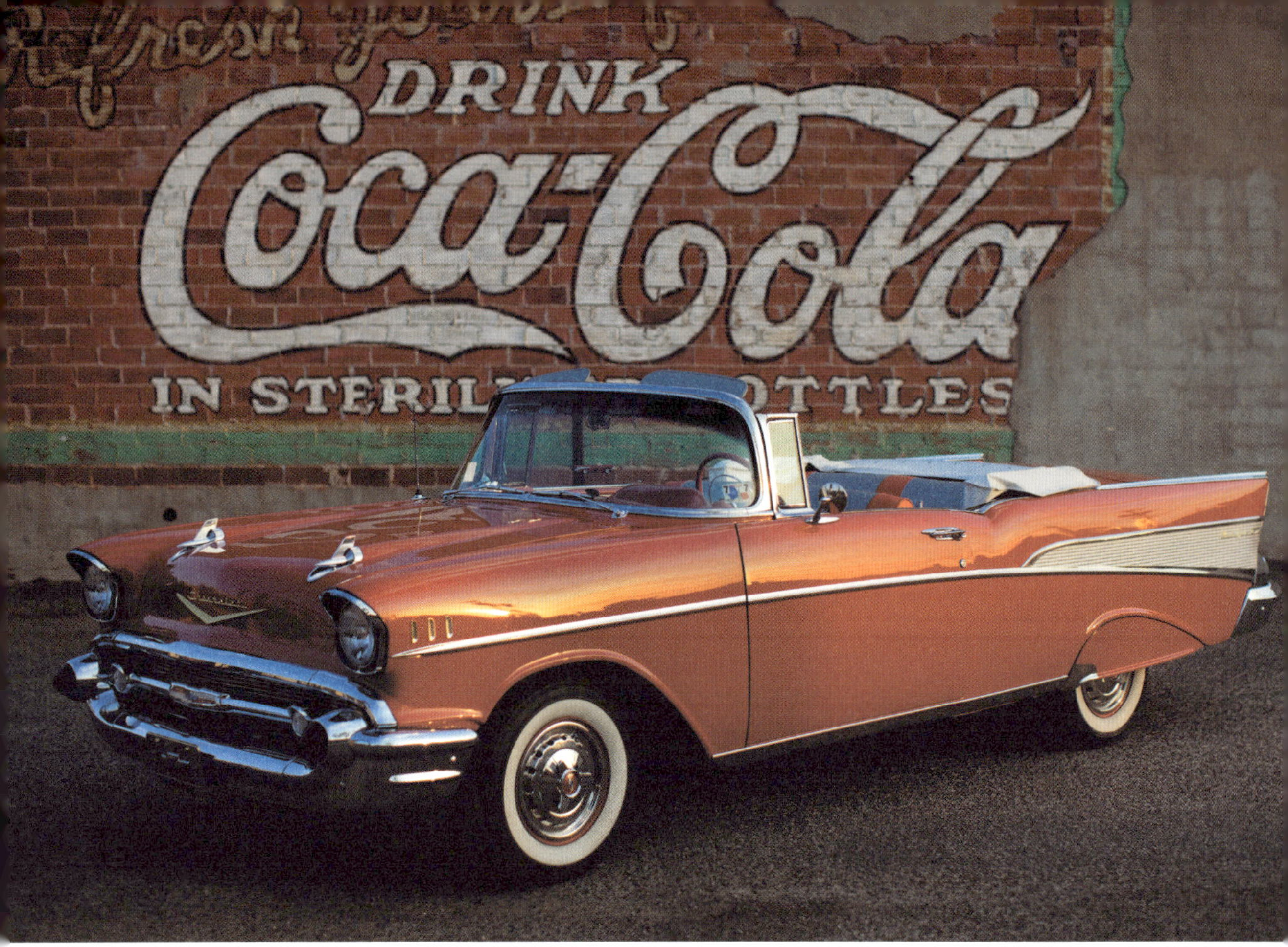

Un esempio incontaminato di auto classica americana attirerà i lettori interessati alle auto vintage e agli anni '50.

Canon 5D Mk II, 50 mm, 1/1.000 sec., f/2, ISO 100

fotografare il nuovo ristorante in centro, che avete scoperto prima degli altri? È qualcosa che potrebbe risultare interessante per un articolo di una rivista "Around Town". Più aspettate a fotografare questa storia, meno interessante risulterà, soprattutto dopo che sempre più persone avranno scoperto il ristorante. La vostra opportunità potrebbe durare qualche settimana, qualche mese o anche un paio d'anni. Ogni storia ha la sua linea temporale – prestate attenzione.

- **Conflitto:** le storie che contrappongono un elemento all'altro godono di un appeal maggiore, soprattutto se documentate visivamente il conflitto. Vedere il conflitto non significa però puntare sui combattimenti. Significa saper riconoscere le situazioni che presentano elementi conflittuali. Il piccolo coltivatore che viene messo fuori mercato da una più grande fattoria a cinque minuti di distanza, la tecnologia verde che crea una potenziale minaccia per le forme di vita selvatica nell'area circostante, una protesta in centro città dovuta all'innalzamento improvviso del costo del carburante – sono tutti esempi di conflitti che non contemplano un singolo pugno (anche se c'è sempre la possibilità che la protesta sfugga di mano). Anche gli sport prevedono un conflitto - una squadra contro l'altra.

Le storie che prevedono un conflitto, specialmente se mortale, vengono raccontate ogni giorno. È una caratteristica delle storie interessanti che dovete tenere a mente, quando determinate il valore di un'immagine in relazione alla narrativa.

- **Celebrità:** nel capitolo precedente ho detto che siamo ossessionati dalle persone. Che vi piaccia o no, più le persone in un racconto vengono percepite come importanti, più la storia diventa interessante per la maggior parte del pubblico. Anche se tutto ciò che un lettore vuole è lamentarsi per lo scarso rispetto del denaro di una celebrità, o controllare le tendenze di moda sul "red carpet", le persone sono interessate alle celebrità. Se non siete d'accordo, pensate a quanto segue: anche le persone che non sono famose, ma che compaiono su riviste locali o blog acquisiscono immediatamente più importanza, e se queste figure sono fotografate bene o in modo creativo, gli elementi del pubblico cercheranno maggiori informazioni su di loro con più probabilità.

  La stessa cosa è valida per le location. Per molti lettori, più è celebre l'ambientazione, più interessante sarà l'immagine in relazione alla storia. Il Taj Mahal, il Big Ben e le Twin Towers sono universalmente riconosciuti e accendono l'interesse e la voglia di cercare informazioni. Tuttavia, questo non significa che solo le location famose nel mondo funzioneranno. Infatti, dipende tutto dal pubblico che fruisce della storia. Un ambiente celebre in una determinata regione attirerà gli interessi di coloro che hanno legami di *prossimità* con la zona.
- **Rilevanza dell'argomento:** è un altro modo per dire che la storia riguarda un numero "X"

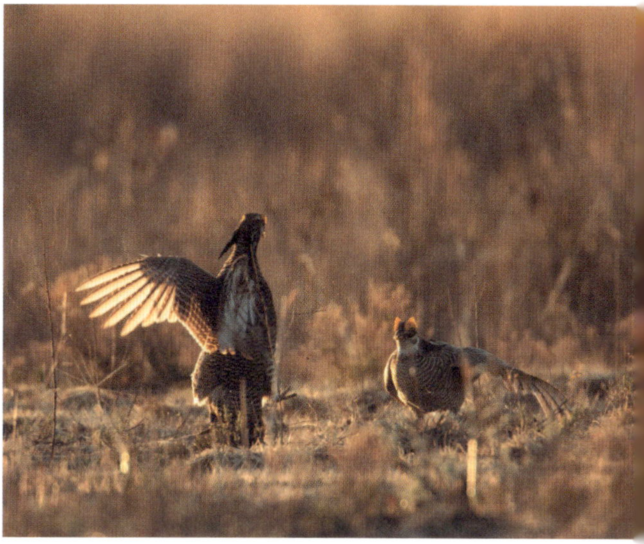

Il conflitto può essere implicito o manifesto, negli sguardi di due maschi in cerca di una femmina, come questi due esemplari di pollo della prateria.

Canon 5D Mk II, 700 mm, 1/640 sec., f/5.6, ISO 1000

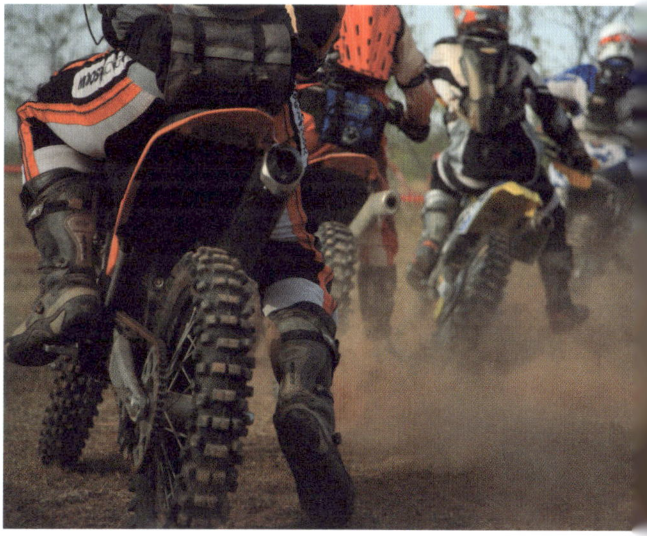

Le competizioni prevedono forti conflitti. Gli elementi ambientali, come la polvere che si solleva dalle ruote delle moto, aggiungono una dinamica visuale al tutto.

Canon 5D, 105 mm, 1/2.000 sec., f/4, ISO 400

di persone. Questa caratteristica è un fattore che comprende tutti gli altri elementi della storia. Siamo una popolazione piuttosto variegata e gli individui hanno gusti, abitudini, e stili di vita diversi. È giusto che ogni racconto abbia un diverso impatto sociale. Le storie dedicate a una certa nicchia, come quelle che documentano in modo creativo il club locale di disegno di cartoon, hanno meno impatto di un racconto che ha tratti più ampi e concetti astratti, come una crisi nucleare o, ancora, l'oceano. Nuovamente, l'impatto che una storia di una centrale nucleare ha sugli individui dipende dalla vicinanza di questi all'impianto. Posso immaginare che le persone delle Montagne Rocciose non sarebbero molto interessate al racconto di un uragano.

Per essere sicuri, chiedetevi sempre se la storia che volete affrontare ha sufficiente rilevanza. Il pubblico che volete raggiungere vi aiuterà a capirlo. Sono l'ultima persona che scoraggerà un altro dal raccontare una storia, a prescindere dal suo impatto!

Non c'è alcuna regola che affermi che ogni storia debba prevedere parti uguali di unicità, prossimità, conflitto, celebrità e rilevanza, ma i racconti che generano più interesse sono quelli che fanno leva su queste caratteristiche. Una storia si snoda tra i soggetti (di cui viene raccontata la storia) e i creatori (voi, i fotografi), oltre ai consumatori (il pubblico). Tenere a mente queste considerazioni vi aiuterà a scoprire, scattare e mostrare storie interessanti.

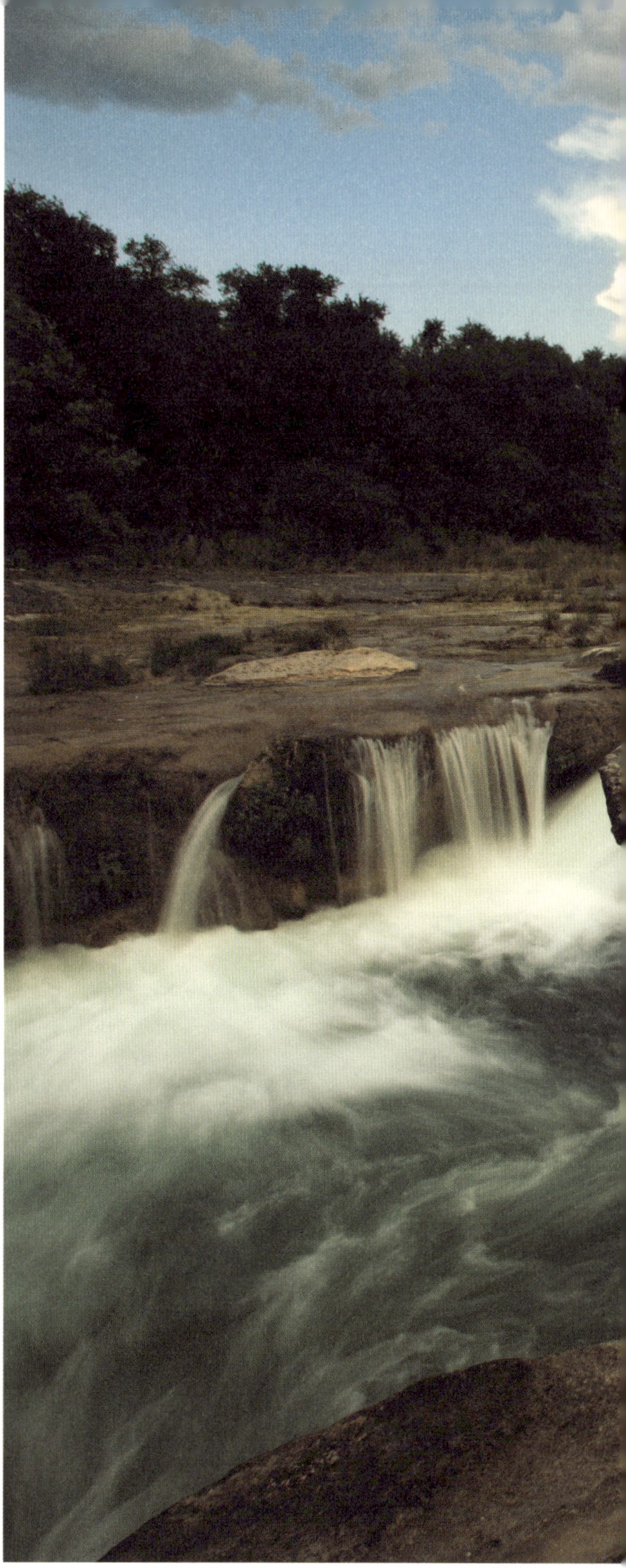

Dolan Falls, il più grande volume di acqua che termina in una cascata in Texas, è un elemento importante dell'ambiente naturale.

Canon 5D, 17 mm, .4 sec., f/22, ISO 50

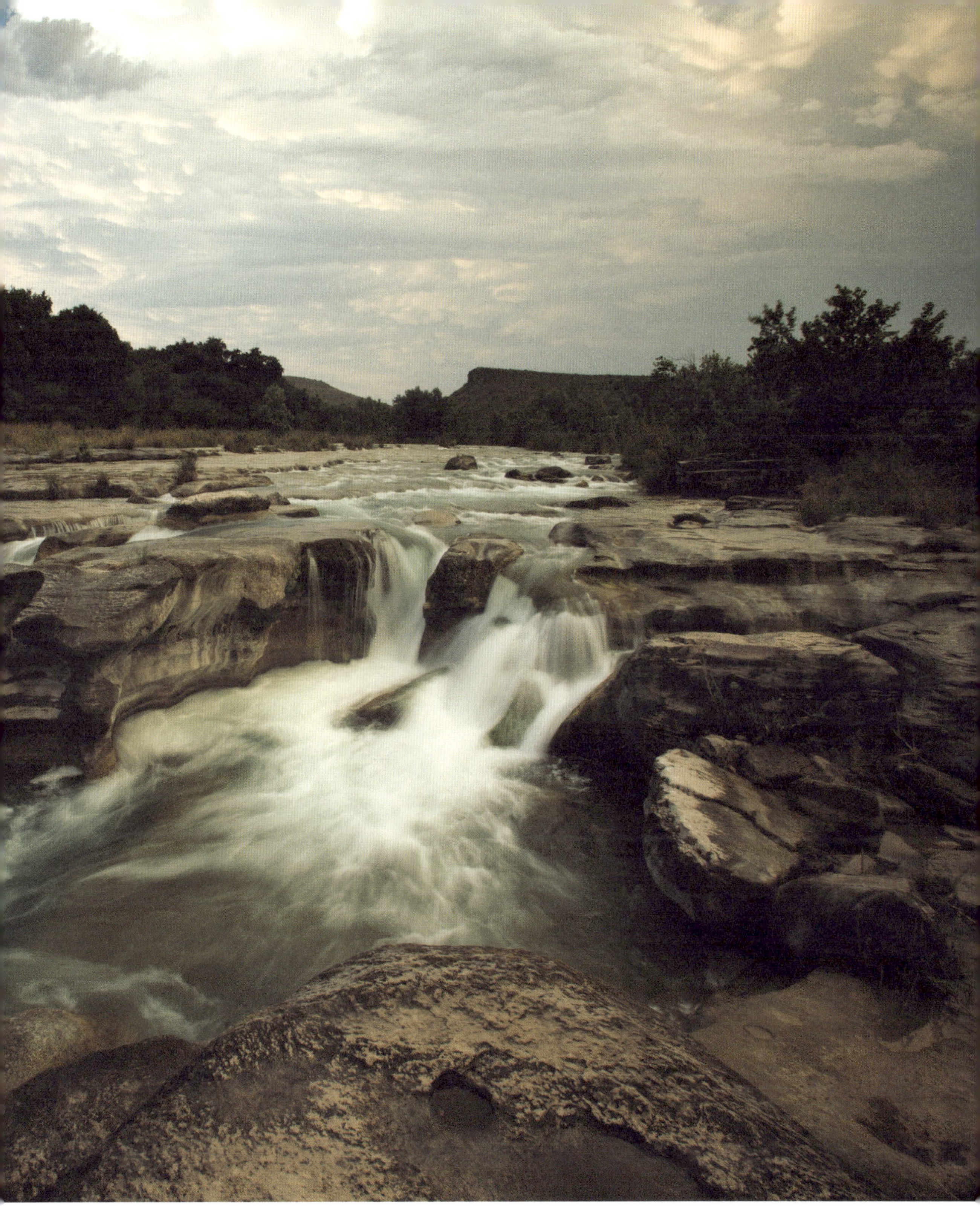

OCCHI E ORECCHIE APERTE

Creare storie può essere difficile. Con tutte le distrazioni del mondo moderno, è facile trascurare qualche racconto interessante e visualmente invitante. È difficile anche trovare una storia da raccontare. Grazie ai social media, ma anche a forme più tradizionali di racconto, non abbiamo mai avuto mezzi così potenti per concettualizzare e mostrare una storia a un grande pubblico, eppure abbiamo ancora molte difficoltà.

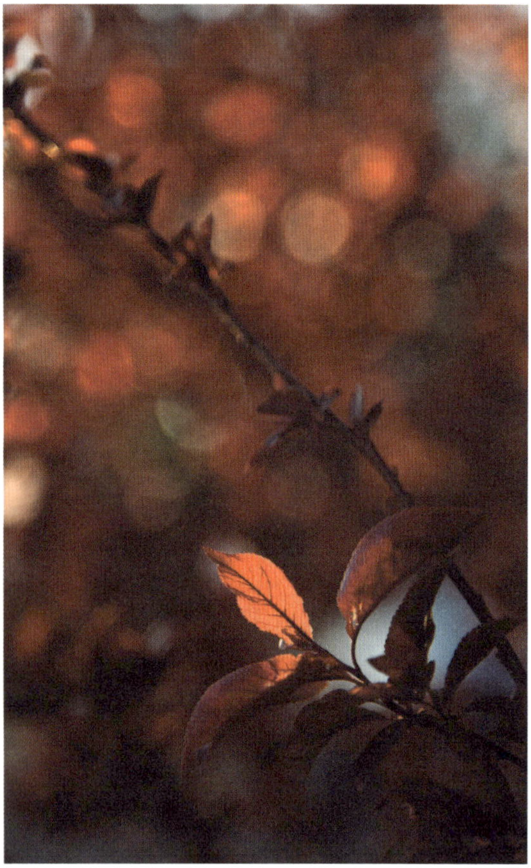

Colori della primavera in Texas.

Canon 5D, 105 mm, 1/60 sec., f/4, ISO 100

Essere ricettivi

Uno dei modi migliori per concettualizzare una storia è essere ricettivi nei suoi confronti. Niente può sostituire l'essere aperti a quel che succede per aiutarvi a immaginare il modo in cui una storia si svolge visivamente. Quando siete ricettivi a un racconto, il solo sentir parlare di nuovi sentieri di trekking nel vicino parco nazionale o vedere un cartello stradale che guida gli automobilisti alla città vicina vi suggerisce l'idea per una storia.

Tenere occhi e orecchie aperte per luoghi, persone ed eventi interessanti è parte essenziale dell'essere un visual storyteller. Anche se avviene davanti a una tazza di caffè nel bar locale, una conversazione con il cassiere potrebbe fornirvi informazioni sul giocatore di football scolastico del momento, che ha appena stravolto le previsioni negative dei talent scout, una storia perfetta per un articolo per il quotidiano locale. Una visita ai vostri vicini potrebbe farvi capire che sono giardinieri provetti, che coltivano rose per delle competizioni. Allo stesso modo, le news serali in TV potrebbero darvi l'idea di approfondire gli effetti che il clima ha sulla fauna selvatica in tutto lo Stato.

Essere ricettivi nei confronti delle storie che riteniamo interessante raccontare vi ripaga (finanziariamente e moralmente). Tuttavia, non dovete provare questo tipo di interesse solo prima di iniziare uno shooting. Spesso, ottengo una sensazione migliore e "più chiara" di ciò che sto fotografando proprio alla fine di un servizio. In questi momenti, sono concentrato sulla storia, come sui colori delle foglie retroilluminate in una foresta cupa. Quando state scattando, come prima cosa rimanete concentrati su ciò che vi ha portato in quel luogo.

Quando fotografo le persone, porgo costantemente domande e penso alle

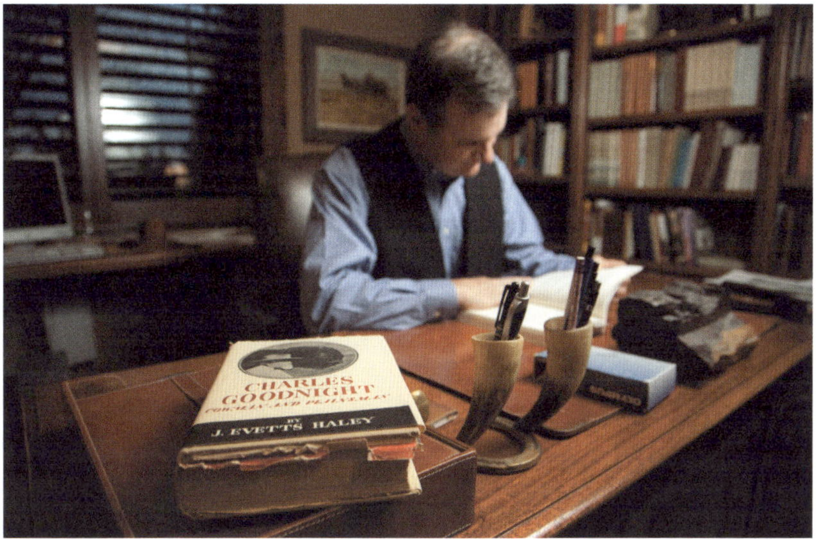

Facendo delle domande ho scoperto che il nonno di Jeff Haley scrisse la biografia di uno dei più celebri conservazionisti a livello mondiale. Questa informazione si rivelò un punto di svolta nella storia che stavo fotografando.

Canon 5D Mk II, 24 mm, 1/30 sec., f/4, ISO 400

informazioni che ne ricavo. Per gli articoli delle riviste, spesso dico che il mio lavoro è migliore di quello del giornalista, perché la mia relazione con il soggetto a volte non è così formale come quella che si instaura durante un'intervista. Per questo, spesso per me è più facile parlare con il soggetto, perché questo non sente di essere sempre sotto esame e non deve avere la risposta pronta. Se conosco bene l'articolo, però, posso sfruttare la consapevolezza del soggetto e continuare la conversazione che chi ha scritto ha avviato in base ad altre circostanze.

Ricordate l'esempio di Jeff Haley? Lo fotografai la prima volta *dopo* che l'autore della storia lo aveva intervistato. Le mie conversazioni con lui sulla sua connessione con questa terra mi rivelarono che suo nonno scrisse la biografia del leggendario Charles Goodnight, un grande "ranchero" texano. Lo spiegai all'autore e questo divenne il punto di riferimento dell'inizio dell'articolo e quello da cui partii per creare la storia fotografica.

Troverete vantaggioso anche mantenere la consapevolezza di come la storia procede quando avrete terminato lo shooting. Potete anche impacchettare tutto quel che avete fotografato e dimenticarvene, ma a volte si materializzerà un elemento futuro. Avete fotografato il campione di football della scuola, ma dove si trova ora, dieci anni dopo? Jeff Haley ha assistito al ritorno del pollo della prateria nel suo ranch? Questo tipo di domande, che riguardano qualunque soggetto avete fotografato nel tempo, potrebbe essere utile per creare una storia su cui investigare. Anche se non ne risulterà una storia di grande successo, imparerete tantissimo durante questo processo.

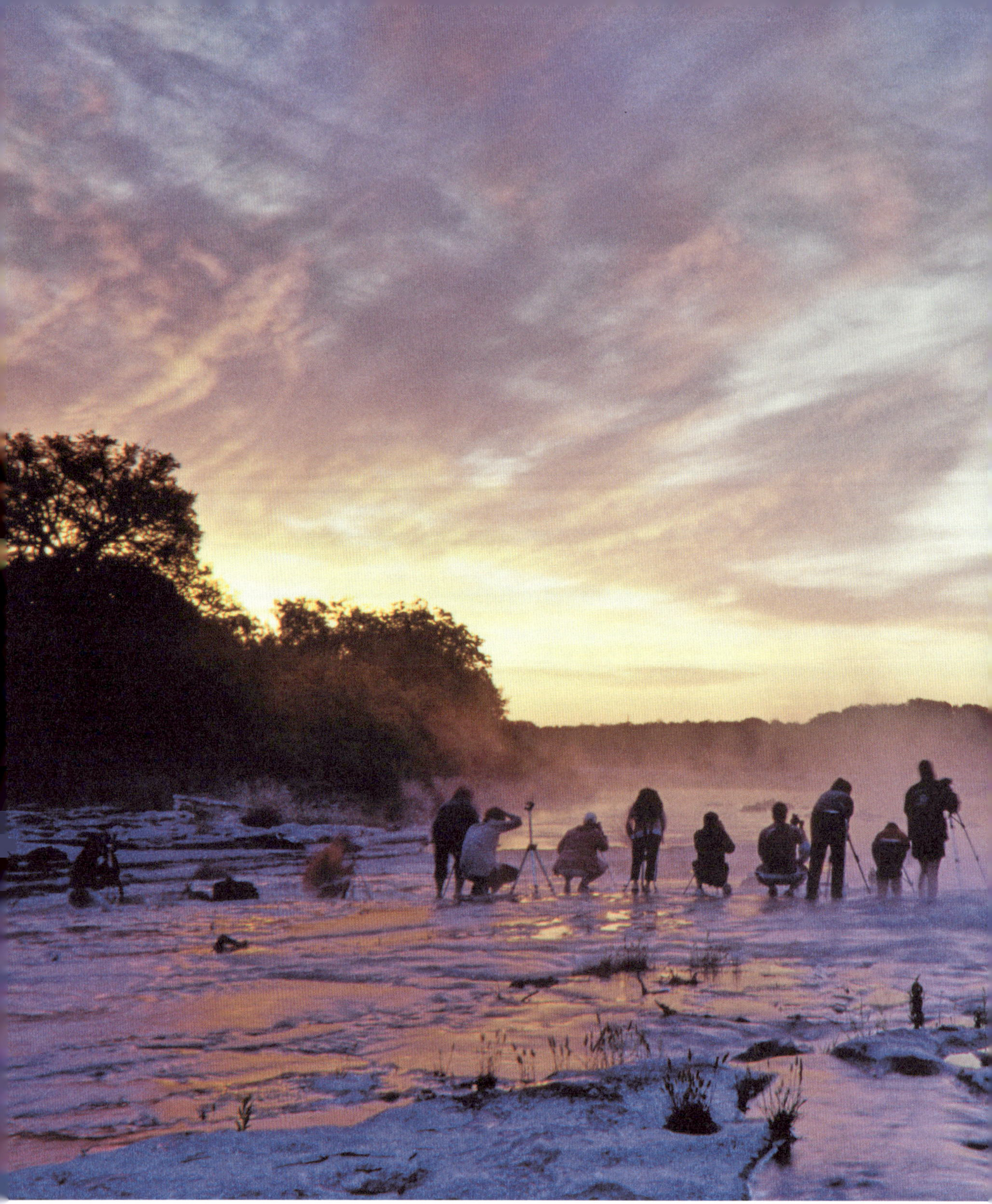

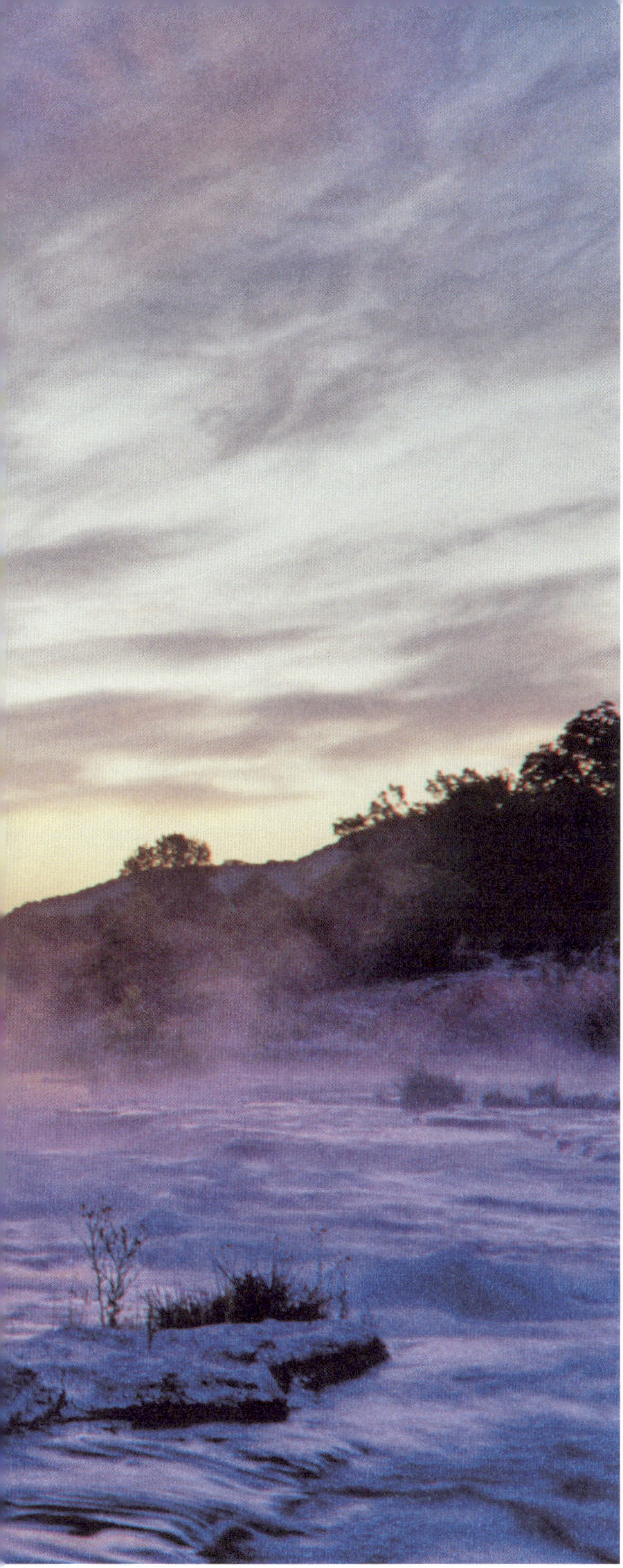

Leggere: la porta per la storia

In precedenza ho detto quanto sia importante leggere per esercitare la vostra immaginazione e sviluppare la comprensione di come gli altri raccontano una storia. Allo stesso tempo, leggere è un'ottima pratica anche per trovare nuove idee da trattare. Un articolo di un quotidiano recente che parla del 100esimo anniversario della città potrebbe essere sufficiente per spingervi a scattare ritratti di dieci abitanti della città, ciascuno dei quali rappresenta il decennio in cui è nato. Un libro di poesie sulla natura potrebbe spingervi a pensare a un progetto incentrato sulla produzione di un'immagine per ciascuna poesia.

Leggete quotidianamente. Non importa se si tratta del blog del vostro fotografo preferito, di un quotidiano online o del retro della scatola dei cereali, potreste incontrare un argomento o qualche parola che potrebbe ispirarvi una storia visuale dal nulla.

Osservate altri fotografi

Chi procede con una fotocamera in spalla è spesso un personaggio simile a un lupo solitario, ma osservare il lavoro di altri fotografi e parlare con questi può essere illuminante. Quando avete la possibilità di discutere con un fotografo su come e perché lavora e di analizzare il portfolio o l'archivio di un collega, siate aperti all'ispirazione.

Probabilmente, la prima volta in cui avete preso in mano la fotocamera è stato per via di un certo tipo di connessione con le immagini di qualche altro fotografo. Rimanete aperti

Gli studenti di un workshop fotografano il fiume Llano, in una fresca mattina primaverile. Esperienze come questa aiutano a creare una community e dei contatti per condividere e sviluppare nuove idee.

Canon 1N, 17 mm, 1/250 sec., f/8, ISO 100, Fujichrome Velvia a questa connessione, anche mentre create un network del settore o di membri di una community. In più di un'occasione, ho potuto sviluppare una storia basata su un'idea che mi è stata passata da un altro fotografo.

Allo stesso tempo, le immagini di un portfolio che vi sembrano interessanti e di ispirazione vi possono motivare a lavorare in aree che non avete mai preso in considerazione per vari motivi. Questo non significa copiare o rubare le idee, ma solo usare il lavoro di altri come un elemento di ispirazione. Altri fotografi, con interessi simili, potrebbero essere le persone con cui avrete bisogno di parlare delle vostre idee o di quel che avete bisogno per terminare un incarico complesso.

È sempre più vantaggioso per lo storyteller essere aggiornato sull'ambiente.

La cosa vale anche per il vostro lavoro: sebbene potreste temere che l'idea della vostra storia possa essere copiata, in realtà non ho mai visto accadere una cosa simile. Sicuramente non mi è mai capitato di vedere altri fotografi rubare le mie idee (anche se alcune mie immagini sono state rubate da non fotografi, ma questa è un'altra storia). I fotografi normalmente sono persone oneste. Tuttavia, quando lavorate per una pubblicazione, è bene confrontarsi con l'editore sui dettagli di condivisione per le storie che non sono ancora state lavorate. Molte pubblicazioni hanno regole severe riguardanti la conservazione del segreto per i concept degli articoli.

CREATE UN NETWORK La community della fotografia è grande. Fate una rapida ricerca online per trovare il tipo di fotografia di vostro interesse, et voilà, avrete una pletora di nomi di fotografi e organizzazioni. Con questo tipo di informazioni a disposizione, è naturale iniziare a stabilire dei contatti con altri fotografi.

Sviluppate un network di fotografi con cui fare amicizia, confrontare idee, ottenere e dare supporto e scambiare critiche e recensioni ai portfolio. Cercate queste community a livello locale e anche più ampio. Controllate Flickr, se non l'avete già fatto. I social media rappresentano un metodo fantastico per mantenere connessa una grande community e per via di questo fatto l'aspetto educativo e di storytelling si rivela straordinario.

Comunque scegliate di farlo, otterrete grandi benefici dall'intrattenere rapporti con altri fotografi.

Restate aggiornati

In più di un'occasione, ho sentito altri fotografi parlare delle immagini prodotte, dicendo di averle ottenute grazie alla conoscenza di ciò che accadeva attorno a loro. Questo va oltre il trovarsi accidentalmente nel "posto giusto, al momento giusto" e, anche se è innegabile che a volte

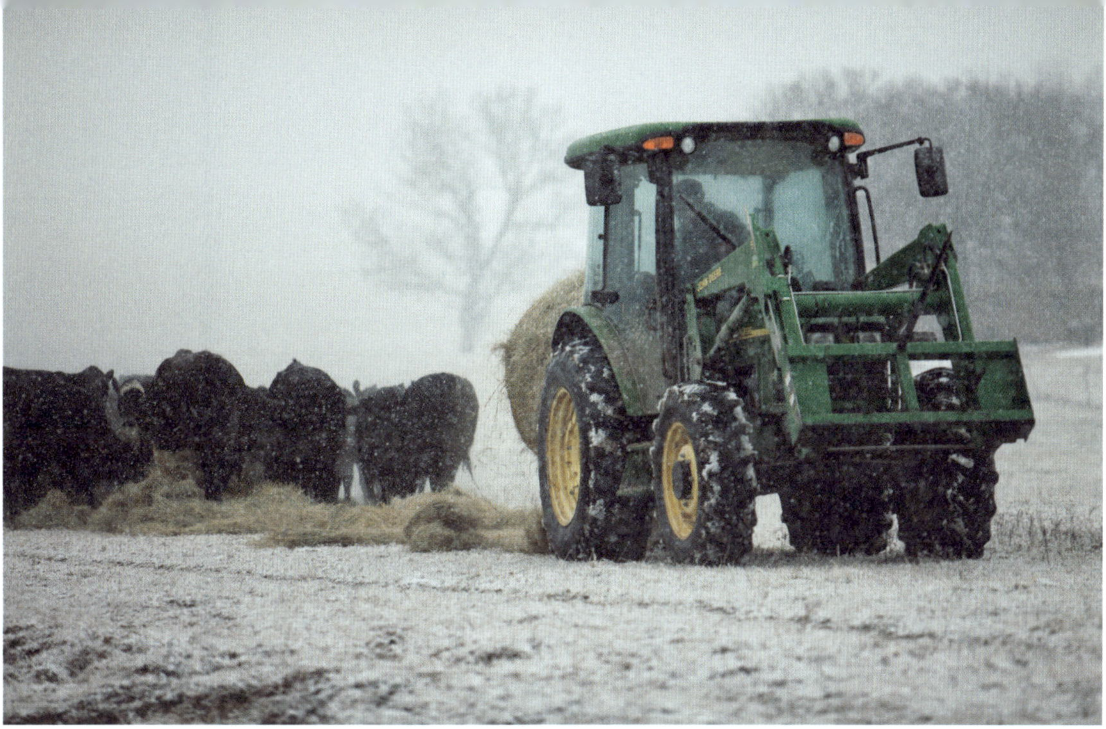

Quando arriva l'inverno, molti allevatori devono nutrire il loro bestiame. La consapevolezza dei cambiamenti mi ha permesso di scattare una foto di una normale attività quotidiana, resa più interessante dalle condizioni climatiche avverse.

Canon 5D Mk II, 195 mm, 1/400 sec., f/2.8, ISO 200

questo succeda, è sempre più vantaggioso per lo storyteller essere aggiornato sull'ambiente.

Questo tipo di conoscenza comporta molto di più che semplicemente leggere il giornale (anche se questo aiuta). Significa combinare tutti quegli aspetti per la genesi della storia di cui abbiamo parlato in precedenza, più altri ancora. Pensate al futuro e verificate quale evento è in arrivo. Fatevi un'idea delle attività sociali della zona. Siate consapevoli del fatto che il vostro vicino espone la bandiera nazionale ogni mattina all'alba, da 30 anni a questa parte - forse ha un motivo particolare per farlo.

Avvantaggiatevi della vostra presenza come fotografi anche nei nuovi luoghi. Pianificate la maggior parte del vostro viaggio. Non c'è nulla di più frustrante che fare una vacanza avendo l'intenzione di concentrarsi sulla fotografia e tornare a casa senza un senso visuale dei luoghi che avete visitato. Potreste avere migliaia di belle foto, ma se il vostro scopo è collegarle tra loro, in modo che raccontino le sfumature della destinazione, potreste dover pianificare un altro viaggio.

Pianificate (non è certo il verbo più comodo per noi fotografi, a volte) i vostri viaggi, cercate su Google la città, lo Stato o la Nazione che dovete visitare, scegliete un hotel e parlate con il concierge degli eventi e dei luoghi da visitare. Ancora meglio, entrate in un pub o un caffè e parlate con persone del luogo che non siano così riservate da non darvi informazioni (in questo modo troverete anche i migliori ristoranti). Usate tutte le risorse che impiegate per sviluppare il racconto fotografico come un metodo per comprendere come funziona l'ambiente e individuare le opportunità che questo mette a disposizione.

CASO IN QUESTIONE GARE DI “SOAPBOX CAR”

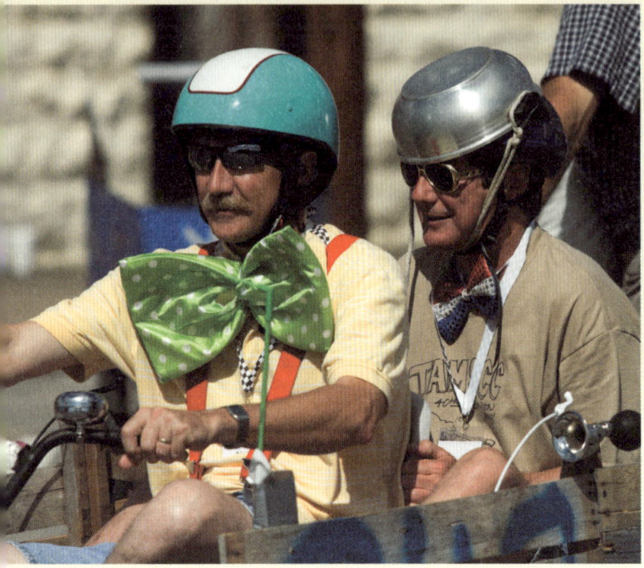

Canon 7D, 200 mm, 1/2.000 sec., f/4, ISO 100

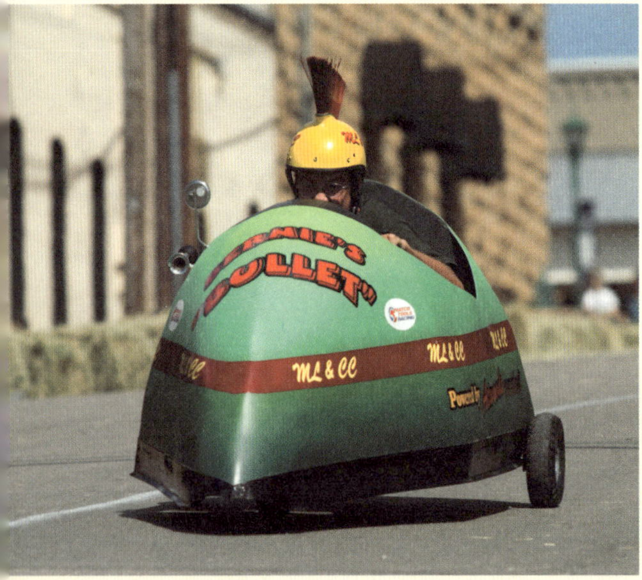

Canon 7D, 200 mm, 1/1.600 sec., f/4, ISO 100

Quando sono in giro per un incarico, cerco sempre di sfruttare i tempi morti, ovviamente scattando altre fotografie. Uno dei motivi per cui lo faccio è creare un archivio di immagini e, onestamente, per restare concentrato su quello che faccio. O, se preferite, per tenere alta la pressione!

Poco più di un anno fa, mi assegnarono uno shooting pubblicitario che mi portò in diverse località della Texas Hill Country. Decisi di guidare per sei ore dopo aver valutato i costi di trasporto dell’attrezzatura, se avessi scelto il viaggio aereo. Inoltre, c’è qualcosa di confortevole nell’avere il vostro veicolo a disposizione, in un viaggio di più giorni. Conoscendo in anticipo i luoghi nei quali realizzerò i prossimi shooting, posso pianificare bene gli spostamenti. Durante questo viaggio, avevo a disposizione circa 10 ore tra gli shooting a Fredericksburg e a Marble Falls, due piccole città a circa 90 chilometri di distanza. Terminato il primo shooting, saltai in auto e guidai fino a Marble Falls, prenotai una camera d’albergo (in una piccola città potete sfruttare un last-minute) e studiai la location preparata per lo shooting della sera.

Dopo lo scouting, guidai fino in centro e notai dei cartelli su delle festività locali. I cartelli dicevano “soapbox car race”. Mi incuriosii. Nella mia testa comparirono immagini di ragazzini che gareggiavano su piccole auto costruite da loro stessi, con l’aiuto dei genitori, ma dopo aver parcheggiato, preparato l’attrezzatura ed essermi avvicinato alla linea di partenza, mi resi conto che non erano i bambini a gareggiare. I partecipanti alla Marble Falls Soapbox Classic erano i *genitori*.

Personaggi di spicco, imprenditori e cittadini assortiti si infilavano in veicoli costituiti da secchi, abbeveratoi e parti aerodinamiche costruite in fibra di vetro. Un annunciatore si presentò in pantaloncini corti e stivali da lavoro, mentre le squadre rappresentanti ciascuna “soapbox car” preparavano i veicoli. Alla parola “GO”, un paio di sfidanti fu spinto a forza lungo una discesa

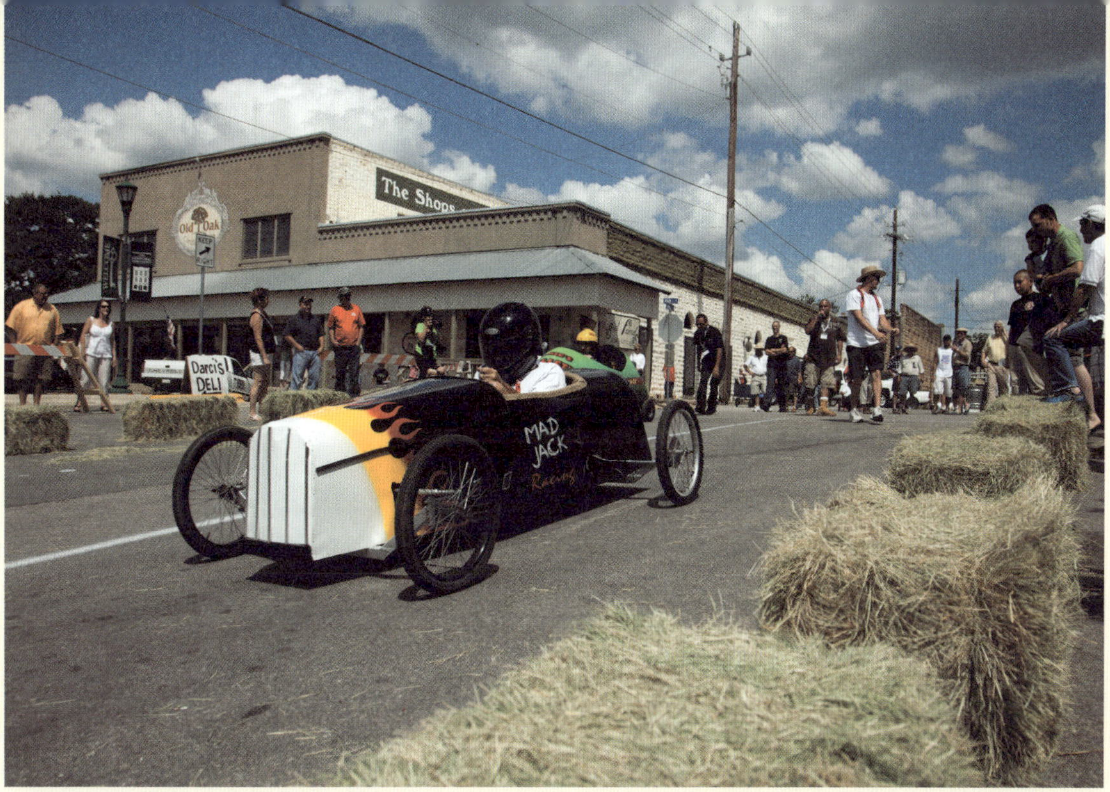

Canon 5D Mk II, 24 mm, 1/1.600 sec., f/4.5, ISO 100

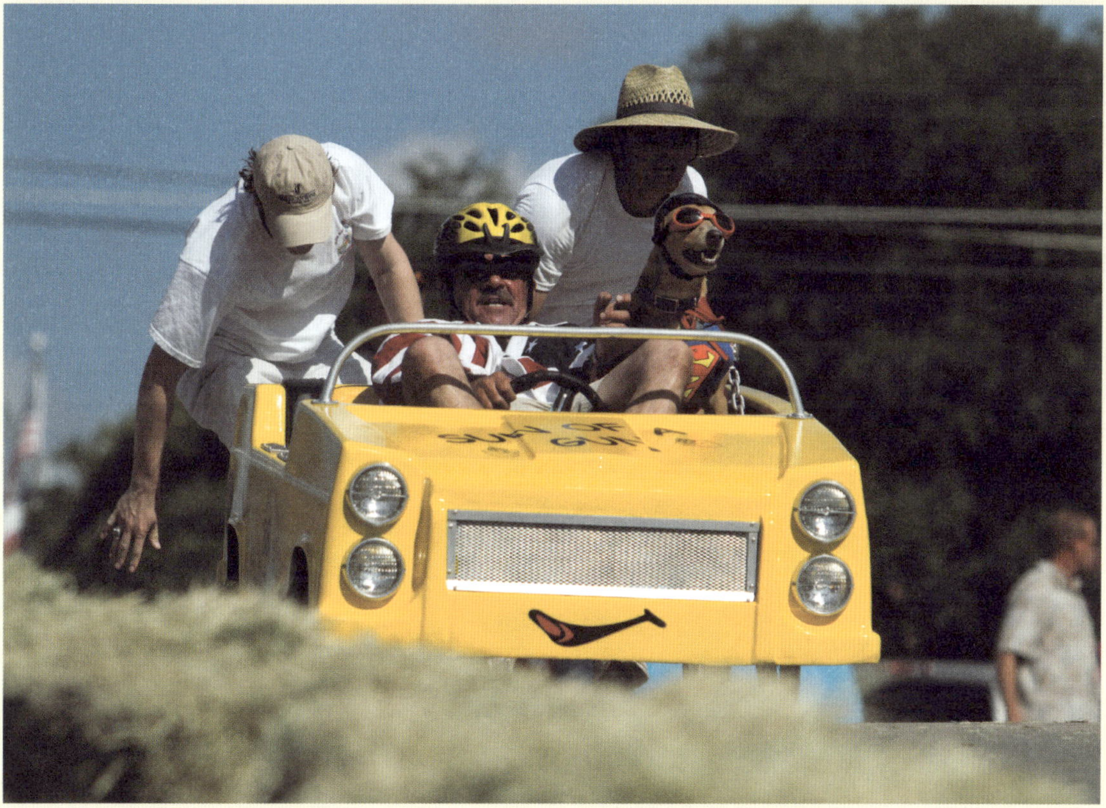

Canon 7D, 200 mm, 1/3.200 sec., f/4, ISO 100

di 300 metri con due corsie di protezioni lungo i marciapiedi, con musica rock o country per tutta la durata della corsa. Erano presenti centinaia di persone, che si aggiravano tra gli stand allestiti lungo le vie principali, oltre ai vari punti di ristoro e altre attività. Inutile dire che furono momenti estremamente divertenti per tutti i partecipanti.

Tutto questo, inoltre, conteneva una storia. Non capita tutti i giorni di imbattersi in una gara di soapbox car per adulti ed entrai così rapidamente in "modalità fotografo". Per prima cosa iniziai a scattare foto alle auto. Che stessero gareggiando o si trovassero ai box, era normale che un ragazzo armato di fotocamera e qualche obiettivo di aggirasse nel cuore dell'evento. Iniziai poi a concentrarmi sui partecipanti e su come stavano prendendo parte all'evento. In poco tempo riuscii a inserirmi abbastanza comodamente, spostandomi liberamente tra le varie zone di gara e scattando ritratti ravvicinati dei volti dei corridori e dell'abbigliamento colorato. Trascorsi un po' di tempo anche con alcuni degli equipaggi, cosa che mi permise di ottenere altri ritratti e un po' di informazioni su come si costruisce una macchina da corsa senza motore.

In ogni concorrente o osservatore era possibile notare un po' di nostalgia giovanile, anche se alcuni partecipanti non erano abbastanza vecchi da ricordare i tempi d'oro delle gare di soapbox car. Da un punto di vista fotografico, l'essere ricettivo nei confronti della storia potenziale in quella zona mi permise di documentare una piccola parte delle tradizioni americane, nelle strade di Marble Falls, in Texas. ■

Canon 7D, 200 mm, 1/2.500 sec., f/4, ISO 100

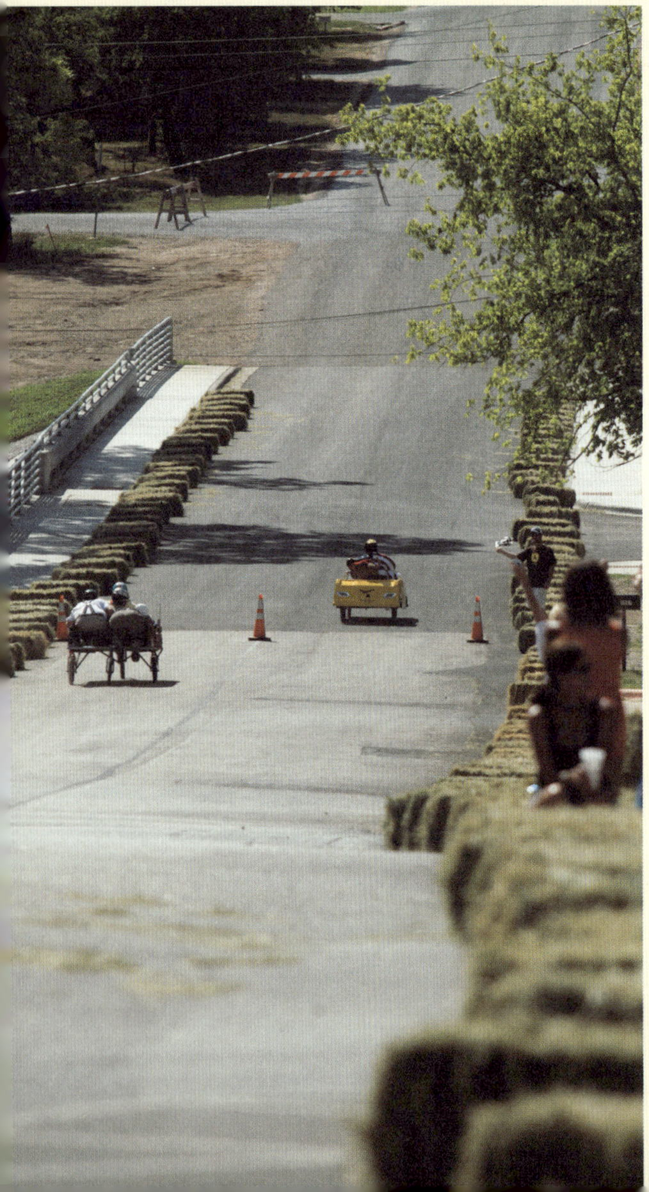

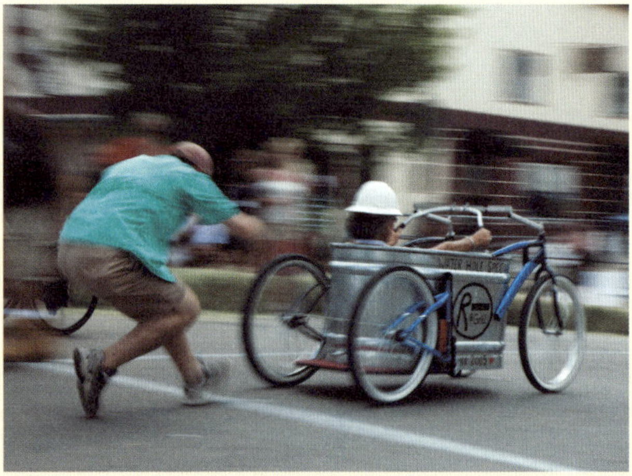

Canon 5D Mk II, 60 mm, 1/20 sec., f/18, ISO 100

DIPENDE DA CIÒ CHE CONOSCI *E* DA CHI CONOSCI

Non sono un grande fan del detto "Non dipende da ciò che conosci, ma da chi conosci". Certo, lo sapete e a volte può anche essere vero, ma penso che così si minimizzi il valore della capacità, della conoscenza e dell'olio di gomito. Credo che dovremmo iniziare a dire: "Dipende da ciò che conosci *e* da chi conosci". Forse non è una frase molto orecchiabile, ma è più precisa.

La mia nuova versione di questo detto è perfetta per i visual storyteller. Analizziamo separatamente le parti che lo compongono.

Ciò che conoscete

A meno che non conosciate un paio di componenti (tema, scenario, personaggi e così via), la storia visuale "non ha gambe". Molti di noi hanno iniziato fotografando soggetti conosciuti tramite esperienze professionali o ricreative. Il mio ingresso nella fotografia paesaggistica è dovuto al mio interesse per la natura e la sua conservazione. Un'autentica passione e la conoscenza degli sport hanno spinto molte persone a crearsi una carriera in questo ramo della fotografia. Per essere un po' provocatorio, quanti fotografi di matrimoni conoscete, che hanno iniziato la professione perché insoddisfatti dalle fotografie del loro matrimonio? Triste a dirsi, sapevano un paio di cose sul loro matrimonio e su come avrebbero voluto immortalarlo, ma non sono stati soddisfatti dalla qualità di ciò che hanno pagato (o che hanno pagato papà e mamma).

Per lo storyteller fotografico è importante essere esperto in tutti gli elementi della narrativa. Potrebbe essere necessaria un po' di ricerca, ma sarete ripagati. Prima dello shooting di una storia sull'allenamento con la spada samurai, leggo tutto quel che posso su quella particolare scuola, in cui dovrò fotografare allievi e maestro. Osservo immagini su argomenti simili e guardo diversi video che mostrano tecniche come tsuka uchi e ishizuki uchi (provate a verificarne lo spelling per le didascalie) prima di affrontare lo shooting. Anche se all'arrivo nel dojo non sarò un maestro, voglio essere il più preparato possibile per entrare in questo mondo e trovarmi a mio agio con i movimenti e il linguaggio – quanto basta per sapere quali immagini possono aiutare la storia. Questa ricerca iniziale ha un valore enorme e torneremo ancora sull'argomento.

Chi conoscete

Molti anni fa, mi interessai di una zona vicina a dove vivo, chiamata Blanco Canyon. Questa spaccatura nel terreno è la casa di numerosi ranch e il suo aspetto visivo ha caratterizzato numerose canzoni sul "far west" nel Texas. Volevo iniziare a creare un archivio sul Blanco Canyon e, dopo aver scattato foto dalla strada, pensai che un portfolio su queste terre sarebbe stato inutile, senza delle location all'interno di qualche proprietà privata.

Una rapida ricerca online sulla zona rivelò i nomi dei ranch e, in qualche caso, il nome dei proprietari. Dopo qualche telefonata ai servizi informativi, ottenni i numeri di tutti i ranch che volevo fotografare. Telefonai presentandomi, spiegando le ragioni della mia chiamata e domandai se fosse possibile incontrare i proprietari e discutere delle mie intenzioni fotografiche. Ogni proprietario di ranch fu accomodante e mi incontrai con molti di loro. Parlammo delle rispettive esperienze nel mondo dei ranch e della mia passione di documentare questi spazi. Ricordo che nessuno di loro mi vietò di accedere al terreno e durante le conversazioni mi ritrovai con numerosi nuovi contatti.

I visual storyteller devono conoscere le persone. Oltre al semplice valore umano della connessione, le persone sono utili da un punto di vista strategico. Sono ricche di quella che gli accademici identificano come conoscenza indigena. Questo significa che conoscono i pro e i contro di qualunque cosa giri loro attorno. Possiedono le chiavi, letteralmente

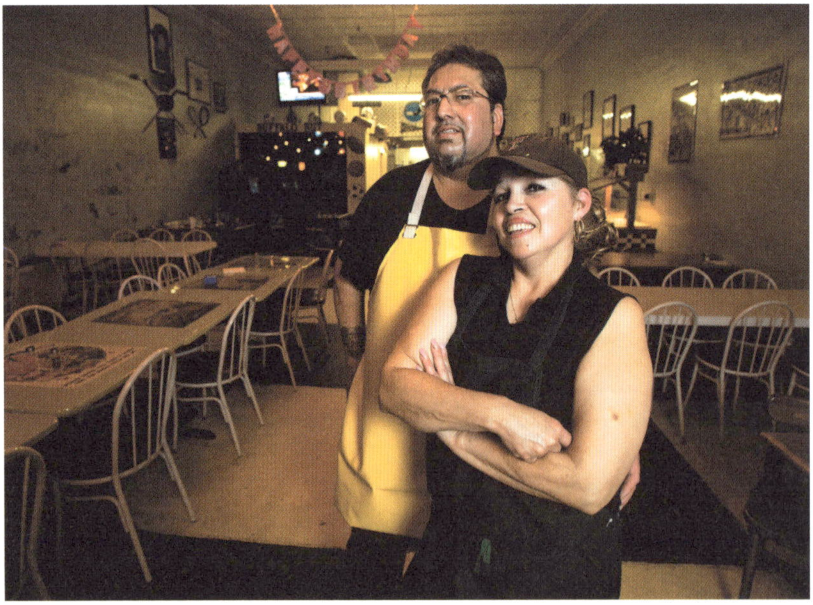

Fermandomi in una pizzeria dopo una dura notte a caccia di un temporale, incontrai i due proprietari, Enrique e Rosalinda. Il modo in cui servivano i giovani del posto, in quella piccola comunità, era una storia a sé, al punto da meritarsi un ritratto ambientato.

Canon 5D Mk II, 17 mm, 1/50 sec., f/4, ISO 1000

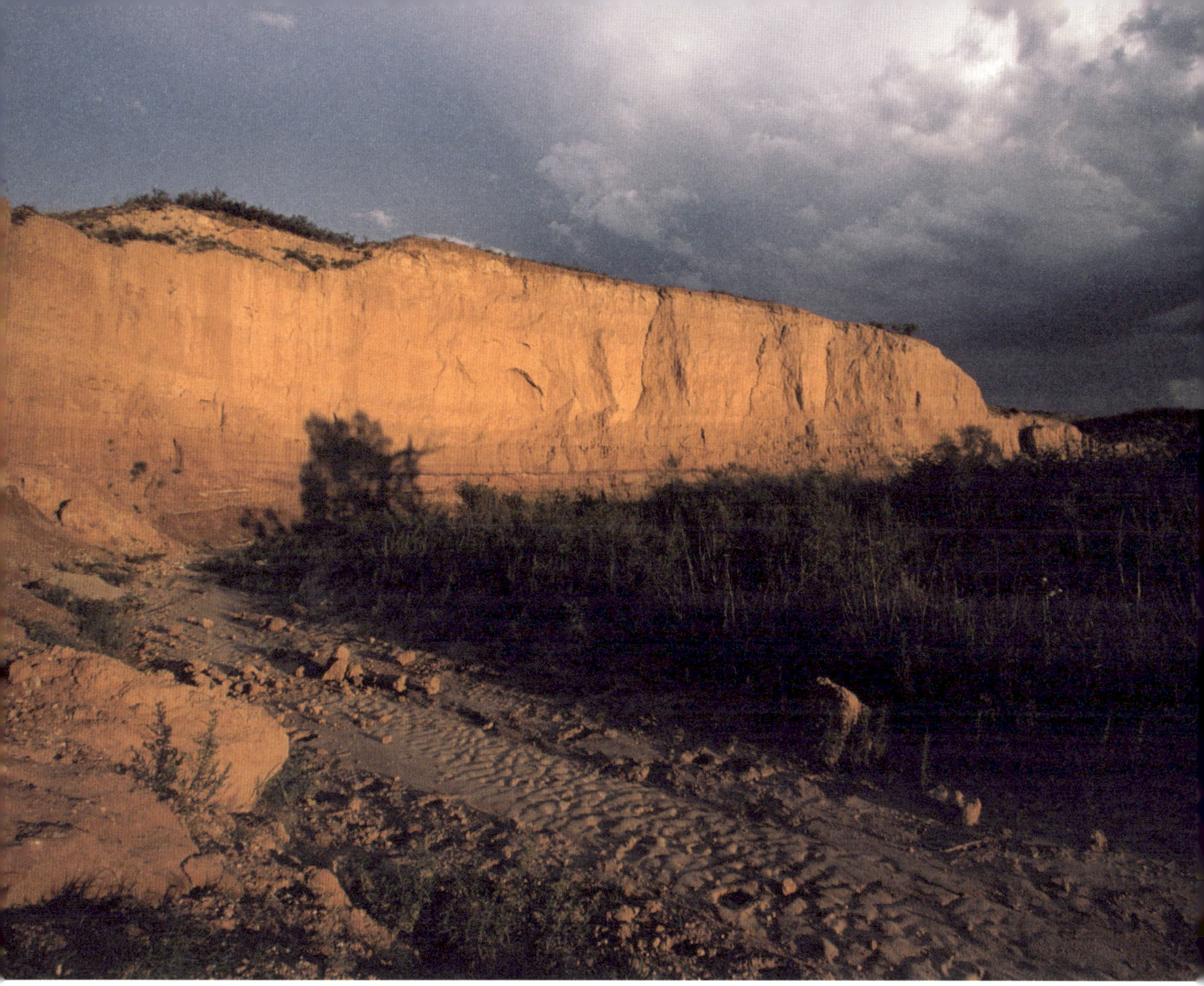

e, in senso figurato, dei cancelli che vi permettono di ottenere le vostre immagini e le storie che volete raccontare. Sapere con quali persone intrattenere rapporti, e con quale scopo, è parte del processo di storytelling.

Per via del loro ruolo strategico, però, una definizione di questo tipo è troppo limitante e fredda. Contattare i proprietari di ranch per ottenere l'accesso alle loro terre mi ha dato ciò che volevo, ma incontrandoli e intrattenendo conversazioni ho potuto conoscerli e arricchire così la mia conoscenza di questo angolo di mondo. È la parte più bella del mio lavoro. Stabilire delle connessioni con le persone che gravitano attorno alla storia che siete interessati a fotografare ha un valore enorme, sia da un punto di vista professionale sia personale. Trascorrere tempo con la gente con cui entrate in contatto per il bene della storia, aiuta a creare fiducia e a far capire il vostro reale interesse verso l'argomento.

Un temporale si avvicina al Blanco Canyon nel Texas Occidentale. Fui in grado di creare un portfolio di quest'area semi sconosciuta entrando in contatto con i proprietari terrieri.

Canon 1N, 24 mm, 1/60 sec., f/11, ISO 100, Fujichrome Velvia

ESERCIZIO SVILUPPARE UN PIANO

La pianificazione è uno dei mali necessari della vita, che molto spesso presenta dei vantaggi per le menti creative. Non fraintendetemi, alcuni fotografi sono già molto meticolosi nella pianificazione e provano un moto d'orgoglio quando ogni cosa è verificata, archiviata e rapidamente accessibile. Altri... non sono così attenti. La maggior parte di noi, tuttavia, si trova nel mezzo. Siamo in grado di stabilire quando un progetto necessita di note scrupolose e di una timeline, e quando un altro non richiede così tante attenzioni. Sappiamo però che un piano è una parte importante di un progetto, a prescindere dalla dimensione e dalla forma dello stesso.

Qual è il prossimo progetto fotografico sul quale volete lavorare? Si tratta di una serie di ritratti di operai edili sul posto di lavoro, nel cantiere sul lato opposto della strada? Un saggio sull'industria della pesca nel nord-ovest del Pacifico? Che ne dite di una storia incentrata sui cibi della costa del Vietnam? Ognuna di queste storie potrebbe trarre beneficio da un po' di (o da molta) pianificazione.

Sviluppate una traccia per il vostro prossimo progetto. Un modo per passare dalla semplice idea alla storia vera e propria è identificare quel che dovete fare in modo formale. Date un nome alla vostra traccia e scrivete una completa descrizione della mission, che identifichi lo scopo che sta dietro al progetto (non preoccupatevi, non sarà incisa nella pietra: potrete modificarla in corso d'opera quando noterete che la storia è diversa da come immaginavate). Il mio suggerimento è di scrivere un paio di frasi che non facciano nient'altro che riassumere l'essenza della storia che volete raccontare. Queste frasi serviranno come guida pratica che dovrete poi completare.

In seguito, iniziate a porvi le domande fondamentali. Le risposte vi faranno procedere nel progetto di storytelling. Ecco alcune domande con cui iniziare:

1. **Qual è il vostro pubblico?** Tornerò sull'argomento più avanti nel capitolo,ma questa domanda è vitale, soprattutto per chi vive di fotografia. Chi è *interessato* a questa storia *interessante*? Siate descrittivi. Se si tratta di nonne novantenni che amano il punto croce,

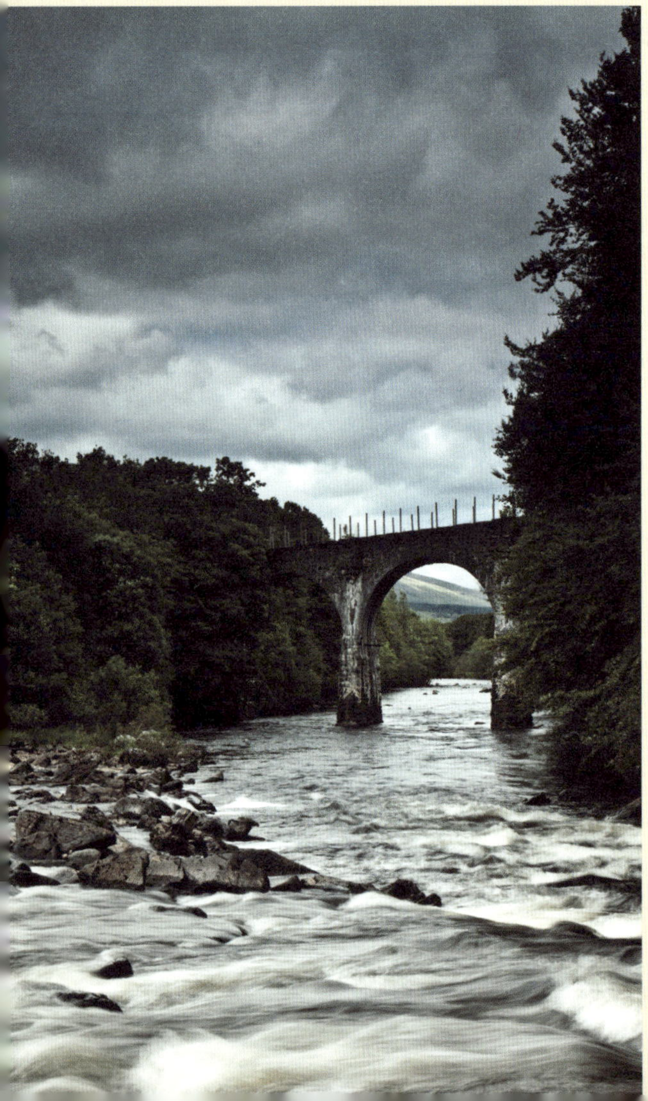

La chiave di un cancello chiuso e una finestra temporale di 30 minuti sono tutto ciò che avete per questa particolare foto di un vecchio ponte, vicino alle cascate di Dochart, nei pressi di Killin, in Scozia.

Canon 5D Mk II, 55 mm, .3 sec., f/22, ISO 50

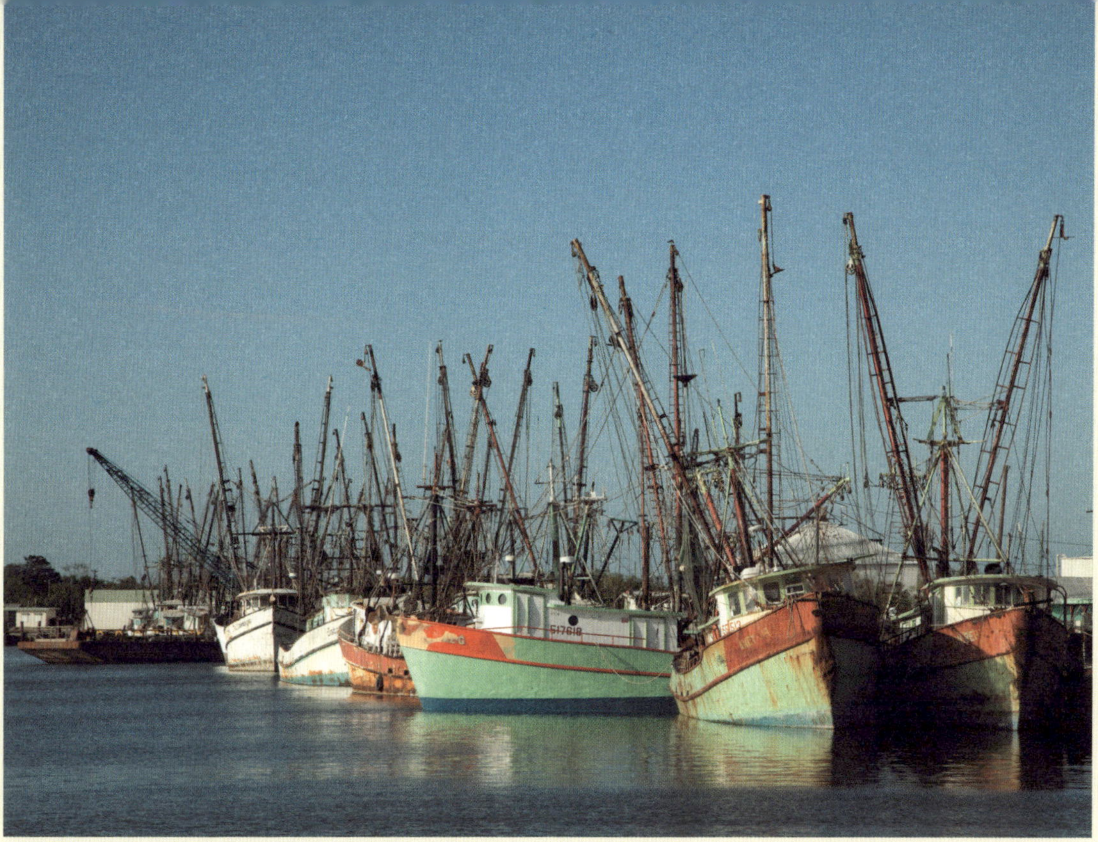

Pescherecci attraccati a Port Isabel, in Texas.
Canon 5D Mk II, 105 mm, 1/250 sec., f/10, ISO 200

scrivetelo. Alcune storie interesseranno un pubblico diverso e più ampio, mentre altre saranno rivolte a delle nicchie. Immaginare chi riterrà interessante la vostra storia, vi aiuterà a definire il palcoscenico su cui produrla.

2. **Qual è la vostra timeline?** Questa dovrebbe includere una quantità di tempo assegnata per completare il lavoro preparatorio (pianificazione, ricerca, telefonate, affitto attrezzatura e così via), lo shooting e una deadline per il completamento. Quest'ultima parte è molto importante. Serve per motivarvi a terminare un progetto e la capacità di definire le vostre deadline è essenziale se volete far carriera con la fotografia, come spiegherò meglio in seguito.

   Una timeline è utile anche quando viaggiate con in mente la storia. Se pianificate la creazione di un saggio sull'agricoltura nell'outback australiano, è doveroso stabilire un calendario giorno per giorno, per dare una struttura al vostro viaggio. Una volta arrivati, potrete valutare se il calendario può essere modificato, ma prepararlo in anticipo vi permette di valutare dove state andando e indentificare i punti chiave della vostra storia.

3. **Chi dovete contattare per lo shooting della storia? Avete bisogno di accedere a un particolare luogo o a un gruppo di persone?** Annotatevi nomi e informazioni di contatto della gente che potrebbe aiutarvi nell'esecuzione del progetto. Se si tratta di un incarico per una pubblicazione, normalmente queste informazioni vi vengono fornite dal cliente.

   Se siete soli, dovrete svolgere il lavoro sporco. Dovete avere accesso a quella costruzione per i vosti ritratti? Incontrate il proprietario o il caporeparto, prima

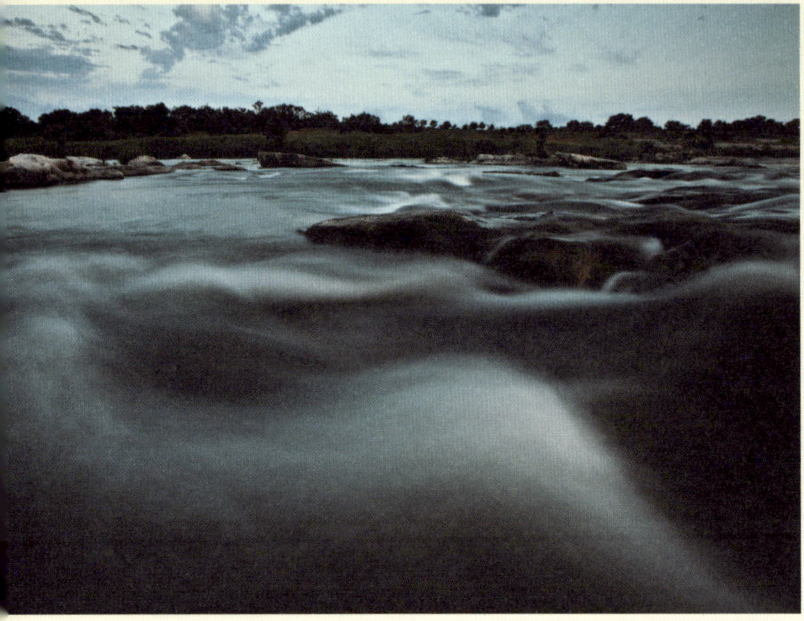

Le morbide rapide del fiume Llano, vicino a Mason, in Texas. I problemi idrici sono molto importanti nella conservazione naturalistica di molte zone. Conoscere il vostro soggetto non significa necessariamente ritrovarsi con i piedi bagnati.

Canon 5D Mk II, 17 mm, 3,2 sec., f/22, ISO 50

dei lavoratori. Identificate le persone nelle posizioni che vi garantiranno l'accesso alle aree o alle persone che altrimenti non potreste raggiungere, e inoltre potrebbero esservi utili come personaggi essenziali della storia. Elencate le loro informazioni di contatto e il motivo per cui queste sono necessarie.

4. **È necessario un budget? Lo avete a disposizione?** L'importanza di questa domanda dipende dal vostro reddito in funzione della fotografia, ma vale la pena informarsi. Se è necessario un budget, come si trovano i fondi? L'autofinanziamento è una scelta limitata e a volte un progetto è abbastanza importante da giustificare la ricerca di appoggi e finanziamenti. Molti clienti riservano del denaro per le spese del fotografo, ma informatevi prima di accettare un incarico.

   L'idea è quantificare cosa servirà da un punto di vista finanziario per seguire la storia visuale che volete raccontare. Se vi costa solo del tempo libero, va bene. Se vi costa più di quanto costavano un paio di rullini 15 anni fa, allora vale la pena metterli in conto.

5. **Che formato pensate di usare per la vostra presentazione?** Il ventaglio di possibilità è ampio e sapendo esattamente come volete vedere le vostre immagini vi aiuterà a determinare le risposte ad alcune di queste domande. Siate specifici. State pensando a un progetto solo online? Esiste la possibilità che possa diventare multimediale? Ancora una volta, una storia interessante resterà sempre tale. Sapendo come volete raccontarla, potrete definire i metodi per costruirla.

La vostra descrizione non deve coprire pagine e pagine di informazioni. Anche quella più complessa parte da pochi dati e poi si sviluppa più ci si addentra nel processo di storytelling. Si tratta di strumenti utili per trasferire le idee su carta. Forniscono direzione e struttura, ma allo stesso tempo possono essere modificate secondo necessità. Abituatevi a scrivere le descrizioni delle storie che volete creare e vedrete che vi troverete a realizzare molti più shooting di quelli che fareste se non le aveste scritte. ■

DOV'È DIRETTA LA VOSTRA STORIA?

Lo storyteller deve avere un luogo per raccontare una storia. Non ci limitiamo a raccogliere prove dell'esistenza di una storia, senza poi condividerla. No, in effetti non è questo il motivo che ci spinge a diventare storyteller. Ci sono persone che vogliono vedere le storie che producete. Pensate che avrete accesso a luoghi e conoscerete persone che la maggior parte degli altri non vedrà mai e già solo questo rende affascinanti i vostri scatti. Quindi, perché non condividerli?

Avete intenzione di inviare la vostra storia a un quotidiano? Che ne dite di una rivista cittadina? I canali per distribuire una storia si moltiplicano. Le tradizionali edicole sono state affiancate dalle pubblicazioni digitali, dai blog professionali e da una serie di altri media post-stampa. Alcuni di questi canali sono difficili da penetrare e altri richiedono un livello di qualità e di impegno che forse non avete ancora dimostrato. Tuttavia, quando vi domandate dove vorreste vedere la vostra storia, esiste una caratteristica in comune tra tutti i canali: il pubblico.

Il vostro pubblico

Professionalmente parlando, una delle cose, se non la prima, cui uno storyteller pensa - che sia un giornalista, un cantautore, un poeta o un fotografo - è il suo pubblico. Non credo che la cosa debba essere diversa per i non professionisti. I racconti vengono creati, raccontati e messi in relazione a certi tipi di "consumatori". Questa differenziazione dipende dall'età, dal sesso, dall'esperienza professionale, dagli interessi, dal fatto che i consumatori abbiano figli e da una serie di altre caratteristiche. Alcune audience sono molto ampie, come i lettori del *New York Times*, mentre il pubblico di un blog incentrato sulle piccole luci strobo sarà considerevolmente più piccolo.

Per capire l'importanza di un pubblico, pensate a questo: molte delle riviste con cui lavoro conducono diverse ricerche di mercato, che si traducono in valutazioni demografiche del loro target. Determinano statisticamente le caratteristiche di coloro che rispondono a certi questionari e queste informazioni generiche sono disponibili praticamente per chiunque invii un'e-mail all'editore.

Questa valutazione influisce anche sul modo in cui io vedo una storia prendere forma, per quel pubblico. A volte questo non influisce su come fotografo un racconto, ma in molti casi, sapere che il pubblico di una rivista di lifestyle è composto al 60 percento da donne con un'età media di 55 anni e un reddito annuo compreso tra 65.000 e 90.000 euro mi aiuta a sapere con chi sto parlando o, in questo caso, per chi sto scattando.

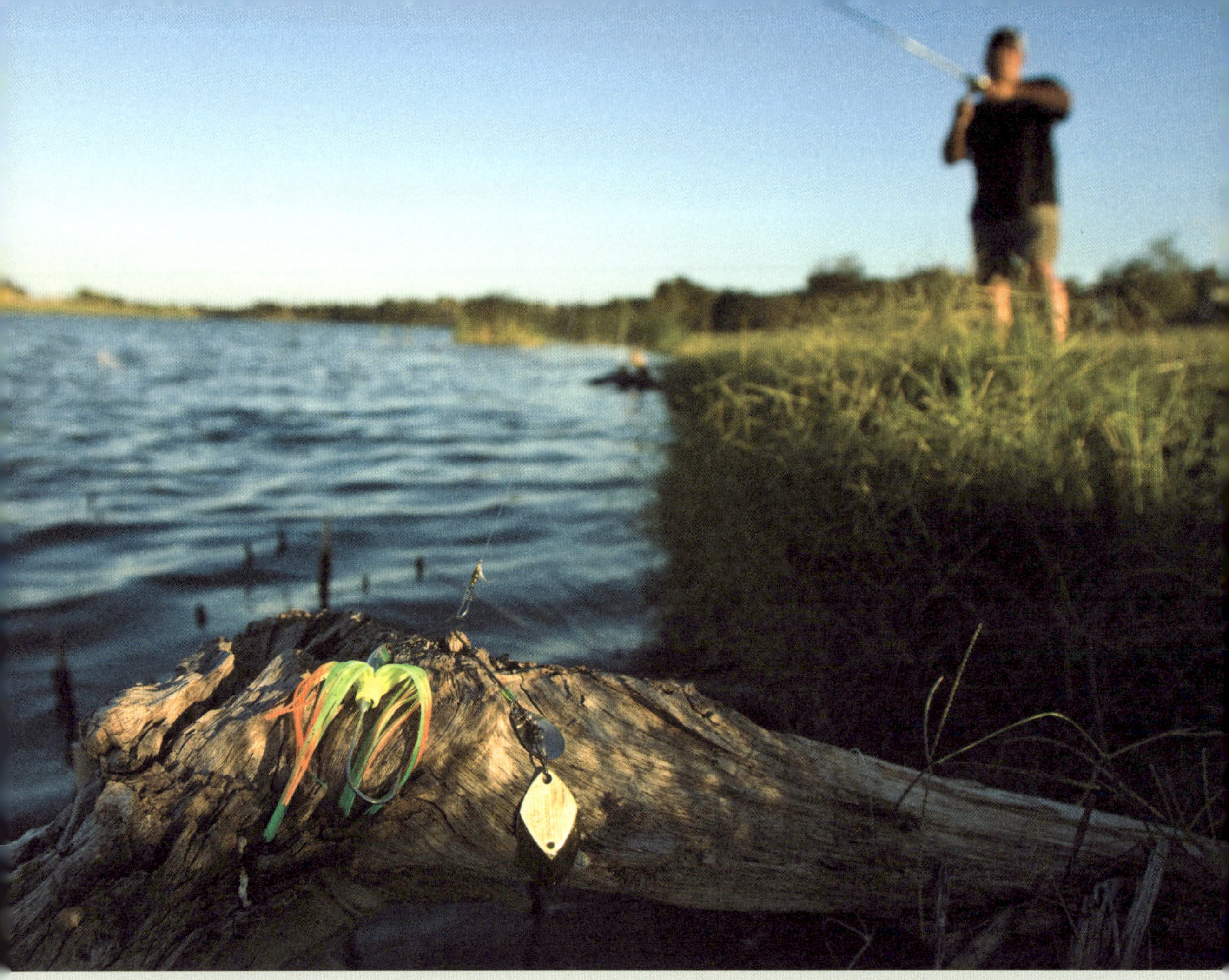

Uno scatto per un articolo su come disincagliare una lenza impigliata: il pubblico di questa immagine è relativamente piccolo e di nicchia, se paragonato ai lettori di riviste di interesse generale.

Canon 1D Mk III, 17 mm, 1/200 sec., f/4.5, ISO 100

Le immagini parlano diversamente a un pubblico differente. Le croci in questo cimitero nel deserto del Chihuahua, vicino a Shafter, in Texas, attraggono un'audience con particolari convinzioni religiose.

Canon 5D, 155 mm, 1/250 sec., f/8, ISO 100

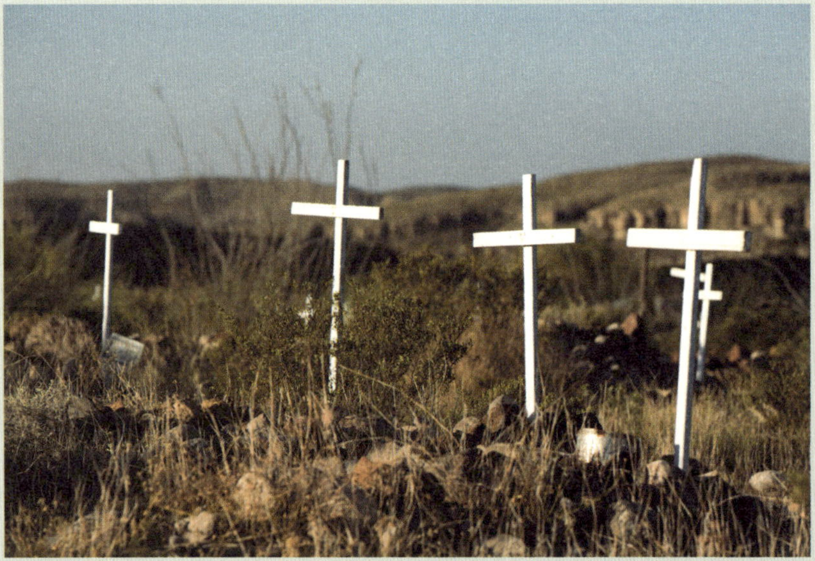

Il mio racconto sull'ultima band metal che fa impazzire le radio sarebbe ignorato dalla maggior parte di questo pubblico. Una storia sugli ultimi trend nello xeriscaping potrebbe sembrare più ragionevole. Tutti possiamo fotografare le cose che ci interessano maggiormente, ogni volta – ma molto probabilmente non possiamo permettercelo.

Oltre a parlarne da un punto di vista professionale, comunque, iniziare una storia avendo ben chiaro a quale tipo di pubblico è destinata è davvero utile. Non pensate a questa come all'ennesima restrizione al vostro racconto. Considerate il pubblico come il punto focale per una diffusione di successo. Sapere da chi è composto il vostro pubblico è tanto importante quanto sapere chi state fotografando. Queste informazioni sono una parte importante non solo per il racconto, ma anche per l'editing e la scelta delle immagini che serviranno meglio la storia nel complesso.

Sapere da chi è composto il vostro pubblico è tanto importante quanto sapere chi state fotografando.

Per esempio, se l'associazione di quartiere dovesse scoprire che siete un fotografo e riuscisse a convincervi che siete la persona giusta per fotografare il mercato di quartiere per la pubblicazione su un sito web, dovrete procedere in modo piuttosto accurato, catturando scatti introduttivi di giardini pieni di abiti dismessi, vecchi altoparlanti e passeggini usati, scatti medi di persone che mercanteggiano sui prezzi e close-up delle merci della giornata. In fase di editing (pensando alla storia, anche se vorreste solo masterizzare su DVD tutti i 1.000 scatti per farli scegliere all'associazione), sarete nella condizione di poter ponderare ciò che i membri del pubblico del sito web – le persone che fanno parte dell'associazione – vogliono vedere.

Anche se potrebbero trovare piacevole vedere qualche foto della loro vecchia argenteria, probabilmente non vorranno essere inondati da tutto quel che occupava i giardini, mentre saranno più interessati alla scena sociale: gli scambi, le conversazioni e i clienti più difficili, che hanno guidato lentamente osservando l'esposizione dal finestrino, si sono voltati e si sono fermati per scendere dall'auto e controllare più attentamente. È un esempio divertente, ma è anche un'ottima occasione per fare un po' di allenamento e usare questo tipo di conoscenza del vostro pubblico.

CONOSCERE L'AUDIENCE Un metodo per saperne di più su una particolare audience è andare direttamente alla fonte. Se volete inviare una storia a una rivista online di conservazione della natura, visitatene il sito web, leggete la pagina "Chi siamo" e, molto importante, sfogliate i contenuti delle pubblicazioni. In quattro o cinque articoli, molto probabilmente sarete in grado di scoprire che tipo di pubblico è interessato alle storie pubblicate. Se la vostra storia non è adatta, cercate un'audience più adeguata. Uno dei modi migliori per lanciare qualcosa è conoscere coloro per la quale la lanciate.

Media personali

Il self-publishing oggi è molto più che un luccichio negli occhi di un fotografo. Infatti, è una pratica diffusa quanto registrarsi a un account gratuito con Wordpress o Blogger. Molti fotografi non hanno mai pubblicato nulla con gli organi tradizionali, nonostante le storie che raccontano e il modo in cui vengono presentate siano altrettanto efficaci. Un libro personalizzato, un blog o anche un account con un servizio di hosting fotografico, come 500px, possono servire come piattaforma di storytelling credibile e attraente per chiunque faccia parte della community fotografica.

C'è sempre un pubblico che volete raggiungere con i vostri racconti, che li distribuiate con i media tradizionali o con quelli personali.

Resta comunque il fatto che c'è sempre un pubblico che volete raggiungere con i vostri racconti, che li distribuiate con i media tradizionali o con quelli personali. Anche se iniziate a scrivere e fotografare per il vostro blog, dovete generare contenuti che siano adatti ai vostri lettori. Il mio blog è orientato alla discussione con altri fotografi, non gli utenti comuni. Molti sposi e genitori creano siti web per coinvolgere altri membri della famiglia e, se papà ha un'inclinazione per la fotografia, il sito potrebbe essere economico e molto utile per mostrare le storie visuali relative ai suoi bambini, per quell'audience particolare.

I media personali permettono anche, a chi svolge il lavoro di visual communicator, di pubblicare storie che non sono in relazione con il tipo di professione svolta. Abbiamo tutti svariati interessi e un blog personale su Tumblr potrebbe essere il format adatto per pubblicare delle vignette sulla vita nella veranda vicina. Le opportunità per presentare un racconto sono molte e tutto ciò che serve è stabilire il formato che fa al caso vostro e la storia che state raccontando.

INCARICHI: LA PRESSIONE SALE!

Bene, l'avete fatto. Avete creato un portfolio, vi siete incontrati con degli editori, avete proposto una storia per una rivista e questa è stata accettata. Congratulazioni! Ora, al lavoro.

Per coloro che amano la fotografia, ottenere l'incarico per una storia (che l'abbiate proposta o meno) è una bellissima sensazione. Al tempo stesso, però, iniziate a rendervi conto che la pressione si alza.

C'è sempre un po' di ansia all'inizio di ogni incarico, a prescindere dal numero di shooting che avete condotto o dalle storie che avete prodotto per una particolare pubblicazione. Lo scopo è mettersi in movimento e ricordare perché si è stati assunti: per fare il fotografo. Più vi impegnate per creare immagini di storytelling irresistibili, più efficienti e competenti diventerete come fotografi, nel campo degli articoli su pubblicazioni stampate.

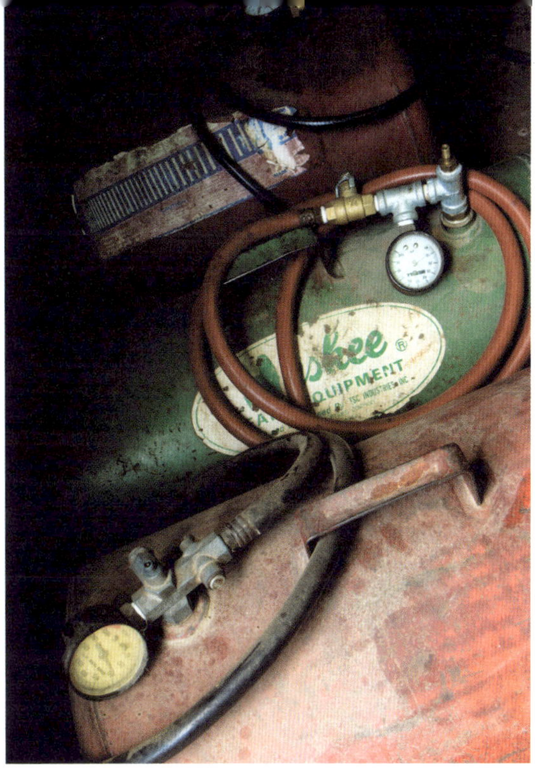

Scoperta di attrezzi usati a Cottondale, in Texas.
Canon 1D Mk III, 42 mm, 1/6 sec., f/11, ISO 100

Questa opportunità vi permette di far pratica con molti degli argomenti affrontati in questo libro. Qual è il pubblico per questa storia e questa pubblicazione? Tenete a mente l'argomento, l'ambientazione della storia, i personaggi, la trama e l'intreccio. Pensate alla struttura tematica della vostra storia. Che stato d'animo state cercando di rappresentare con le vostre immagini e come intendete farlo? Tutte le cose che avete imparato su come usare la fotocamera e su cosa significa essere un "visual communicator" a questo punto si fondono e al tutto viene aggiunta un po' di pressione, giusto per rendere le cose più interessanti.

Insieme agli incarichi arriveranno anche delle aspettative editoriali. Queste variano in base ai diversi tipi di media, ma in genere hanno a che fare con la qualità del vostro lavoro, la vostra professionalità e il rispetto delle deadline. In questo non c'è differenza con altre professioni e con ciò che gli imprenditori richiedono ai loro dipendenti. Un impiegato a tempo pieno potrebbe notare differenze rispetto a un freelancer, ma a prescindere da queste, l'importante è avere sempre il controllo del vostro lavoro (così da restare motivati, scattare e raccontare storie).

Restate in contatto con chi fa parte del vostro racconto. Se siete gli unici fotografi e le immagini accompagneranno un documento da 2.500 parole, chiamate l'editor o l'autore e chiedete di poter leggere il manoscritto. Questo vi aiuterà e potrebbe anche accendere una collaborazione incentrata sulle caratteristiche tematiche della storia.

Se vi è stato assegnato un saggio fotografico sui teenager che lavorano dopo la scuola per contribuire alle entrate domestiche, sviluppate un piano che vi aiuti a toccare gli aspetti della storia che potreste non conoscere senza risultare offensivi o minacciosi. Usate le risorse di cui abbiamo parlato per far breccia e costruire relazioni lungo il percorso (potreste dover contattare qualcuno per un racconto simile). Intrattenete conversazioni e prendete nota. Il vostro lavoro sarà anche fotografare, ma più comprenderete la storia che vi è stata assegnata, più sarete in grado di trovare importanti elementi visuali per raccontarla.

Come hanno detto molti fotografi prima di me, la fotocamera non viene mai riposta nella borsa prima di aver lasciato l'ambiente del racconto. In un certo senso, non finite mai di raccontare una storia, ma non riponete mai i vostri strumenti prima di essere usciti dalla porta. Siate pronti per *lo* scatto che vale una storia, che a volte non si palesa fino a cinque minuti prima che ve ne andiate. Mettete la fotocamera a tracolla mentre caricate le attrezzature sul vostro veicolo e tenetela sul sedile del passeggero mentre guidate fino al cancello. Lungo il percorso potreste trovare qualcosa che potrebbe contribuire alla vostra storia.

CASO IN QUESTIONE POTERE DEI FIORI

Ogni mese di maggio, aiuto un gruppo di studenti universitari per un corso di fotografia di 15 giorni nei dintorni di Junction, in Texas. Questo periodo dell'anno segna il passaggio dalla primavera all'estate e solitamente è ottimo per la fotografia. Attraversiamo diversi fiumi (ci sono caduto dentro solo una volta), facciamo trekking sulle montagne e marciamo in paludi coperte di canneti: il divertimento di solito inizia alle 4:30 del mattino e termina verso mezzanotte. Nelle due settimane si trattano molti temi della fotografia e si fanno molte esperienze pratiche sul campo con gli studenti.

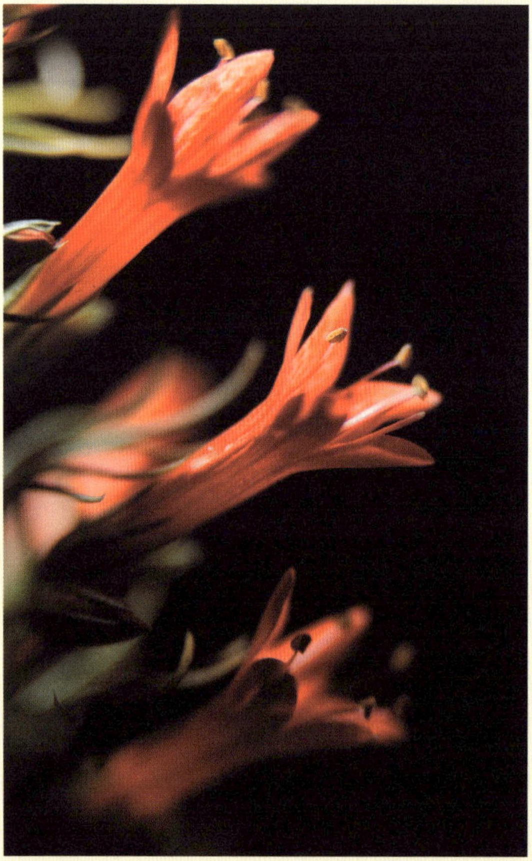

Canon 5D Mk II, 105 mm con tubi di estensione, 1/8.000 sec., f/2.8, ISO 100

Tornare in questi luoghi anno dopo anno mi permette anche di creare un consistente portfolio delle aree in cui scattiamo. Un anno decisi di concentrarmi a fotografare un gruppo di immagini della flora che annualmente si presenta nei campi che attraversiamo, in cammino verso l'ennesimo fiume. Non è niente di speciale, soprattutto perché il Texas Hill Country è pieno di colori splendidi da fotografare in primavera. Tuttavia, volli scattare foto in modo da isolare ciascun fiore da tutto il resto.

Lungo le passeggiate o durante le soste, avrei tenuto gli occhi aperti, per catturare un fiore o una pianta. Quando trovai specie rappresentative della zona, preparai il treppiedi, la fotocamera, l'otturatore, un teleobiettivo con dei tubi di estensione e una o due Speedlite sincronizzate, in modo da scattare con una velocità dell'otturatore così alta da rendere lo sfondo completamente nero o quasi.

Le foto risultanti rappresentarono uno studio "spoglio" sul colore e la crescita. Spoglio per via dell'immediata separazione della pianta dal suo ambiente, sul colore grazie all'enfasi che questo ha nel frame e sulla crescita per le sensazioni associate alla vita e alla vitalità di queste piante. Furono foto veloci da scattare e i soggetti furono piuttosto accessibili.

Nel corso di due anni scattai una piccola serie di immagini, ma era esattamente quel che volevo. Il tutto si basava su un'idea che sviluppai mentre pensavo che uno dei workshop avrebbe potuto produrre qualcosa di diverso dai soggetti tradizionalmente fotografati. Il risultato restituì un modo non naturale di fotografare un soggetto in un ambiente naturale, ma catturò l'essenza delle piante e il significato visuale delle loro relazioni con temi astratti, basati sulla delicatezza e la potenza dei colori. ■

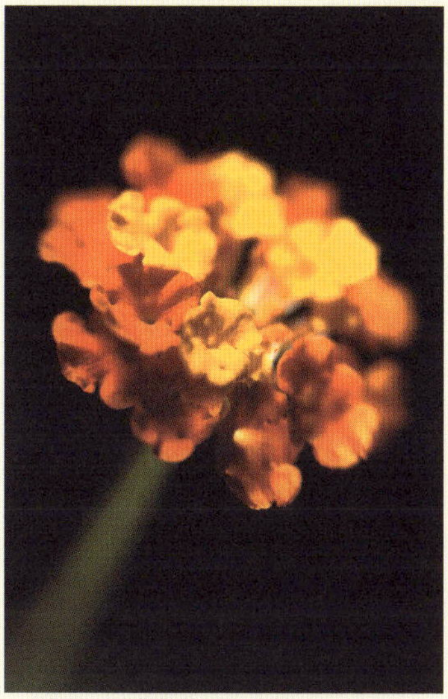

Canon 5D Mk II, 85 mm con tubi di estensione, 1/8.000 sec., f/3.2, ISO 50

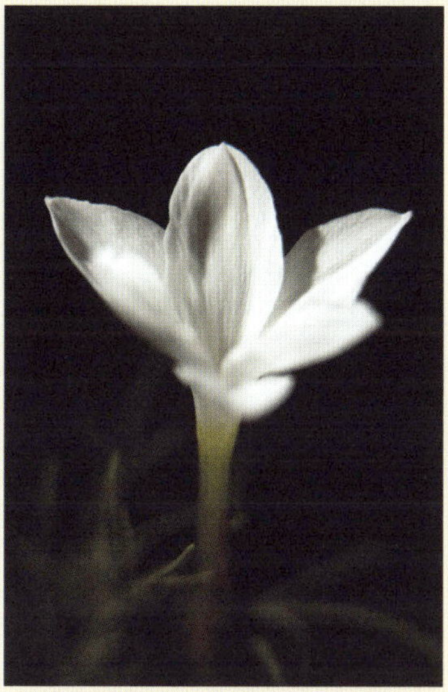

Canon 5D Mk II, 160 mm con tubi di estensione, 1/8.000 sec., f/3.2, ISO 50

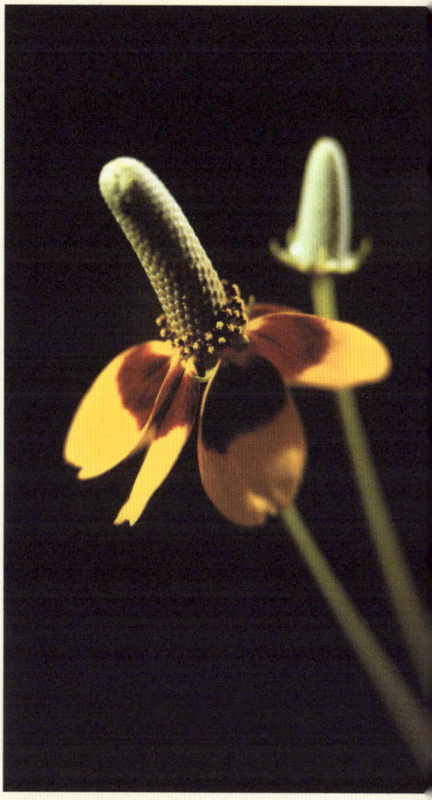

Canon 5D Mk II, 100 mm con tubi di estensione, 1/8.000 sec., f/2.8, ISO 50

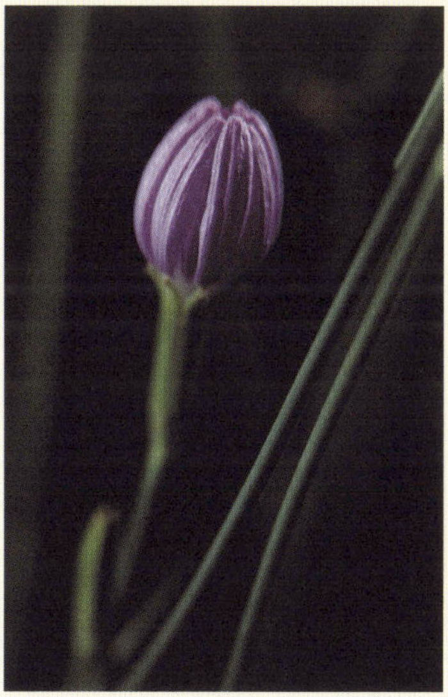

Canon 5D Mk II, 80 mm con tubi di estensione, 1/8.000 sec., f/2.8, ISO 50

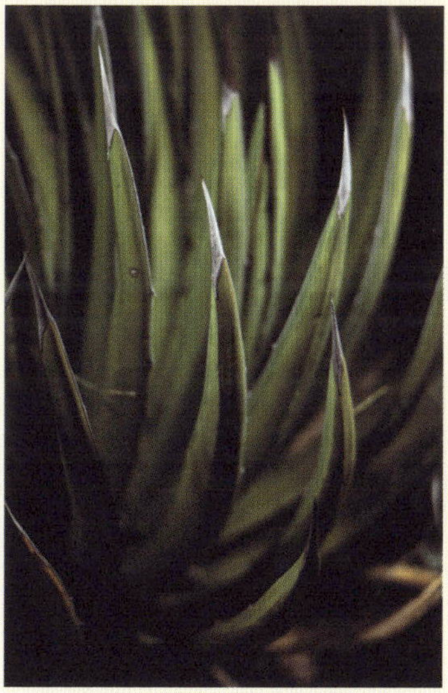

Canon 5D Mk II, 100 mm, 1/2.000 sec., f/2.8, ISO 50

STORIE RITROVATE: UN PO' COME "ARTE RITROVATA"

Le passeggiate fotografiche sono entusiasmanti. Rappresentano un'eccellente opportunità di esercitare le nostre abilità e ci permettono di sviluppare l'occhio creativo e la visione per lo storytelling. Sono anche molto utili per identificare e produrre una piccola storia. Del resto, questo tipo di pratica può portarvi ad affrontare progetti che durano anni. Il punto è che potete imbattervi in una storia proprio come trovate una moneta per strada, se sapete cosa cercare. Non esistono garanzie che questa possa svilupparsi oltre la semplice idea, ma sapete che potete trovarla.

Fotografare tenendo a mente il tema svilupperà la vostra abilità nel trovare racconti. Ho passato gli anni della mia formazione (ma chi prendo in giro? Gli anni formativi non terminano mai) guidando per migliaia di chilometri e fotografando il Llano Estacado, la porzione a sud (e la più pianeggiante) degli American High Plains. Il mio ordine del giorno? La potenza del cielo. Non avevo molte direttive oltre questo elemento e, durante il tempo trascorso sulle strade, fui in grado di catturare alcune immagini interessanti, che si collegavano a quest'idea astratta di potenza.

Lungo il cammino sviluppai la conoscenza della terra e delle persone incontrate negli shooting. Riuscii a visualizzare le storie che si verificavano sui campi di cotone e di mais che incontrai. Da allora, ho potuto fotografare numerose storie basate sulla mia conoscenza dell'area (tutto partendo da quei viaggi solitari sulle autostrade del Texas Occidentale).

Sfogliare i vostri archivi è un altro modo per trovare un argomento di interesse che potreste seguire in seguito. Solo selezionando le immagini per questo libro, ho ricordato location che ho visitato, persone che ho incontrato ed eventi ai quali ho preso parte o che ho fotografato.

Ogni volta che sfoglio l'archivio, mi ritrovo a osservare questi luoghi e persone in nuovi modi e in più di un'occasione ho annotato alcuni dettagli per quando tornerò a visitare la stessa area.

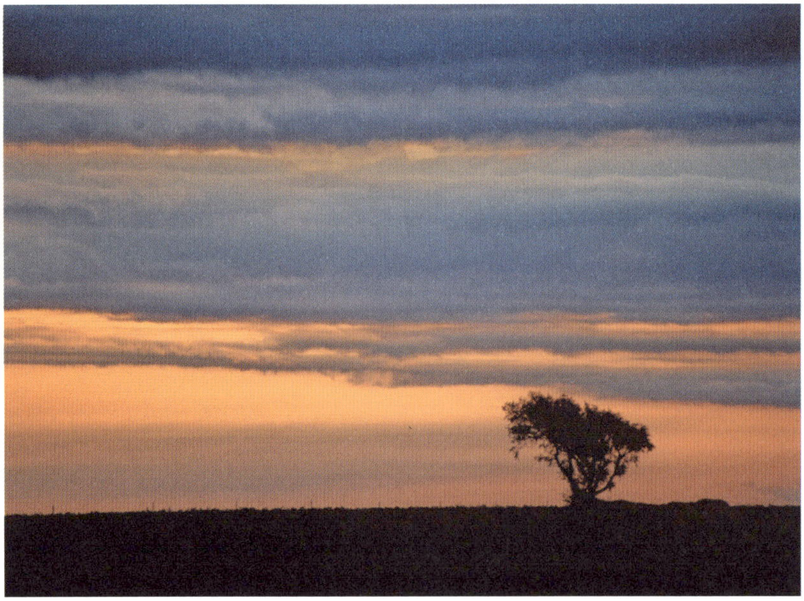

Il Texas Occidentale è noto per l'orizzonte piatto e il cielo colorato, come mostra questa silhouette mattutina di una coltivazione vicino Tahoka.

Canon 1N, 300 mm, 1/200 sec., f/5.6, ISO 10, Fujichrome Velvia

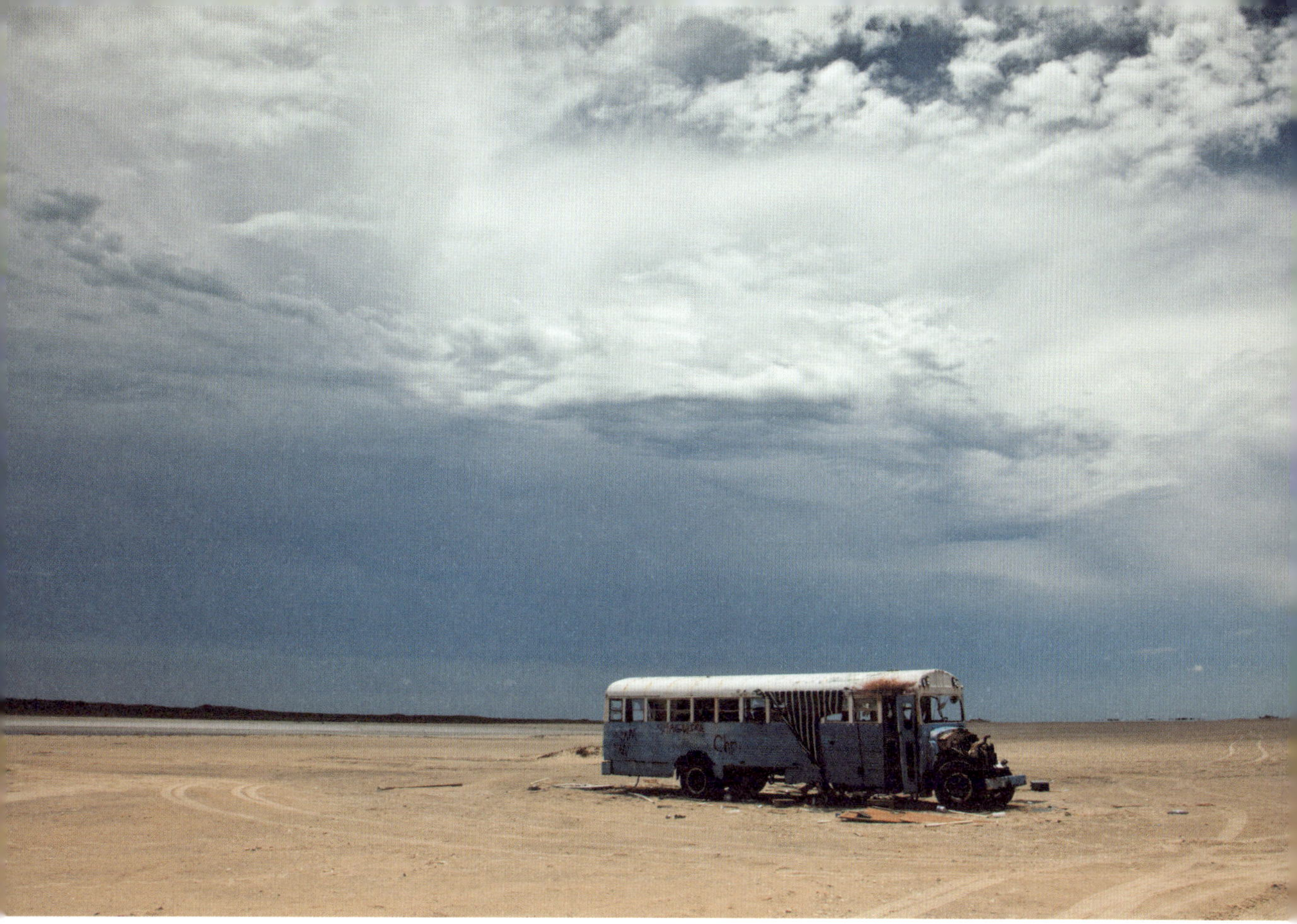

Uno scuolabus vissuto e solitario, in una distesa sabbiosa a Padre Island, in Texas. È uno di quei momenti in cui ti fai domande sull'ignoto. Dev'esserci una storia dietro questo veicolo trasformato in rottame.

Canon 5D Mk II, 24 mm, 1/800 sec., f/9, ISO 200

Le vostre immagini rivelano i vostri interessi come storyteller ed evidenziano quel che potreste aver dimenticato. È una cosa molto importante e, se lo volete, può aiutarvi a migliorare il vostro mestiere e la visione per lo storytelling.

CHE COSA FATE CON L'IGNOTO?

È una bella domanda. Avete mai avuto la sensazione che ci fosse qualcosa in più in quello che stavate osservando, ma di non riuscire a coglierne a fondo il senso?

Mi sono imbattuto spesso in zone o persone che avevano qualcosa di unico per dar vita a una storia, ma che non corrispondevano a ciò che desideravo. Qualcosa nel volto di una persona vi può rivelare che questa ha affrontato una vita di duro lavoro e di sofferenze, ma che altro? Oppure, per i soggetti non umani, il ritmo disorientante del modo in cui gli alberi sono stati piantati centinaia di anni fa può risultare piacevole, ma *perché* visivamente sono strani? Il rottame dello scuolabus sulla sabbia lascia l'osservatore con molte domande in sospeso.

Siate pronti a recepire le informazioni o le immagini che possono contribuire alla storia che volete fotografare.

Una delle risposte alla domanda precedente consiste semplicemente nell'approfondire il tutto. Spesso, è il fotografo a dover investigare sulla potenziale fonte di una storia.

La lapide che identifica la tomba del famigerato gangster Machine Gun Kelley si trova lungo la strada in cui sono cresciuto, a Cottondale, in Texas. Anche se la sua vita è stata ben documentata, c'è molto mistero circa sul modo in cui veniva rappresentato al pubblico durante l'era del Proibizionismo e su come venne incarcerato, per poi essere sepolto in un luogo anonimo, all'interno di un cimitero rurale. C'è una storia interessante sulla vita di Mr. Kelley che inizia proprio con quella lapide. Tutto ciò che serve è una piccola lezione di storia, per avviare il motore di storytelling.

Una risposta alternativa alla domanda consiste nel rinviare l'idea. Quando il vostro saggio fotografico su un costruttore di cassette per la posta personalizzate incontra un problema nella fase di pianificazione, prendetevi del tempo. Può trattarsi di qualche giorno, due settimane o anche tre o quattro mesi. Ho cartelle digitali e blocchi per appunti pieni di idee per nuove storie, che ho già iniziato a considerare o solo abbozzato per il futuro. Recentemente ho ripreso un progetto in mano e la data sulla prima pagina risale a giugno 2008.

Comunque sia, quando rinviate un'idea a un momento successivo, non dimenticatevene. Restate pronti a recepire le informazioni o le immagini che contribuiranno alla storia che volete fotografare. Sviluppare i racconti attorno a dei temi vi aiuta a rimanere ricettivi nei confronti delle immagini e di altri contenuti che potrebbero aiutarvi a costruire una storia con una struttura particolare. Per esempio, un recente viaggio di insegnamento in Europa ha rinvigorito le mie riflessioni sulla vita rurale e sulla solidarietà negli Stati Uniti. Un confronto tra le similitudini e le differenze dei due continenti ha acceso le idee che avevo per le storie che riguardano il mio paese, ma mi ha anche aiutato a evidenziare due nuovi progetti che colmano il gap tra queste due aree globali.

QUALCOSA SI CREA Quando notate qualcosa che ha il potenziale per restituirvi una storia, prendetevi del tempo per capire cosa vi ha attratto, in quel soggetto, dal primo istante. Sono stati i colori dell'abito di una persona, l'aspetto del bancone del pub o forse il modo in cui due gentiluomini si sono salutati a vicenda?

Quando avete capito quel che vi ha attratto, iniziate a fare previsioni su dove e quando potrete trovare ancora la stessa situazione. Questa pratica vi terrà sulle spine e potrebbe richiedere una coerenza, nell'aspetto o nel comportamento, che potrebbe gettare una nuova luce sulla storia che inizialmente ha attirato il vostro interesse.

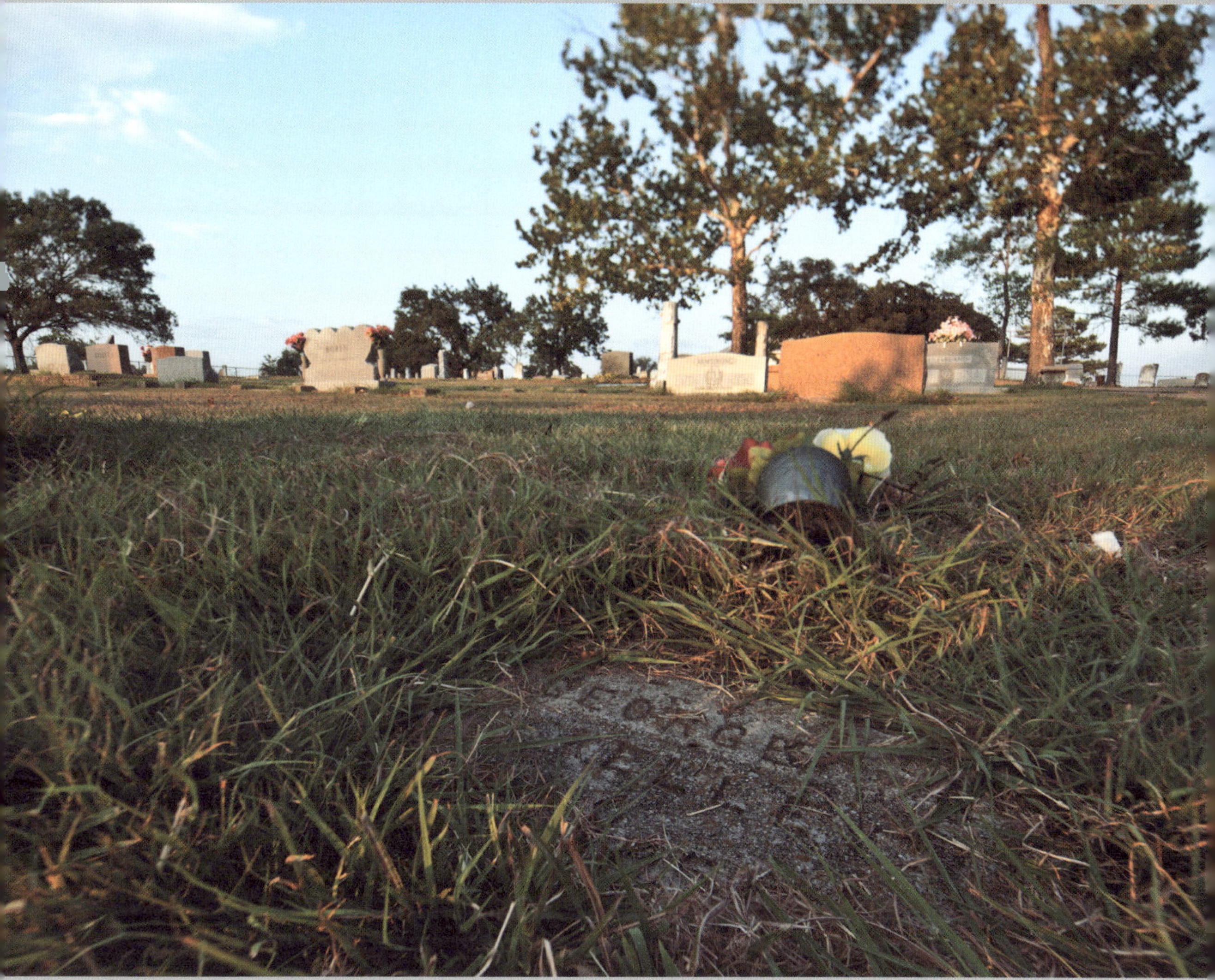

George B. Kelley, noto come Machine Gun Kelley, è un nome che evoca tanti altri gangster dell'era del Proibizionismo.

Canon 5D Mk II, 17 mm tilt-shift, 1/30 sec., f/6.3, ISO 100

Il punto di tutto questo è non escludere mai alcuna idea che avete in merito a raccontare una storia. Se state tenendo occhi e orecchie aperte verso le storie che volete raccontare e siete "sintonizzati" con l'ambiente circostante (che si tratti del vicinato o delle isole del Pacifico), sarete in grado di identificare e fotografare dei racconti interessanti. Questo potrebbe accadere nel giro di una notte o dopo diversi anni e migliaia di chilometri. Essere sempre pronti a esplorare l'ignoto è un modo per veder crescere il vostro lavoro in qualcosa che è in grado di presentarsi da solo, tramite una narrativa visuale ben congeniata.

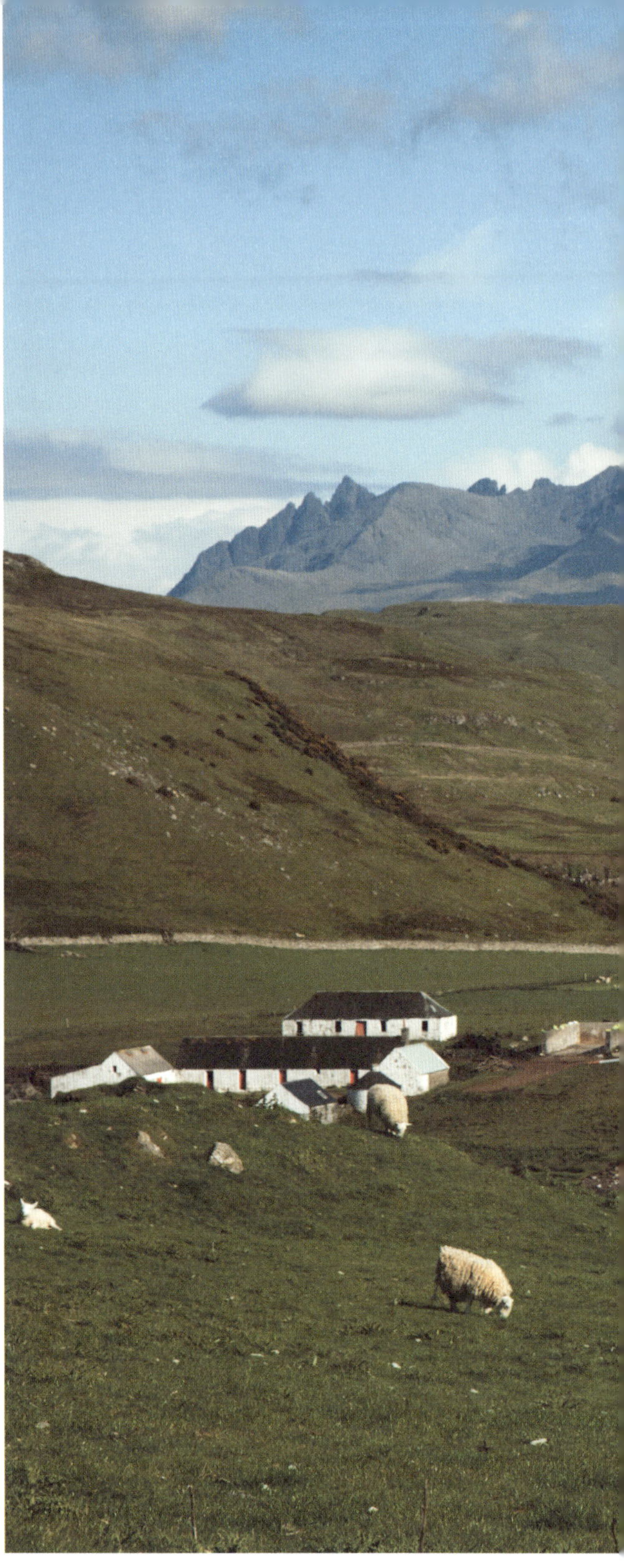

La Scozia rurale lungo le rive dell'Isola di Skye.

Canon 5D Mk II, 75 mm, 1/160 sec., f/8, ISO 50

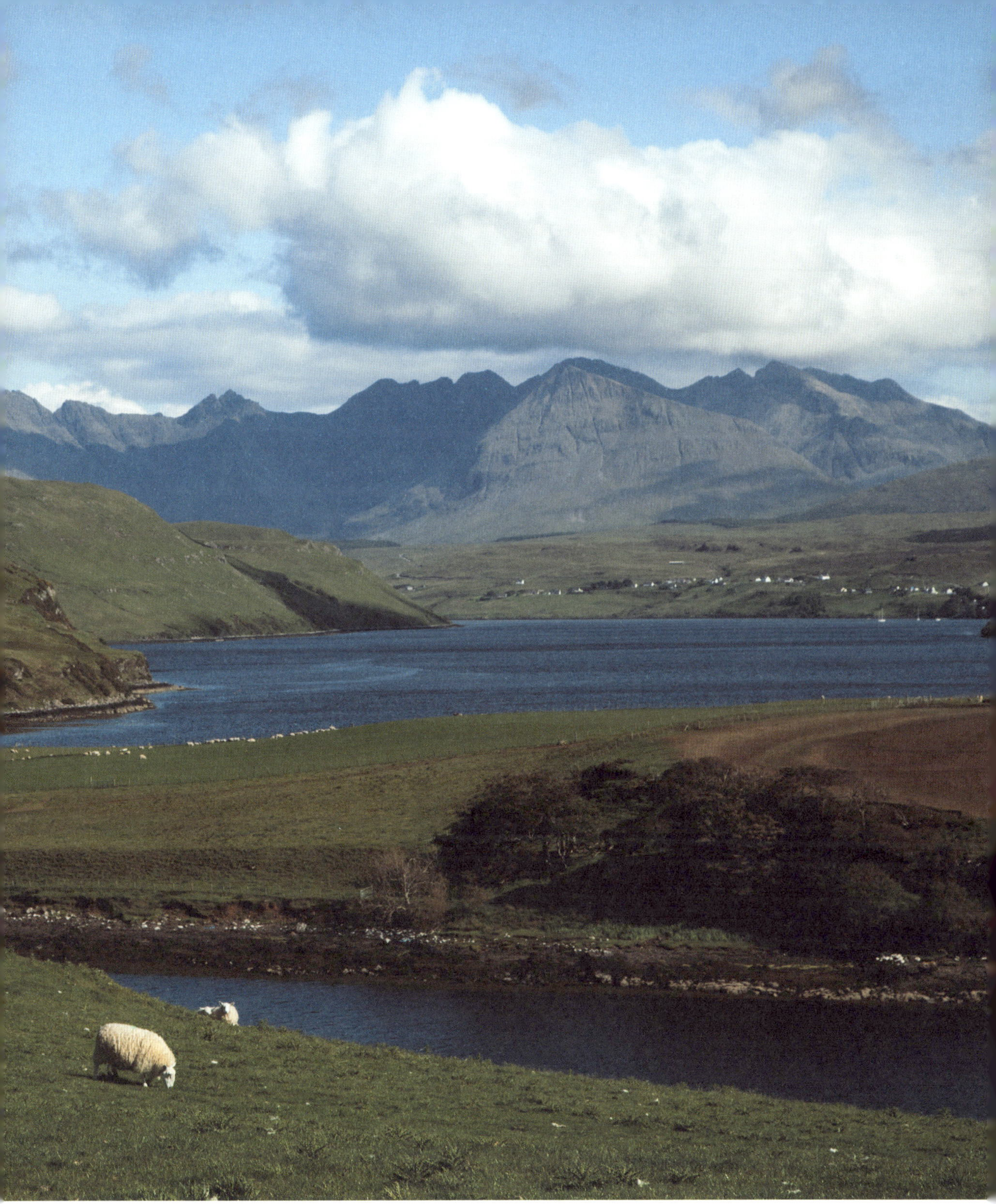

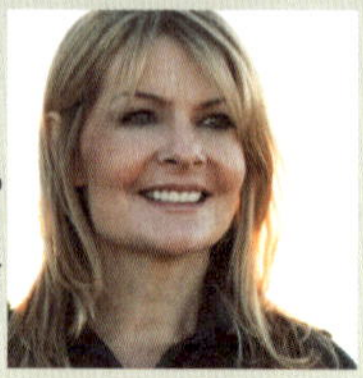
Anna Kuperberg

Come fotogiornalista, Deanne documenta alcuni dei temi sociali più importanti; come co-fondatrice di Think Tank Photo, produce alcune delle migliori borse per fotocamere dell'intero settore.

Il sito web di Deanne Fitzmaurice vi catturerà per mezz'ora o più, scavando nei saggi fotografici che ha pubblicato negli anni, soprattutto quello che ha vinto il Premio Pulitzer, che ha creato per il San Francisco Chronicle. *Sono onorato di poterla includere in questo libro e incoraggio ogni lettore a visitare i suoi lavori dopo aver letto l'intervista.*

D Raccontaci qualcosa di te e della tua fotografia.

R Mia madre era bibliotecaria, mio padre un pilota di aerei da caccia e io ho ereditato un po' da entrambi. Le capacità analitiche di mia madre, la sua pazienza e perseveranza mi permettono di entrare in contatto con le persone. Come mio padre, una volta entrata non temo nulla, sono una temeraria. Mi è servito molto anche come fotografa. Sono anche curiosa e nutro il profondo desiderio di comprendere le persone. E amo le sfide.

Da quando ho lasciato il *Chronicle*, dove ero staff photographer, ho lavorato per l'editoria tradizionale e multimediale, per progetti no profit e pubblicitari. Ho anche avuto più tempo per concentrarmi su Think Tank Photo.

D Cosa ti attira dei saggi fotografici?

R Per gli incarichi quotidiani al *Chronicle*, spesso avevo solo un'ora o meno con i soggetti. Iniziato il lavoro con i saggi fotografici, iniziai ad apprezzare la profondità che potevo dare a una storia trascorrendo tempo con i soggetti, trovando diverse nuance e trucchi vari. Ora riesco a dare ancora più profondità a certe storie, aggiungendo audio e movimento.

D Quali sono state le tue influenze quando pensi al visual storytelling?

R Sono stata profondamente influenzata da Eugene Richards, Brenda Ann Kenneally e Elliott Erwitt.

D Il tuo saggio vincitore del Pulitzer su Saleh, un ragazzo iracheno, è una delle storie più dinamiche che abbia mai visto. Che mole di lavoro ha richiesto la creazione?

R Iniziò come incarico presso il *San Francisco Chronicle*. L'editor mi chiese di fotografare un ragazzo ferito in modo grave che era appena stato portato al Children's Hospital dall'Iraq. Non appena vidi Saleh e incontrai suo padre, Raheem, capii di voler raccontare la loro storia, per umanizzare questo aspetto della guerra. Dovetti abbattere le barriere linguistiche e molte restrizioni ospedaliere per ottenere l'accesso alle loro vite. Un'ora di incarico si trasformò in un progetto lungo otto anni.

Fotografai le loro vite per circa un anno, cercando di essere presente quando accadeva qualcosa di importante, come il primo giorno di scuola di Saleh, ma anche quando non c'era nulla di speciale, per documentare la loro vita quotidiana. Io e la scrittrice con cui lavoravo,

Ora riesco a dare ancora più profondità a certe storie, aggiungendo audio e movimento.

Meredith May, pensavamo che Saleh sarebbe tornato in Iraq con il padre, una volta che fosse stato stabile dal punto di vista medico. Tuttavia, quando la loro famiglia fu minacciata dagli insurrezionisti, ottennero asilo politico e si fermarono a Oakland. Continuo a seguire la storia della famiglia Khalaf, mentre scopre la vita in America. Saleh si appresta ad affrontare nuove sfide nella sua adolescenza. Raheem lavora come autista di camion, ma ha ancora difficoltà a mantenere la sua famiglia. Probabilmente continuerò a documentare la vita di Saleh finché non mi chiederà di smettere.

Vincere il premio Pulitzer è stato importante e ha significato che molte persone hanno visto questa storia. La mia ottima photo editor, Kathleen Hennessy, mi ha aiutato a sviluppare questo racconto e ha editato le immagini. Ha creduto nel progetto e mi ha concesso il tempo per documentarlo.

D Quando fotografi delle storie, ti ritrovi a lavorare con la descrizione di un particolare tema universale?

R Gravito attorno alle storie che umanizzano i problemi sociali e sanitari. Una famiglia irachena separata dalla guerra, un ragazzo con una malattia renale, il cui robot va a scuola al suo posto, i matrimoni gay, la vita in un bordello, il commercio del sesso. Sono molto attratta anche dalle storie dei dietro-le-quinte, fuori dal campo con atleti o celebrità sportive.

D Se dovessi scegliere tra le tue immagini, per mostrare come si possa raggiungere uno storytelling efficace con la fotografia, quale sceglieresti e perché?

R Sceglierei tre immagini di questa serie – Saleh in ospedale con suo padre, mentre disegna con un pennarello attaccato al suo braccio e mentre gioca a calcio nei corridoi dell'ospedale – che sono state scattate nella stessa notte [per vedere gli scatti, visitate www.deannefitzmaurice.com]. Fu il primo giorno in cui andai in ospedale senza il reporter la giornata più produttiva in termini di foto ospedaliere, durante il ricovero di Saleh. Lavorare con la giornalista fu vitale e collaborammo attivamente, ma fu anche importante fare un passo indietro e stabilire una mia connessione con Saleh e Raheem. La foto dei due sul letto dell'ospedale mostrò quanto tutto fosse difficile per Raheem, che nell'incidente aveva perso il figlio più grande. Mostrava anche il legame tra padre e figlio, oltre all'amore di Raheem per Saleh.

Volli mostrare gli alti e bassi emotivi che stavano attraversando. Saleh stava giungendo alla conclusione che lui e Raheem non avrebbero potuto tornare in Iraq, il che significava che forse non avrebbe più potuto vedere sua madre. Quando ebbe un tracollo in un negozio di alimentari, lo fotografai. Fu difficile vedere cosa provava mentre le persone nel negozio lo osservavano e non fu facile scattare la scena in cui Saleh cadde piangendo ai piedi di Raheem. Raheem non sapeva davvero che fare.

Sentivo di muovermi lungo una linea sottile. Dicono che, come giornalisti, non dobbiamo avvicinarci troppo ai soggetti, ma credo che sia

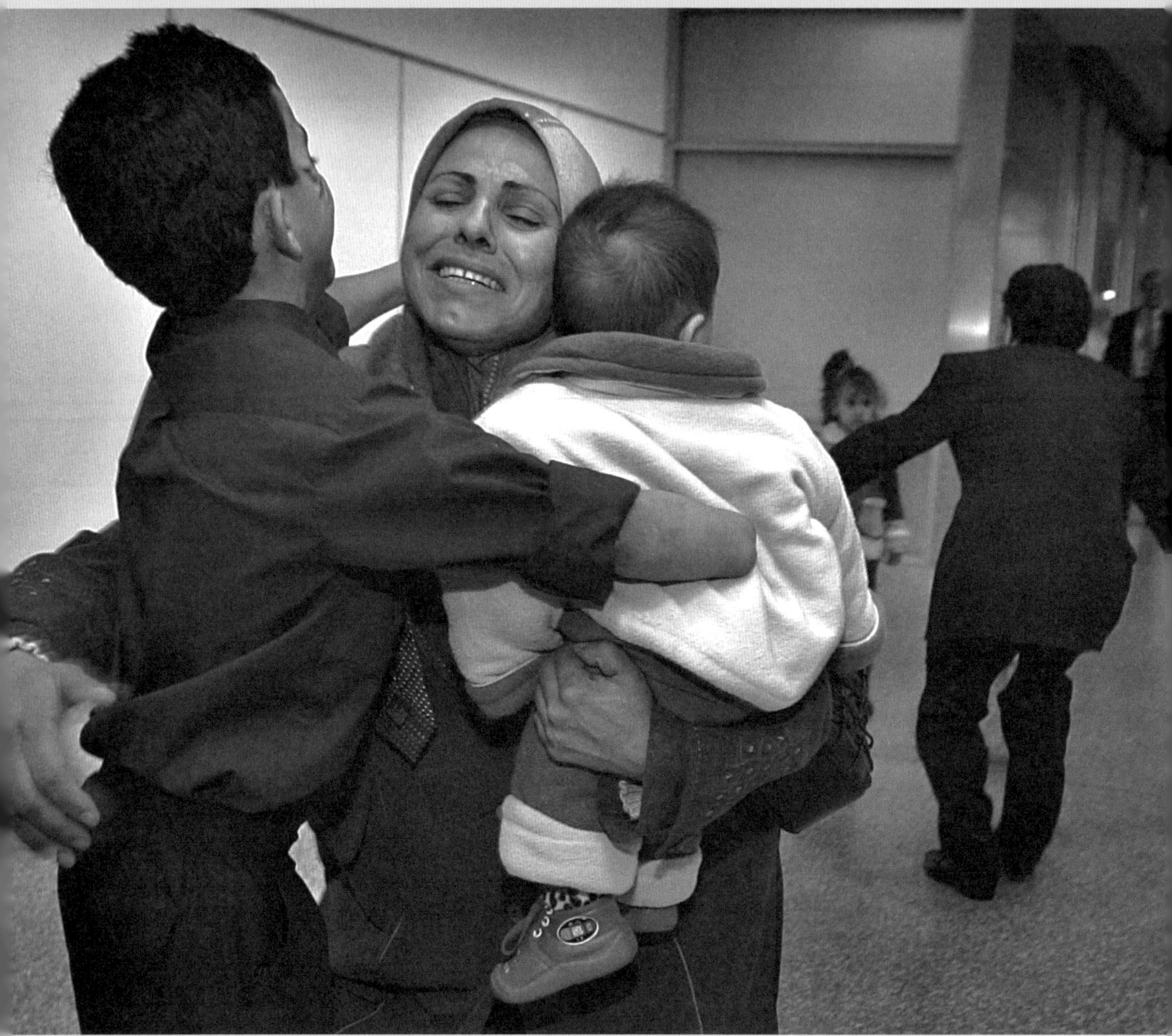

Deanne Fitzmaurice

Dicono che, come giornalisti, non dobbiamo avvicinarci troppo ai soggetti, ma credo che sia l'unico modo per far sì che si aprano, si rivelino e condividano le loro storie.

l'unico modo per far sì che si aprano, si rivelino e condividano le loro storie. Significa connettersi sul piano umano, quindi sì, mi avvicinai a loro, ma se la cosa mi avesse impedito di impugnare la fotocamera nel momento in cui Saleh piangeva ai piedi del padre avrei fallito come fotogiornalista.

Per il ricongiungimento della famiglia all'aeroporto, lavorammo molto alla preparazione, compresi gli incontri con gli ufficiali del San Francisco International Airport. In questo modo, quando arrivarono via aereo dalla Giordania, potei mettermi in posizione senza intralciare la dogana, non rischiando così di perdere il momento in cui Saleh avrebbe incontrato la madre Hadia. Non la vedeva da oltre un anno e nell'ultimo incontro lei non sapeva se sarebbe sopravvissuta. I miei editor inviarono un altro fotografo all'aeroporto, nel caso la dogana mi avesse bloccata. Quando arrivammo, gli agenti doganali mi aiutarono a farmi spazio tra la folla e trovai Saleh e Raheem. Indossavano cravatte e grandi sorrisi. Saleh era così entusiasta che continuava a saltellare.

Mi posizionai a metà tra Saleh e Raheem e la porta da cui la famiglia sarebbe passata. Mi concentrai su di loro, finché non li vidi reagire. Saleh e Raheem presero a correre per incontrare i famigliari. Scattai la foto, quindi mi girai e un attimo dopo Saleh e sua madre si abbracciarono, mentre Raheem sollevava le bambine che non vedeva da oltre un anno. Avevo trascorso un anno fotografando Saleh, sapendo quanto gli mancava la madre e l'osservare il suo volto e l'amore mentre l'abbracciava è stata probabilmente una delle emozioni più forti che abbia mai fotografato.

D Se potessi dare un suggerimento a coloro che iniziano a raccontare storie con la fotografia, quale sarebbe?

R Siate curiosi e leggete di tutto. Dedicatevi alle storie che vi interessano davvero, perché è da queste che otterrete il vostro miglior lavoro. ■

Per vedere il lavoro di Deanne Fitzmaurice, visitate il sito web: www.deannefitzmaurice.com

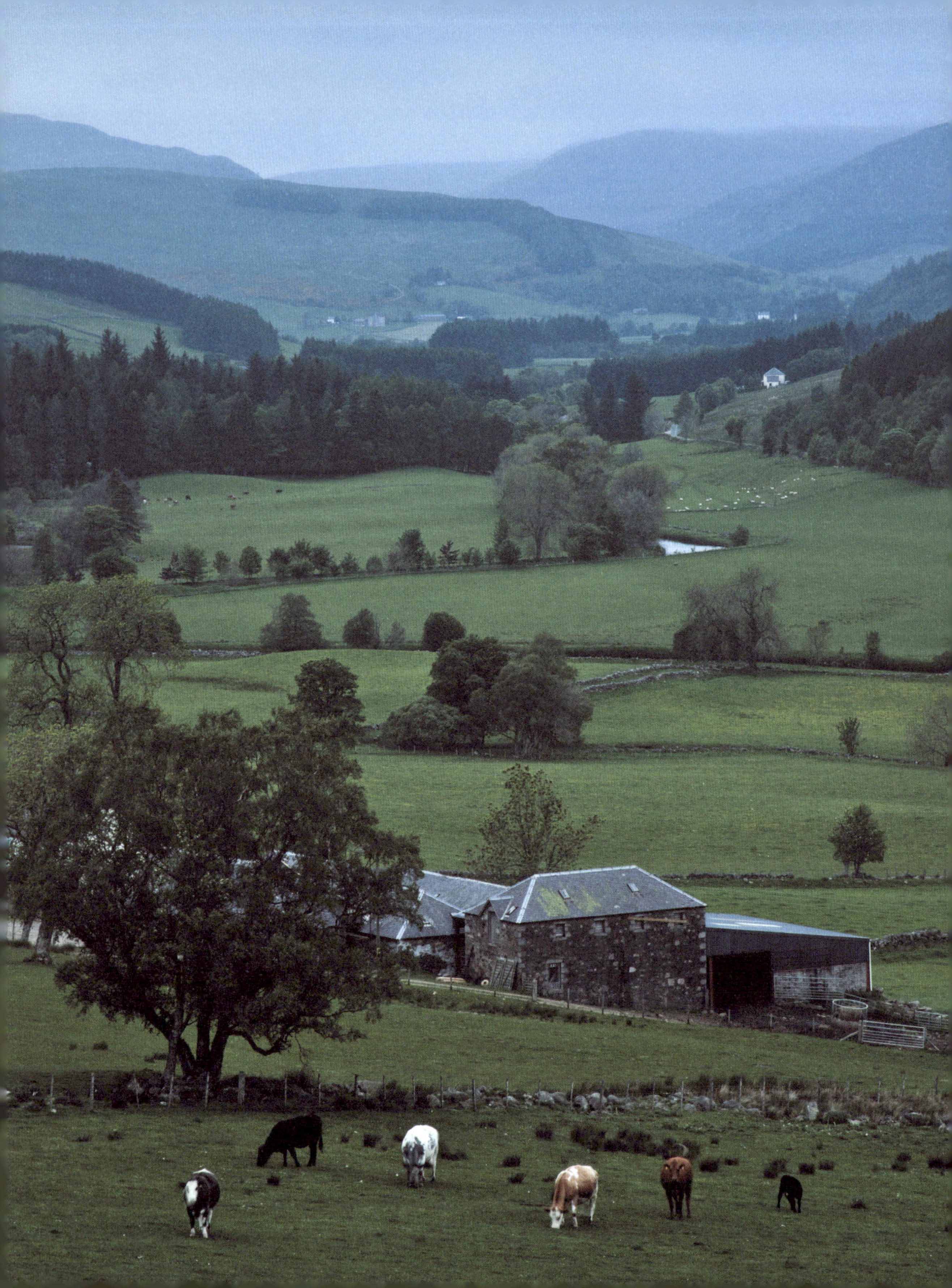

CAPITOLO 6

Fate ricerche!

Finalmente, un po' di calma. Sono le 9 della sera, i cani hanno finito di abbaiare e posso smettere di pensare alla folle giornata che ho avuto. Mi siedo davanti al computer e apro un documento che uso per compilare note su un'idea che ho per un saggio fotografico sui barbieri locali. Digito alcuni nomi di barbieri che conosco personalmente e passo al mondo online. Una rapida ricerca di *storia+barbieri* mi restituisce oltre 1.400.000 risultati. Inizio dai primi dieci e valuto dove la cosa mi porta.

Prima di viaggiare verso la Scozia, le mie ricerche mi hanno portato a concentrarmi sulla sua abbondanza di risorse naturali, gli sforzi di conservazione e le attività ricreative, oltre all'atmosfera rurale.

Canon 5D Mk II, 17 mm, .6 sec., f/22, ISO 100

In poco tempo è l'una di notte, ho dieci schede aperte su due finestre del browser e ho riportato su carta una grande quantità di note. Sto ascoltando un quartetto vocale in streaming, dopo aver letto delle origini di questo format musicale.
Ho letto di come la parola "barbiere" derivi dalla parola latina "barba", dei vari stili di pettini realizzati nella storia e della colonna a spirale che viene associata visivamente a questa professione. Ho osservato circa 300 immagini di barbieri da tutto il mondo. Abbozzo alcune idee del mio saggio su carta e ho già identificato altri sette barbieri da contattare per un potenziale shooting.

All'improvviso, il mio browser si chiude in modo inaspettato. Fortunatamente tutte le pagine sono inserite tra i preferiti.

La ricerca può essere noiosa. La si fa da soli e spesso consuma il tempo che si preferirebbe destinare agli shooting. I ricercatori vinceranno anche i giochi di quiz, ma non sono certo quelli che animano le feste. La nostra ricerca può tenerci svegli la notte, ma a volte serve a curare l'insonnia. Zzzzzzz.

Tuttavia, le ricerche ci rendono storyteller migliori.

ESPANDERE LA COMPETENZA SPECIFICA

Creare delle idee per le storie è solo l'inizio del processo di storytelling. Il passo successivo è divenire un'autorità sul soggetto trattato.

Dico davvero, è difficile pensare di raccontare storie senza informarsi al meglio sui personaggi, l'ambiente e le attività che dovrete fotografare. Potete immaginare lo shooting di un racconto sugli ingegneri ferroviari nel sud-est, senza perlomeno andare a verificare online quali tratte fanno parte dell'area in cui vi troverete? La ricerca, poca o tanta che sia, è una parte cruciale dello storytelling e serve a diversi scopi.

Esperti in diverse cose

In primo luogo, la ricerca ci permette di diventare esperti nella materia che ci interessa. Una delle cose migliori dell'essere fotografi è l'assortimento di argomenti, discussioni e persone con cui interfacciarsi. Il nostro lavoro stimola la mente quotidianamente. Alcuni tra noi si concentreranno su un'area di interesse della vita fotografica, come la fauna selvatica o la sua conservazione. Altri avranno una prospettiva più generica e non si faranno mai scappare un nuovo argomento o un' area che permetta loro di raccontare una storia visuale. Non importa in quale parte di questo "ventaglio" vi posizioniate, ogni racconto che fotografate necessita di un certo livello di conoscenza per ottenere una narrazione corretta, creativa e unica.

Questo non significa che dovete ottenere un dottorato per ogni materia che fotografate, ma che è importante conoscere la terminologia, la lingua, le relazioni o anche un po' di meccanica di quel che si trova davanti al vostro obiettivo. Per i fotografi naturalisti, questo significa sviluppare una conoscenza avanzata della storia naturale degli animali o di certe specie. Per i fotogiornalisti è necessario addentrarsi in diversi tipi di pensiero, ma potrebbe anche essere fondamentale analizzare i pro e i contro di una storia, prima di passare a quella successiva. In ogni caso, assimilare più informazioni possibili aiuta il fotografo a creare un'immagine migliore.

La ricerca ci aiuta a far fronte all'assortimento di argomenti che abbiamo l'incarico di fotografare. Quando ci penso, il programma degli shooting che devo affrontare a volte è quasi comico. Un ritratto per un sito web un giorno, i cowboy al lavoro con la mandria quello successivo, seguiti da un trasferimento in auto di due ore per scattare foto sulla fede religiosa in una piccola città, per terminare con lo shooting del procedimento di realizzazione di una torta di zucca senza zucchero. Un bell'assortimento.

L'unica cosa che mi permette di lavorare senza confondere i cowboy con la zucca è la quantità di ricerca che svolgo per ogni argomento. Questa può variare a seconda del soggetto – un ritratto richiede meno lavoro del conoscere la cultura cowboy – ma l'essere sicuro di aver svolto i miei compiti per ogni storia mi rende un fotografo più efficiente.

RISERVATE DEL TEMPO PER LA RICERCA **L'ambito del vostro progetto definirà quanto tempo dovrete impiegare per la ricerca, ma riservando con regolarità un po' di tempo potrete gestire meglio la parte di preparazione per il processo di storytelling.**

Alcuni fotografi si riservano un'ora ogni sera per le ricerche, mentre altri sfruttano intere giornate durante la settimana. I progetti più importanti, d'altro canto, potrebbero richiedere una programmazione di mesi di lavoro, mentre nel frattempo lavorate ad altri compiti più semplici. L'importante è concedervi del tempo per prepararvi adeguatamente per la storia che volete raccontare.

Prendere il ritmo con la ricerca vi aiuterà anche ad appassionarvi a una storia e ad avviare quella successiva, soprattutto perché la vostra attenzione sarà già rivolta alla ricerca e all'elaborazione delle informazioni. Molte storie portano a incarichi futuri sullo stesso argomento o su uno simile.

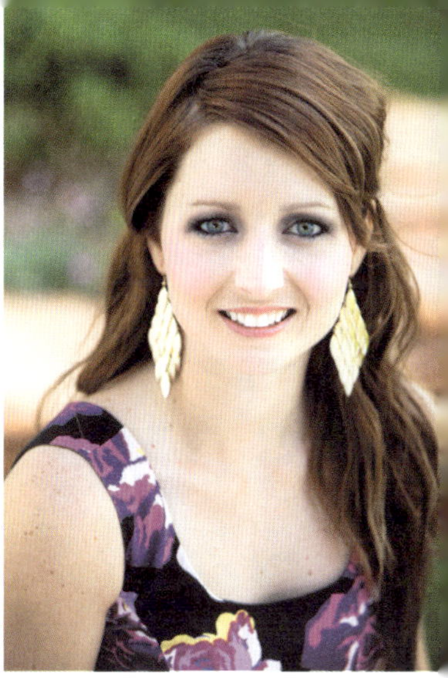

Nonostante non sembri necessario fare ricerche, conoscere un po' il vostro soggetto mentre scattate ritratti può aiutarvi a stabilire il tipo di illuminazione o di sfondo da usare.

Canon 5D Mk II, 93 mm, 1/200 sec., f/2.8, ISO 200

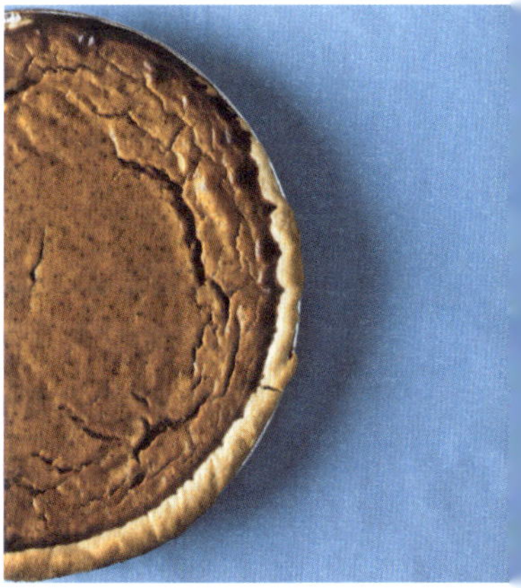

Lo studio di altre immagini sulle torte di zucca, oltre a una discussione con l'art director, mi ha consentito di ottenere lo scatto di questo particolare dessert.

Canon 5D Mk II, 50 mm, 1/125 sec., f/11, ISO 200

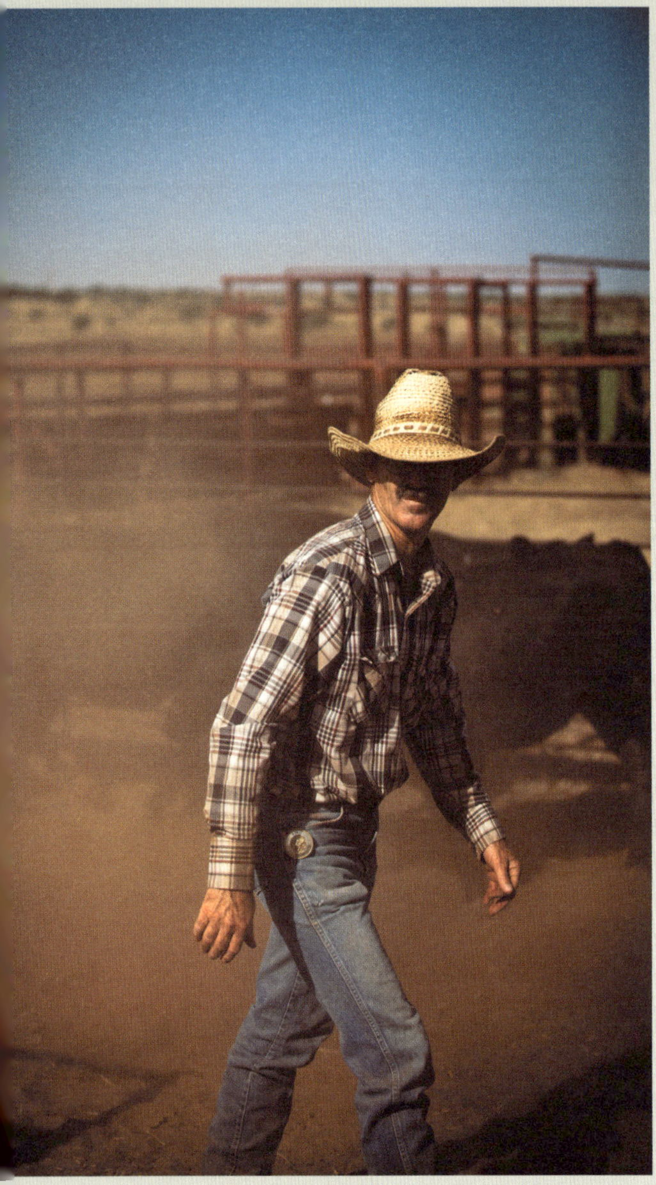

Un cowboy solitario esce dalla polvere sollevata dai bovini, mentre escono dalla pesa del ranch di Chalk, in Texas.

Canon 5D Mk II, 70 mm, 1/3200 sec., f/2.8, ISO 100

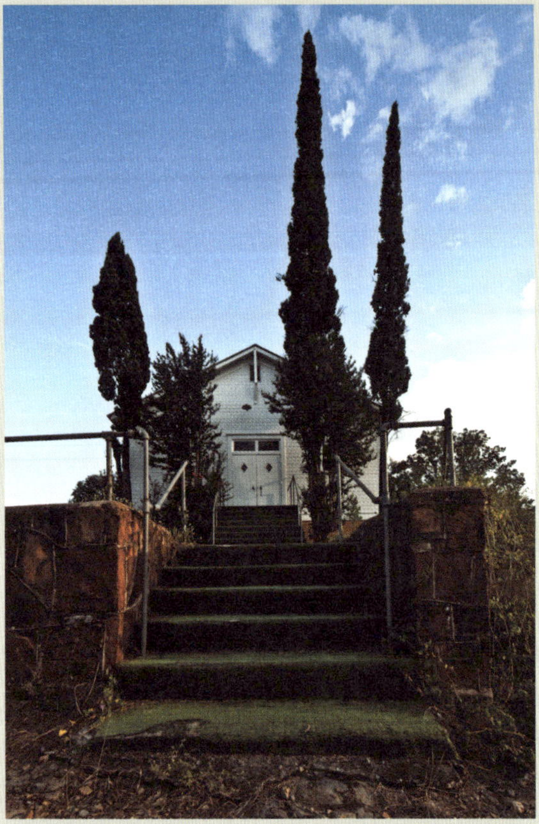

La "Church of Christ in Bend", in Texas, con una comunità di circa 120 persone.

Canon 5D Mk II, 17 mm tilt-shift, 1/30 sec., f/11, ISO 100

Il disegno più grande

La ricerca vi offre l'accesso a un mondo molto ampio che circonda la vostra storia. La quantità di informazioni che potete ottenere da una ricerca su Internet su qualunque argomento a volte è preoccupante. Tuttavia, questa quantità può diventare una fonte preziosa per chi si concentra sulla storia.

Essere esperti di un argomento è una cosa, ma capire che esiste un "disegno più grande" per i personaggi e gli ambienti che state fotografando è un po' come essere nel centro di un uragano. Raccontare una storia in modo visuale non significa dover diffondere la conoscenza totale del vostro soggetto. Piuttosto, è bene tenere a mente che quel che state raccontando è una *parte* dell'intero ambito che circonda una storia. State presentando un particolare angolo di un racconto, non state scrivendo un'enciclopedia.

Raccontare una storia in modo visuale non significa dover diffondere la conoscenza totale del vostro soggetto.

Durante un incarico di molti anni fa, nel Messico del nord, io e i miei colleghi dovevamo fotografare e produrre video in alta definizione di un'area naturalistica davvero grande, un luogo davvero selvaggio. Duemila chilometri quadrati di suolo desertico, montagne impressionanti e pianure sterminate sostituirono l'ufficio per nove giorni. Il nostro obiettivo era documentare un luogo che, attraverso la gestione del territorio e della vita selvaggia, era stato trasformato nel modo in cui appariva 10.000 anni fa.

La nostra ricerca e le interazioni con le fonti principali ci fornirono una narrazione molto più ampia di quella che avevamo deciso di documentare. Analizzammo la storia dell'area, una parte della quale era definita dalla presenza di chi si occupava della sua conservazione. Il loro lavoro di recupero della terra era ciò che dovevamo mostrare, fatto che ci permise di focalizzarci sulla creazione di immagini complementari all'idea di un'area naturale "ringiovanita".

Non era nostro compito raccontare l'intera storia, dalla prima all'ultima pagina. Sarebbero stati necessari diversi racconti. In quel momento, riuscimmo a concentrarci sullo shooting di ciò che volevamo perché, grazie alle nostre ricerche, riuscimmo a notare che la storia di questa splendida terra che stavamo fotografando era parte di un "disegno più grande".

Continuare la storia

Sapere come la vostra storia si inserisce nel "disegno più grande" vi offre anche alcuni spunti su come continuare a lavorare. La ricerca vi porta in molti luoghi e, quando trovate dei buchi nella narrativa o quando vi imbattete in un particolare momento della narrazione, potreste aver trovato il vostro prossimo progetto. Se ciò che facciamo come visual

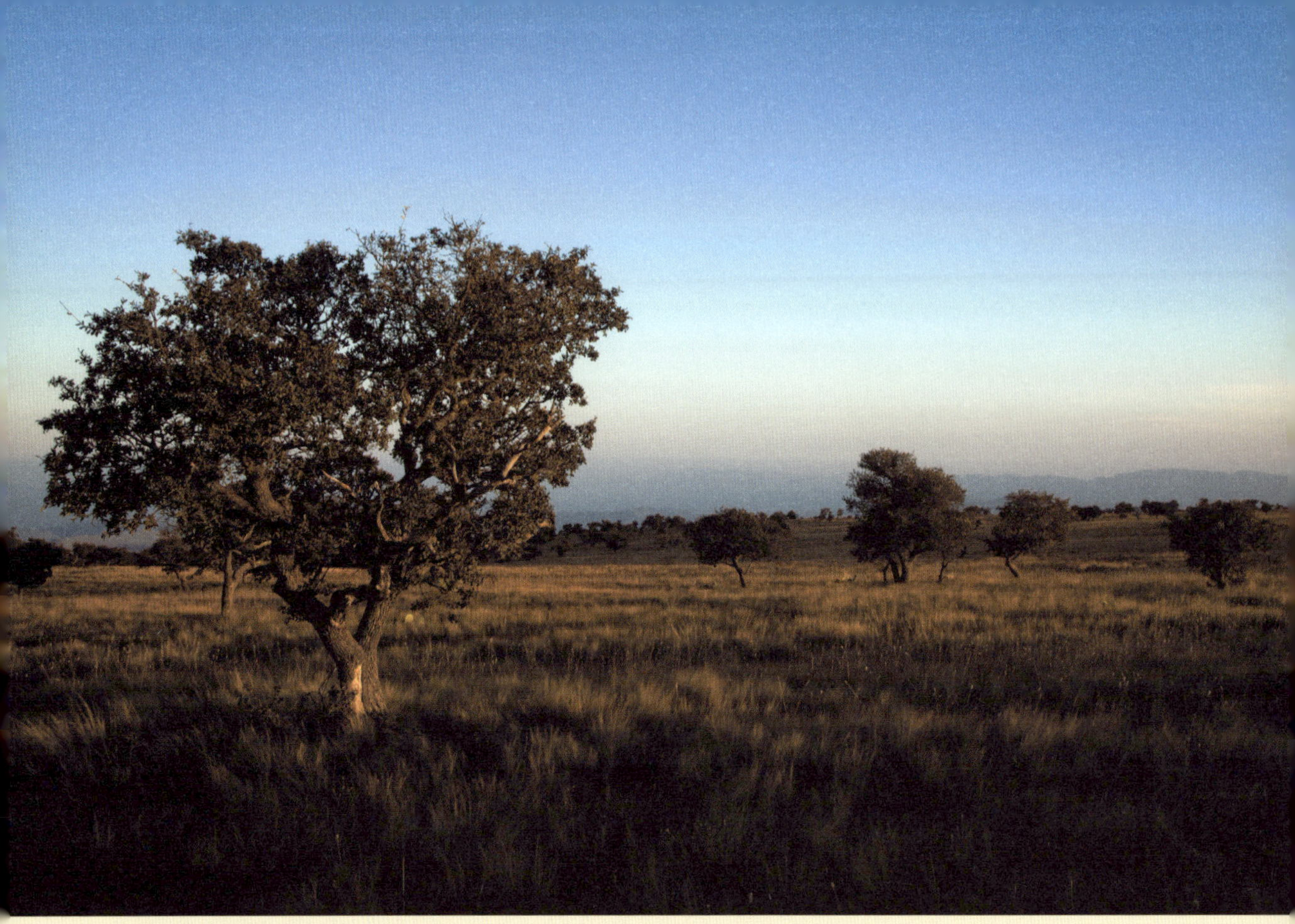

Conoscere 2 mila chilometri quadrati di terra incontaminata nel nord del Messico significava studiare il layout della terra, per mostrarne l'immensità. Piccoli alberi punteggiano la sommità di una mesa di 120 chilometri quadrati.

Canon 5D, 30 mm, 1/30 sec., f/13, ISO 100

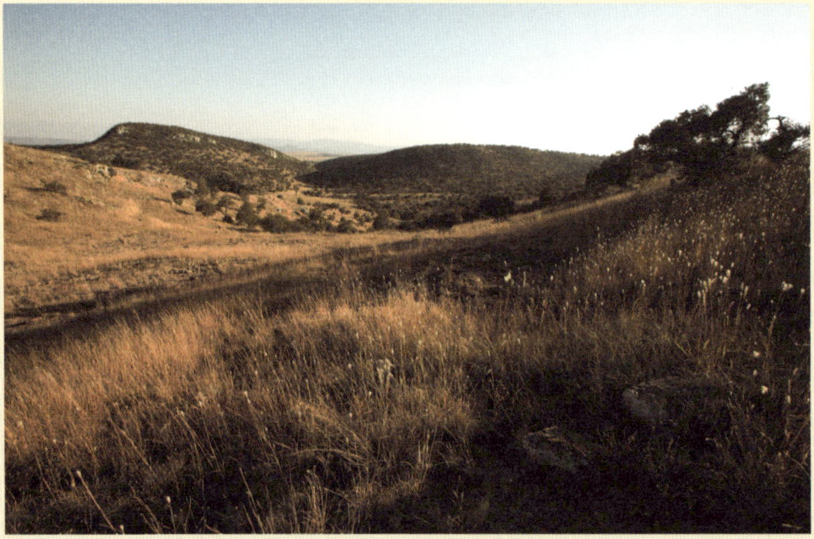

La vasta distesa di terra oggetto della conservazione, a Maderas del Carmen, Coahuila, Messico.

Canon 5D, 17 mm, 1/125 sec., f/9, ISO 100

storyteller è contribuire a una storia più grande, allora resterà sempre molto da aggiungere.

Per esempio, la mia idea di un saggio fotografico sui barbieri potrebbe portare a un saggio complementare sulle differenze di genere in questa professione - il tipico barbiere, maschio, e la parrucchiera, spesso donna. Da qui, il lavoro potrebbe espandersi in una storia incentrata sugli aspetti sociali della frequenza di visite a un salone, seguita da una piccola serie di ritratti sul colore tipico portato dalle donne anziane. Nonostante questa serie di storie possa sembrare discontinua, sono tutte idee che partono da racconti veri, generati grazie alla ricerca.

È una parte importante del processo di ricerca. Quando "terminate" una storia, avrete informazioni e idee che possono produrne un'altra. Et voilà, avete già completato delle ricerche che possono tornarvi utili. Non esistono storie che finiscono - provate a chiedere ai fotografi là fuori.

Inoltre, c'è sempre qualcosa da continuare a raccontare dei personaggi e degli ambienti di cui siete interessati. La ricerca vi permette di riconoscere come e quando continuare la conversazione.

RICERCA SISTEMATICA E NON SISTEMATICA

Esistono molti modi di procedere con la ricerca, alcuni dei quali presentano più formalità di altri. Tuttavia, ciascuno ha i propri vantaggi. La cosa importante, ovviamente, è che la ricerca vada a buon fine, ma può essere d'aiuto conoscere qualche modo per ricavare informazioni sulla vostra storia.

Fonti primarie

Per affrontare la cosa in modo accademico, un modo di avviare un processo di ricerca è usare sia le fonti di informazioni primarie sia quelle secondarie. Le primarie sono quelle fonti che consultate personalmente. Per esempio, in una storia incentrata sul movimento artistico della città, gli artisti stessi sarebbero fonti primarie. Se state affrontando lo shooting di una regione selvaggia di un parco nazionale, le fonti primarie potrebbero includere i ranger del parco, i biologi della zona e altri scienziati. Queste persone daranno a voi, i fotografi trasformati in ricercatori, le migliori informazioni per dar forma alla vostra storia. Considerate le fonti primarie come degli esperti che possono informarvi sull'argomento della vostra storia meglio di chiunque altro.

Le fonti primarie non girano necessariamente con un'etichetta identificativa e per individuarle è necessario un po' di lavoro. Qui un po' di pianificazione è utile. Se state usando un piano per l'idea di una storia come quello che ho descritto nel capitolo precedente, vi siete dati una struttura, così da elencare tutte le fonti principali di cui avete bisogno. Alcuni racconti potrebbero richiedere di accedere solo ad alcune di queste fonti, mentre altri (pensate agli incarichi del *National Geographic*) potrebbero rendere necessarie dozzine di fonti primarie affidabili.

Se lavorate su incarico, il cliente spesso può fornirvi alcune informazioni di contatto di qualche fonte. Dopo tutto, l'autore della storia dovrebbe aver già svolto una certa quantità di ricerca. Se non è così, una cosa pregevole delle fonti primarie è che spesso hanno una presenza online. Imprenditori, scienziati, artisti e anche altri fotografi nella maggior parte dei casi si trovano su Internet. Se le loro informazioni di contatto sono disponibili, basta un'e-mail o una telefonata (chiamateli se avete necessità di parlare con loro, perché potreste dover provare per giorni). Per trovare altre fonti primarie potreste dover parlare con molte persone durante il cammino. Il vostro network di amici e colleghi è un buon luogo in cui iniziare a cercare le fonti primarie e forse avete già notato che qualcuno in questo gruppo potrebbe servire come tale.

Due ulteriori vantaggi che le fonti primarie garantiscono alle vostre ricerche sono il loro potenziale come personaggi nella vostra storia e la capacità di mettervi in contatto con altre fonti o informazioni.

Molto spesso, almeno una o due tra le fonti primarie può svolgere un ruolo significativo nella vostra storia, soprattutto se questa prevede la presenza umana. Un saggio fotografico sui liutai non solo vi spinge a trovare degli specialisti con cui discutere del mestiere, ma probabilmente anche a includere alcuni dei liutai che contatterete nei visual della storia. Allo stesso modo, gli stessi liutai che contattate per avere informazioni sul loro complesso lavoro possono mettervi in contatto con altri liutai, oltre che musicisti, collezionisti di strumenti, produttori di accessori, ingegneri di studi di registrazione e così via. Se la vostra storia offre spazio per andare oltre il singolo componente che riguarda la vostra fonte primaria, assicuratevi di terminare la conversazione o lo shooting con qualche domanda su come trovare altri individui che possano produrre le sfumature visuali che garantiranno benefici al vostro racconto.

Fonti secondarie

La riserva alternativa e complementare di informazioni per la ricerca si trova nelle fonti secondarie. Queste includono praticamente ogni ricerca o informazione che non avete raccolto in modo diretto. Libri, articoli di riviste, blog, interviste, podcast e anche altre immagini - tutte sono ottime fonti secondarie. Solo perché potreste non essere in grado di entrare in contatto con una fonte primaria, non significa che non possiate trovare informazioni preziose collegate alla vostra storia tra le fonti secondarie. Infatti, le fonti secondarie possono costituire la maggior parte della vostra ricerca, in termini di informazioni e tempo impiegato.

Cercare dati usando le fonti secondarie è normalmente il modo in cui si inizia la ricerca e spesso è un modo più efficiente che cercare di contattare ogni individuo che considerate fonte primaria e cercare di fissare un incontro. In aggiunta, le fonti secondarie vi aiutano a comprendere chi potrebbe costituire la migliore fonte primaria tra un elenco di potenziali candidati. Se lo stesso nome compare diverse volte nella vostra ricerca di articoli di riviste e libri che hanno a che fare con le città fantasma del sud est americano, allora quella persona potrebbe essere un'importante fonte primaria, rispetto al blogger ben intenzionato, che dice che il villaggio vicino una volta aveva

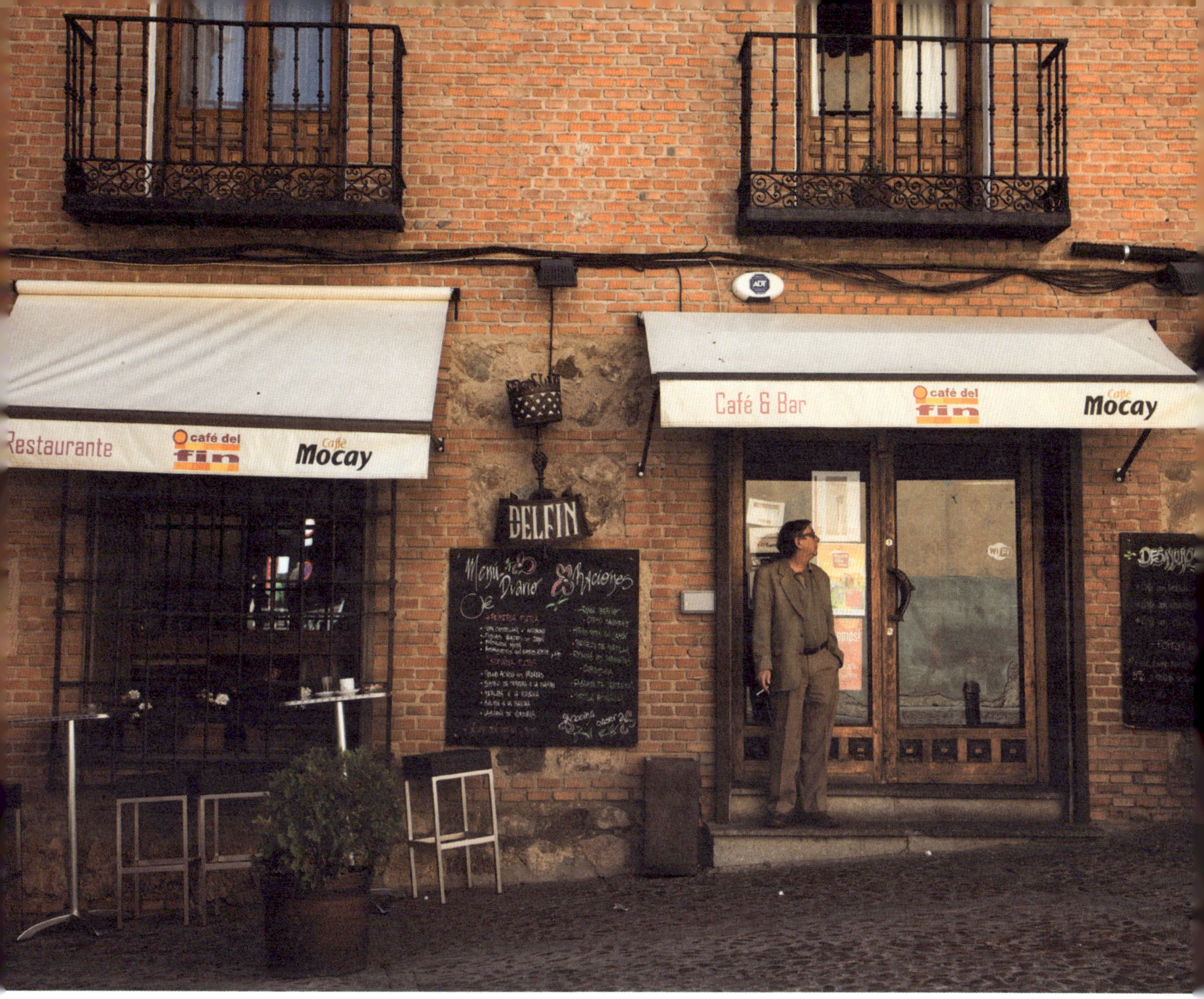

Una rappresentazione della vita in un villaggio di Toledo, in Spagna. L'attiva vita di strada e gli incontri sociali della popolazione coincidevano con i miei interessi accademici sulla socializzazione informale.

Canon 5D Mk II, 35 mm, 1/200 sec., f/8, ISO 400

un'economia fiorente, ma ora non più. Allo stesso modo, nonostante Wikipedia possa indirizzarvi verso informazioni interessanti praticamente su ogni argomento, dovrete cercare nei risultati della vostra ricerca per identificare le fonti più autorevoli.

È utile ricordare che non tutte le fonti secondarie o primarie sono di pari importanza. Tuttavia, più a fondo ricercate l'argomento, il soggetto o la storia, più facile sarà separare le fonti "buone" da quelle "cattive". L'ultima cosa che volete è fotografare un funzionario di alto livello di un'azienda che opera a livello ambientale, senza informarvi bene su quel che l'azienda ha fatto negli anni scorsi.

L'essere diligenti nelle vostre ricerche vi aiuta non solo a identificare le informazioni più utili e accurate tra le tante imprecise, ma anche a definire il livello di rapporto con l'argomento trattato.

Esperienza personale

Fare ricerche spesso sembra, ed è, un grande sforzo – un processo duro, che richiede tempo, per distillare una grande quantità di informazioni, che vi aiuterà a raccontare una storia irresistibile, dinamica e, si spera, accurata. Da questo punto di vista, la ricerca sembra qualcosa di faticoso e piuttosto distante dalla concezione che abbiamo del nostro lavoro. Tuttavia, fare ricerche può anche essere divertente. Pensatela in questo modo – imparate nuove cose ogni volta che realizzate un racconto. Dobbiamo esercitare il nostro cervello proprio come facciamo con il corpo. La ricerca prevede di sfruttare anche le vostre esperienze.

Uno dei motivi per cui volete raccontare una data storia può essere il risultato di una visita in una terra straniera o di una lunga conversazione fatta con un amico al bar. Molti dei nostri interessi, in una società fatta di vari comportamenti e occupazioni, guidano le nostre passioni verso lo storytelling. Pertanto, è ragionevole considerare le nostre percezioni dei personaggi o dell'ambiente in cui si svolge una storia come parte del processo di ricerca. Esperienze e sentimenti sono importanti per un fotografo e spesso è bene accostarli alla fase di ricerca, mentre si definiscono le fonti primarie e secondarie delle informazioni. Dopo tutto, le vostre esperienze come fotografi definiscono le vostre capacità e

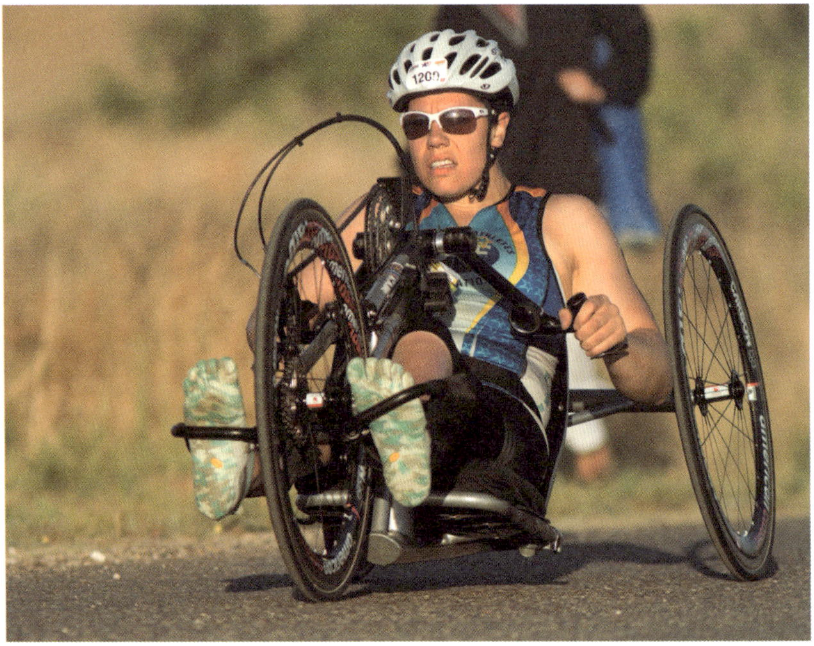

Fotografare un recente evento di triathlon Ironman ha fatto nascere in me un profondo rispetto per gli atleti di handcycling, oltre a un grande interesse nello sviluppare una storia visuale su quest'area del mondo dei triatleti.

Canon 7D, 300 mm, 1/1.600 sec., f/4, ISO 200

lo stile: perché non dare un po' di spazio alle vostre esperienze di vita, per sviluppare la storia che volere raccontare?

Certo, a seconda del tipo di storia che state preparando, è importante considerare la componente di soggettività che la vostra esperienza provocherà inevitabilmente. Non si tratta di una discussione etica, ma di trovare un equilibrio tra l'approccio sistematico e quello non sistematico per lo sviluppo di una storia. Come ho già detto, tenete presente il vostro pubblico: il modo in cui introducete le vostre esperienze personali, come modo per influenzare il racconto, influenzerà anche la loro esperienza.

Parte del racconto di una storia interessante consiste in come questa differisce dalle altre, e questo include anche il modo in cui la si presenta.

SOFTWARE Non dico che la ricerca ai giorni nostri sia diventata più semplice rispetto al passato, ma i grandi progressi nella tecnologia ci hanno consentito di definire un flusso di lavoro per la ricerca più efficace. Non importa la quantità di ricerche che fate, potrebbe essere utile ricorrere all'uso di qualche software che vi aiuti nel processo.

L'elenco di applicazioni utili è lungo, mentre la piattaforma e l'uso spaziano dagli smartphone (app come Evernote e Things) a prodotti completi per personal computer (come FileMaker e Bento). Anche i prezzi variano dal gratuito a qualche centinaio di euro, pertanto la scelta potrebbe richiedere un po' di shopping. In ogni caso, sfruttare un'applicazione orientata alla ricerca vi offre quella libertà mentale e quell'organizzazione necessarie per concettualizzare chiaramente il modo in cui la storia si sviluppa.

CHE COSA C'È LÀ FUORI?

Può sembrare ovvio, ma è un passo che molti sottovalutano: parte della vostra ricerca deve acquisire familiarità con ciò che è stato prodotto in precedenza per storie o soggetti simili. È un tipo di ricerca secondaria che ha un valore enorme, sia per sviluppare una storia nuova e irresistibile sia per riprenderne una che era stata messa da parte.

Parte del racconto di una storia interessante, ne abbiamo già parlato nel capitolo precedente, consiste in come questa differisce dalle altre, e questo include anche il modo in cui la si presenta. I racconti svettano fra gli altri se sembrano originali e non risultano prevedibili. Studiare quello che già esiste in relazione alla vostra storia – quel che è stato pubblicato online o in formato fisico – vi permette di essere "freschi" e al passo con i tempi rispetto ai visual esistenti.

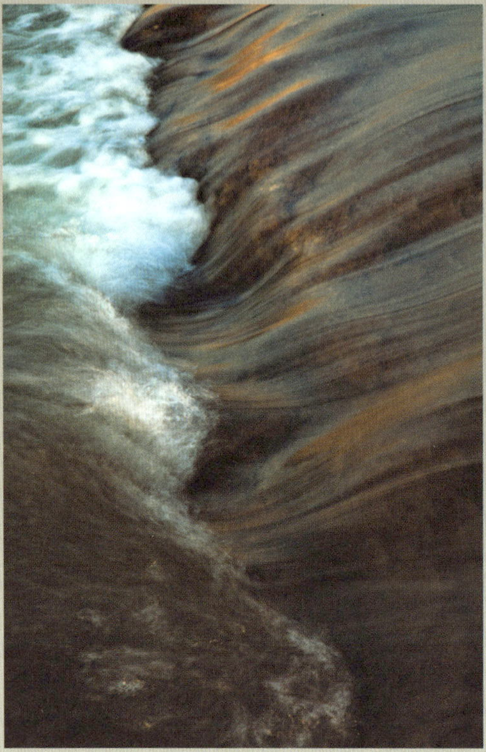

Canon 5D Mk II, 105 mm, 1/4 sec., f/22, ISO 50

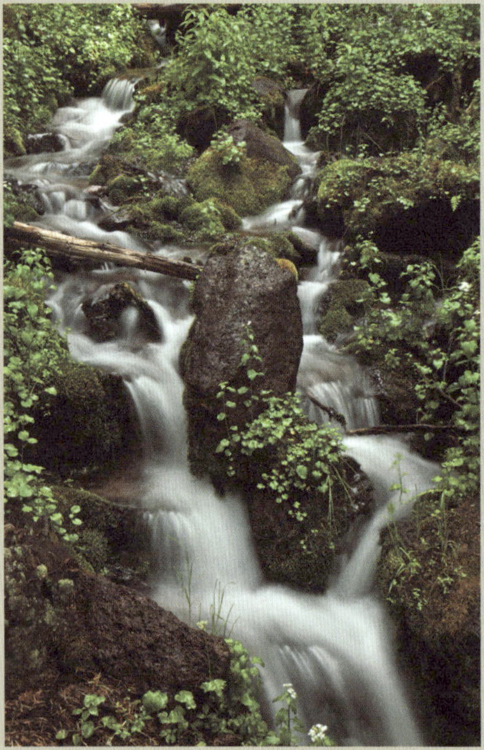

Canon 5D Mk II, 50 mm, 1 sec., f/22, ISO 50

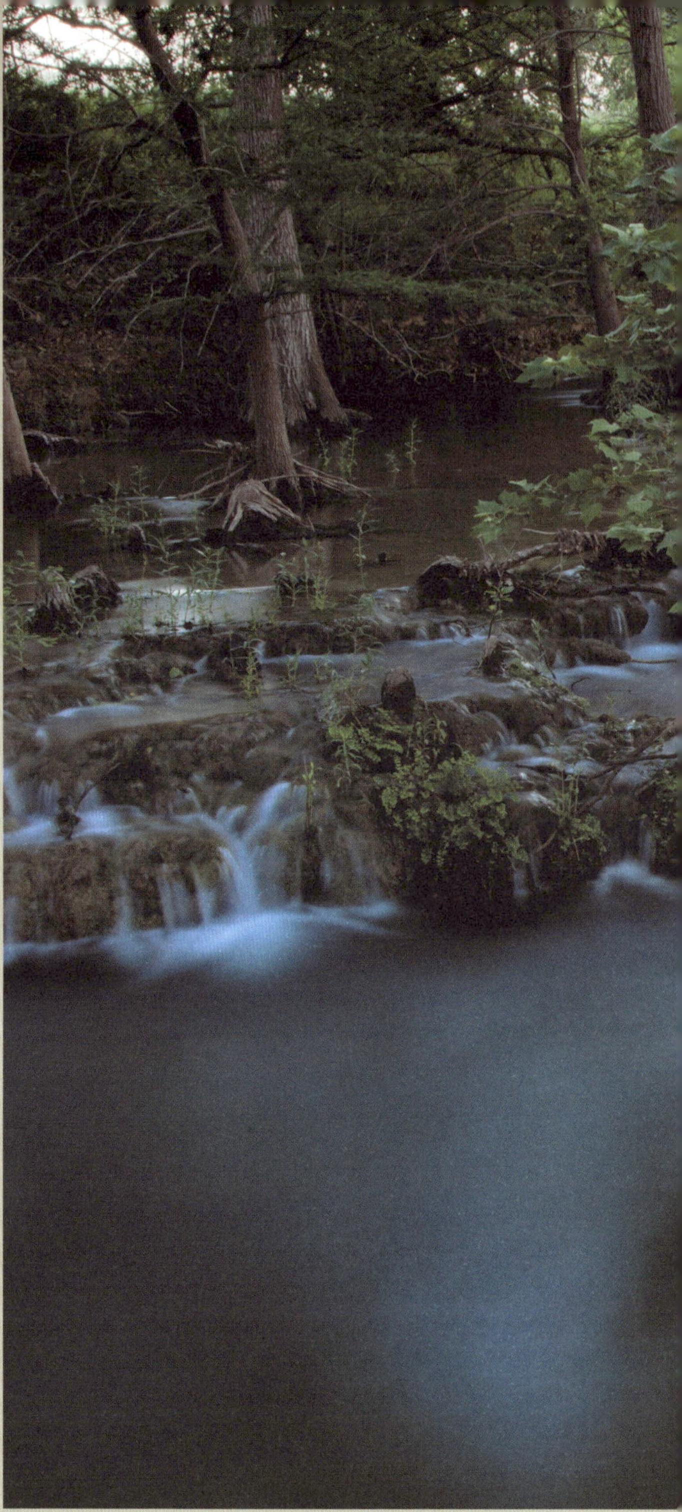

Canon 5D Mk II, 28 mm, 25 sec., f/22, ISO 100

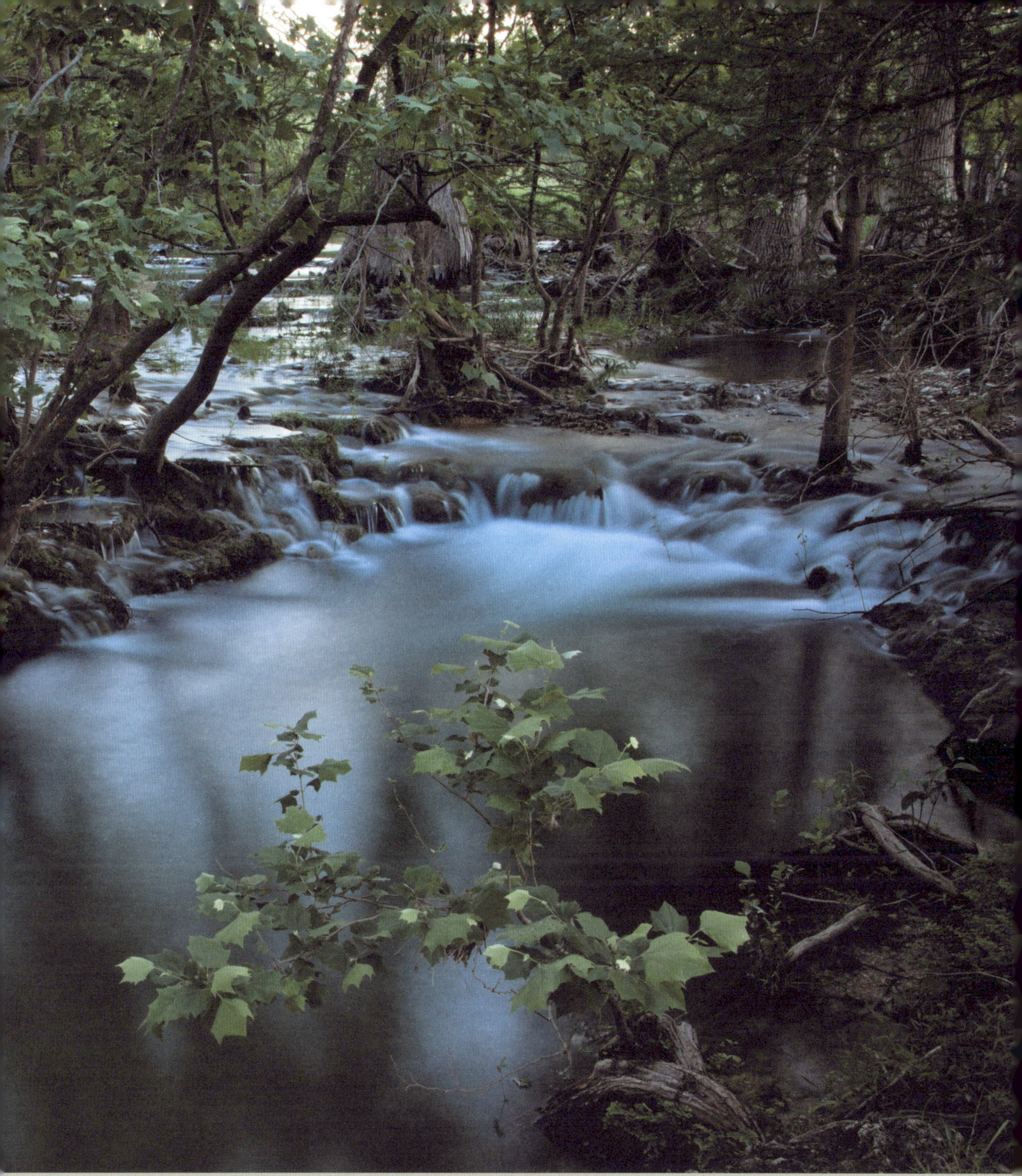

Studiare le immagini disponibili su certi argomenti vi permette di lavorare sulla tecnica, mentre esplorate composizioni interessanti, come queste tre immagini di acqua in movimento. Usano tutte una bassa velocità dell'otturatore, vista in molti scatti, ma le variazioni nella prospettiva e nella composizione aiutano a esplorare in modo diverso un soggetto fotografico altrimenti comune.

Studiare un gran numero di foto inerenti la vostra storia è una buona pratica ed è un modo utile per esercitare la vostra memoria visiva.

Una delle prime cose che faccio, quando inizio la ricerca per parti individuali di una storia (i personaggi, le location in cui tenere lo shooting e così via) è cercare su Google Immagini materiale simile. A seconda di quanto accuratamente è stato trattato l'argomento, queste immagini possono portarmi ad altre foto e ai fotografi che le hanno scattate.

Dopo aver osservato un certo numero di fotografie (a volte anche centinaia, per un lavoro importante), il ricercatore fotografico non solo ha una migliore comprensione dell'ambito di ciò che viene raccontato in modo visuale, ma è consapevole di due altre cose: lo stile visuale e le tecniche che sono state impiegate per raccontare quelle storie, oltre a eventuali mancanze nella storyline.

Sapere quali stili e tecniche sono stati usati per creare immagini di successo dà al fotografo un'idea su come realizzare immagini in un particolare ambiente e con un particolare personaggio, e di quel che resta da fare. Molte immagini di acqua corrente sono create con esposizioni molto lunghe, come evidenziato dall'aspetto dell'acqua. Questa tecnica rappresenta da sempre un ottimo modo per catturare il movimento e la vita del flusso d'acqua. D'altro canto, se tutte le foto rappresentano viste grandi e ampie di fiumi e cascate, forse vale la pena scattare più da vicino, in modo più specifico, ricavando immagini più astratte delle medesime aree.

Studiare un gran numero di foto inerenti la vostra storia è semplicemente una buona pratica ed è un modo utile per esercitare la vostra memoria visiva. Che sia per la vostra ricerca o per altri scopi, studiare il lavoro degli altri fotografi può darvi importanti ispirazioni. In più di un'occasione ho consultato le foto di altri, solo per definire come fotografare soggetti completamente diversi. L'essere aperti all'ispirazione e a un certo grado di influenza è un aspetto positivo della vostra ricerca - imparate da ciò che vedete e usate questa conoscenza in nuovi e interessanti modi la prossima volta che uscite per lo shooting di una storia.

IMMAGINARE LE IMMAGINI: IL PRESTORYTELLING

C'è un'altra cosa importante che la ricerca può fare per voi: vi dà un'idea di come i visual della storia appariranno prima di arrivare sulla location. Studiate a sufficienza il vostro soggetto e la vostra mente inizierà non solo a generare il contenuto dei vostri scatti, ma anche i colori, l'illuminazione e il mood, l'aspetto emotivo - ogni cosa correlata alla storia e alla struttura tematica.

La previsualizzazione

La previsualizzazione è la capacità di vedere l'immagine prima di crearla. È un sistema per osservare la vostra storia in modo concentrato durante la creazione e oserei dire che ogni fotografo se ne serve. Anche un fotogiornalista, il cui scopo principale è trattare e riportare i fatti "oggettivi", non può evitare di immaginare come apparirà il frame relativo al discorso del sindaco. La previsualizzazione è una buona cosa e serve a esercitare la creatività in funzione della storia e a raccontarla in modo unico.

Oltre a essere un esercizio creativo, la previsualizzazione offre altri vantaggi pragmatici al visual storyteller:

1. **Concentrazione:** previsualizzare le immagini insieme alla vostra ricerca, all'ambiente in cui si svolge la storia e ai personaggi, vi mette nello stato mentale di dar forma ai vostri interessi visuali. Prevedere i tipi di immagine che dovrete creare, mentre pianificate un saggio fotografico su un viaggio in un paese straniero, vi motiverà a eseguire una ricerca più approfondita e a entrare in contatto con persone e ambienti.
2. **Direzione visuale:** se leggete di come gli atleti si allenano per un importante evento, spesso leggerete anche di come visualizzano la loro performance durante l'evento stesso. Molti giurano che questa tecnica li aiuti a ottenere dei risultati. Quando definite un obiettivo visuale per una, molte o tutte le vostre immagini e vi concentrate intensamente, la concretezza e la connessione che volete creare diverrà evidente. Ognuna di esse dovrà contribuire all'insieme.

   Se il vostro interesse fotografico nei viaggi è dato da cibi e colori, allora previsualizzare le immagini in questo filone vi manterrà aderenti alle scene che mostrano questi contenuti. Durante il percorso, noterete le relazioni che cibo e colori hanno con altri importanti fattori culturali. Tenete comunque a mente che, sebbene sia positivo avere degli scopi, è importante essere flessibili. La direzione visuale porta benefici, a meno che non vogliate camminare indossando dei paraocchi, perdendovi altri scatti importanti e ignorando le immagini che potrebbero manifestarsi e/o raccontare un'altra storia.
3. **Risparmio di tempo:** come la ricerca, la previsualizzazione vi aiuta a produrre la storia in maniera più efficiente. Non dovete necessariamente arrivare sulla location e improvvisamente ritrovarvi con qualcosa di unico per i visual della storia (anche se questo succede). Ma avete la possibilità di arrivare molto più preparati, cosa che vi permette di lavorare in modo più produttivo e di avere del tempo libero per concentrarvi su altri materiali, magari mai pianificati prima.

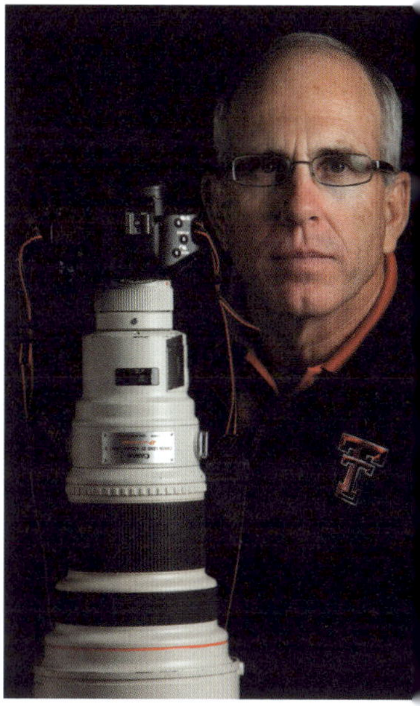

Molti anni fa fotografai il fotografo sportivo Norvelle Kennedy per un progetto personale. Immaginando l'illuminazione per la foto riuscii a velocizzare lo shooting, risparmiando molto tempo e permettendoci di lavorare sull'espressione e sulle variazioni nella composizione.

Canon 5D Mk II, 200 mm, 1/200 sec., f/16, ISO 200

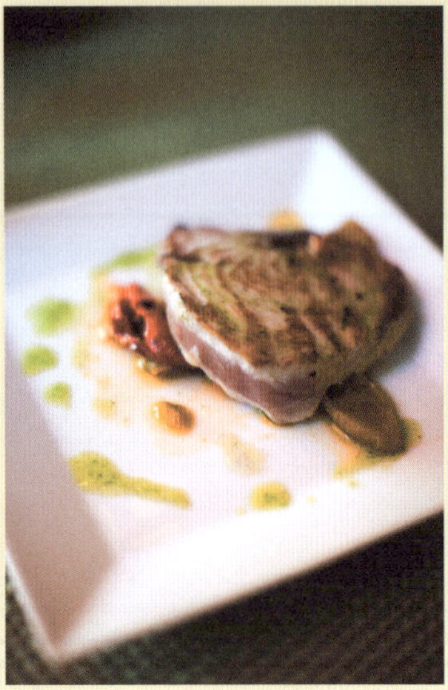
Canon 5D Mk II, 50 mm, 1/125 sec., f/1.4, ISO 100

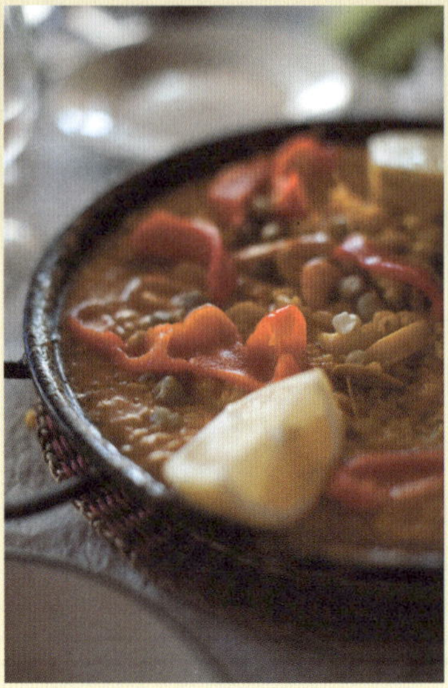
Canon 5D Mk II, 50 mm, 1/80 sec., f/2, ISO 100

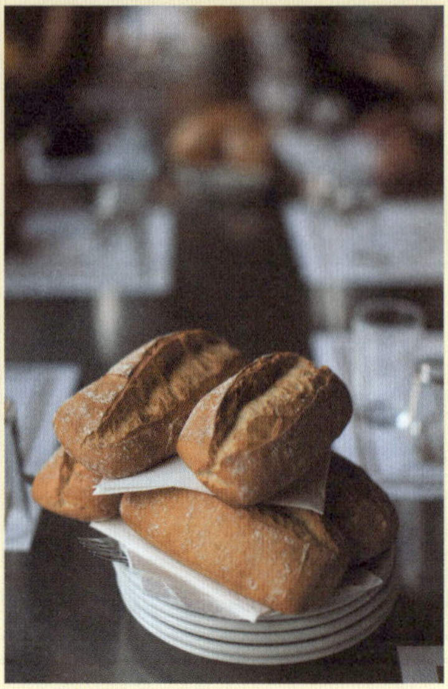
Canon 5D Mk II, 50 mm, 1/250 sec., f/2, ISO 200

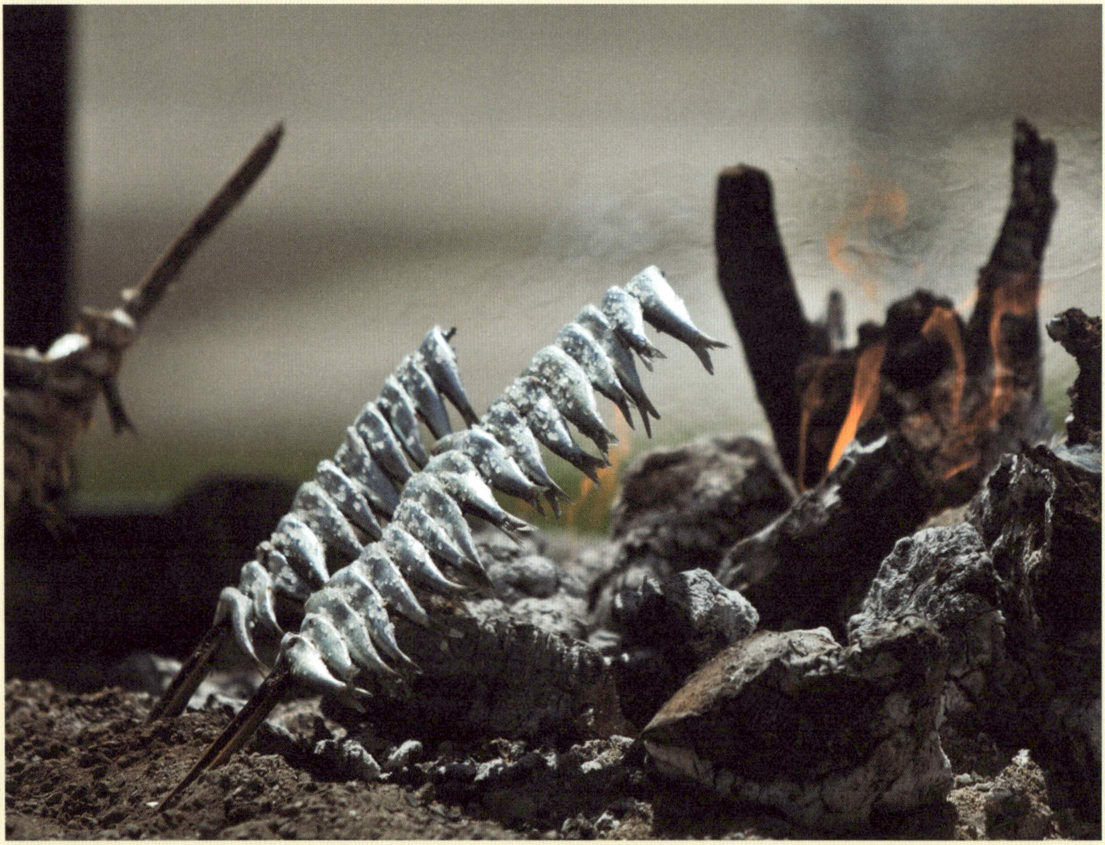
Canon 5D Mk II, 200 mm, 1/3.200 sec., f/2.8, ISO 100

4. **Lavorate con le mani:** la previsualizzazione non deve essere chiusa solo nella vostra mente. Il vostro mestiere è di tipo fisico, quindi la previsualizzazione vi richiede di lavorare con le mani (soprattutto perché, fino a questo punto della ricerca, tutto quel che avete fatto è un clic sul mouse, sfogliare una pagina o scottarvele con la macchina del caffè). Ecco la vostra chance di semplificare il trasferimento dalla mente alla carta. Prendete la matita, aprite la vostra agenda e disegnate. Questo non solo vi permetterà di "cambiare passo", ma vi libererà la mente per generare quindi nuovo materiale relativo alla storia.

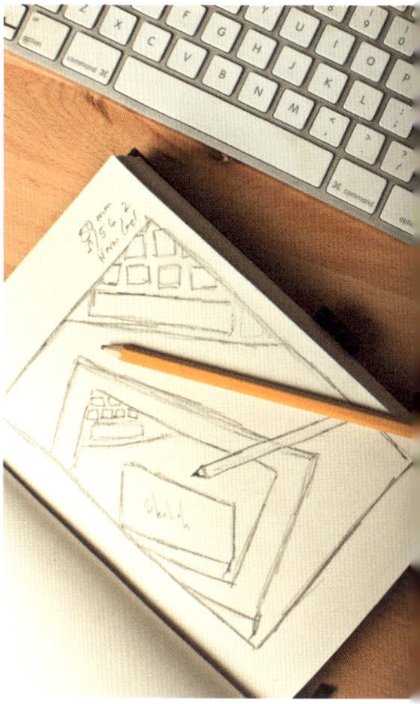

Il disegno di un disegno. Usando la matita non dovete produrre un capolavoro, ma solo una guida visuale da seguire più avanti.

Canon 5D Mk II, 50 mm, 1/80 sec., f/5.6, ISO 100

In breve, la previsualizzazione è una componente attiva della ricerca e dello shooting di una storia. Può avvenire dopo un lungo periodo di riflessione o sul momento. Nell'attimo in cui vedete una persona in una luce attraente o qualche piacevole flusso di composizione, state previsualizzando. Fate funzionare tutto questo durante il processo di ricerca e noterete che la direzione che prenderete nel visualizzare la storia progredisce di pari passo, insieme alla conoscenza del soggetto che diviene più ampia.

Alcuni fotografi trovano molto utile creare uno storyboard dei loro saggi a questo punto della lavorazione. Questo tipo di prestorytelling rappresenta un modo approfondito per stabilire come una storia dovrà essere rappresentata, soprattutto se prevede un flusso, come per esempio un film o un contenuto multimediale. Andando oltre i semplici disegni di certe immagini che vengono alla mente, lo storyboarding "solidifica" ciò che deve essere raggiunto da un punto di vista visuale. Nonostante possa sembrare meno flessibile della previsualizzazione discussa in precedenza, questo procedimento spesso porta benefici quando lavorate con una équipe grande o con vincoli di tempo molto stretti.

Lo scopo del prestorytelling è iniziare e scattare la vostra storia con la maggior quantità possibile di contenuti visuali già presenti nella vostra mente. Pensatelo come a una sorta di assicurazione per le immagini, che portate sempre con voi. Non definirei la previsualizzazione un metodo per portare l'attenzione sugli scatti facili e sicuri, quanto piuttosto come esercizio per essere sempre pronti a quel che potrebbe accadere in uno shooting.

La previsualizzazione di una serie di immagini sul cibo, per un recente viaggio nella Spagna centrale e meridionale, mi ha permesso di occuparmi delle sfaccettature fotografiche della cultura alimentare della Spagna (pagina a lato).

CASO IN QUESTIONE IL BARBIERE

Ho un caro amico di nome Craig, una delle persone con una personalità contagiosa, con il quale puoi parlare per ore. Ha visto un po' di tutto e nutre tantissimi interessi. Lavora il legno, dipinge, è un ceramista, un filosofo, un musicista e un cuoco casinista. La sua pittoresca cucina è piena di utensili, il suo giardino è popolato da piante ed erbe varie, da due edifici che ha costruito lui stesso e una cantina, mentre il suo vecchio furgone Volkswagen è parcheggiato dal lato opposto della piscina per i bimbi. È un uomo di carattere e la sua eclettica autenticità è chiara.

È anche un barbiere. Una delle ultime volte in cui andai a trovarlo, mi mostrò il suo negozio appena rinnovato. La piccola sala è collegata a uno degli edifici nel giardino, ma la porta esterna si apre su una via. L'intera stanza non supera i 15 metri quadrati, ma è tutto ciò di cui ha bisogno. Una vecchia sedia da barbiere si trova davanti al bancone e agli scaffali rifiniti a mano, in cui sono riposti tutti gli strumenti necessari a un barbiere. La sala ha un aspetto molto particolare proprio come il resto della sua proprietà e non mi aspettavo niente di meno.

Mentre il tempo passava, iniziai a pensare all'idea di un ritratto di Craig. Mi piaceva il design della vecchia sedia, nel suo piccolo negozio. C'è qualcosa di nostalgico in quelle vecchie sedie e iniziai a immaginare come il ritratto avrebbe potuto essere. Lo previsualizzai con un'illuminazione semplice, con la figura intera di Craig seduto sulla sedia. Sapevo che avrei avuto bisogno di un'altra luce principale a sinistra della fotocamera, ma volevo usarla insieme alla luce ambientale che proveniva dal soffitto e dalle lampade a muro. Volevo che questo ritratto parlasse di una parte della vita di Craig – di un'occupazione orientata alla comunità, grazie alla quale la sua personalità riesce a brillare.

Un paio di mesi dopo, gli feci sapere che avevo un'idea per una foto nel suo negozio. Entro un paio di settimane ci ritrovammo e, mentre alcuni amici terminavano di cenare nel suo giardino, ci avviammo al negozio. Avevo già posizionato una Speedlite in una soft box da 28 pollici Westcott Apollo. Dovetti rimuovere due pale dalla ventola a soffitto per posizionare correttamente la luce, ma alla fine l'illuminazione fu ottimale. Lo feci sedere sulla sedia e lo informai che non l'avrei forzato ad assumere alcuna posa, ma gli chiesi come avrebbe immaginato lo scatto e cosa questo avrebbe dovuto dire. Affrontammo alcune pose, un paio di cambi di obiettivi e in 15 minuti terminammo.

L'intero shooting richiese meno di 45 minuti, dal setup allo scatto, compresa la sostituzione delle pale del ventilatore. La previsualizzazione del ritratto incrementò l'efficienza della sua produzione, ma allo stesso tempo questo shooting relativamente breve fece sì che il soggetto partecipasse al momento e alla storia, insieme a me. Non ebbe il tempo di dimostarsi compiacente e la nostra conversazione fu incentrata sul contesto in cui stavamo lavorando. In meno scatti di quanti un rullino possa contenere, ottenni esattamente quel che stavo cercando, oltre ad altre pose, ciascuna delle quali contribuì alla narrativa che circonda Craig. ■

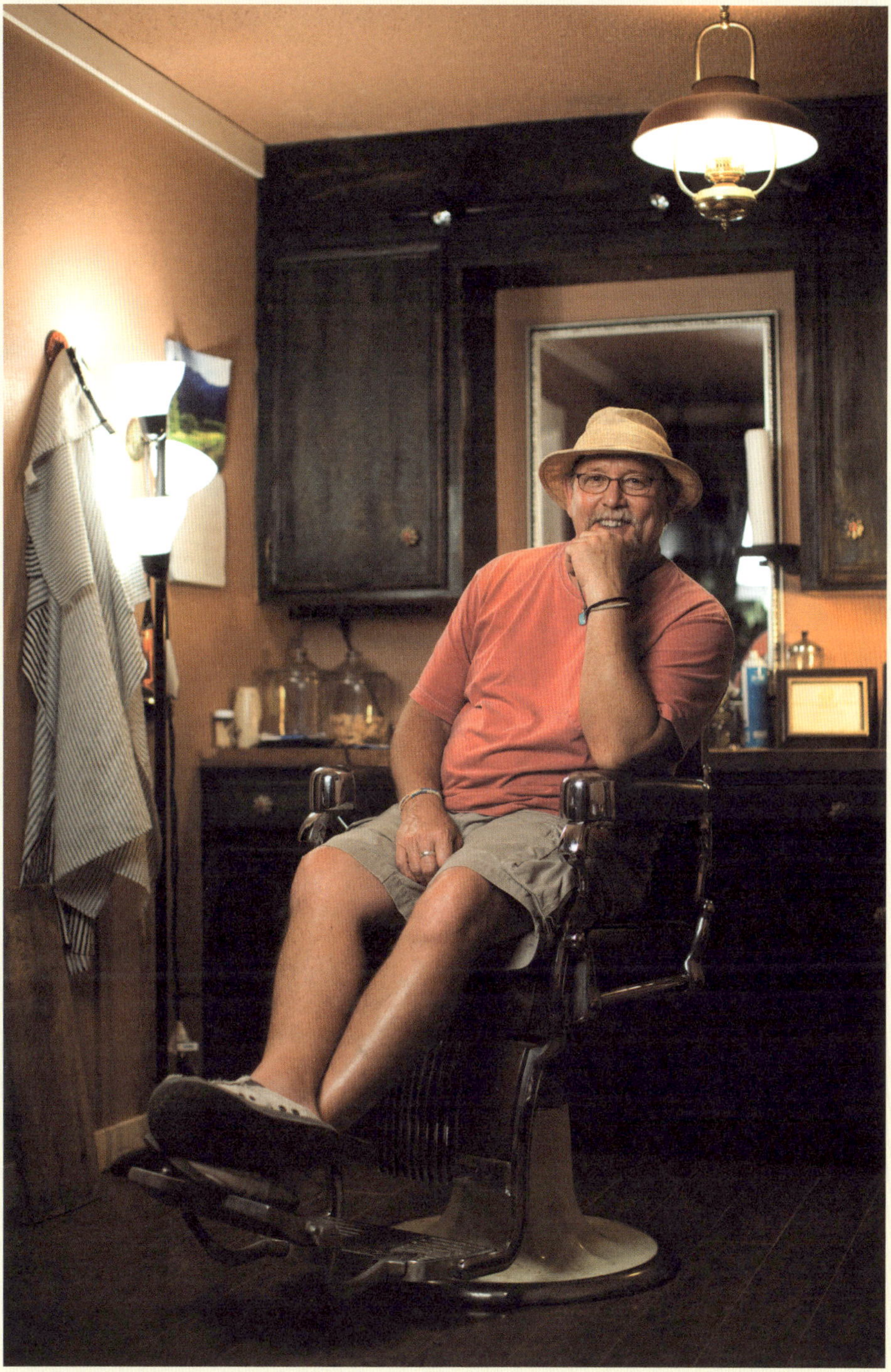

Craig il barbiere: un personaggio che vale la pena conoscere.

Canon 5D Mk II, 50 mm, 1/160 sec., f/2, ISO 400

ESERCIZIO DISEGNI

Creare bozze delle vostre idee è una parte importante del vostro processo di ricerca ed è anche un modo divertente e intuitivo per spezzare le attività di studio.

I fotografi amano le illustrazioni dei dietro-le-quinte. I diagrammi di illuminazione sono anch'essi tra i disegni più popolari nel settore e nelle community. Pur essendo molto utili, forniscono degli spunti solo a fatti avvenuti. Altrettanto utili sono i disegni dello stesso frame. Illustrare le immagini dalla prospettiva dell'obiettivo è un modo aggiuntivo di previsualizzare e trasferire le idee su carta. In molti casi, questi bozzetti vi offriranno una migliore comprensione dell'orientamento che prenderà la vostra storia.

Come esercizio per abituarvi a disegnare le vostre idee, fate qualche ricerca su tre soggetti che vorreste fotografare per la vostra prossima storia. Anche se pensate di non essere in grado di fotografarli, non importa. Normalmente tendiamo a generare le idee per i racconti prima che questi vengano approvati. Compilate la vostra ricerca sulla storia tenendo il soggetto in considerazione. Non appena iniziate a sviluppare una direzione per la vostra storia, iniziate a disegnare esattamente ciò che pensate sareste in grado di ottenere fotograficamente da questi soggetti. Disegnate la composizione, identificate lo sfondo e ciò che il soggetto potrebbe tenere tra le mani, toccare o qualcosa che potrebbe fare. È un ritratto formale? Intendete fotografarlo insieme ad altre persone? Siate specifici, fino al punto in cui sarete convinti di quale obiettivo e valore f-stop userete.

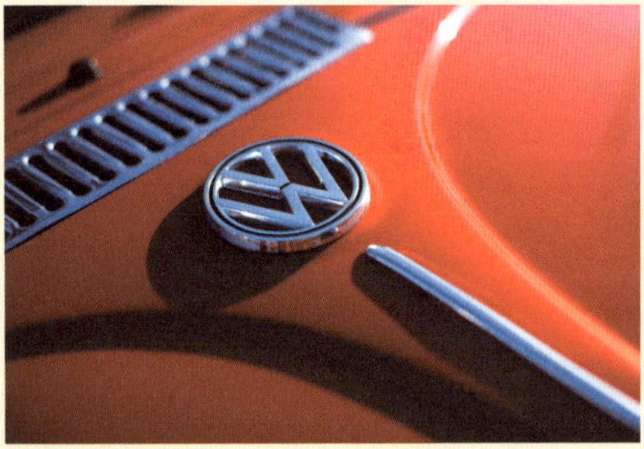

Canon 5D Mk II, 50 mm, 1/1.250 sec., f/2, ISO 50

Per sicurezza, completate cinque disegni per ciascun individuo. Etichettate il contenuto nei frame nel modo più specifico possibile, così da essere in grado di riconoscere quali disegni si riferiscono alla storia che dovete raccontare. Non importa se non avete mai seguito un corso d'arte o disegnato i personaggi dei cartoni animati quand'eravate piccoli, risvegliate il bambino che è in voi e disegnate i frame, in modo da capire quel che accade. Questi disegni sono per la *vostra* ricerca. Per voi hanno il medesimo valore di qualunque altra informazione possiate recuperare da Internet sul vostro soggetto e non vi servono per vincere un concorso artistico.

Mettete in pratica questo esercizio ogni volta che fotografate una storia. Fatelo nel tempo che riservate alla ricerca e ogni volta che avete una nuova idea. Vale la pena portare con voi un blocco per gli appunti, così da poter abbozzare le vostre idee al momento. Ancora meglio, scaricate un'app per il disegno sul vostro smartphone. Non deve essere nulla di speciale, basta che vi consenta di trasferire le idee dal cervello a qualcosa di più fisico. Se la vostra prossima storia non prevede persone, disegnate comunque. Se state creando un saggio fotografico sui vari tipi di auto, disegnate esattamente come vorreste fotografarle. Che sia animato o no, sarete sempre in grado di previsualizzare il vostro soggetto.

Ricordate che non potrete sempre ottenere quel che avete disegnato, per diverse ragioni, sia tecniche sia ambientali. Non lasciate che questo vi scoraggi dal far pratica con la previsualizzazione. Vi permetterà di reagire abbastanza rapidamente quando dovrete generare nuove idee per i vostri shooting. ■

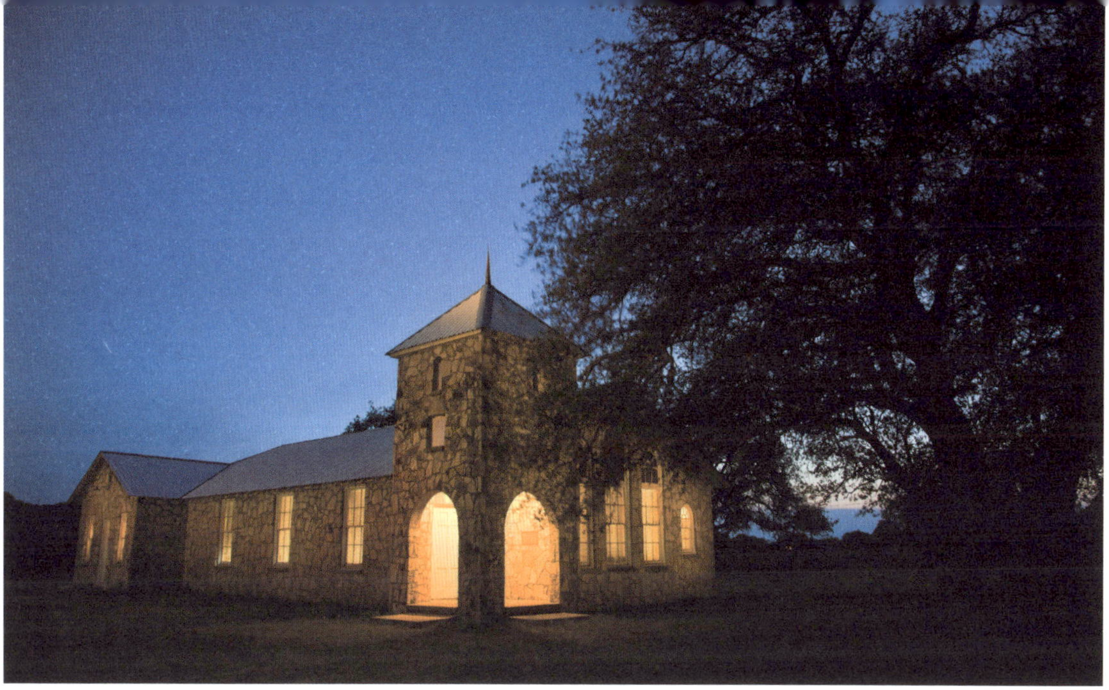

Dopo lo scouting della vecchia chiesa Roosevelt, vicino a Junction, in Texas, io e il mio collega Wyman Meinzer capimmo che la luce del crepuscolo avrebbe permesso di produrre un risultato più piacevole.

Canon 5D Mk II, 24 mm, 4,5 min., f/5.6, ISO 100

SCOUTING: LA RICERCA DELLE LOCATION

Diciamocelo. Non possiamo fotografare sempre, soprattutto se abbiamo in mente alcune immagini che richiedono un particolare tipo di luce, un periodo dell'anno, una velocità del vento e così via. Tuttavia, quando non fotografiamo, possiamo seguire la nostra traccia cartacea alla ricerca di nuove storie, visitando una specifica location o una particolare regione per lo shooting.

Anche se richiede tempo, lo scouting vi farà risparmiare tempo al momento dello scatto. Non è mai una bella sensazione presentarsi sulla location ed essere delusi da ciò che vi circonda o da com'è stato preparato l'ambiente. Non è solo il soggetto principale – i personaggi della storia – a rendere interessante un'immagine, ma anche il contesto nel quale la persona o la cosa viene posizionata è fondamentale. Immaginate di entrare nel negozio di quel liutaio di cui abbiamo parlato e di rendervi conto che non ci sono chitarre appese alle pareti. L'aspetto intrigante e romantico di questo mestiere agli occhi degli osservatori diminuirebbe, anche se non avessero nulla con cui confrontarlo.

Eseguire prima lo scouting delle location vi evita di rimanere bloccati da ciò che potrebbe accadere durante il lavoro. Potrebbe influenzarvi e farvi scattare più foto ravvicinate o farvi notare quanto sia più bella la location al mattino, rispetto alla sera, per via del modo in cui le ombre vengono proiettate. Troverete composizioni uniche e attraenti, oltre a sfondi e colori con cui lavorare, tutto perché vi siete concessi il tempo di visitare la location prima dello shooting. Lo scouting, combinato con un po' di previsualizzazione, è difficile da battere. Dopo aver visto di giorno una chiesa che volete includere in un saggio fotografico sugli edifici storici, potreste decidere di voler attendere il crepuscolo per "dipingerla" contro un bel cielo.

La preparazione dev'essere una costante. La storia è una variabile.

Oltre a risparmiare tempo durante lo shooting, lo scouting vi aiuta ad avvantaggiarvi del tempo in cui non state scattando. Se siete dei paesaggisti, usate le ore centrali della giornata, quando la luce è poco adatta alle foto, per camminare o guidare fino alle location che dovrete fotografare più tardi, quando la luce sarà più forte e dinamica. Se vi viene assegnato un ritratto ambientato di uno chef, assicuratevi di controllare il ristorante che gestisce, durante le ore di lavoro o più tardi. Per lo meno, presentatevi in anticipo per lo shooting, così da avere il tempo di verificare la location e identificare gli elementi di storytelling che volete includere nelle vostre foto.

SCATTATE DURANTE LO SCOUTING Non dimenticate di portare la vostra fotocamera durante lo scouting di una location. Anche se fate lo scouting in un'ora del giorno che non prendereste mai in considerazione per ottenere *lo* scatto, ricaverete comunque dei vantaggi dallo scattare qualche foto della location. Questo vi permette di osservare l'area quando ve ne sarete andati, pianificare il lavoro con l'équipe (se ne avete una) e confrontarla con altre location.

Inoltre, c'è sempre la possibilità che possiate trovare qualcosa, lungo il tragitto, che volete approfondire. Per un paesaggista potrebbe trattarsi della vegetazione all'ombra di una location o forse, per un fotografo editoriale, di scatti dettagliati e ritratti con luci morbide.

QUANDO TUTTO CADE A PEZZI

Ci sono momenti in cui tutta la ricerca che avete fatto per prepararvi a creare una storia visuale sembra non contare più nulla. Fortunatamente, nella maggior parte dei casi, questo accade quando raggiungete la location. L'ambiente non sembra come avevate immaginato o è cambiato di recente. Metà dei personaggi che dovevate fotografare si è data malata nell'unico giorno disponibile, lasciandovi con meno di quanto vi aspettaste. Se siete stati accurati e consapevoli della vostra ricerca e della direzione in cui questa vi ha portato, tutte queste informazioni lavoreranno per voi. Avrete problemi solo nello shooting vero e proprio.

Tuttavia, non avete svolto tutta quella ricerca per nulla. Se vi presentate allo shooting e la location non è come vi aspettavate (anche se siete nella fase di scouting), usate le conoscenze che avete ottenuto sul soggetto e sulla storyline per immaginare come potreste cambiare i vostri piani, così da ottenere comunque quella storia. Siate flessibili, ma focalizzati. Il suggerimento è valido che abbiate un incarico o no: è il ruolo del fotografo.

In altre occasioni, poteste essere a metà del processo di ricerca e scoprire che il principale personaggio della vostra storia è in pensione o ha deciso di non voler più partecipare al vostro lavoro. A volte succedono altri eventi che complicano il tutto: una guerra, uno sciopero, una morte. La vostra ricerca può comunque aiutarvi a sviluppare una storyline alternativa. Ripercorrete i vostri passi e verificate se potete seguire almeno una delle dieci persone che avete evidenziato per il vostro saggio fotografico. Se un enorme incendio devasta il parco nazionale che avevate pianificato di visitare, per creare uno stock di foto, continuate le vostre ricerche sul parco, cercando anche informazioni sugli incendi nelle foreste e create un pezzo giornalistico su questo particolare evento e sulle sue conseguenze.

Quando si verificano problemi, la ricerca che avete condotto vi rende solo più versatili e vi offre una conoscenza più profonda del soggetto. La vostra passione, come fotografi e storyteller, vi dà la capacità di adottare cambiamenti lungo il percorso. La preparazione dev'essere una costante. La storia è una variabile.

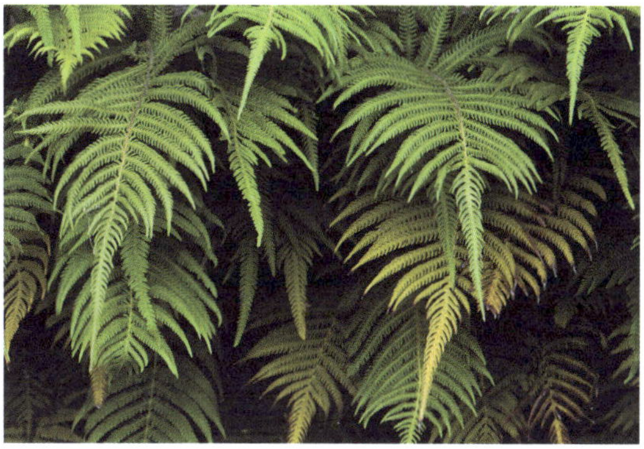

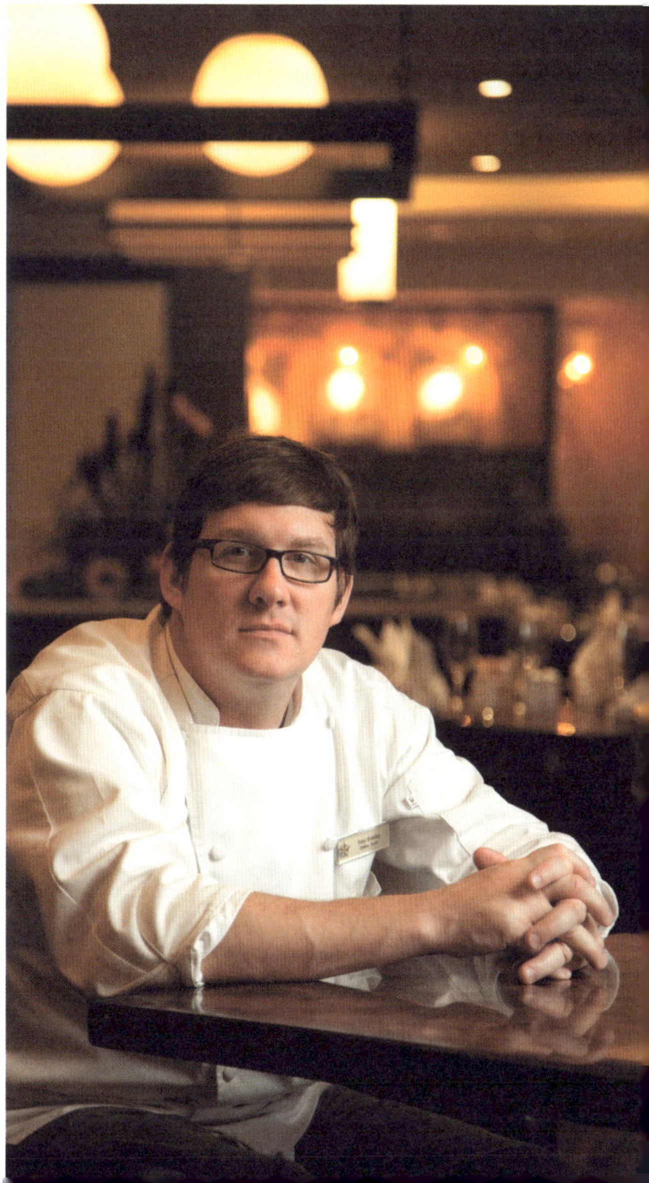

Durante lo scouting per una foto in una cascata, trovai delle splendide felci all'ombra di ciò su cui mi ero concentrato per la maggior parte del pomeriggio. Chi ha detto che lo scouting era solo per le cascate? (in alto).

Canon 5D, 120 mm, 1/6 sec., f/16, ISO 100

Una rapida occhiata al ristorante dove lo chef Toby Blakley lavora fu sufficiente per determinare un contesto caldo e appropriato per il suo ritratto (a destra).

Canon 5D Mk II, 105 mm, 1/30 sec., f/4, ISO 800

CASO IN QUESTIONE SEDUTI SULLE NUVOLE

Come avrete notato, non smetto mai di parlar bene dello scouting per le location. Certo, spesso non abbiamo tempo per farlo come si deve, ma quando lo facciamo, siamo storyteller migliori. A volte, lo scouting per una location si verifica in circostanze fortuite.

Per lo shooting in Messico citato in precedenza nel capitolo, io e l'altro fotografo Wyman Meinzer trascorremmo otto ore al giorno per lo scouting di location, per scattare alla sera o al mattino seguente. Lo scouting in questa terra selvaggia ci permise di capire l'ambiente e fummo in grado di previsualizzare il modo in cui le particolari ondulazioni delle pianure e le ripide pareti delle montagne sarebbero apparse con le condizioni di luce desiderate. Inutile dire quanti chilometri percorremmo sul 4X4 che ci venne fornito per viaggiare nei 2.000 km quadrati di quella terra selvaggia (forammo la gomma *una* sola volta).

Un pomeriggio guidammo per un sentiero sopra al canyon di El Carmen, fermandoci ogni tanto per controllare il paesaggio. La strada correva lungo il bordo di un pendio, di cui un lato si arrampicava dritto fino alla vetta e l'altro cadeva letteralmente a strapiombo per centinaia di metri. Questa ascesa graduale (che faceva rizzare i capelli) dava su un'apertura del canyon, così cercammo una location per fotografarne la profondità la mattina seguente. Le giornate erano molto chiare e pensavamo sarebbe stato bello scattare foto dettagliate della foresta appollaiata sulle pareti ripide del canyon.

Trovammo un masso da cui scattare verso quell'apertura. La roccia era alta a sufficienza da arrivare fino al di sopra della linea degli alberi. Alcune parti del masso presentavano anche punti di appoggio per mani e piedi, quindi affrontammo la scalata con l'attrezzatura negli zaini. Giunti in cima, potevamo controllare l'intero canyon davanti a noi. Scattammo alcune immagini per lo scouting, per poterle rivedere prima di andarcene. Era il punto giusto. Tornammo in basso, salimmo sul pickup e procedemmo nello scouting.

La mattina seguente uscimmo prima dell'alba e guidammo per circa due ore fino alla nostra location. Era tutto buio, tranne quel che veniva illuminato dai fari, ma mentre ci avvicinavamo al masso, comparve la luce blu del giorno. Mentre ci preparavamo, osservammo i cambiamenti di colore della luce.

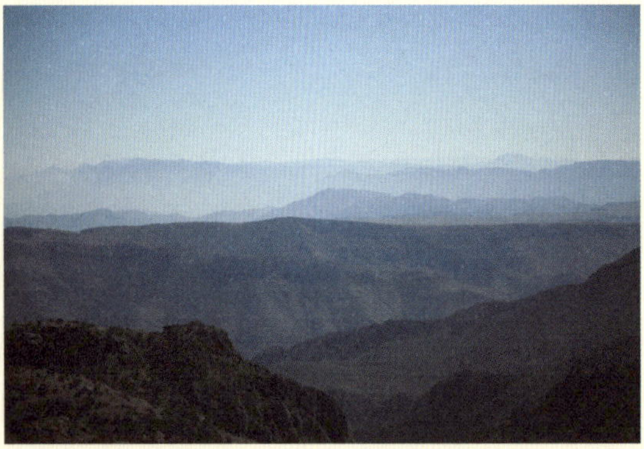

Nel tardo pomeriggio il cielo era offuscato e la luce molto debole, ma era un ottimo momento per fare scouting nel canyon. Scattai un paio di foto, nel caso avessimo trovato un punto migliore.

Canon 5D, 105 mm, 1/1.600 sec., f/4, ISO 100

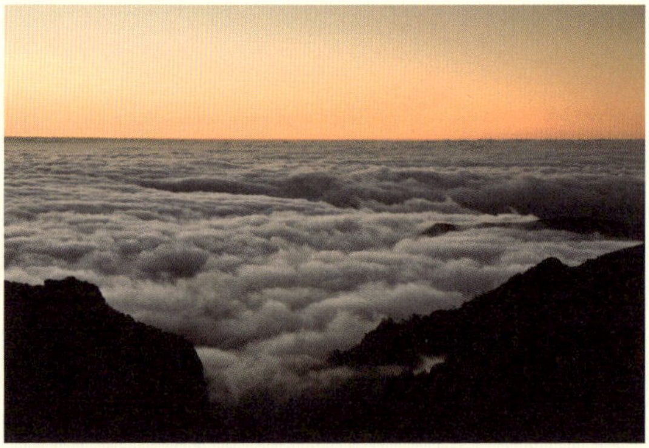

I nostri sforzi nello scouting si rivelarono fruttuosi, soprattutto grazie a una coltre di nubi che ricopriva il canyon, nell'orario "blu".

Canon 5D, 105 mm, 1/4 sec., f/7.1, ISO 100

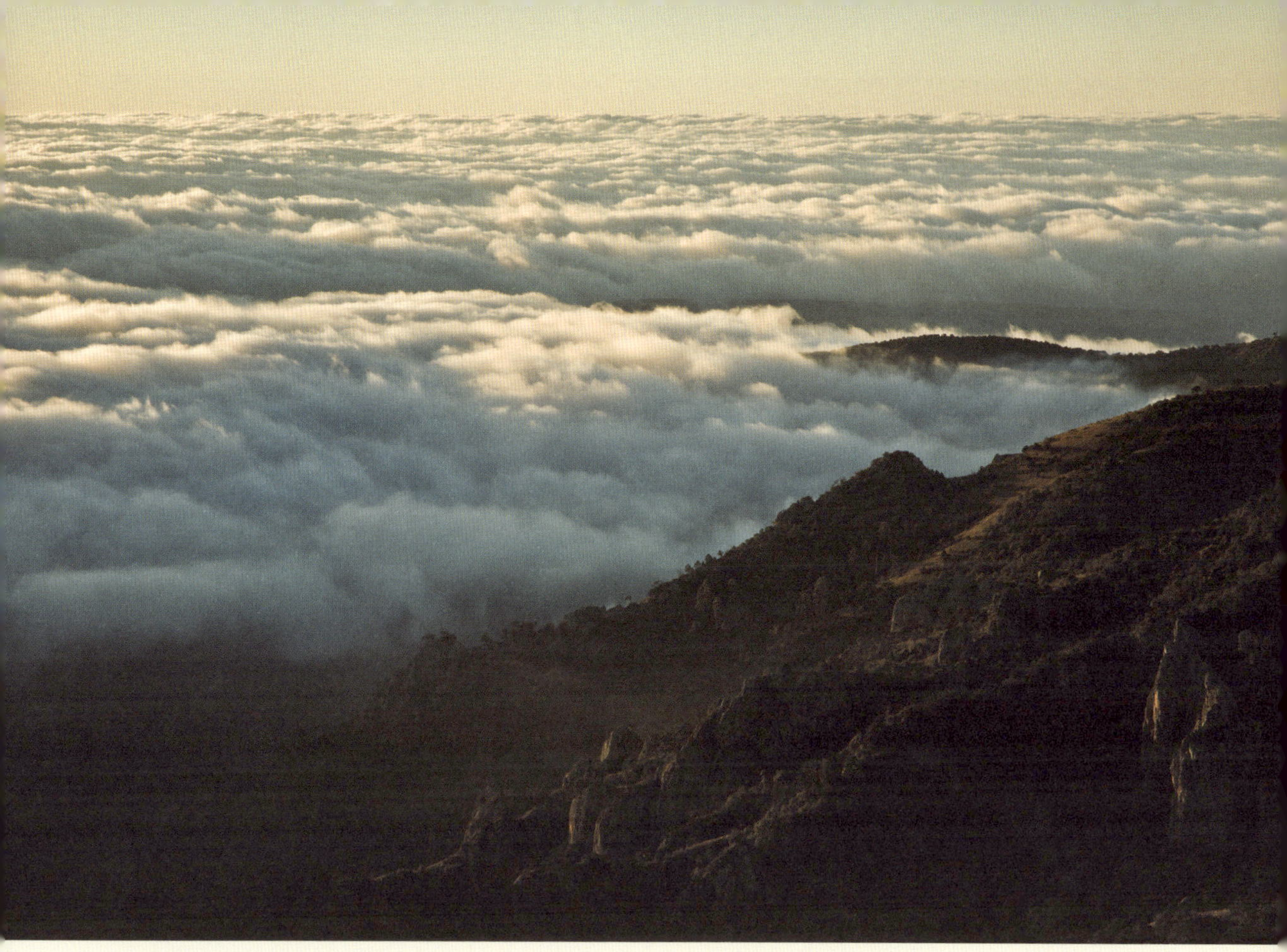

Non appena la luce comparve da sopra le nuvole, i versanti visibili delle montagne presero forma e divennero isole nel mare di nubi.

Canon 5D, 105 mm, 1/13 sec., f/18, ISO 100

Dieci minuti prima di fermarci, guardai dal finestrino del passeggero e, con mia sorpresa, notai le nuvole che si erano posate nel canyon che volevamo fotografare.

Non riuscivo a vederle bene attraverso gli alberi, ma quando fermammo l'auto e salimmo sul masso, riuscimmo a vedere un mare di nuvole basse, che riempiva l'intero canyon sotto di noi. Inutile dirlo, eravamo eccitati e meravigliati dalla bellezza di quella scena. Eravamo letteralmente sopra le nuvole. Dal punto in cui ci trovavamo, il sole non aveva impedimenti mentre sorgeva all'orizzonte. Sarebbe stata una bella mattinata.

Il posto giusto al momento giusto? Certo, ma senza aver prima svolto diligentemente il nostro scouting, avremmo perso quella fantastica opportunità di scattare foto davvero interessanti. Avremmo potuto raggiungere la location, dietro la curva successiva e non aver mai notato le nuvole basse nel canyon.

Se non avessimo fatto lo scouting il giorno precedente, probabilmente non avremmo neppure preso in considerazione una foto allo stesso canyon. Lo scouting ci portò a scoprire una location spettacolare e un fantastico evento naturale. Perderlo sarebbe stato un vero peccato. ■

PROFILO DELLO STORYTELLER MATT BRANDON

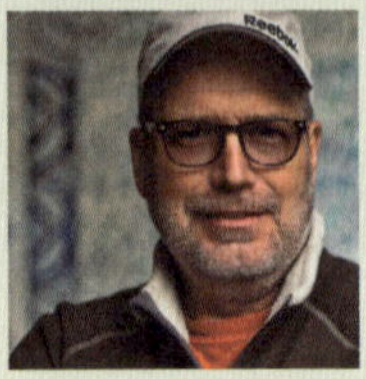

Conobbi Matt ascoltando una delle sue celebri interviste in podcast "Depth of Field", una serie in cui tiene discussioni periodiche sulla fotografia e sullo storytelling con altri membri del settore. Venite a scoprirlo, Matt è egli stesso un ottimo storyteller.

Come molti fotografi, la sua passione per la fotografia iniziò quando era giovane, ma passò in secondo piano per via di altri lavori (incluso il ranger a cavallo) agli inizi della sua vita professionale. Dopo essersi trasferito in India con sua moglie, per avviare un'attività di guide per il trekking, Matt riprese la sua passione per la fotografia, che da allora lo ha portato in giro per il mondo.

Residente in Malesia, al momento Matt lavora con molte ONG, sia come fotografo sia come consulente, per aiutarle a comunicare la loro mission. Organizza anche dei tour fotografici culturali con altri storyteller, come Ami Vitale, David duChemin, Karl Grobl e Gavin Gough. Il suo contributo alla community dello storytelling è riconosciuto a livello internazionale.

D Il lavoro di quali fotografi ha maggiormente influenzato il modo in cui la tua fotocamera racconta una storia?

R Mi vengono in mente tre nomi. Dorothea Lange ha sempre avuto una grande influenza. Penso che le sue immagini rivelino una grande sensibilità. Forse la sua foto più famosa è quella della donna seduta con tre figli, la Migrant Mother. Il volto di quella donna rivela uno sguardo vuoto, ma c'è anche forza, come a dire: "Farò in modo di tenere questa famiglia unita".

Poi, ovviamente, Steve McCurry, come molte persone che amano le foto di viaggio. Steve è una delle nostre leggende viventi. Infine, uno dei miei mentori e amica è Ami Vitale, che è anche una fantastica storyteller.

D C'è un momento particolare che ha enfatizzato il tuo ruolo come storyteller fotografico?

R La prima foto che ricordo, in grado di raccontare una storia, fu quella che scattai a mio padre quand'ero ragazzo. Avevo una piccola fotocamera in plastica, di colore grigio. Ricordo che la usavo con pellicola in bianco e nero. Scattai la foto a mio padre che sedeva sulla poltrona in salotto, mentre leggeva il giornale. L'illuminazione proveniva da una finestra e non avevo flash.

Pur essendo un bambino, pensai: "È mio papà. L'ho ritratto in una foto. È proprio *lui*". C'era qualcosa in quella foto che raccontava una storia. Mi resi conto che le foto potevano raccontare storie anche quando mia madre aprì la scatola delle foto di famiglia per guardarle con me, ricordandosi dei momenti in cui erano state scattate.

Alcune delle foto in cui io comparivo non mi dicevano un granché, almeno non quanto quelle delle quali non avevo ricordi, come le foto di mia madre quand'era bambina. Grazie a queste immagini era più facile osservare la storia svilupparsi nei frame. La mia immaginazione fece gli straordinari pensando alla storia di mia madre in quelle foto.

Professionalmente parlando, la prima volta che mi resi conto che stavo facendo qualcosa di importante con le mie immagini fu in seguito al terremoto del 2005 nel Kashmir. Mi trovavo sul luogo della tragedia ed ebbi la possibilità di diffondere le mie immagini sia attraverso i media tradizionali, come la BBC sia tramite molte

ONG, che ne avevano bisogno per organizzare le raccolte di fondi e i piani di intervento. Fu un momento importante per comprendere il potere delle mie immagini *per* le altre persone.

D Una storia è composta da personaggi, ambienti e relazioni. Nella fotografia, in quale di questi campi sei più interessato?

R Non credo di preferirne uno. Ci sono certi campi in cui riesco meglio e questo ha influenzato o determinato l'enfasi che metto in un tipo di immagine rispetto a un altro. Tendo a tornare sempre a ciò che faccio meglio, ovvero il ritratto ambientato. Tuttavia, durante il lavoro, notai che non fotografavo molti dettagli. Quindi, ora mi ritrovo a fare l'esatto opposto e ne fotografo molti.

Quando iniziai a scattare foto, erano sempre ritratti di persone. Come molte delle produzioni di giovani fotografi, si trattava quasi sempre di ritratti del volto – foto ravvicinate di persone con splendidi occhi e qualche ruga.

A un certo punto, un altro fotografo vide le mie immagini e notò che usavo un obiettivo 70-200 mm per tutti i ritratti. Mi disse: "Questa potrebbe essere una ragazza asiatica a Los Angeles e questo un indiano a New York. Non c'è nulla in queste foto, tranne qualche ornamento, che mi dia un senso di ambiente e contesto".

Nella mia mente si accese una lampadina. La miglior cosa che un fotografo possa fare è essere sempre pronto a imparare, e ho sempre pensato a me stesso in questi termini.

D Di solito crei una shot list per le tue storie?

R Creo una shot list per quasi tutti gli incarichi. Non riesco a lavorare senza.

Ho un'idea piuttosto ampia dei sei scatti di base di cui ho bisogno, quindi li inserisco nella storia. I dettagli sono molto importanti per il modo in cui procede il racconto. Quando "costruisco" una storia, scatto sempre una foto all'inizio che fungerà da immagine di copertina. La chiamo "hook shot" ed è l'immagine che cattura l'attenzione del pubblico quando sfoglia la pubblicazione o la pagina web.

Potrebbe essere un bel panorama, un simbolo iconico o qualcos'altro, potrebbe anche essere una splendida foto che aiuta a descrivere la storia. Non esiste una descrizione visuale dell'hook shot. È solo una foto che cattura l'osservatore e dice: "Questa sarà una storia interessante". Nel layout della storia è la prima cosa che realizzo. Non esco necessariamente per cercare l'hook shot nello specifico. Controllo le mie immagini quando è tutto finito e identifico quella più interessante e che contiene molti elementi propri della storia. Dopo la modifica userò quindi questa foto come prima immagine, insieme a un titolo per il saggio.

In seguito, includo qualche scatto introduttivo. Questa foto dice al lettore cosa sta per succedere, qual è l'argomento della storia. Spesso si tratta di uno scatto ampio, ma non deve necessariamente essere così. Normalmente è all'inizio della storia e può anche essere l'hook shot.

Poi includo anche degli scatti medi, grazie ai quali l'osservatore ricava maggiori dettagli su quel che accade, mentre la storia si sviluppa. Deve essere uno scatto dettagliato, perché questa è la sua funzione – fornire dettagli. È come l'autore di un libro che descrive i dettagli o la texture di un ambiente. Spesso includo anche qualche ritratto. Potrebbe essere di tipo ambientato, ma anche qualcosa con una composizione più d'impatto.

A volte scelgo anche uno scatto di un gesto. Può essere una foto che cattura l'interazione tra due persone o tra una persona e un oggetto. Per esempio, persone che si abbracciano, una persona che piange e l'altra che la consola, un venditore di cammelli in Egitto che scambia denaro con un altro uomo. I gesti mostrano la vita e le interazioni. Portano umanità alla storia.

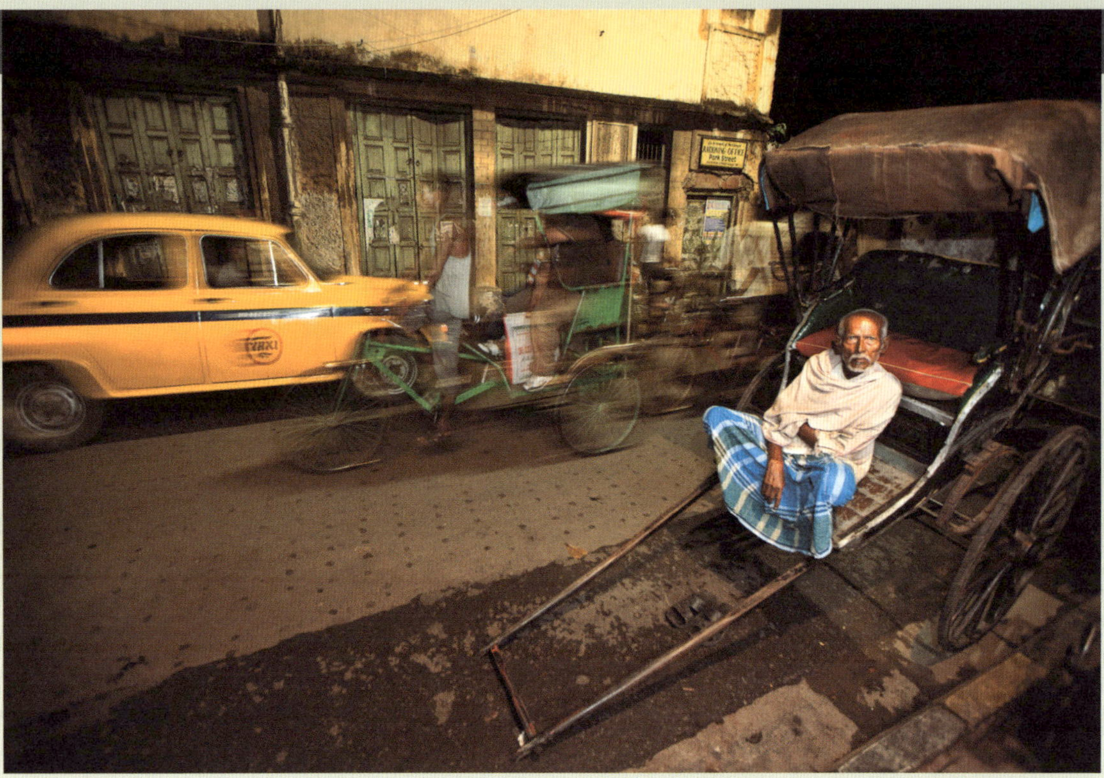

Matt Brandon, www.thedigitaltrekker.com

I politici di Kolkata avevano reso illegali i risciò a traino, in favore dei taxi e dei risciò con la bicicletta. Il sindacato di categoria e i singoli operatori sfidavano il divieto presentandosi quotidianamente sulle strade. Penso che questo scatto racconti tutta la storia in una sola foto.

In seguito, resta ciò che io chiamo lo scatto di chiusura. È il ragazzo che cammina nel tramonto, per esempio. Offre un modo per risolvere il tutto e mette la storia "a letto".

Questa, se volete, è la struttura della storia. Una volta che è definita, produco la shot list per il lavoro vero e proprio.

D Hai viaggiato spesso per lavoro in diversi paesi. Come ti assicuri di previsualizzare a sufficienza per lavorare continuamente a contatto con diverse culture?

R A volte non è possibile. Dobbiamo essere onesti e dire che in certi casi occorre far da sé. A volte non ottenete le immagini che desiderate. Spesso devo tornare indietro e scattare di nuovo. Provo a non fotografare mai un'intera storia in un pomeriggio. È una cosa che non fa bene al racconto. A volte, il contenuto effettivo della storia può essere parallelo al vostro lavoro iniziale. Potreste lavorare a uno shooting e accorgervi di esservi concentrati su un produttore di biciclette, quando la storia parla del trasporto in generale. Dovete sempre rifarvi al vostro piano, per rimanere focalizzati.

Recentemente ho creato una storia sul *durian*, un frutto. Ho osservato le mie foto per stabilire se ce ne fossero di buone. Ne ho trovate molte di close-up del frutto, ma mancavano per esempio quelle delle espressioni delle persone quando ne sentono l'odore. Quindi, il giorno successivo sono tornato a fotografare le persone che mangiavano o annusavano il *durian*. Tornato a casa le ho osservate e ho esclamato: "OK, va bene, va bene, a-ha, OK". Ho controllato la shot list e vi ho aggiunto qualcosa. In seguito, sono uscito di nuovo, nel pomeriggio, per scattare altre foto.

Se avete un piano, questo vi manterrà focalizzati su ciò che è importante. In certi casi, però, la storia si sviluppa mentre la fotografate. Tuttavia, penso dobbiate fare attenzione, perché in questi casi è facile finire fuori strada. Se conosciamo la storia, allora possiamo fotografarla. Se scattiamo e la storia evolve, potrebbe finire ovunque e, quando avete terminato, potreste non avere le foto giuste. Potreste accorgervi che manca continuità tra gli scatti.

D Hai aumentato l'impegno nell'approccio multimediale per il racconto di una storia. Che cosa c'è di diverso dagli altri modi di usare la fotografia per lo storytelling?

R Per me, esistono almeno tre modi per raccontare una storia usando la fotografia. Uno è con una sola immagine e credo sia difficile da realizzare. È un millesimo di secondo di una vita e quindi la medesima parte di una storia. Tuttavia, è comunque possibile comprendere una parte consistente di ciò che osservate.

Un altro modo di raccontare è tramite il saggio fotografico. Un saggio può includere da 5 a 25 immagini. Penso che i migliori siano quelli con meno immagini. Potete raccontare un intero saggio in 10 scatti. Potete creare un racconto di un individuo, iniziando con un'introduzione del luogo in cui vi trovate e di chi è questa persona. Quindi, presentate il personaggio e create un'intimità. Inserite qualche tipo di conflitto e lo sviluppate finché non viene risolto in qualche modo. La storia termina in corrispondenza della soluzione e "cammina verso il tramonto".

In questo momento uso prevalentemente immagini e audio, ma altri che conosco, come Gary Chapman, usano molto più il video e sto puntando anch'io in quella direzione. È importante ricordare, però, che la multimedialità presenta una curva di apprendimento e dovete prima imparare come si crea un flusso di lavoro efficiente che includa foto, audio e video.

D Hai avuto la possibilità di parlare con diversi fotografi celebri durante il tuo lavoro. Che cosa li rende fotografi e storyteller così importanti?

R La domanda è complessa. Penso di averli intervistati perché sono tutti molti bravi a raccontare una storia. Quando osservo il lavoro di Ami Vitale, le foto di David duChemin e di Michael Clark, non ho neppure bisogno di leggere il testo. Infatti, spesso sono dispiaciuto per gli scrittori con cui collaborano, perché non ho mai letto il loro lavoro. Osservo le foto e conosco la storia. Credo sia questo a farli risaltare tra gli altri. Le loro immagini trasmettono emozioni, soprattutto quelle di Ami. Quando osservi le sue immagini, a volte provi una forte commozione.

D Qual è lo strumento che trovi estremamente utile per raccontare storie visuali?

R Un buon flash impostato in rear-curtain sync. Lo uso spesso. Dà all'immagine molta emotività, senza rinunciare alla definizione.

D Se volessi dare un suggerimento a chi inizia con lo storytelling, quale sarebbe?

R Il mio miglior consiglio è procedere con calma. Se non lo fate, vi perdete la storia e quindi la foto. Ma perdete anche la possibilità di trovare amici. La capacità di fare amicizia, il prendersi tempo per trovare la foto giusta e capire la storia – mettete insieme queste tre cose e otterrete una storia di sicuro successo. ■

Per vedere il lavoro di Matt Brandon o ascoltare il podcast Depth of Field, visitate il sito: www.thedigitaltrekker.com.

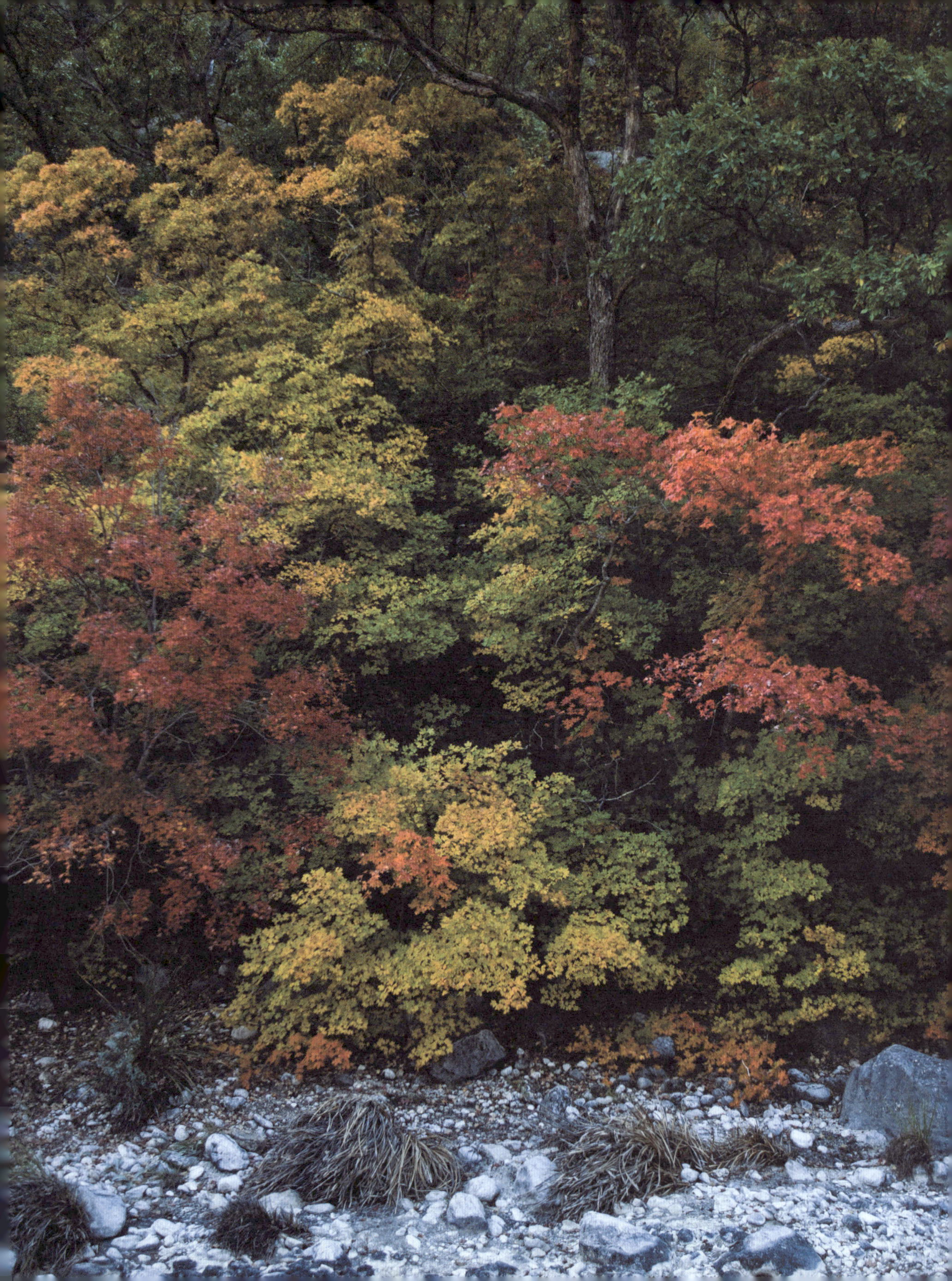

CAPITOLO 7

Il workflow dello storytelling

Il flusso di lavoro (o workflow) del visual storytelling esiste da molto tempo ed è molto più che un semplice concetto. Negli anni si è evoluto e continuerà a cambiare e a soddisfare le necessità degli storyteller contemporanei anche in futuro. Il workflow è molto più che usare un lettore di schede digitali e avviare Adobe Photoshop Lightroom. Si tratta di un processo che, se ben strutturato, può aumentare la produttività. Considerate il workflow dello storytelling come le viti e i bulloni di un racconto: è ciò che tiene unite le varie parti dello storytelling. Dalla ricerca allo shooting, dall'editing all'esportazione e, passando per la consegna del lavoro, un buon workflow può unire molte attività complesse e dalle mille sfaccettature.

I colori dell'autunno nelle Guadalupe Mountains – l'immagine è il risultato di un workflow che ha interessato molto più che la semplice elaborazione digitale.

Canon 5D, 28 mm, 1/200 sec., f/2.8, ISO 200

Il nostro scopo, come visual communicator, è raccontare una storia che sia interessante, e un processo ben strutturato rende più semplice eseguire questa attività in modo efficace. Se tutto ciò vi sembra complesso, non preoccupatevi. Se intervistate dieci grandi fotografi, ognuno vi descriverà un diverso workflow per lo storytelling. Un workflow che si riveli utile è sufficientemente flessibile da concedere un po' di respiro alla storia di tanto in tanto, ma è abbastanza strutturato da aiutarvi a completare le varie attività.

DA DOVE COMINCIA IL WORKFLOW?

In realtà, tutto questo libro parla del workflow. Di solito tendiamo a restringere il termine alla sola parte computerizzata del nostro lavoro di fotografi, ma tutto quanto facciamo per raccontare una storia con le immagini è parte di un workflow – *il nostro* workflow. Oggi, con la grande attenzione sviluppatasi attorno al workflow digitale, non amo veder accostate alcune parti del nostro lavoro ai soli specialisti dei computer. Per quanti possano essere i benefici dell'avere un workflow di editing digitale, sicuramente i tecnici devono aiutare l'intero processo, non solo la parte finale.

Il workflow dello storytelling inizia dai componenti non digitali (lo so, tutti scattiamo con fotocamere *digitali* ai giorni nostri, ma i componenti di cui parlo riguardano quel che *fate* con la fotocamera). Nel momento in cui mettete in pratica l'idea e iniziate a condurre delle indagini iniziali su come poter ottenere una storia, avete appena mosso il vostro primo passo nel workflow. Annotate le vostre idee su carta, fate un po' di ricerche, decidete che in questo racconto c'è qualcosa di interessante e affondate i denti nel processo di creazione. Cari amici, avete appena iniziato il vostro workflow dello storytelling.

Ricordate i piani di cui vi ho parlato in precedenza? Ecco una buona occasione per iniziare a crearne uno o a espandere quello che già avete. Iniziate a studiare i vari dettagli, mentre trascorrete qualche notte, giorno, settimana o mese a fare ricerche sull'argomento, incontrando le fonti primarie, previsualizzando le immagini e così via. Create un calendario per incontrare altre fonti o i personaggi della storia, viaggiate verso le location e affrontate gli altri problemi logistici che potrebbero essere d'impaccio mentre raccontate la vostra storia.

In seguito, scegliete l'equipaggiamento. Se dovete affittare un paio di obiettivi o farvi prestare un corpo macchina extra, fatelo. Preparate la vostra attrezzatura (troverete un po' ovunque molte risorse su come preparare la vostra fotocamera, per massimizzare la produttività) e iniziate lo shooting.

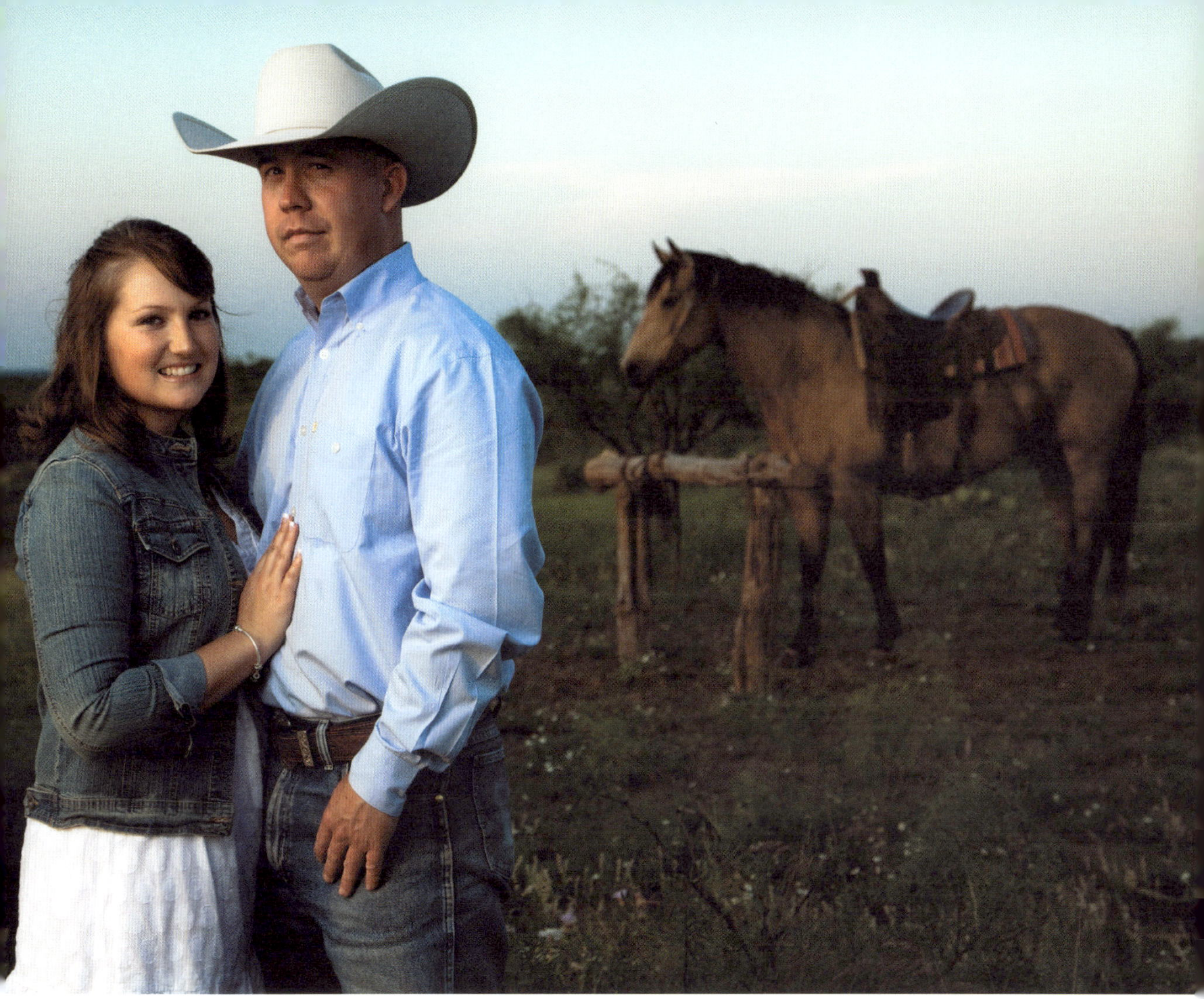

Questa immagine ha richiesto un po' di trekking in un ranch, ma grazie a una buona organizzazione sono riuscito a non sprecare la poca luce disponibile.

Canon 5D Mk II, 47 mm, 1/60 sec., f/5.6, ISO 100

I passi che seguono rientrano nella sfera digitale del vostro workflow. Importare, organizzare, modificare, selezionare e processare le vostre immagini. Esportatele in base al tipo di media che intendete usare per diffondere la storia. Che si parli di sfera digitale oppure no, è *tutto* parte di un workflow ed è bene che ogni storyteller ne abbia uno.

Molti fotografi e molti insegnanti di corsi di fotografia saranno felici di fornirvi un set di indicazioni per un buon workflow e nella maggior parte dei casi saranno ottimi suggerimenti. Tuttavia, è difficile dare indicazioni troppo precise con il workflow, soprattutto quando ogni storia che raccontate necessita di una variazione al vostro normale processo. Nonostante questo punto in particolare riguardi più le parti di editing e archiviazione del vostro flusso di lavoro, la prima cosa che occorre specificare è: implementate un workflow che sia funzionale per voi.

Alcuni di voi possono avere un workflow ben rodato, altri invece potrebbero averne uno che funziona, pur senza sapere di averne adottato uno. Poi ci sono quelli che hanno un rapporto molto tiepido con regole e programmazione, e non me la sento di biasimarli (da me non avrete mai un commento snob!).

A prescindere dal punto in cui vi trovate nella definizione di un workflow fotografico, è fondamentale crearne uno che sia funzionale per voi. Alcuni fotografi hanno workflow incentrati pesantemente sull'uso del computer. Svolgono le loro ricerche, fanno lo shooting, ma sono molto puntigliosi quando si arriva alla fase di lavoro al computer. Ne conosco altri che sono l'esatto opposto – lavorano duramente e sono interessati alla fase di ricerca e al processo di shooting, mentre si rivelano meno entusiasti quando si arriva alla fase che riguarda il computer.

Più sarete organizzati nell'intero processo di storytelling, meno difficoltà dovrete affrontare nel lungo periodo.

Tuttavia, tutti hanno un tipo di workflow che costituisce buona parte del loro successo come storyteller. Credo che i fotografi che prestano la medesima attenzione a entrambe le fasi del workflow, computerizzata e non, direbbero la stessa cosa.

L'ORGANIZZAZIONE: PARTE TUTTO DA QUI

Avete mai perso le vostre immagini? Che ne dite di un fotografo che si presenta a uno shooting e si accorge di non aver portato la fotocamera (so che è successo)? Avete mai eliminato un'e-mail che conteneva le informazioni di contatto del vostro soggetto principale, obbligandovi a chiamare l'editor per ottenere un numero telefonico o un indirizzo? Tutti abbiamo commesso errori di questo tipo e una moltitudine di altri sbagli, e non c'è alcun dubbio che ne commetteremo ancora. È una parte del lavoro, che può essere minimizzata dalla presenza di un buon workflow per lo storytelling.

Uno dei motivi per cui dovete implementare un workflow è quello di essere sempre organizzati. È la parte più importante di un workflow. Più sarete organizzati nell'intero processo di storytelling, meno sforzi dovrete affrontare nel lungo periodo.

Asset management

C'è un modo semplice per definire l'asset management: sapere dove sono le vostre cose. Entrerò un po' più nei dettagli, ma questo è il succo del discorso. I visual storyteller accumulano molte *cose*. Che si tratti di un libro, uno strobo, un paio di hard disk, qualche migliaio di immagini o una collezione di storie prodotte in molti anni trascorsi dietro la fotocamera, accumuliamo continuamente nuove cose. L'organizzazione fa sì che ogni

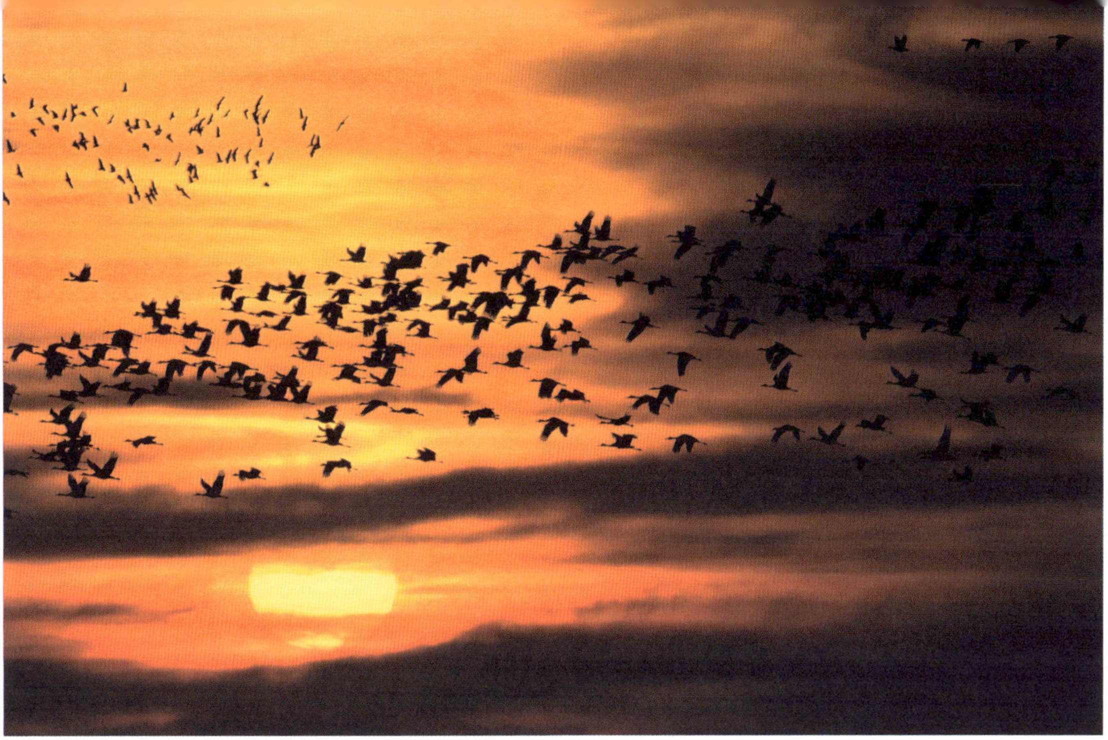

La fotografia naturalistica è solo un esempio delle immagini che riguardano una particolare storia: può richiedere diversi anni di shooting e comprendere diverse cartelle, cataloghi digitali e anche molti hard disk, computer e, in certi casi, armadi pieni di negativi e diapositive.

Canon 5D Mk II, 400 mm, 1/2.500 sec., f/5.6, ISO 100

elemento occupi il suo posto ed è per questo che siamo in grado di trovare rapidamente uno strumento o un'immagine che ci permette di essere più produttivi.

Per esempio, quando passai al digitale per la prima volta, non avevo idea di come organizzare le mie immagini. All'epoca mi limitavo a scattare e a trasferire le immagini sul mio computer, importandole nella cartella Immagini predefinita. Non le dividevo in categorie, non assegnavo i tag con le parole chiave e non inserivo alcuna informazione di copyright.

Un giorno, quando dovetti creare una storia prelevando scatti da diverse aree del mio archivio di foto su pellicola e in digitale, mi accorsi di essere sommerso da una quantità di file mal organizzati. Ben presto cercare le immagini necessarie si rivelò un incubo digitale. Fortunatamente le avevo suddivise in cartelle ordinate per data, altrimenti starei ancora cercando le immagini per quel servizio. L'episodio mi dimostrò l'importanza di organizzare al meglio le mie attività (soprattutto quelle che sono fondamentali per la mia professione). Oggi presto molta attenzione all'archiviazione dei miei file digitali, come chiunque altro - sono organizzati per anno, argomento, nome e, infine, per data. Creo dei cataloghi in Adobe Lightroom per ciascun anno e per la maggior parte delle storie che mi vengono assegnate o che produco. Dato che le mie immagini possono essere generate da diversi shooting ed esistere in diversi archivi su svariati hard disk (e anche nel cloud), devo essere organizzato. E dovreste esserlo anche voi, se la fotografia è una parte importante della vostra vita o è addirittura la vostra professione.

L'organizzazione aumenta la vostra efficienza nel recuperare le immagini per le varie storie, soprattutto se dovete tornare indietro di diversi anni, come ho dovuto fare per questa foto scattata vicino a Sonora, in Texas.

Canon 5D, 24 mm, .3 sec., f/22, ISO 100

BACKUP, BACKUP, BACKUP Visto che sto trattando l'organizzazione dei file digitali, è un buon momento per sottolineare un'altra abitudine essenziale: creare dei backup del vostro lavoro. Fatelo. Ho visto uomini e donne mettersi a piangere dopo aver perso le loro immagini. Immaginate di perdere un terabyte del vostro lavoro – non voglio neppure pensarci.

Le vostre immagini sono la vostra storia e assicurarvi di non perderle dovrebbe essere una priorità per tutti i fotografi, storyteller o no. Gli hard disk si guastano, gli edifici vanno a fuoco e un giorno potreste aver bisogno di ricorrere a uno dei vostri backup. È un'ottima regola tenere i vostri originali, più altre due copie del vostro lavoro, in diverse posizioni e su diversi computer o dispositivi di archiviazione. È una sorta di assicurazione sulla vostra storia.

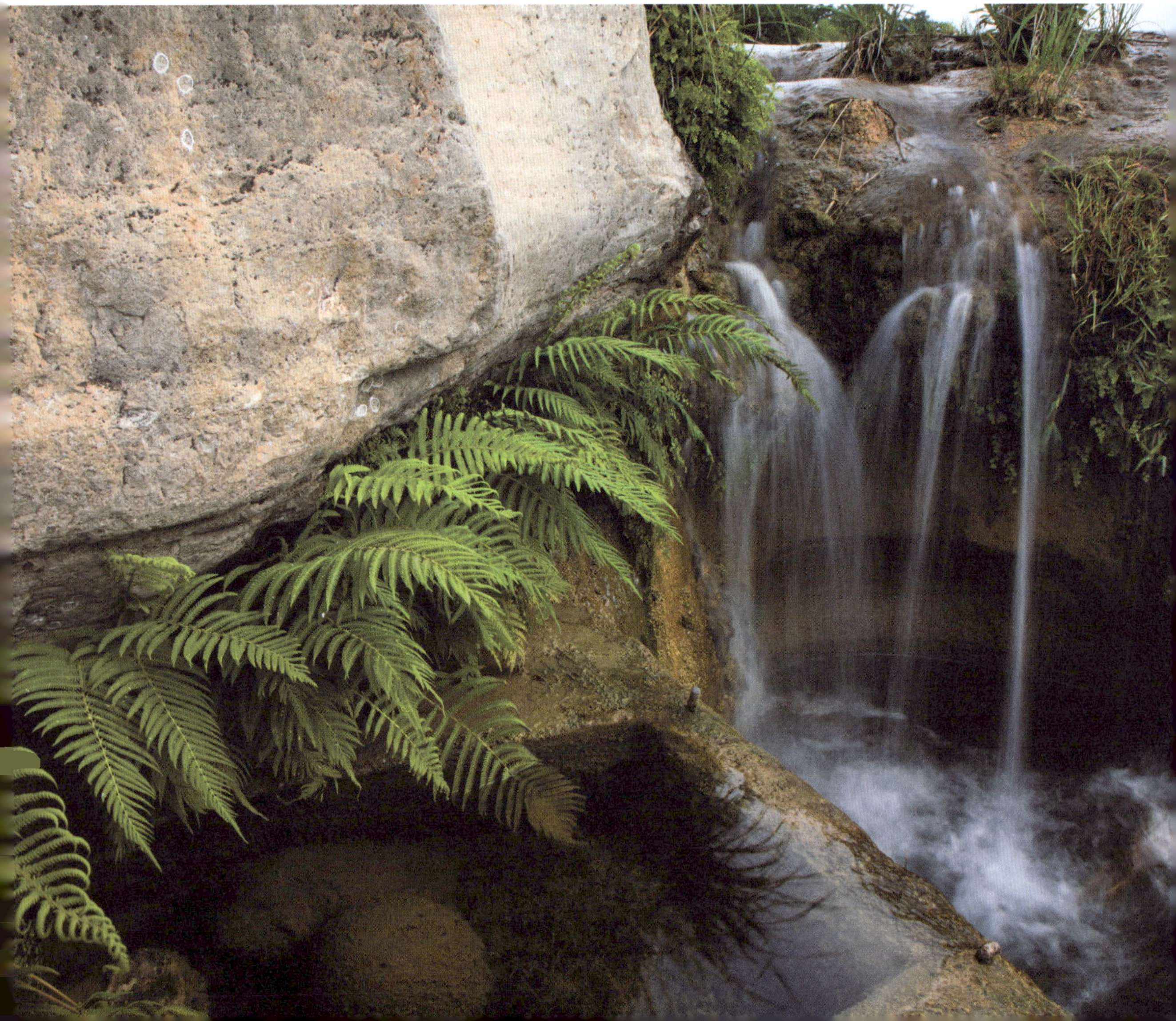

Efficienza

Gestire i vostri asset fotografici vi permette di lavorare in modo più efficiente. Avete bisogno di uno stand per luci? È nella borsa blu degli stand, nel retro dell'automobile. Serve un gel verde per quella luce? È nella seconda tasca trasparente del vostro zaino. La soft box di dimensioni medie? Nella borsa nera vicino a quella blu, sempre in auto.

Ben presto sarete coinvolti dal soggetto, non dall'attrezzatura, e sapere dove sono le vostre cose vi aiuterà a lavorare sulla location in modo più rapido ed efficiente, lasciandovi più tempo per concentrarvi sulla storia.

La stessa cosa è valida anche per la successiva lavorazione delle immagini. L'organizzazione dell'archiviazione crea un processo semplificato per avere accesso e lavorare alle vostre foto. Nella creazione di una storia, l'efficienza viene migliorata solo quando usate un software per il workflow, come Lightroom di Adobe o Aperture di Apple.

Personalmente uso Lightroom, ma ricordate cosa ho detto sull'implementazione di un workflow che debba essere utile per voi e il vostro stile? Potete usare Adobe Bridge o le soluzioni proprietarie di Canon o Nikon, l'importante è che le usiate in modo funzionale al vostro lavoro e che migliorino la vostra efficienza. Meno ricerca disordinata *delle* immagini e più lavoro effettivo *con* le stesse, così da ottenere un valido aiuto nel racconto delle vostre storie.

Mantenere le vostre foto organizzate è utile anche quando ricevete un'e-mail da un editor o da un designer, il quale vi chiede una certa fotografia per una storia che dovrà essere pubblicata, per esempio, sulle felci (se iniziate a lavorare per alcune pubblicazioni, scoprirete che spesso queste hanno un bisogno urgente di immagini). Ipotizzando che abbiate fotografato delle felci in precedenza, saprete esattamente cosa fare e, anche se siete fuori città, potrete usare gli strumenti remoti per avere accesso al vostro archivio fotografico.

Professionalità

Organizzazione, gestione accorta degli asset, lavoro efficiente. Queste caratteristiche descrivono un professionista di qualunque lavoro nel mondo e, quando producete storie visuali, non c'è differenza. Soprattutto se volete vivere di questo mestiere, è bene che riflettiate sul fatto che l'essere considerati dei professionisti vi può aiutare come storyteller.

Pensate allo shooting di ritratti per la vostra storia. Quando sapete esattamente dove stand, gel e soft box sono riposti, sembrerete più organizzati ed efficienti. Il vostro soggetto vi percepirà in modo positivo quando vedrà che siete preparati, che lavorate duro e non state sprecando il *suo* tempo. Se gli chiedete di essere pronto alle 6:30 del mattino per uno shooting all'alba, dovrete esserlo anche voi.

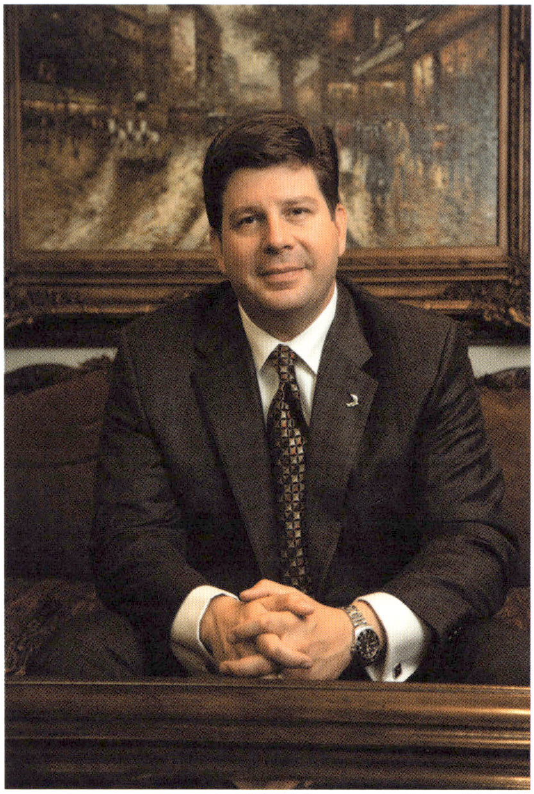

Per gli incarichi è bene essere preparati, lavorare in modo efficiente ed essere rispettosi. La disorganizzazione fa perdere tempo al soggetto, mentre la professionalità crea buone impressioni, che potrebbero diffondersi.

Canon 5D Mk II, 65 mm, 1/25 sec., f/4, ISO 400

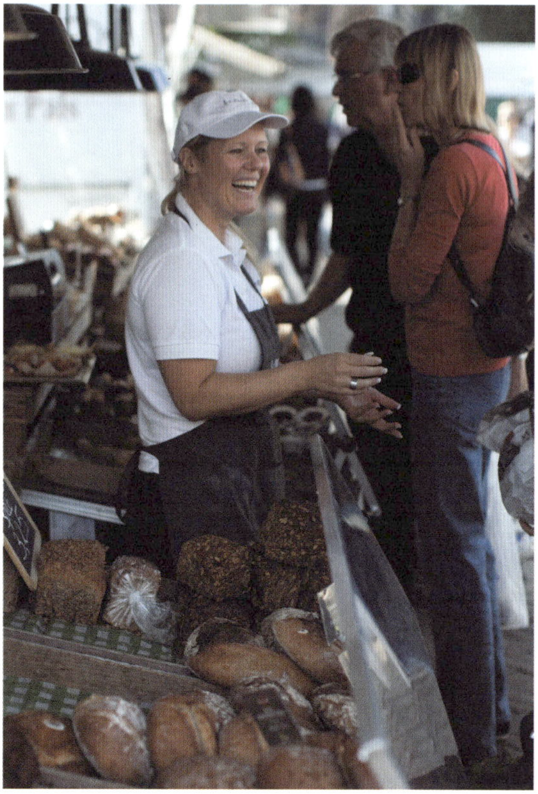

La fotografia di strada richiede organizzazione e preparazione del materiale essenziale per lavorare attorno al soggetto, come nel caso di questo panettiere olandese in un mercato di prodotti biologici di Amsterdam.

Canon 5D Mk II, 50 mm, 1/500 sec., f/2, ISO 100

Un beneficio collaterale del fare una buona impressione è che vi permette di stabilire un rapporto che vi aiuta a coinvolgere maggiormente il vostro soggetto. Avrete più tempo a disposizione per quest'ultimo, cosa che potrebbe rivelare una nuova sfaccettatura della storia che state raccontando e che lo vede protagonista o diretto interessato.

Essere organizzati vi aiuta anche a comportarvi da professionisti. Creare organizzazione nella vostra routine, nonostante sembri un compito laborioso, è un buon modo per darvi una disciplina. Questo non significa essere rigidi e inflessibili sui vari processi. Siate flessibili, perché la vostra storia sicuramente lo sarà, ma organizzatevi il più possibile, in modo da essere pronti la prossima volta che dovrete uscire di casa di fretta per un incarico o per scattare una foto fugace di un panettiere olandese che vende i suoi prodotti, mentre gli passate davanti. Essere pronti costruisce maggior fiducia – per voi e per chi è coinvolto nella storia che raccontate.

Avere tutto pronto e organizzato in un workflow vi permette di essere più creativi, di prestare davvero attenzione alla storia e ai suoi personaggi, agli ambienti e a tutte le informazioni visuali e non che li circondano.

L'EDITING DELLA STORIA

OK, quindi avete pianificato, vi siete preparati, avete raccolto tutta l'attrezzatura necessaria e avete viaggiato fino alla location. Avete trascorso l'intero pomeriggio per lo shooting della vostra storia sugli uccelli costieri. Avete ricaricato tutto in auto, siete tornati in hotel, avete scaricato le foto sul computer e creato il backup sul disco fisso esterno. Ripetete queste operazioni per altri tre giorni, sperando di aver trattato adeguatamente la storia che avete in mente. Tornati a casa, però, il vostro lavoro non è finito. Dovete ancora completare tutta la parte digitale del vostro workflow, prima che la storia sia pronta per la distribuzione.

Se avete fatto le vostre ricerche, avrete già un'idea di come il racconto dovrà apparire. Nuovamente, anche se fate shooting fotogiornalistici, non potete evitare di previsualizzare alcune delle immagini che riguardano il soggetto che state trattando. Lo shooting stesso vi ha aiutato a farvi un'idea migliore e a cogliere le sfumature della storia da distribuire al pubblico. Quando avete l'intero "take" della storia (o anche solo una porzione) davanti a voi, allora inizierete a comprendere meglio tutto l'insieme.

È qui che inizia l'editing.

Giusto per non confondere nessuno, quando mi riferisco all'editing della storia, intendo l'operazione di selezionare le vostre immagini di qualità migliore e che si adattano meglio a definire una narrativa visuale. Se invece cercate (o vi è stata richiesta) una sola immagine, allora dal take selezionerete quella che trasmette l'essenza della storia contenuta nel frame. In entrambi i casi, tenere bene a mente la storia che volete raccontare è molto importante, anche durante l'editing.

A prima vista ci sono due modi per editare le vostre foto: identificare le fasi salienti dell'esperienza dello shooting, oppure analizzarle tutte. Il primo non è necessariamente una scorciatoia per aggregare una storia dopo lo shooting, ma solitamente è un metodo più rapido del secondo. Cercare le fasi salienti vi permette di andare direttamente all'immagine (o immagini) che sembra più importante. Questo approccio è utile per fotografare su incarico e vi serve a esercitare la vostra visione e le capacità di decision-making in relazione allo shooting e alla selezione degli aspetti più importanti o interessanti di una storia.

Quando mi riferisco all'editing della storia, intendo l'operazione di selezionare le vostre immagini di qualità migliore e che si adattano meglio a definire una narrativa visuale.

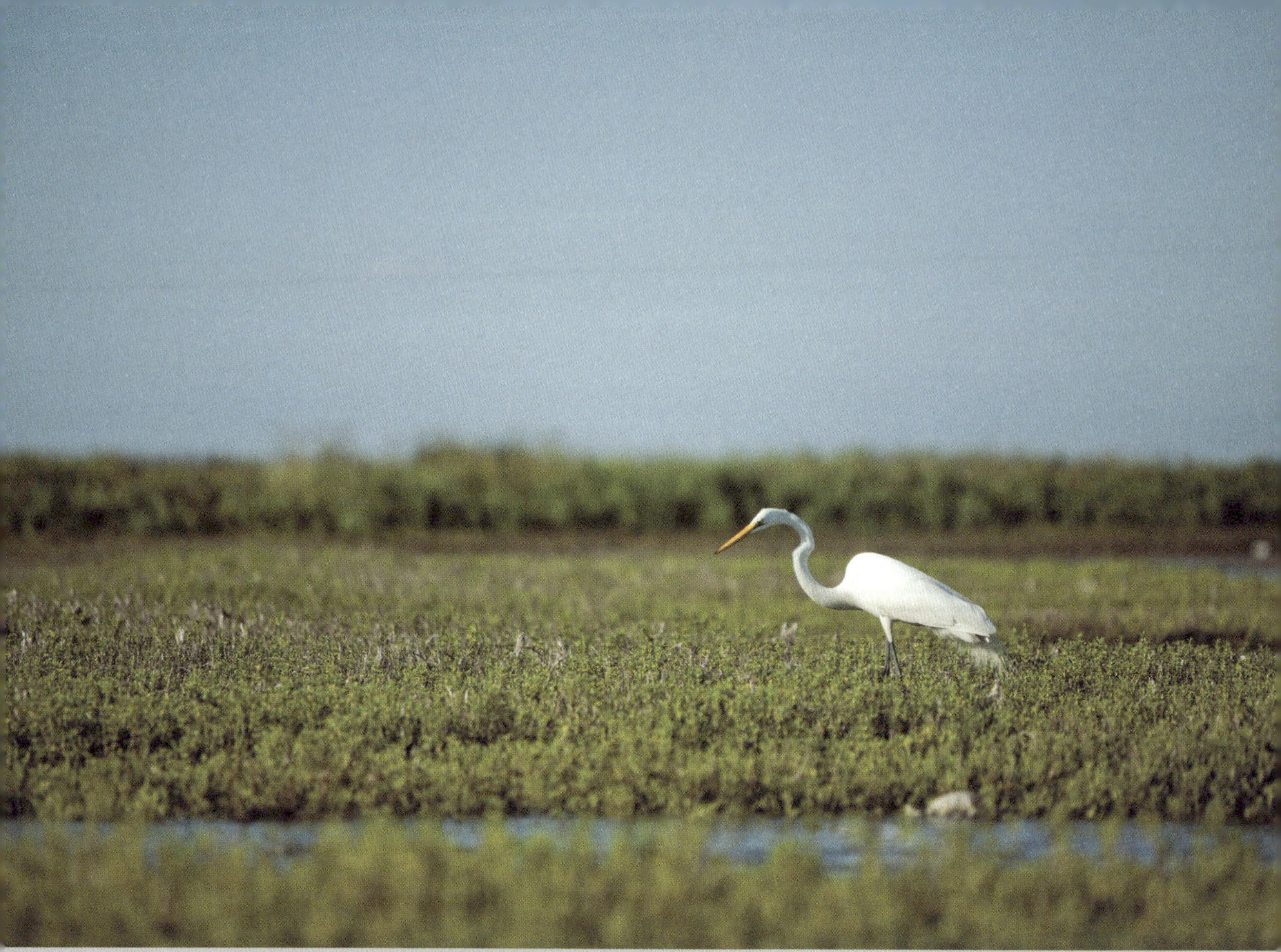

Un airone bianco cammina tra le secche del Mustang Island State Park, vicino Port Aransas, in Texas (sopra). Fotografare gli uccelli può portarvi a ottenere migliaia di immagini in pochi giorni, sottolineando la necessità di un workflow per l'editing.

Canon 5D, 200 mm, 1/1.250 sec., f/2.8, ISO 50

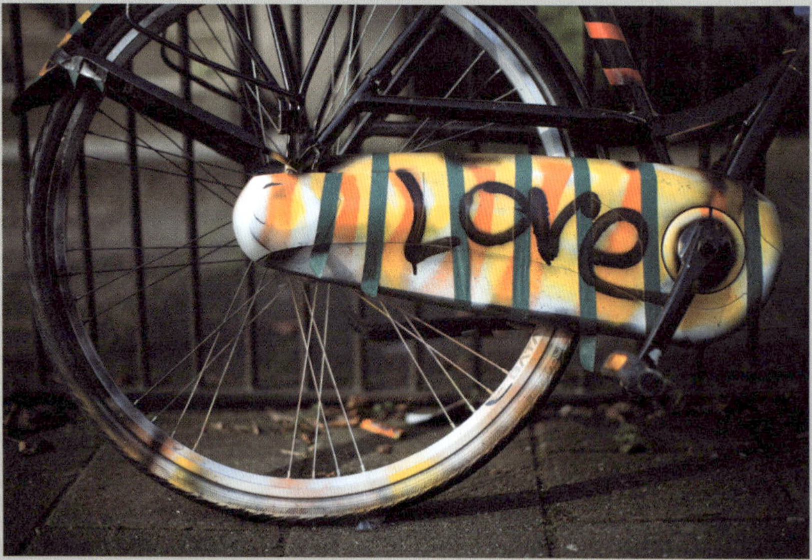

In un recente viaggio ad Amsterdam, ho sfruttato i tempi morti per editare rapidamente le foto scattate ogni giorno, scegliendone alcune che mi sembravano trasmettere il feeling della cultura della città (a destra).

Canon 5D Mk II, 50 mm, 1/2.000 sec., f/1.2, ISO 100

Il secondo approccio richiede più tempo, maggior riflessione e concentrazione. Non dico che non serva concentrazione per cercare i momenti salienti di uno shooting, ma spesso, dopo aver scelto delle immagini, mi sono trovato a ripercorrere i miei passi e a trovarne altre che avrebbero potuto essere scelte migliori.

Editare tutte le vostre immagini dall'inizio (o comunque dalla prima all'ultima immagine dell'archivio di una storia) vi dà il tempo di selezionare la foto più adatta alla storia. I racconti più completi, che contengono molti scatti e necessitano quindi di un tempo relativamente lungo, ci garantiscono questa opportunità.

La possibilità di rivisitare tutte le immagini di una storia è una benedizione e anche una maledizione. Sì, potete trascorrere più tempo a controllarle, acquisire familiarità con quel che fotografate e sviluppare una relazione più forte con il vostro racconto. Ciò nonostante, è un compito scoraggiante. Ogni shooting della durata di una giornata può produrre migliaia di immagini per una singola storia. L'editing per una settimana di shooting può richiedere anch'esso una settimana di lavoro. Tuttavia, è un compito che va svolto e serve un procedimento rodato prima di iniziare.

1. **Tecnica del once-over:** prima di iniziare a selezionare le immagini, date un'occhiata al take complessivo della storia. Questo vi aiuterà a concentrarvi sul lavoro e "aprirà la porta" alle immagini che non avete osservato per diversi giorni o dopo diversi shooting. Questa tecnica vi rallenta deliberatamente, così da non farvi trovare nella mentalità di "ricerca dei momenti salienti" una volta all'interno del workflow. Personalmente sfrutto questa fase del processo di editing anche per evidenziare le immagini da cestinare rispetto a quelle da utilizzare. Questo restringe il campo, perché è come passare le foto al setaccio. Quelle contrassegnate per l'eliminazione e quelle fuori fuoco – soprattutto negli occhi o dei soggetti che voglio siano definiti – non rientrano nella scelta, a meno che non trasmettano qualcosa di più forte della mia voglia di eliminarle dalla selezione.
2. **Storia per storia:** se vi è utile, collezionate le immagini di una storia tutte insieme. Come ho già detto, alcune storie possono essere distribuite su più giorni, su vari argomenti e anche su diversi cataloghi. Programmi come Lightroom o Aperture rendono il lavoro semplice grazie alle funzioni di raggruppamento "smart", ma non esitate a creare una copia delle immagini, a raggrupparle in un sistema di archiviazione dedicato e a iniziare il lavoro da qui.

   Infine, potete sempre annotarvi cosa cercare nel vostro archivio e osservare le foto una alla volta, risparmiandovi così il disturbo

Fotografare i fulmini spesso richiede più che dare una semplice occhiata alle immagini per trovare *lo* scatto. Analizzare le foto richiede tempo, ma potreste notare un lampo unico in un'immagine che non sapevate neppure di aver scattato.

Canon 5D Mk II, 200 mm, 1/10 sec., f/3.2, ISO 100

di copiarle, incollarle ed eliminare le immagini quando avete terminato. Quando raggruppate le immagini, dovete sempre mantenere gli originali ed editare in modo non distruttivo.

3. **Raggruppare idee e concetti:** quando avete ben chiaro ciò che vi ha interessato nello shooting, iniziate a creare gruppi di immagini che assomigliano alle varie parti della storia che volete raccontare. Considerate la vostra ricerca, il piano e la shot list. Scegliete gruppi di immagini che si contendono i concetti principali della vostra storia ed evidenziateli di conseguenza.

Normalmente uso le etichette colorate di Lightroom per questa parte del processo. Se le aree della storia sono più numerose delle etichette disponibili, uso delle collezioni specifiche per i raggruppamenti. Se sto

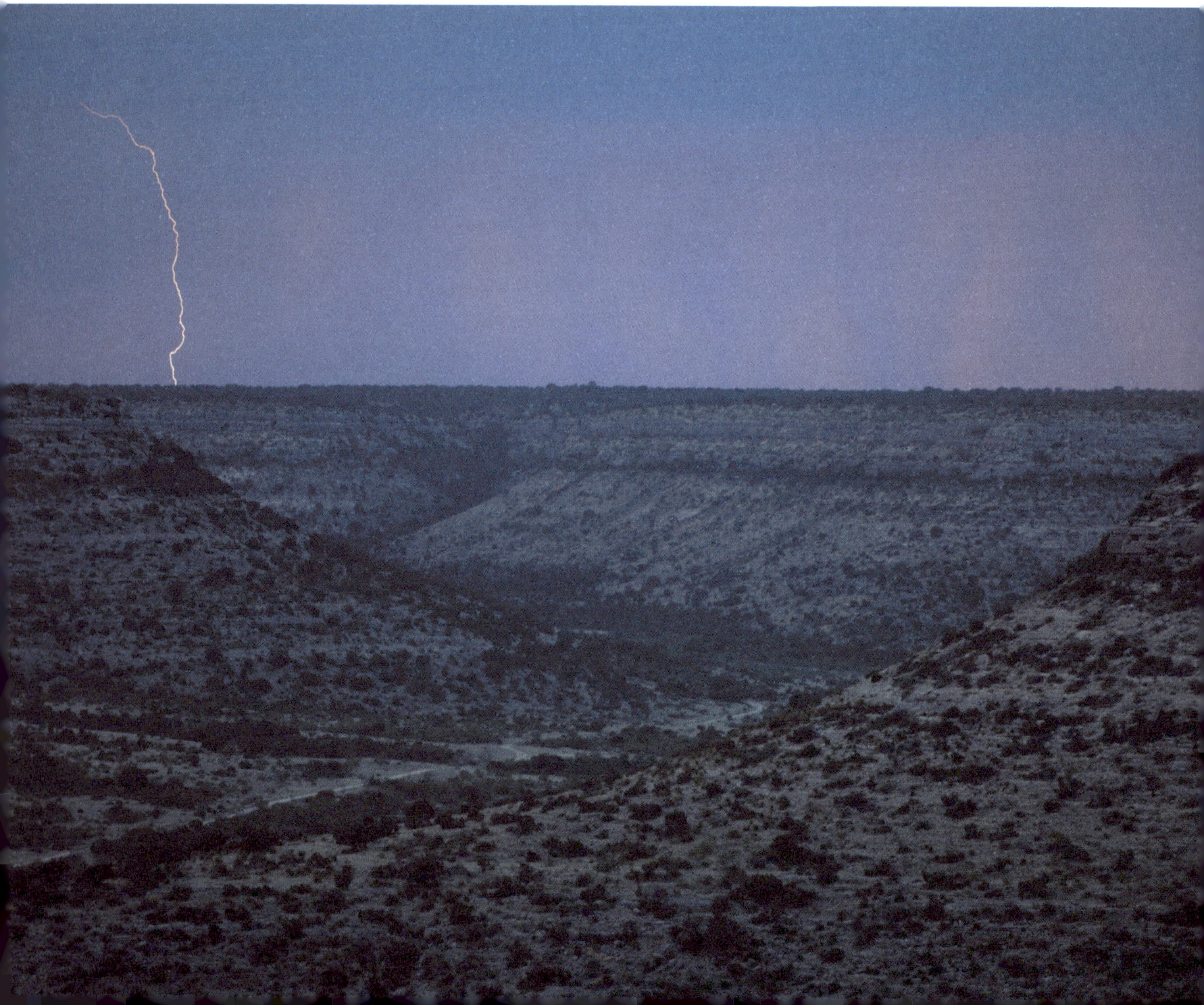

lavorando a una storia sul deserto del Chihuahua nel Texas Occidentale, potrei usare un'etichetta e una collezione per argomenti come Parchi nazionali, Persone, Vegetazione, Fauna selvatica, Bagnato/Asciutto, Arte, Cultura, Pericolo, Vita e Morte.

È un buon momento anche per rivisitare la struttura tematica sulla quale avete creato la storia, che avete poi sviluppato durante lo shooting ed eventualmente modificato dopo aver dato un nuovo aspetto agli scatti. Potreste scoprire che quel che pensavate essere una storia dark e disperata su un individuo che soffre di cancro, nel giro di poche settimane si è trasformata in un racconto di speranza, ispirazione e fede religiosa. Se lavorate a un incarico, però, è una buona idea consultare il vostro art director o editor per vedere se approva il nuovo taglio.

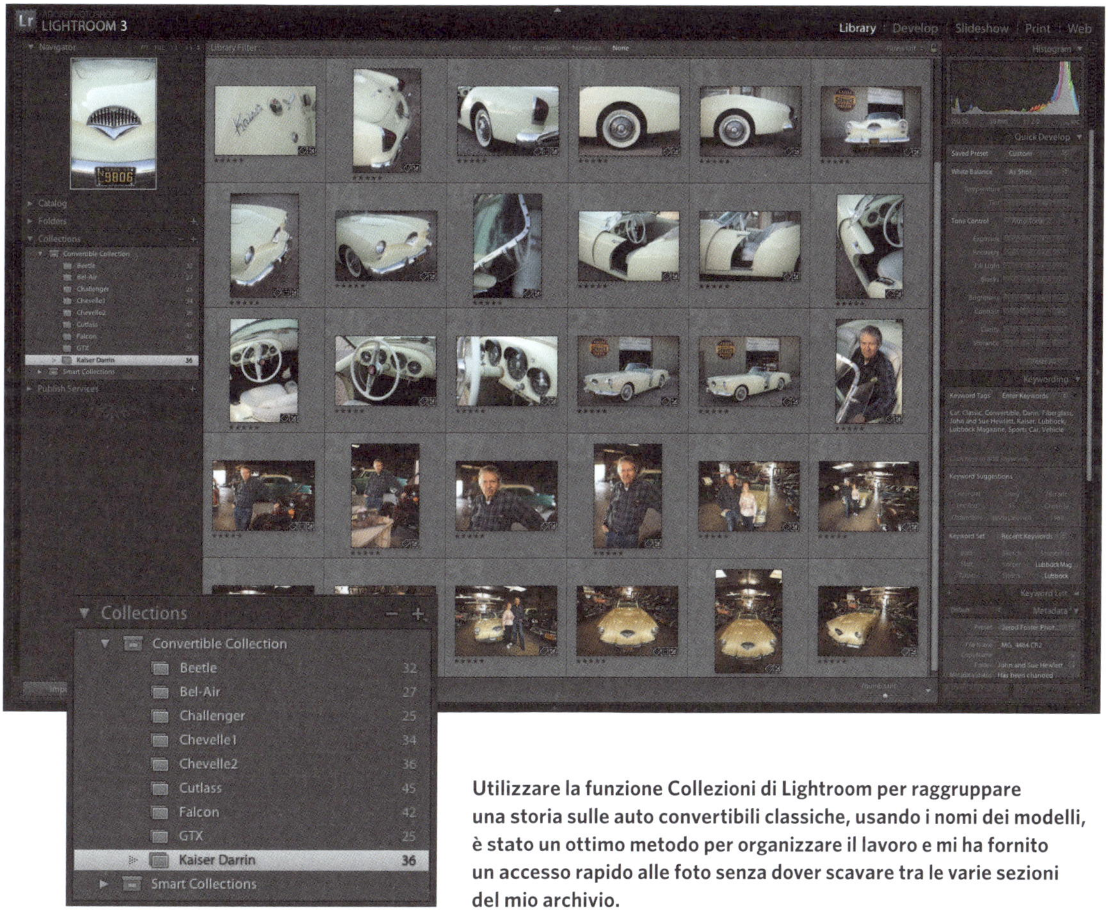

Utilizzare la funzione Collezioni di Lightroom per raggruppare una storia sulle auto convertibili classiche, usando i nomi dei modelli, è stato un ottimo metodo per organizzare il lavoro e mi ha fornito un accesso rapido alle foto senza dover scavare tra le varie sezioni del mio archivio.

4. **Scrivere note (ancora?):** sì, ancora. Ecco una regola fondamentale: mai restare lontano da qualcosa su cui potete scrivere un paio di note, anche se si tratta solo di un tovagliolo. Posiziono questo passo in questo elenco perché, in realtà, troverete pratico scrivere note durante tutto il procedimento. Mentre selezionate le foto dall'inizio alla fine, annotatevi gli argomenti e i concept secondo i quali le raggrupperete in seguito. Durante la fase di raggruppamento, annotate i tipi di immagini che davvero "vi parlano" e che uniscono la storia e le aree che necessitano di migliorie o che sono mancanti. Quest'ultimo caso potrebbe essere quello in cui le note tornano più utili. Colmare i vuoti delle storie è una parte essenziale per creare completezza. Se la storia che state raccontando ve lo consente, non limitate questa parte del lavoro. Scrivete delle note e cercate le aree mancanti.
5. **Operare la selezione:** dopo aver raggruppato le foto per argomento o concept, è ora tempo di filtrarle in base a come ciascuna contribuisce alla storia. Vi siete già liberati dei problemi tecnici, dei ritratti con gli occhi chiusi (ipotizzando che vogliate quelli con occhi aperti), delle immagini in cui le vostre luci non si sono accese e ora state osservando il meglio. Da questo punto in avanti, vi interesserete solo alle immagini che aiutano a raccontare la storia.

   Non c'è un numero magico di fotografie da selezionare da ciascun gruppo. Occorre scegliere tutte quelle che servono. Provate a concentrarvi sulle singole foto. Se siete come me, probabilmente scatterete molte foto che sono molto simili, con piccole varianti. Potrebbe trattarsi dell'espressione della bocca in un ritratto ambientato o della posizione di una foglia mossa dal vento. Scegliete con cura, studiate gli scatti per il tempo necessario e fate la vostra selezione. Non eliminate le foto scartate,

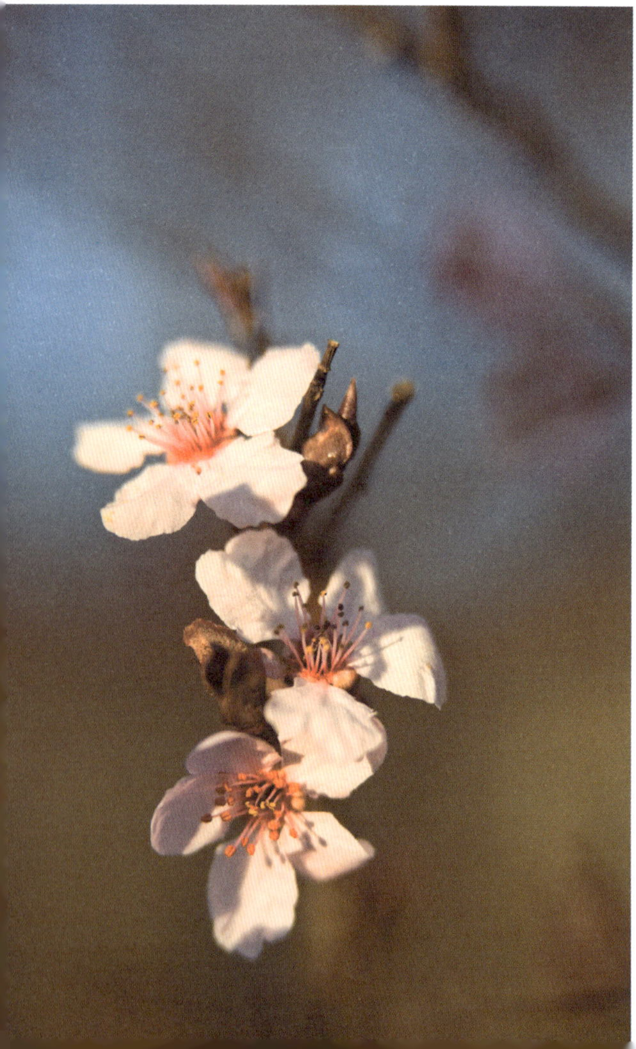

Di 144 immagini solo questa ha catturato completamente la mia attenzione per una storia incentrata sui colori della primavera. Per quanto piccola possa sembrare, la differenza rispetto alle altre foto sta nel fatto che tutti i pistilli dei tre fiori sono correttamente a fuoco.

Canon 5D, 95 mm con tubi di estensione, 1/320 sec., f/2.8, ISO 100 ma quando siete sicuri della vostra scelta portatevi su un nuovo argomento, posizione, inquadratura e così via.

Durante la scelta delle foto, e mentre inizio a raggruppare, comincio anche a stilare una classifica. In Adobe Lightroom avete l'opzione di classificare le immagini con un sistema di colori e di stelle. Come ho già detto, uso le etichette colorate per raggruppare le parti della storia e le stelle per stabilire quali immagini in un particolare gruppo sono adatte per entrare a far parte del nel racconto. Per essere onesto, uso solo la classificazione con cinque stelle. Sono un editor che ama il "tutto o niente". Solo in questa fase più rigorosa del processo rimuovo le classificazioni. In precedenza, potrei aver classificato sette ritratti di un personaggio con cinque stelle, sapendo che ne potrò usare solo uno. In questa fase, ridurrò i sette scatti a uno solo, osservando attentamente e considerando solo e unicamente la storia. Ma, a meno che gli altri sei ritratti non siano buoni come pensavo, non li declassificherò, bensì diminuirò la votazione, assegnando quattro stelle. Voglio che il mio workflow sia semplice, così da poter selezionare le foto velocemente. Se usassi un sistema con due sole stelle, ne migliorerei l'efficienza.

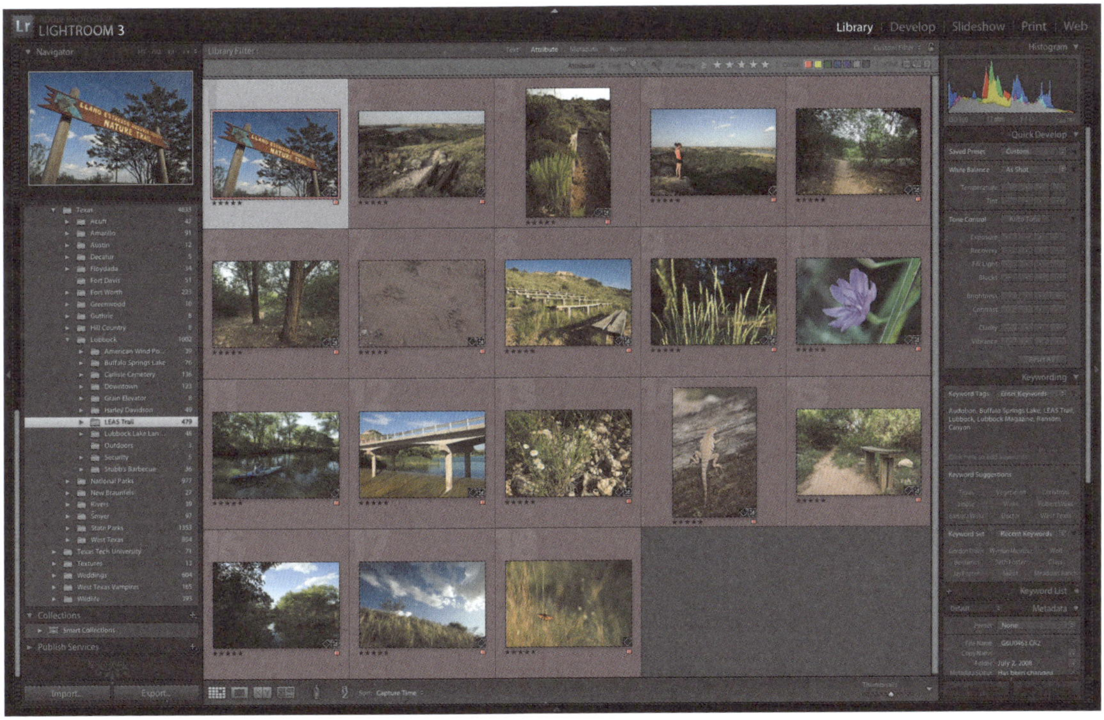

Il take finale per una storia su un percorso naturale. A questo punto inizio a identificare le aree che necessitano di migliorie, le foto mancanti e come la storia potrebbe proseguire in futuro.

È una buona idea editare rapidamente gli scatti degli shooting di più giorni. Troverete le perle di giornata, come questa foto del Mare del Nord ad Arbroath, in Scozia, e potrete identificare le aree cui dedicarvi nei giorni seguenti (pagina a lato).

Canon 5D Mk II, 108 mm, 1/200 sec., f/5.6, ISO 100

6. **Il once-over finale (controllo finale):** quando avete ridotto ogni gruppo o collezione alle *sole* immagini adatte per il taglio della storia, è solo allora che queste devono affrontare un altro passaggio critico. Non terminereste mai la scrittura di un libro senza rileggerlo almeno una volta, per vedere se compaiono errori, giusto? Giusto. Quindi eseguite un altro once-over sulla selezione di immagini finale. Mettetele in una cartella separata e, anziché dare una rapida occhiata, dedicate del tempo alle vostre foto.

   Accertatevi che le vostre decisioni siano state corrette. Una cosa da cercare assolutamente è la coerenza. Non è che le immagini debbano sembrare simili (nella maggior parte dei casi non vorrete che sia così), ma verificate che contribuiscano al racconto, giocando un ruolo nello sviluppo della narrativa visuale.

   Può essere utile avere un altro paio di occhi allenati durante le vostre selezioni. Vi siete dedicati a questa storia per un po' di tempo e può darsi abbiate perso la prospettiva. A volte, far sì che qualcun altro dia un'occhiata e vi dica se le immagini funzionano può far bene alla storia. È il lavoro del photo editor o dell'art director di una pubblicazione, più saprete accettare le critiche costruttive, più imparerete da ciò che vi viene riferito.

   Che succede se voi o qualcun altro vi accorgete che c'è qualcosa che non va? Controllate meglio le immagini che avete a disposizione per la vostra storia o uscite e procuratevi qualcosa che funzioni. È semplice - siete arrivati fino a questo punto del racconto, non mollate proprio ora che tutto sta prendendo forma. Dateci dentro.

Questa serie di passi basilari rappresenta le fondamenta per l'editing della vostra storia. Personalizzatela secondo i vostri gusti. Tutti usiamo diverse applicazioni, sistemi di archiviazione e così via, e tutti abbiamo diverse prospettive sul workflow. Ma iniziare con un processo di base è consigliabile, soprattutto quando state creando una storia con diverse sfaccettature di interesse.

L'EDITING MENTRE LAVORATE **Avete terminato lo shooting per oggi? Siete pronti a consegnare un giorno prima del tempo che vi è stato messo a disposizione? Non così presto. Se avete affrontato uno shooting di più giorni, è una buona idea fare l'editing mentre lavorate. Fate un rapido once-over della produzione del giorno e attribuite i flag a qualche scatto, per rivederli in seguito. Questo vi aiuterà a notare le mancanze più ovvie che dovete colmare e faciliterà il lavoro di editing vero e proprio.**

Potreste anche voler esportare le foto con i flag e tenerle con voi su uno smartphone o un tablet, per ulteriori revisioni.

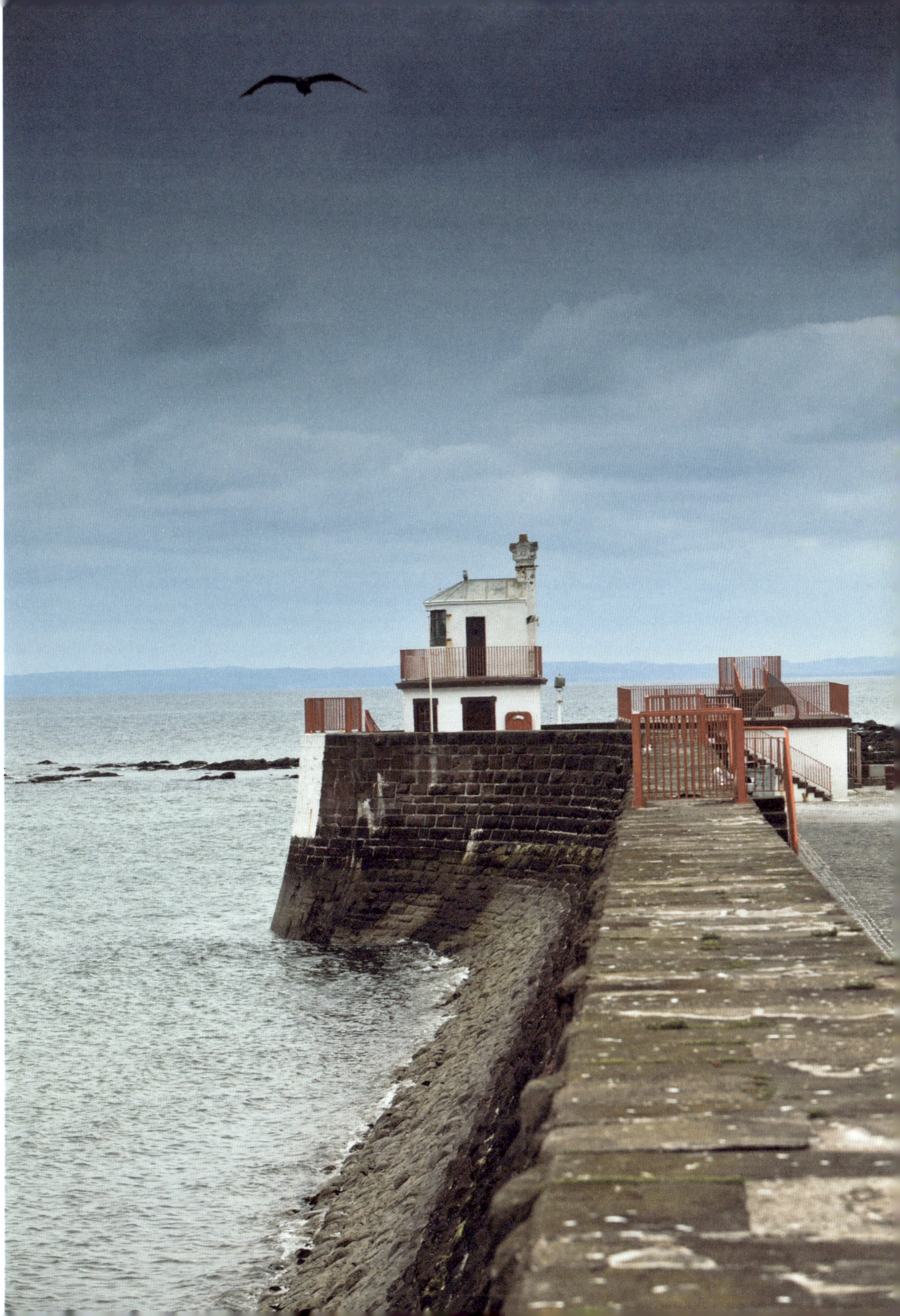

ESERCIZIO L'IMPEGNO A CINQUE STELLE

C'è una cosa che vi incoraggio a inserire nel vostro workflow per l'editing ed è il cosiddetto impegno a cinque stelle: eseguite l'editing delle vostre foto migliori, che avete scelto per raccontare una storia. Quando siamo agli inizi della nostra attività di storytelling , se ne abbiamo la possibilità, classifichiamo ognuna delle nostre immagini, dalla peggiore a quella che merita cinque stelle. Molte foto ottengono una votazione a cinque stelle, poche forse ne meritano quattro e la maggior parte è classificata con tre, due, una e infine zero. È per questo che gli ideatori dei software ci hanno dato *cinque* stelle con cui lavorare, vero?

Per creare storie migliori, approcciate l'intero processo con un'aspettativa di qualità più alta. Non classificate tutte le immagini che avete. Invece, quando le osservate una per una, classificate solo quelle che pensate potrebbero finire nella selezione finale e assegnate loro solo cinque stelle (o il massimo previsto dal vostro software). La votazione di cinque stelle deve rappresentare *le migliori* immagini che avete prodotto. Mettete in discussione una foto, alla quale non sapete se dare un punteggio cinque? Un membro del pubblico o un editor probabilmente farebbe lo stesso. Se avete dubbi, forse non è un'immagine così interessante da essere portata fino all'editing finale.

Questo non diminuisce le vostre capacità. Anzi, vi deve spronare, aumentando le aspettative nei confronti delle vostre foto e rendendovi un editor migliore. Quando arrivate all'editing finale, potete fare ciò che volete con le diverse foto a massima classificazione. Attribuite ad alcune punteggi più bassi, etichettatele con un colore per specificare che sono scatti di qualità, ma che non sono vitali per la storia, o rimuovete tutte le classificazioni ed etichette e rispeditele nel gruppo di quelle che probabilmente finirete per cancellare dal vostro archivio. Siate rigorosi con il vostro editing e vedrete che le vostre capacità diverranno più acute ed efficienti.

Se siete agli inizi, è un compito faticoso. Potreste essere legati emotivamente alle immagini che avete realizzato. Imparate dalle foto stesse. Confrontate quelle che davvero spiccano rispetto a quelle che qualitativamente dicono meno. Se siete fotografi con esperienza, se siete come me, avrete un sacco di pulizia da fare. Ripercorrete i vostri archivi. Impiegate 30 minuti ogni giorno per un paio di settimane (o datevi un tempo) solo per determinare quali immagini vale la pena tenere. Salvate quelle che avete usato in racconti precedenti, ma analizzate anni di altre immagini e controllate quali sono davvero valide. È una pratica indicata soprattutto per le immagini di stock o per quelle che sapete contribuiranno a una storia più "spendibile" (qualcosa di incentrato su un argomento più astratto, come il clima).

Questo "esercizio" è più che una pratica quotidiana. Ogni storyteller sviluppa il proprio workflow, ma questo tipo di disciplina rinforzerà la vostra visione per l'editing e aumenterà la vostra capacità di raccontare una storia migliore. Usate il sistema di classificazione come meglio credete, ma sappiate che quando editate alla ricerca delle sole immagini a cinque stelle, le vostre storie diverranno molto più avvincenti. ■

Scoperta tematica

Durante la fase di editing del vostro workflow, fate attenzione a due cose: le immagini correlate alla struttura tematica che avete pianificato (e con la quale avete affrontato lo shooting) e l'emergere di nuovi temi che le vostre immagini riflettono. Questa fase può avvenire in qualunque momento del processo di editing, tuttavia potrebbe essere più probabile incontrarla durante le fasi di raggruppamento e selezione delle immagini.

Quando cercate le immagini che puntano dritto ai temi che avevate sviluppato inizialmente per la vostra storia o che avete raccolto durante la ricerca, l'editing diventa più strutturato e guidato. Le immagini interessanti a livello visuale, ma che non corrispondono alla storia, possono essere tralasciate. Per esempio, un'immagine che include un'illuminazione artificiale intrigante, una bella composizione e una profondità di campo

Uno scatto di un pollo della prateria femmina, che si mostra ai suoi ammiratori, tutti in lizza per ottenere la sua attenzione. Assomiglia a una storyline tematica che ho già sentito, letto e visto altrove.

Canon 5D Mk II, 500 mm con estensore da 1.4, 1/800 sec., f/5.6, ISO 1000

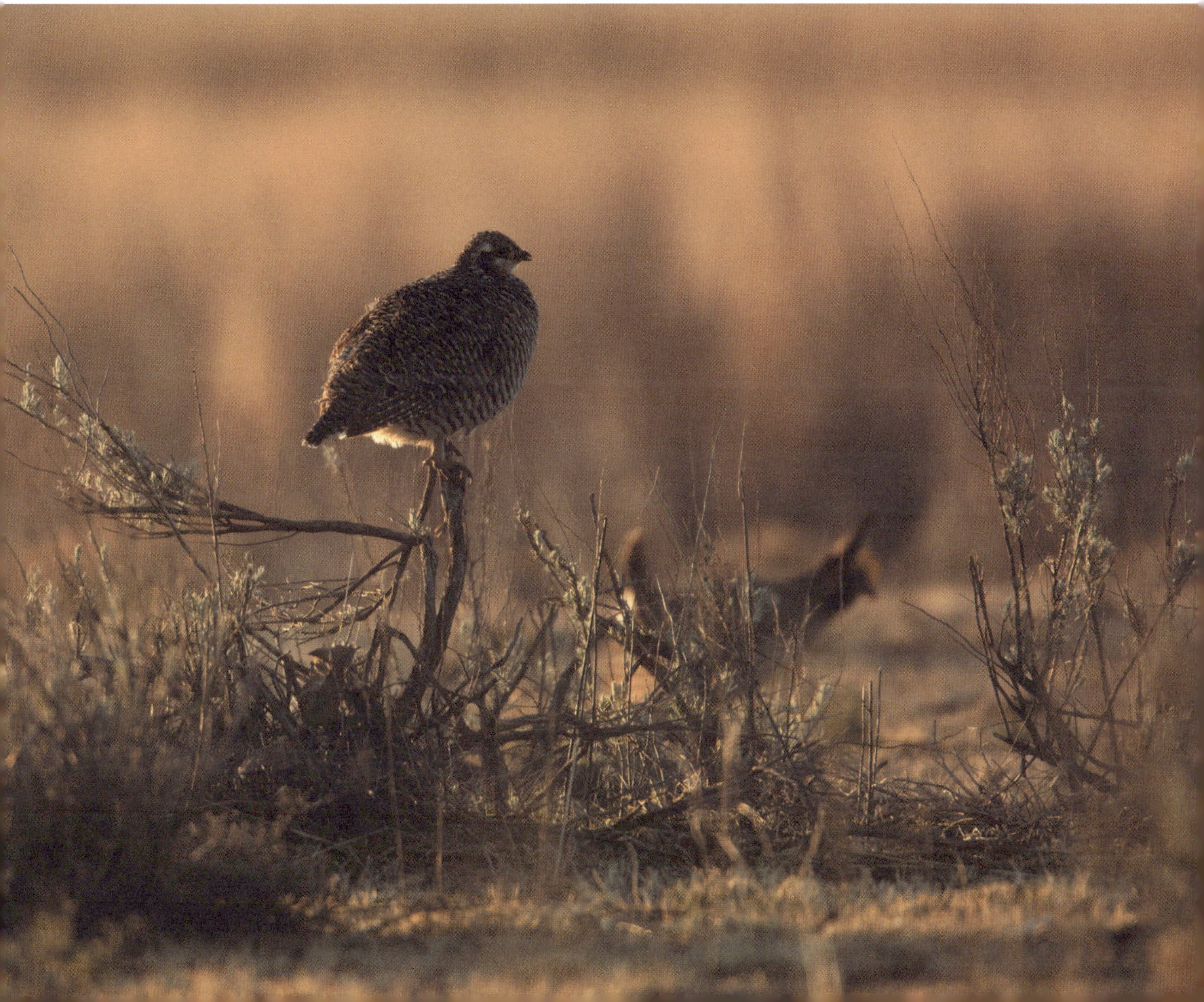

ottimale, ma che non asseconda la storia, potrebbe essere scartata, a prescindere dalle qualità tecniche. Se avete svolto i vostri "compiti" fino al momento dello shooting, assicurarvi che le vostre immagini rispettino il tema scelto dovrebbe essere molto facile.

Forse la cosa più difficile, durante la fase di editing, è riconoscere lo "spostamento" dei temi e le connessioni che le vostre immagini creano tra di loro, con la risultante creazione di altri temi che non avevate previsto. Se questo succede, è molto probabile che accada attorno a singole immagini che raccontano qualcosa che va oltre le vostre intenzioni iniziali. Per esempio, un'immagine di un pollo della prateria che scattai diversi anni fa doveva servire a mostrare la popolazione sfuggente di questi uccelli. L'immagine fu realizzata seguendo il tema delle specie in lotta per la sopravvivenza, ma rivelò anche un messaggio più profondo sulle relazioni e, per certi versi, l'amore. Cogliere queste piccole sfumature nelle vostre immagini potrebbe accendere una scintilla per creare una nuova storia.

IL SAGGIO FOTOGRAFICO

Le singole immagini sono utili, ma raramente comprendono un'intera storia. Sicuramente contengono una storia al loro interno o delle parti di essa, suscitando un nostro maggior interesse o, al contrario, allontanandoci. Il saggio fotografico è da tempo riconosciuto come il mezzo migliore per raccontare una storia visuale. Tuttavia, mettere insieme un numero attentamente selezionato di immagini sotto forma di saggio non è più semplice che collegare le varie frasi in modo da ottenere un buon romanzo. Lo scopo del saggio fotografico è creare un percorso visuale attraverso una storia, per trasmettere emozioni, comportamenti e contesto, proprio come fanno le singole immagini.

Non esiste una regola per il numero di immagini che compongono un saggio fotografico. Sarebbe bello sapere questo numero, ma il saggio è costituito dalle immagini che raccontano una storia nel modo più intenso possibile. Potrebbero essere 5 o 15. Molti fotografi sostengono che "meno è meglio". Questa frase non è tesa a sminuire il valore del saggio, ma a infondere un senso di focalizzazione e selezione intenzionale. Poche immagini potrebbero non dire tutto, mentre troppe potrebbero annacquare il vostro trattato e annoiare gli osservatori.

Creare una shot list

Creare un saggio fotografico a volte è tedioso, ma mai come in questo caso è importante essere preparati e mantenere un senso dell'organizzazione flessibile nella ricerca, nello shooting e nell'editing. Il saggio fotografico include l'intero workflow dello storytelling. Oltre alla ricerca, lo sviluppo di una shot list tornerà utile sia per lo shooting della storia sia per l'editing successivo. La shot list è un elenco di immagini che pianificate di realizzare e che, in base alla ricerca e alla previsualizzazione, lavoreranno insieme per sviluppare la vostra narrativa. È simile a un foglietto che tenete sempre a portata di mano durante la fase di creazione di una storia, per individuare le aree esatte sulle quali dovete concentrarvi.

La shot list può essere specifica e descrittiva, oppure generica ed elencare solo le aree di argomento che dovete fotografare. Qualsiasi sia il metodo che trovate più comodo, tenete a mente le categorie di immagini di cui ho parlato nel Capitolo 4: descrivete il contenuto per uno scatto (o scatti) introduttivo, per quelli medi e per i close-up descrittivi.

Per esempio, una shot list per un saggio sul ritorno a casa di una band importante, che ha iniziato suonando nei piccoli locali, potrebbe includere un'immagine alle spalle della band che mostri la folla di fan come scatto introduttivo, una foto della band che si prepara per il sound check e le prime interazioni con i fan come scatti medi, seguita da close-up e foto dettagliate, incluso uno scatto delle mani che suonano le corde della chitarra e un frame pieno di fan con le mani protese verso il cielo. La shot list, essenzialmente, è un'estensione della vostra ricerca e previsualizzazione, quindi usatela di conseguenza: è una guida lungo il percorso della storia.

Il saggio fotografico è costituito dalle immagini che raccontano una storia nel modo più intenso possibile.

USATE LA VARIETÀ Quando sviluppate la vostra shot list, verificate se le vostre idee sono simili tra loro come angolo e prospettiva: se è così, sviluppatene di nuove. L'ultima cosa che volete è iniziare l'editing e capire di esservi focalizzati troppo sugli scatti introduttivi. La vostra shot list deve includere vari tipi di foto, oltre a diversi modi di fotografare una singola idea o soggetto.

Tenetelo a mente, quando iniziate l'editing e la selezione delle vostre foto per il saggio. Completare l'opera con diversi angoli e tipi di immagine darà alla vostra storia una variazione dinamica. Rinforzerà le vostre capacità di storytelling e gli osservatori apprezzeranno la profondità della vostra storia, rispetto a un'altra composta prevalentemente da foto di dettagli.

Partite forte

Gran parte del lavoro per la creazione di un saggio fotografico avviene nella fase di editing. Questo non significa che la ricerca, la pianificazione e lo shooting non richiedano lavoro, ma l'editing per il saggio vi obbliga a eliminare tutto quello che non serve, *tranne* le foto che raccontano meglio la storia. L'ordinamento delle foto assume una grande importanza. Se il saggio fosse stato scattato per una pubblicazione, il photo editor o l'art director avrebbero lavorato insieme al fotografo o da soli. In questo caso siete sempre soli.

Una delle regole di base per un saggio fotografico è "partire forte". Dopo l'editing dei gruppi di immagini, potreste ritrovarvi con dieci scatti che dicono tutto quel che c'è da sapere per una storia. Scegliete quello che faciliterà il coinvolgimento dell'osservatore e lo incoraggerà a continuare all'interno del saggio.

Potrebbe essere uno scatto introduttivo con un'illuminazione fantastica o uno scatto medio attentamente selezionato o, ancora, un dettaglio. Per esempio, un ritratto ambientato di un falegname chino sul suo banco da lavoro o forse una foto più ravvicinata e ben composta delle sue mani al lavoro potrebbero servire come immagini principali di un saggio su un costruttore di imbarcazioni.

A prescindere dal tipo di immagine, questa fotografia suggerirà abbastanza informazioni sulla storia da attrarre ulteriori sguardi o lascerà un po' di mistero attorno al racconto, così da stimolare la curiosità. Questa immagine deve avere un forte impatto visuale e deve poter essere messa rapidamente in relazione al resto delle immagini incluse nel saggio.

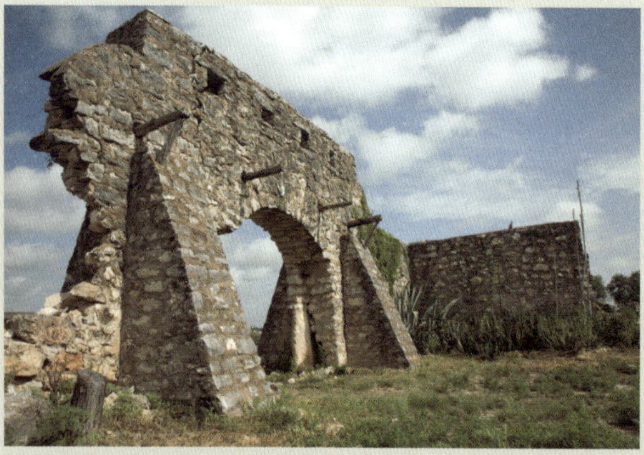

La porta del Presidio San Saba serve come scatto introduttivo contestuale per un saggio fotografico su una scuola della Texas Archeological Society di Menard, in Texas.

Canon 5D, 24 mm, 1/40 sec., f/22, ISO 100

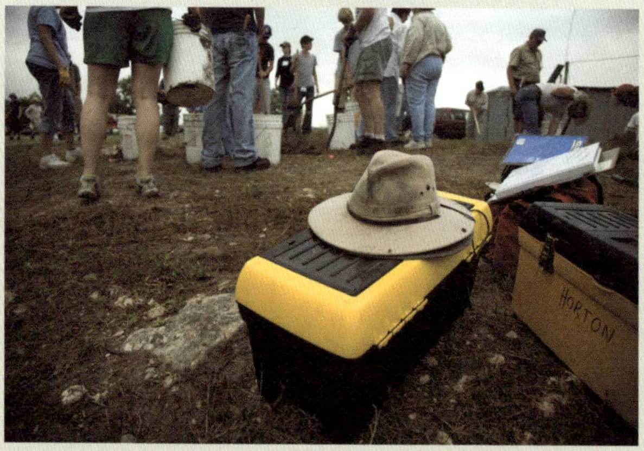

Un dettaglio caratteristico di uno scavo archeologico, con sullo sfondo i partecipanti della scuola intenti a seguire le varie fasi dei lavori.

Canon 5D, 24 mm, 1/125 sec., f/4, ISO 100

La connessione della storyline

La maggior parte delle immagini rimanenti (otto, se avete iniziato con dieci) viene usata per costruire la storia in una sequenza che trasmetta la narrazione. Non devono necessariamente essere ordinate in un modo che rifletta la "piramide inversa" di stampo giornalistico, in cui le foto più importanti compaiono prima di quelle meno importanti. Tutte le immagini che avete selezionato per il vostro saggio fotografico devono essere importanti ed essenziali, se le avete editate a dovere.

A seconda del tipo di storia che state raccontando, l'ordine può variare leggermente. Lo scopo principale è ordinare le foto in modo che rendano più fluente lo scorrere della storia. Come fotografi siete connessi agli scatti in modo diverso rispetto alle altre persone, quindi provate a mettervi nei panni del vostro pubblico. Assicuratevi di seguire la progressione visuale da questa prospettiva.

Nell'esempio precedente, potreste anche costruire il saggio sulle imbarcazioni in ordine cronologico. Dopo l'immagine di apertura (che può essere fuori dalla sequenza temporale rispetto al resto), potreste decidere di far seguire una serie di foto che documenta il lavoro in ordine cronologico. Tuttavia, per far sì che la storia sia interessante e invitante, non dovreste scegliere gli scatti fatti dallo stesso angolo della barca in costruzione. Invece, userete angoli e prospettive per catturare le sfumature della luce, la segatura, la sensazione data dallo scheletro della barca,

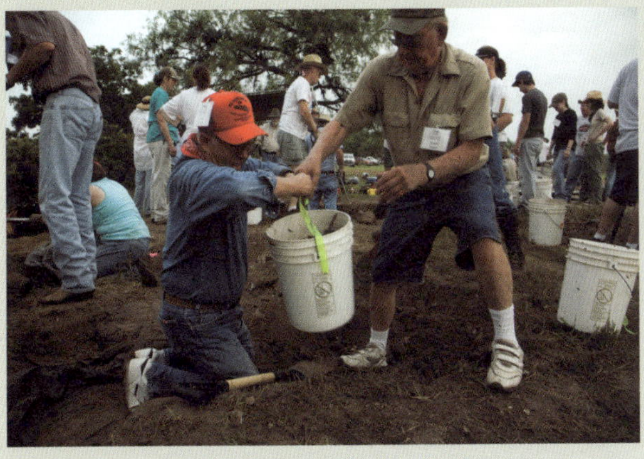

Uno scatto dei partecipanti che rimuovono la terra da uno scavo dal bastione. Gli scatti medi come questo sono utili e mostrano il numero di partecipanti agli scavi.

Canon 5D, 24 mm, 1/80 sec., f/6.3, ISO 100

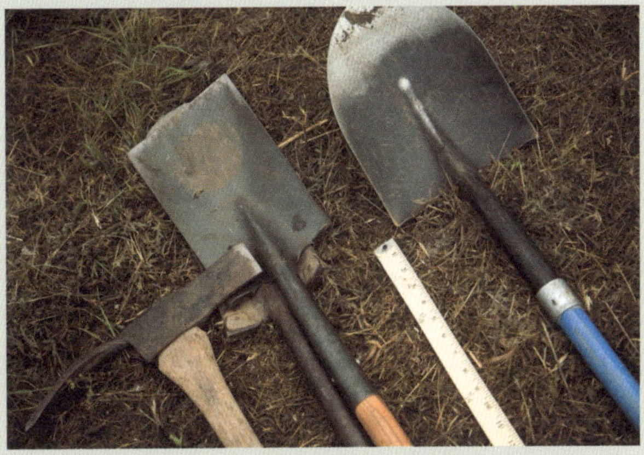

Gli strumenti del mestiere: uno scatto dettagliato aiuta a dipingere ancor meglio i compiti di questa scuola.

Canon 5D, 65 mm, 1/125 sec., f/4, ISO 100

gli attrezzi usati e forse uno scatto del costruttore che si prende una pausa dopo una giornata di duro lavoro. Tutte queste foto possono essere catturate in ordine cronologico e presentate nello stesso modo, se offrono una sufficiente varietà visuale.

Un modo alternativo per ordinare le immagini a metà della storia è quello che segue il valore concettuale. Anziché presentarle in quella che diventa una timeline visuale, le stesse foto possono essere organizzate in modo da sottolineare la rilevanza per le diverse aree della storia. Lo scheletro della barca può essere usato per mostrare l'intrico e la bellezza del design della barca, l'officina piena di segatura può definire l'ambiente del lavoratore e lo scatto di quest'ultimo in pausa caffè può mostrare lo sforzo fisico del lavoro e l'orgoglio che deriva dal lavorare con le proprie mani.

Qualunque sia il modo di organizzare le foto che costituiscono il nucleo del saggio, il fotografo deve ragionare in modo *interstiziale*. Guidate il pubblico in un viaggio dinamico, che includa i momenti belli, quelli meno belli e un momento culmine, prima della fine della storia. Domandatevi

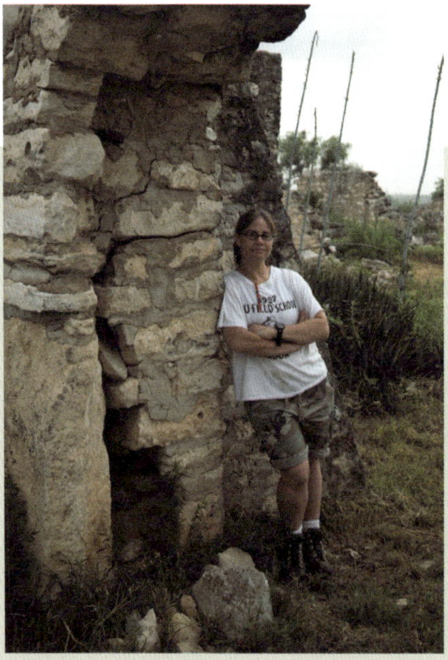

Un ritratto del direttore della scuola in prossimità della porta del presidio imprime un senso di leadership.

Canon 5D, 47 mm , 1/80 sec., f/4, ISO 100

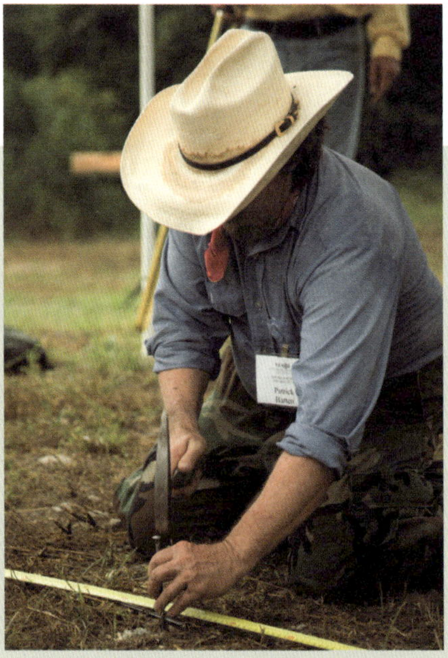

Gli scatti medi di persone che partecipano agli scavi facilitano la connessione con gli osservatori del saggio fotografico.

Canon 5D, 93 mm , 1/125 sec., f/4, ISO 100

non solo se una certa immagine debba andare prima di un'altra (o se debba essere rimpicciolita e posta vicino a un'altra nella stessa pagina), ma anche *perché* l'ordine dovrebbe essere quello. Siate molto critici in questo processo. Uno dei modi migliori per capire come ordinare le vostre immagini, come ho già detto, è osservare le foto di altri fotografi, soprattutto i saggi fotografici. Partite dall'inizio e studiate come questi operano. Pensate che il loro ordinamento funzioni? Se l'idea era raccontare una storia in modo più o meno lineare, quali scelte ha seguito il fotografo per assicurarsi che la storia risultasse interessante e dinamica?

Finite forte

Come l'inizio, la fine serve a uno scopo essenziale - solo che questa volta è per chiudere il racconto, almeno fino a un certo punto. Può essere difficile trovare un'immagine d'impatto con cui chiudere la storia. Nell'esempio precedente, uno scatto ampio della barca in un negozio o in acqua con un pescatore a bordo potrebbe essere una chiusura forte, proprio come uno scatto ravvicinato di un paio di guanti e un banco da lavoro vicino alla barca, piacevolmente illuminati. In questo caso, l'immagine di chiusura indica la conclusione della storia. A volte, però, potreste volere un'immagine di chiusura che sollevi altre domande, soprattutto nelle storie che hanno a che fare con conflitti o sofferenze,

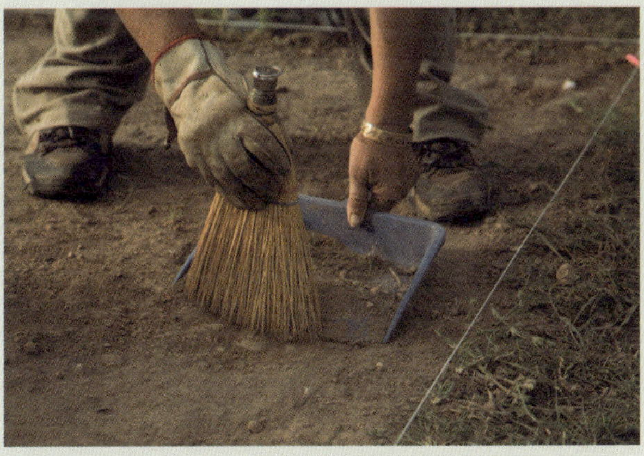

L'attenta ispezione e le scoperte sul sito erano sfaccettature degli scavi e dell'archeologia che volevo descrivere, incluso uno scatto di uno studente che ripulisce una sezione del bastione.

Canon 5D, 88 mm , 1/200 sec., f/6.3, ISO 100

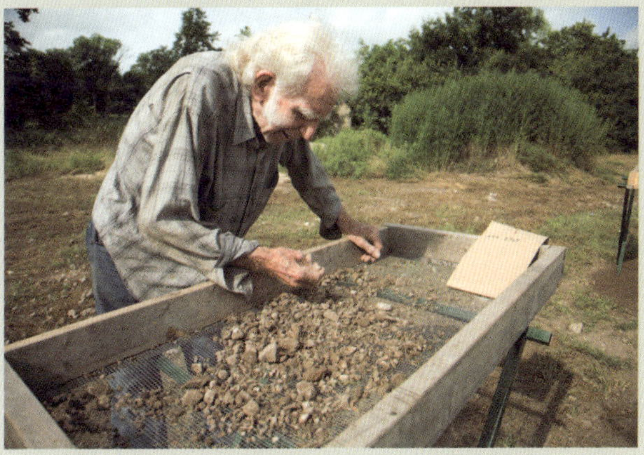

Oltre a scavare, i partecipanti hanno setacciato i materiali con la speranza di trovare tracce di attività dell'uomo.

Canon 5D, 24 mm , 1/320 sec., f/5.6, ISO 100

come lo scatto dell'elmetto di un soldato, che giace a terra in una zona di guerra.

Consultate le vostre ricerche e la shot list per vedere se avete sviluppato una visione di ciò che porterà la storia a un termine.

Siete voi responsabili di dare alla storia una chiusura degna. Tenete sempre presente il vostro pubblico e fate attenzione agli effetti della chiusura – volete che pensino che la storia è completa o che tutto resti in sospeso, così che aspettino di sapere cosa succederà dopo? Comunque sia, per terminare il tutto scegliete un'immagine con un valore, intensa e che abbia un forte impatto visivo.

La foto di chiusura è una buona opportunità anche per focalizzarsi su argomenti tematici.

Anche se il resto delle immagini può contribuire ai temi astratti attorno ai quali la storia è costruita, la foto di chiusura vi permette di legare in modo più concreto il tema alle immagini. La foto dell'elmetto del soldato, che giace a terra in una zona di guerra desolata e distrutta, connette in modo forte gli scontri e la morte alla fisicità della foto stessa. I guanti e gli strumenti sulla barca riflettono appagamento e soddisfazione, tradizione e longevità. Un'immagine di chiusura ideale deve essere attraente e irresistibile e riflettere sia le attività descritte nella storia sia l'universalità della stessa.

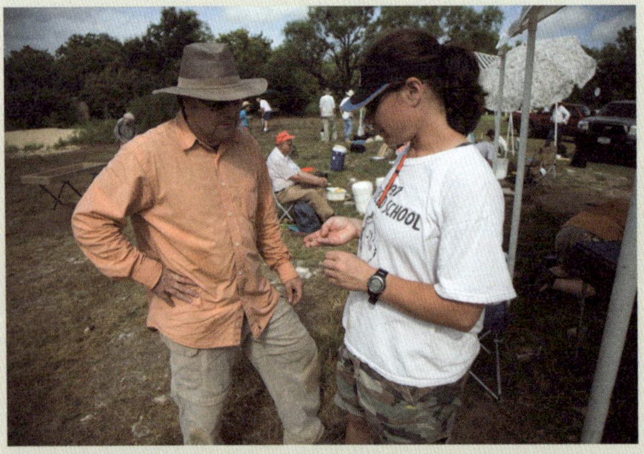

Il direttore degli scavi si consulta con un partecipante per sapere se ha identificato correttamente un artefatto ritrovato nello scavo.

Canon 5D , 24 mm, 1/1.000 sec., f/4, ISO 10

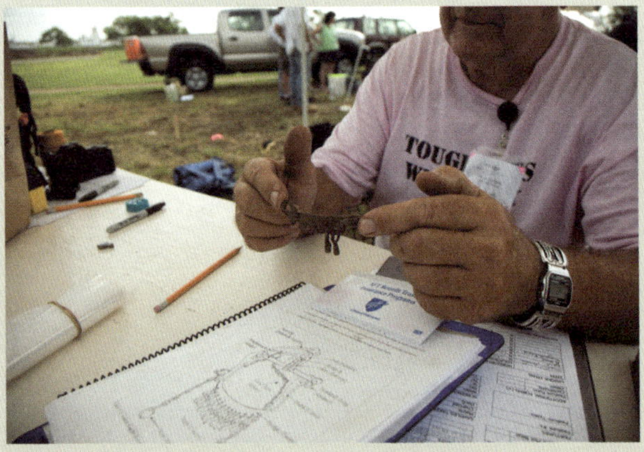

Un partecipante della scuola confronta un artefatto recentemente ritrovato con la sua rappresentazione grafica. L'immagine offre un senso di completezza al saggio.

Canon 5D, 24 mm , 1/200 sec., f/5.6, ISO 100

ATTENZIONE, PREGO

Per ciascun saggio, preparatevi a produrre o identificare un'immagine che risalti su tutte le altre. Questa foto, nota come key o hook shot, serve a catturare l'attenzione verso la storia. Dev'essere la più interessante, una foto che attragga profondamente il pubblico. Può essere usata come copertina della pubblicazione, come apertura o come "pubblicità" indipendente per la storia. Non importa come l'immagine verrà usata, il key shot è un indicatore di quanto sarà interessante la storia per gli altri e fornirà suggerimenti sull'argomento. Quando scattate, potreste trovarvi in situazioni in cui potete immaginare il vostro key shot. Tuttavia, probabilmente sarete così presi dallo shooting da non riconoscere questa specifica foto fin quando non farete l'editing. È un'immagine preziosa, quindi non esitate a inserirla nella vostra storia.

DIDASCALIE **È raro vedere dei saggi fotografici senza un testo che accompagni le immagini. Un altro modo per raccontare una storia è scrivere una didascalia per ciascuna foto. Le didascalie devono spiegare l'immagine, evidenziare cosa può essere successo prima o dopo quel sessantesimo di secondo o entrare nei dettagli delle attività mostrate in un particolare frame.**

Una o due frasi per ciascuna foto andranno bene - essere concisi è il segreto per tenere il pubblico sveglio. Se non siete bravi con le parole, allora tenete a mente alcuni principi della scrittura di didascalie - chi, cosa, quando, dove, perché e come - e se conoscete uno scrittore, offritevi di creare un suo ritratto in cambio del suo aiuto.

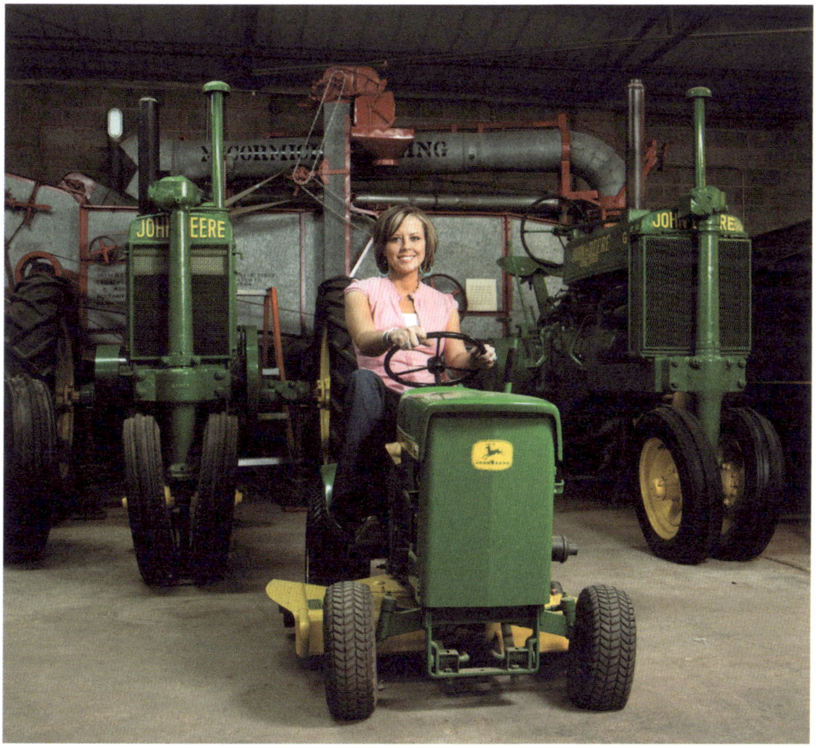

Anche un ritratto può servire come key shot. Per spiegare che il soggetto era la persona più giovane a dirigere un museo dell'agricoltura, l'ho posizionato su un piccolo tagliaerba John Deere, accanto a due trattori più vecchi, fornendo un'introduzione divertente e intrigante alla storia.

Canon 5D Mk II, 28 mm, 1/30 sec., f/4, ISO 1000

CASO IN QUESTIONE LA FOTO

Notti fredde, giorni caldi, strade particolarmente dissestate, colori autunnali e le più alte montagne del Texas sono tutte caratteristiche del Guadalupe Mountains National Park. Per la maggior parte, erano anche aspetti di un pezzo sui viaggi che stavo fotografando per una rivista dello Stato, diversi anni fa. Non ho fotografato la parte delle notti fredde - quella l'ho vissuta.

Il parco rappresenta una forte attrazione per chi fa ricreazione all'aperto. I sentieri sono ampi e complessi e l'aura del deserto del Texas si posa sui picchi e le dune a ovest della catena montuosa. La natura pacifica è contrastata solo dalle vette minacciose e dalle rupi che sovrastano vallate profonde e ripide. Il Texas non è noto per l'altezza delle sue montagne (il Guadalupe Peak non arriva a 2.500 metri), tuttavia ha un aspetto distintivo e tipico del sud-ovest della nazione.

Dopo aver allestito un campo in una location, il mio lavoro durante i cinque giorni seguenti fu di mettere in pratica molto di quello per cui avevo fatto ricerca, in relazione alla catena montuosa, al parco e alla sua storia. Lo shooting andò bene e mi portò lungo sentieri e strade interessanti, e per la prima volta mi accorsi di voler rivedere di nuovo certe zone per scattare altre foto. È un parco molto fotografato, quindi sapevo dov'erano state scattate le altre immagini e se c'era la necessità di crearne di simili.

Fotografai i colori autunnali nel McKittrick Canyon e trascorsi una sera a lavorare sulla vecchia Williams Ranch Road e la casa che si trova ai piedi di El Capitan, il picco più a ovest della catena del Guadalupe. Guidai fino a Dell City, una piccola comunità agricola che si tinge di rosso in autunno, per via dei peperoncini coltivati nei campi, così da avere accesso alle dune la sera. Scattai il più possibile in quei cinque giorni, senza sacrificare la qualità delle immagini - potete trascorrere un anno in questa zona e non avere comunque materiale sufficiente.

L'ultima mattina del mio viaggio iniziò come tutte le altre - strisciando fuori da una piccola tenda quando gli altri sonnecchiavano, raccogliendo l'attrezzatura e saltando sul pickup. Dedicai la mattina a fotografare El Capitan,

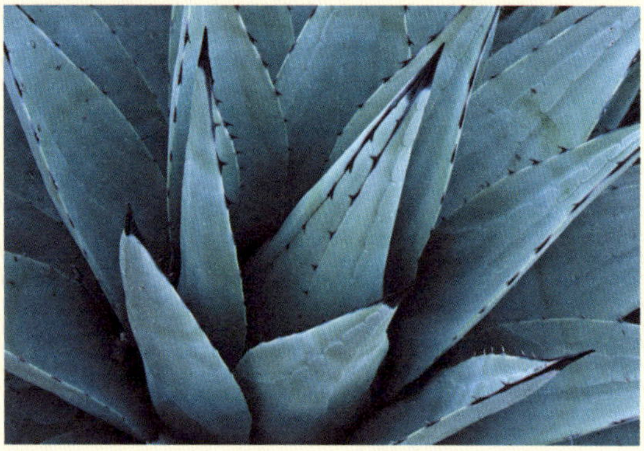

***Agave parryi*, nel Guadalupe Mountains National Park, offrono colore e dettaglio alla storia.**

Canon 5D, 57 mm, .6 sec., f/22, ISO 100

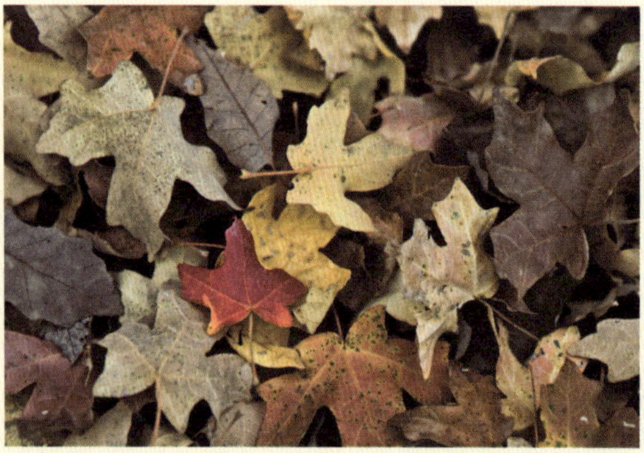

I mucchi di foglie, come quelle degli alberi nella foto di apertura del capitolo, circondano i sentieri del McKittrick Canyon.

Canon 1D Mk III, 58 mm, 1/60 sec., f/4.5, ISO 200

la caratteristica principale del parco. Molte persone confondono El Capitan con il picco più alto, ma è questa montagna a rappresentare meglio il complesso. Le nubi erano basse e lambivano la montagna e temevo che il sole non sarebbe stato in grado far breccia all'alba. C'è un grande masso che si trova qualche chilometro a sud di El Capitan ed ero diretto lì per impostare lo shooting del mattino. Questo mi consentì di creare una composizione con gli altri massi in primo piano e di comprimere El Capitan nel frame.

Quando fotografate, sapete subito quando ottenete *la foto*. Fu uno di quei momenti. Nell'ora blu dell'alba, le nubi erano basse su El Capitan e il cielo si schiariva a nord. Con un paio di fotocamere pronte sui treppiedi, tutto quel che dovevo fare era attendere che le nubi si aprissero solo un momento per illuminare la facciata della montagna. Il sole trovò la sua strada per circa cinque minuti e illuminò solo El Capitan. Scattai diverse foto in questi minuti e quando il sole scomparve nuovamente dietro le nuvole, saltai di nuovo sul pickup e guidai verso un altro punto panoramico.

Il sole splendette ancora sui versanti e scattai molte altre immagini. Alla terza o quarta volta,

Il punto panoramico della catena del Guadalupe, dalle dune vicino a Dell City, in Texas.

Canon 1D Mk III, 35 mm, 1/80 sec., f/16, ISO 100

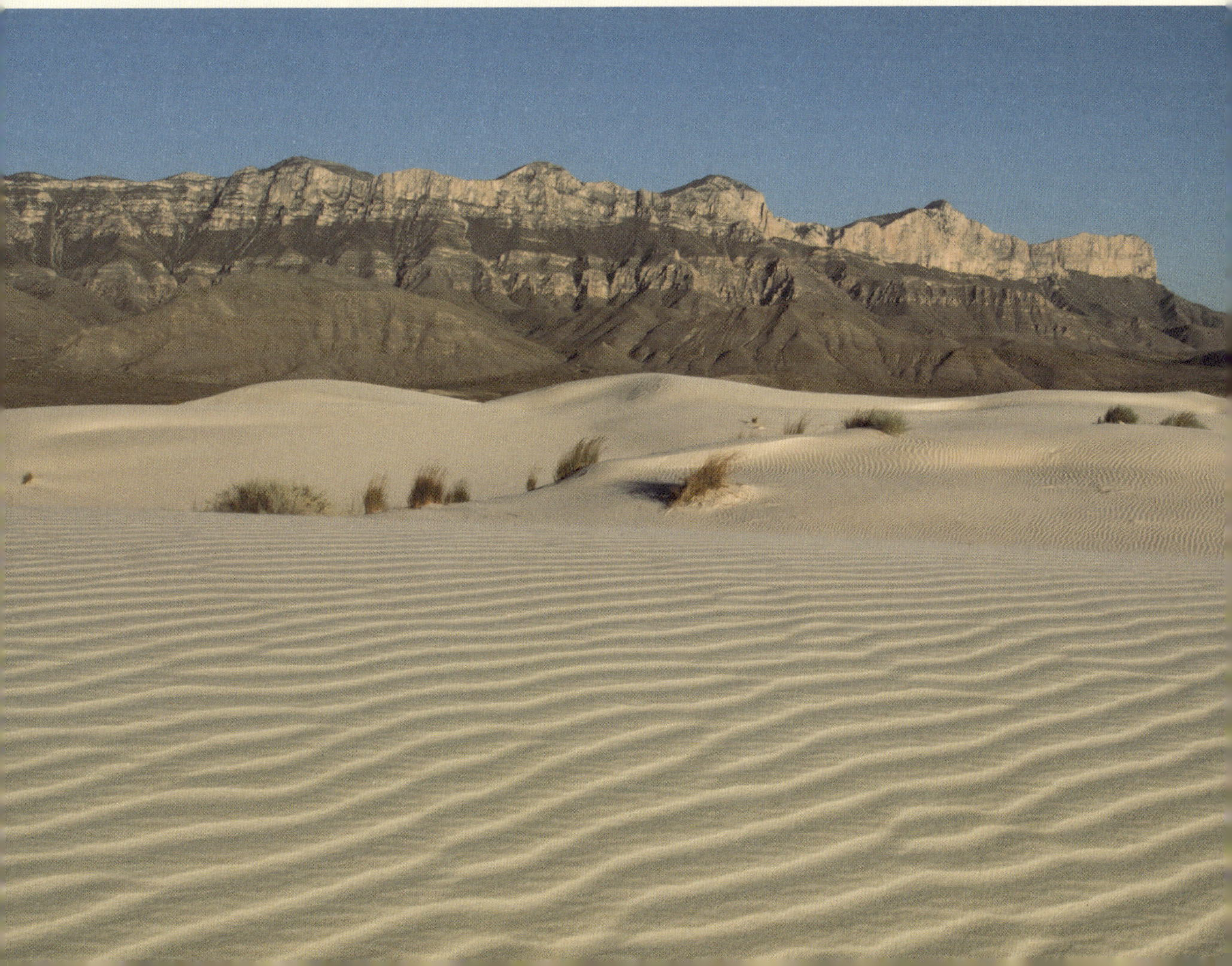

non fotografavo più solo El Capitan, ma anche l'ambiente circostante. Ebbi la fortuna di avere un'ottima luce morbida e un cielo stupefacente. Dopo un'ora o più di foto, il sole mi abbandonò e si nascose dietro il velo di nubi del fronte freddo per qualche ora.

In seguito, quando realizzai l'editing delle foto, ne trovai molte degne di nota. Non avevo dubbi circa il fatto che l'hook shot fosse nelle immagini di quel mattino, ma non avevo ancora capito quale fosse. Dopo vari ragionamenti, quella che mi colpì e che aprì la storia fu una delle prime immagini con la luce morbida, che mostrava le nuvole e il simbolo dominante del Guadalupe Mountains National Park. Questa era *la foto* perfetta per invitare gli osservatori ad approfondire il saggio. Non racconta tutto quello che la combinazione di foto del saggio dice, ma è un indicatore importante di quel che ci si può attendere dalla lettura dell'opera. ■

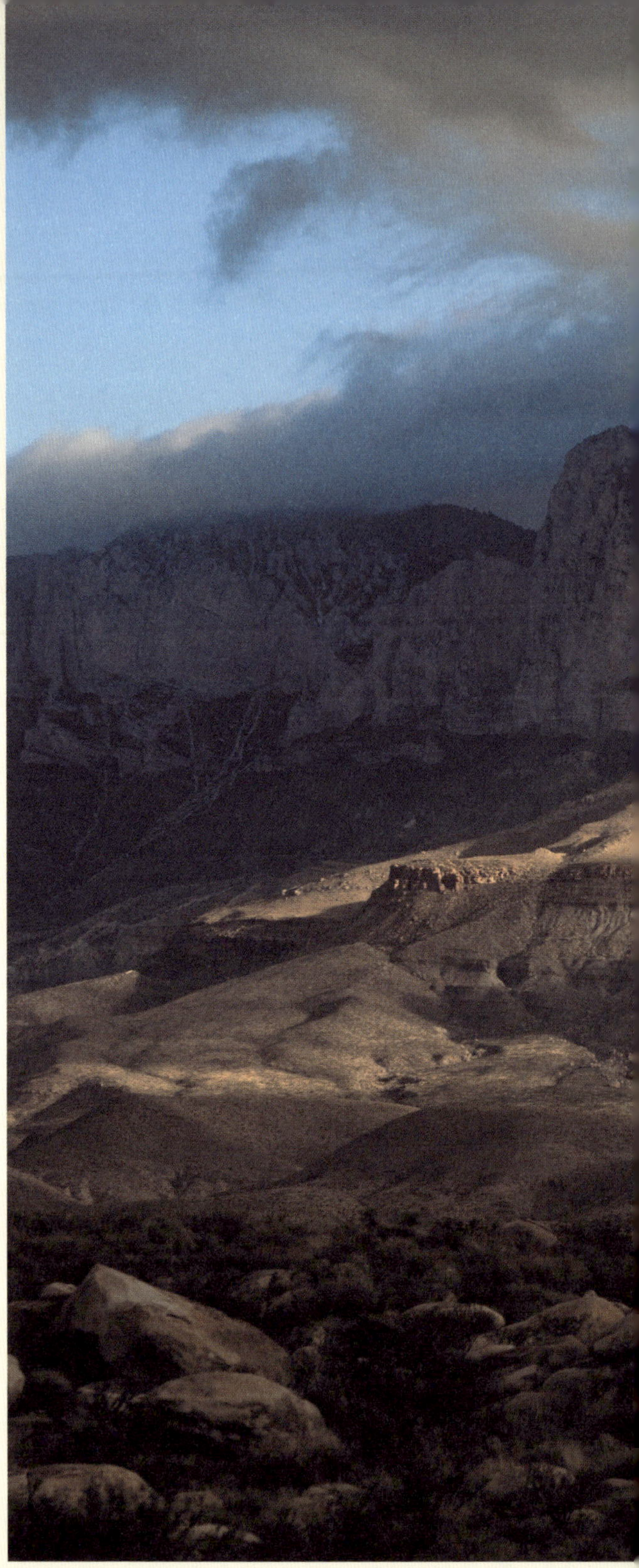

L'hook shot della storia: El Capitan dorato e le Guadalupe Mountains sotto una coltre di nubi al mattino. Il fatto che questo evento naturale non si veda spesso nelle foto aumenta l'appeal nei confronti dell'immagine.

Canon 5D, 135 mm, 1/250 sec., f/6.3, ISO 100

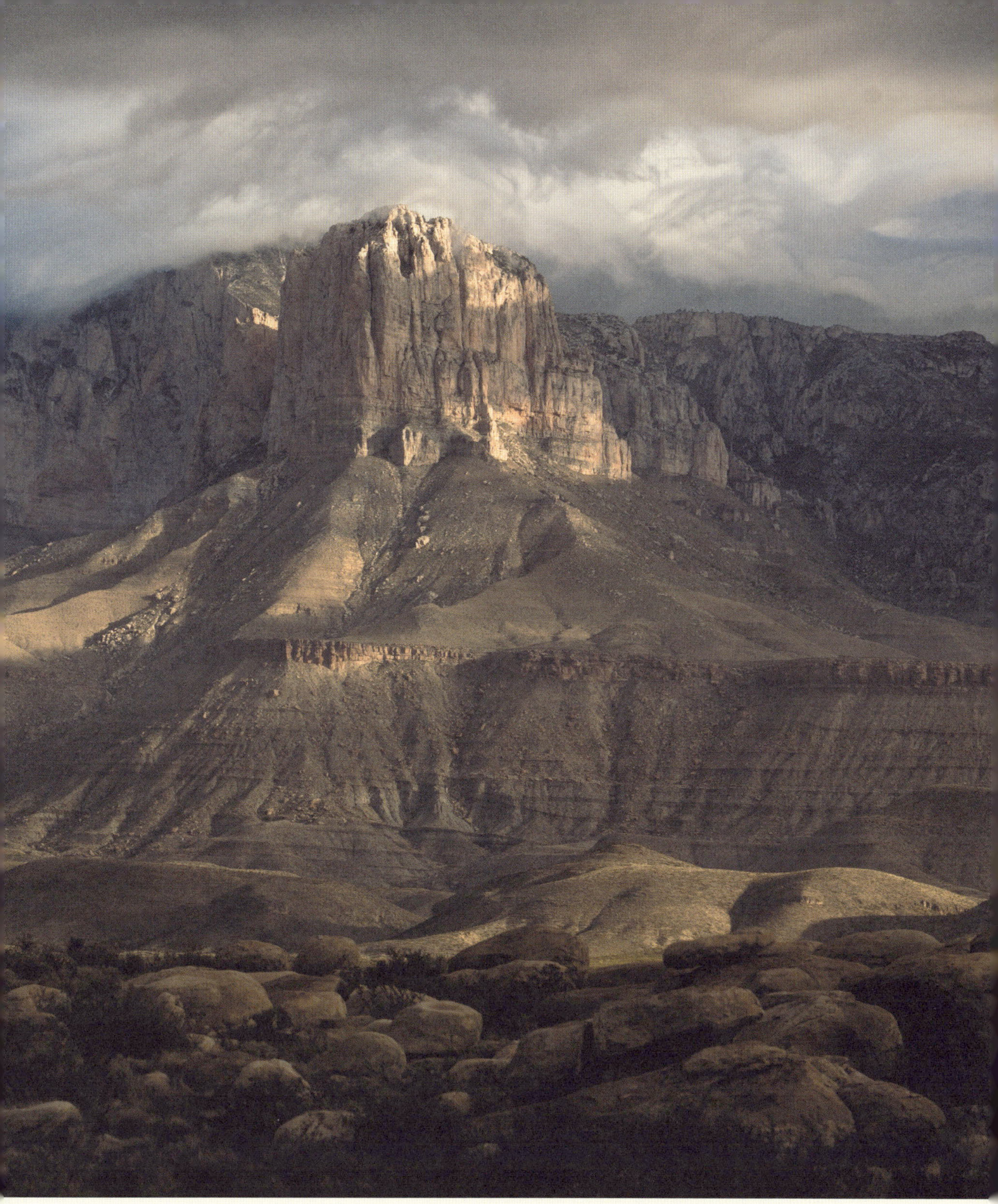

LA POTENZA DEL PULSANTE CANCELLA

Eliminate le immagini che non soddisfano i vostri standard o quelli del vostro pubblico.

Tutti i fotografi sbagliano su questo argomento, tutti quanti. Ne conosco molti che suggeriscono di tenere ogni singolo scatto che fate. Nella mia esperienza, però, questo atteggiamento genera una gran quantità di immagini che vi intralceranno, anziché aiutarvi.

Certo non sto suggerendo di eliminare tutte le immagini che non finiscono nella selezione finale del vostro workflow – piuttosto, vi propongo di... essere più giudiziosi nei confronti delle immagini che non vi servono, rispetto a quelle che meritano di rientrare in una collezione per la vostra storia.

Foto con una pessima messa a fuoco, con composizione debole e altri problemi, confrontate con altre immagini simili che sono correttamente a fuoco, hanno una composizione ottimale e la possibilità di essere usate nelle vostre storie, continueranno ad accumularsi, finché diverranno una minaccia per il vostro workflow e le vostre capacità di storytelling. Cancellatele.

Siamo onesti: scattiamo molte più foto che devono essere eliminate rispetto a quante invece vale la pena tenere. Molti di noi diventano ansiosi quando bisogna cancellare. Abbiamo un legame particolare con le nostre foto, vero? Abbiamo trascorso due settimane svegliandoci alle 4 del mattino per creare un saggio fotografico sul mercato locale del pesce – un progetto che ha generato oltre 2.500 immagini – e adesso dovremmo eliminarne la maggior parte?

Ricordate che il vostro obiettivo era creare il saggio, non oltre 2.500 foto. Certo, tenete le immagini che potrebbero tornarvi utili per altre storie o per uno stock, ma eliminate quelle che non soddisfano i vostri standard o quelli del vostro pubblico. Vi assicuro che questo migliorerà il vostro impegno nei confronti della vostra passione e anche la vostra professionalità.

Perché sono così irremovibile riguardo questo problema?

1. **Lo spazio è limitato:** il workflow, ricordatevelo, è un concetto tecnico e parte di questo richiede l'uso efficiente di media digitali. Eliminare le foto che non usate ora o in futuro, libererà spazio fisico sul disco fisso, a beneficio delle immagini migliori. Il vostro hardware durerà più a lungo, il vostro portafogli ne trarrà beneficio e non vi ritroverete senza spazio per quei 32 GB di foto che avete scattato domenica.

   Anche se l'acquisto di altri drive non è un gran problema, conviene sempre cancellare le foto sfocate. Se non lo fate, dopo qualche anno, quando starete cercando negli hard disk pieni di foto non cancellate, sprecherete tempo prezioso alla ricerca di quell'immagine importante, sepolta insieme a molte altre inutili.

2. **Insistete sulla qualità:** consideratelo come un autoaiuto del vostro workflow. L'eliminazione delle foto peggiori è parte del lavoro così come la ricerca di aspettative più alte per le vostre immagini. Liberarvi di quelle immagini sfocate che avete scattato a Parigi, con il braccio di un'altra persona che indica la Torre Eiffel nel frame, vi ricorda che siete alla ricerca della qualità. Può sembrarvi un po' snob, ma non è così, se volete raccontare storie efficaci e interessanti.
3. **Evitate il disordine:** l'eliminazione delle immagini inutili vi permette di concentrarvi più a fondo su ciò che è importante: raccontare la storia. Liberatevi delle immagini che distraggono, anziché aiutare il racconto, e vi ritroverete a sviluppare costantemente una miglior visione per lo shooting e l'editing.

Un avvertimento, però: non, ripeto, *non* eliminate le immagini che avete etichettato per la cancellazione prima di aver terminato l'editing e di aver completato la vostra storia. L'ultima cosa di cui avete bisogno, durante questo processo, è contrassegnare alcune foto per l'eliminazione e poi pentirvi di aver svuotato il cestino. La pulizia deve essere l'ultima fase del vostro lavoro.

Potreste anche fare questo genere di pulizie qualche mese dopo. Per questo libro, ho rivisitato i vecchi shooting e le storie del mio archivio che non avevo ripulito - e ho trascorso una buona parte del tempo a prendermi cura delle mie fotografie.

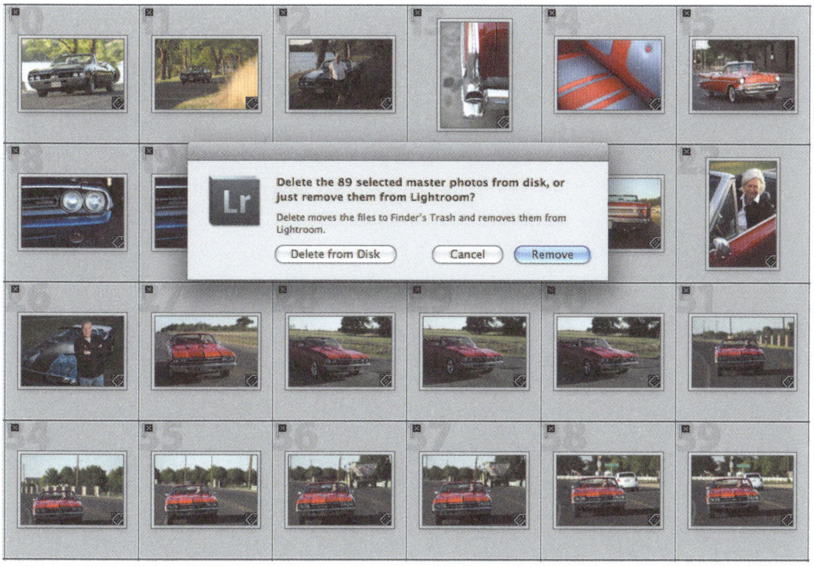

Avete il coraggio di cancellare le immagini? Sì! Tuttavia, usate questa funzione solo *dopo* aver completato la vostra storia.

TRASFORMARE IL WORKFLOW NELLA PROSSIMA STORIA

Quest'immagine non è stata sfruttata per uno degli incarichi sull'industria vinicola del Texas, ma ha fatto nascere nuove idee per storie future sul mondo dell'agricoltura.

Canon 5D Mk II, 200 mm, 1/400 sec., f/5.6, ISO 100

L'intero workflow dello storytelling è costruito in modo da prestarsi a più racconti. Questo non significa solo avere più opportunità creative ma, per quelli che vivono di fotografia, anche aprire nuove possibilità di lavoro.

Visto che siamo quelli che hanno il controllo di questo processo, dobbiamo essere flessibili per riuscire a notare l'emergere di una nuova storyline. Forse questa è correlata al racconto al quale stiamo lavorando, forse è ispirata a quella storia solo per il fatto che accende una nuova idea nella nostra mente. La ricerca apre innumerevoli porte da cui altre storie possono nascere, e le conversazioni e le esperienze con i personaggi e gli ambienti producono lo stesso risultato. La fase di editing può essere utile anche per generare idee per nuove storie.

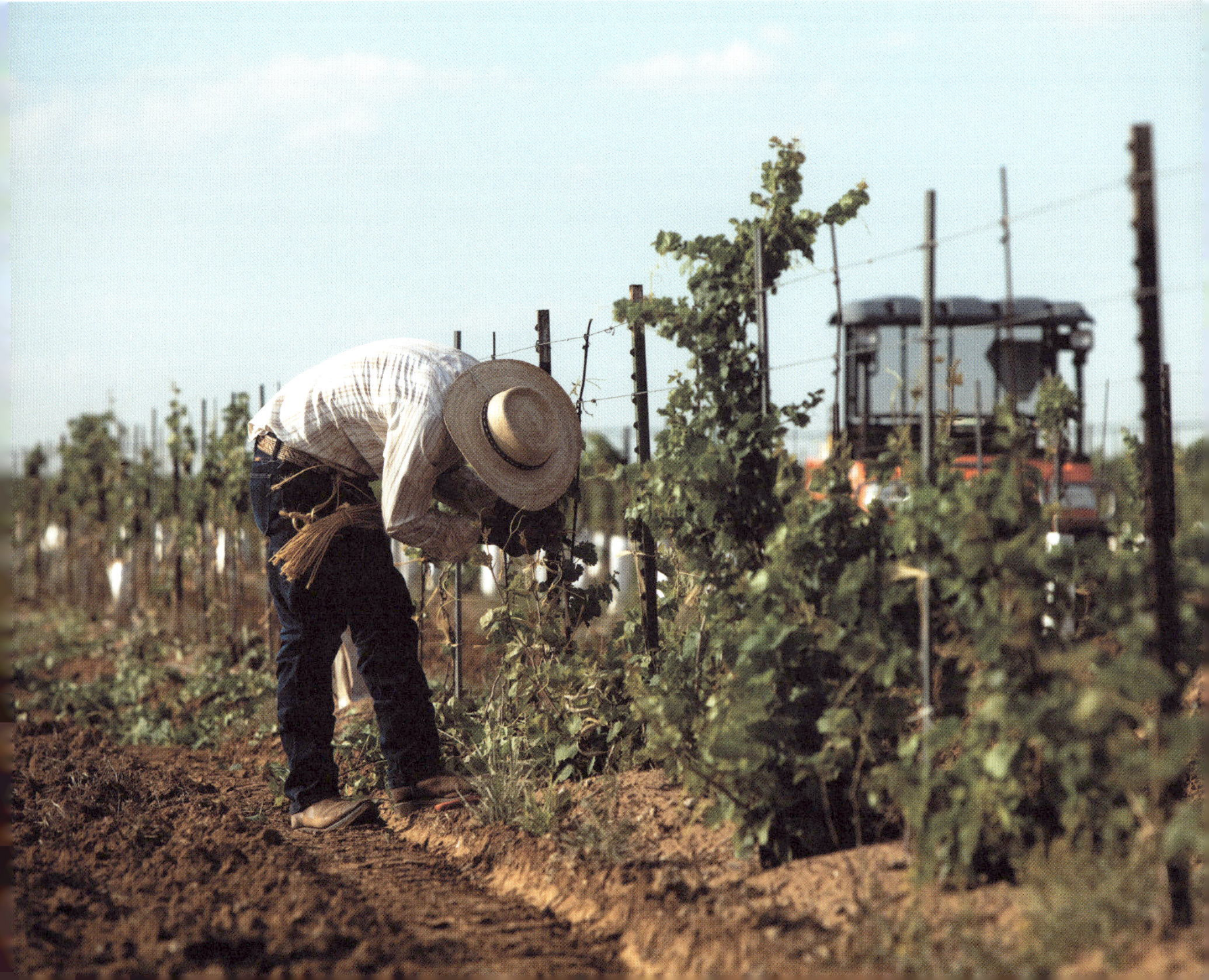

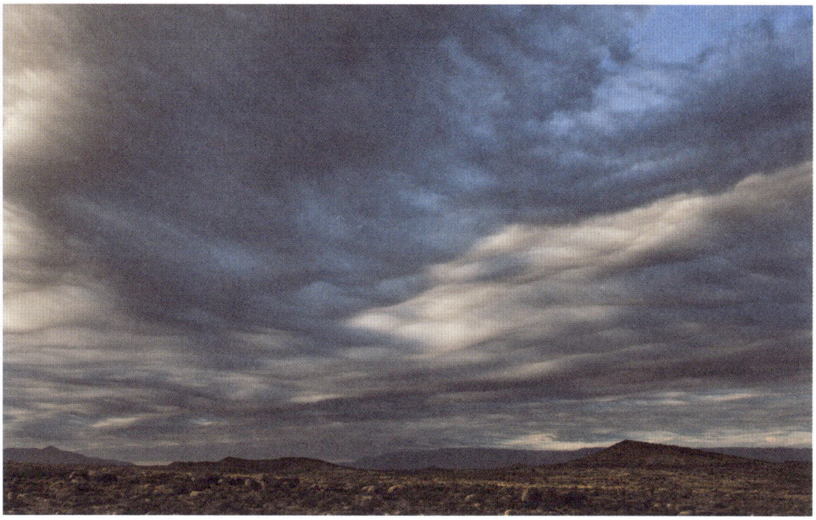

Questa immagine che presenta le colline delle Guadalupe Mountains non è stata selezionata per la storia raccontata in precedenza. Tuttavia, è utile tenerla, nel caso una rivista dovesse raccontare una storia sui deserti del Texas o sui cieli spettacolari di questa regione.

Canon 1D Mk III, 28 mm, 1/100 sec., f/8, ISO 100

Essere consapevoli delle nuove storie durante l'editing non deve necessariamente rappresentare una priorità mentre lavorate al racconto attuale, ma trascorrendo tempo di qualità con i vostri scatti, potreste affinare la vostra sensibilità e scoprire argomenti interessanti che emergono dal vostro lavoro. Raggiunta la deadline, non è certo un male farsi un'altra tazza di caffè, tornare alle vostre immagini e controllare le aree che avete trattato e sulle quali forse avete anche preso degli appunti.

Nella storia sul costruttore di imbarcazioni, per esempio, forse avete iniziato a sviluppare un interesse sui tipi di legno usati per costruire le barche.

I vostri scatti ravvicinati delle murate della barca non verniciate potrebbero accendere in voi l'idea di un saggio sulla vita del legno che viene impiegato, una storia sulla salvaguardia delle foreste o un pezzo sull'azienda locale che ha lavorato il legno, prima che venisse acquistato dal costruttore. L'idea di una nuova storia potrebbe essere ispirata da una singola immagine di un take della vostra storia, anche una di quelle che non avete usato (un'altra buona ragione per non cancellare le foto finché non avete finito). Oppure, l'idea potrebbe venirvi mesi dopo che avete terminato un saggio. Ricontrollare le immagini è sempre una buona pratica e aiuta a generare nuove idee. Certo, probabilmente vi mancheranno la maggior parte delle foto necessarie per completare il racconto, ma qui subentra la ripetizione del lavoro di storyteller. Con la chiusura di una storia, si apre una nuova opportunità per fotografare. Avviate di nuovo il workflow, nella speranza di raccontare un'altra storia interessante.

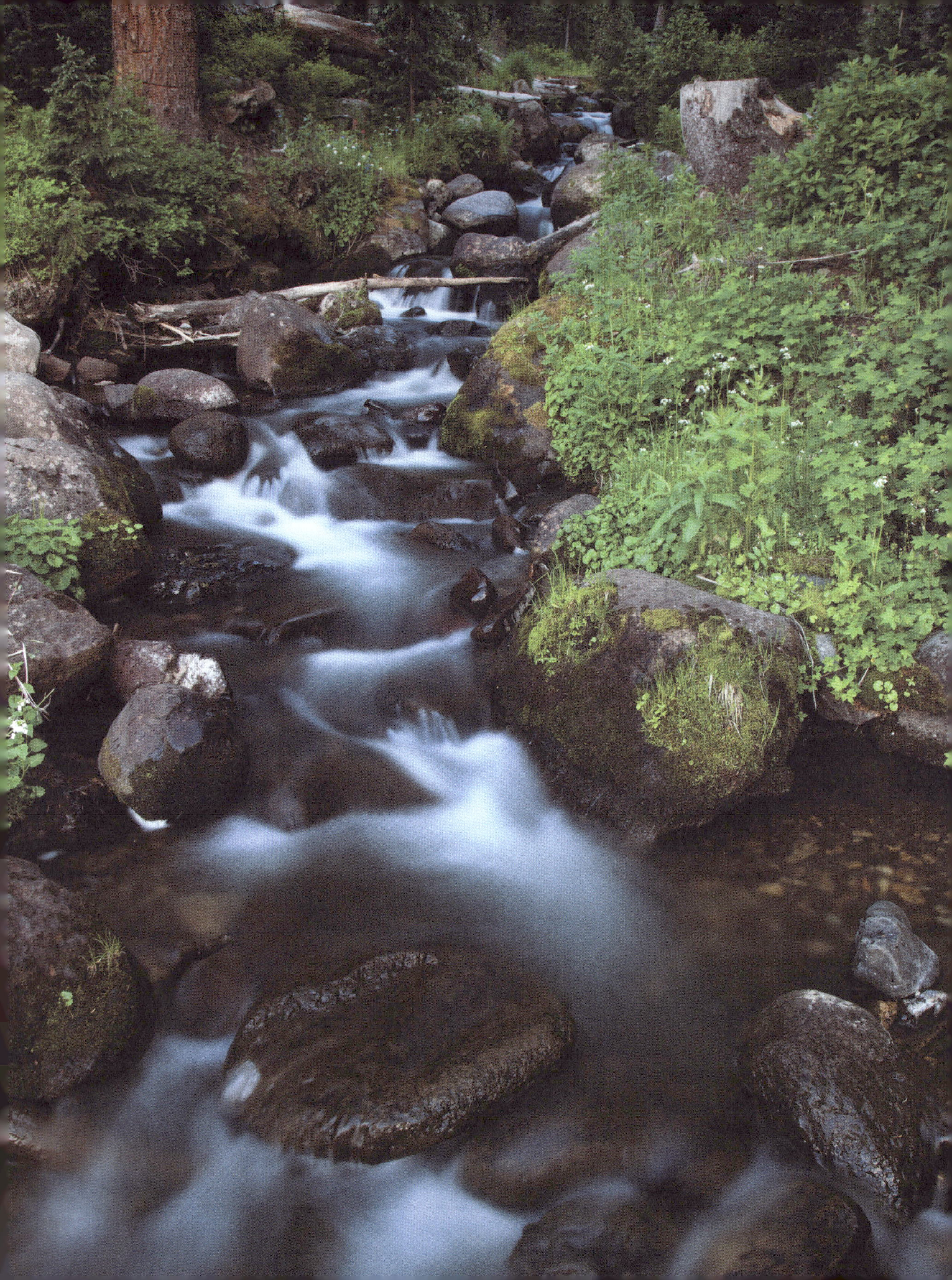

CAPITOLO **8**

La conclusione

Serve una gran quantità di lavoro per creare e raccontare una storia visuale. Quando questo lavoro è fatto bene, agli altri non sembrerà che abbiate compiuto grandi sforzi per produrre qualcosa di interessante e coinvolgente. Per non commettere errori durante l'esibizione o la presentazione di una storia, però, serve tempo e un grande impegno nella ricerca, e nella pianificazione, competenze tecniche, stile e ancora altro tempo. Per molti professionisti (e per molti di quelli che non lo sono), è necessario anche un certo investimento, a seconda della dimensione del progetto.

Alla fine, però, dipende tutto da quel che facciamo quando abbiamo la fotocamera tra le mani. Raccontiamo storie.

Un corso d'acqua che scorre lungo il pendio di una montagna vicino South Fork, in Colorado. Metaforicamente parlando, una storia è molto simile: non ha una fine ed è dinamica.

Canon 5D Mk II, 28 mm, 5 sec., f/22, ISO 50

LA CRESCITA ATTRAVERSO LA VALUTAZIONE

Mantenere la riflessività sulle vostre capacità di storytelling e fotografiche è importante per continuare a migliorare.

Nella fase di chiusura di una storia, sembra opportuno passare del tempo a riflettere sul vostro lavoro in fase di conclusione. In precedenza, ho detto che la riflessività è una delle caratteristiche dello storyteller e in questo senso è utile riconsiderare le domande con le quali ho chiuso il Capitolo 2. Allo stesso tempo, però, quando arrivate a questo momento di riflessione, *dopo* aver completato il workflow dello storytelling, dovete anche procedere a un esame completo del vostro prodotto. Quali sensazioni vi lascia la storia? Siete emotivamente soddisfatti dalle immagini che definiscono quel racconto sulla storia naturale dei grandi alberi che costeggiano i corsi d'acqua della regione?

Sembra una domanda strana, vero? Emotivamente soddisfatti? Che ci crediate o no, i vostri sensi vi possono dare molte informazioni su come la storia è stata sviluppata, e il modo in cui *voi* ne percepite la qualità è molto simile alle percezioni che anche gli altri sperimenteranno.

Consideratela come un'assicurazione sulla qualità della vostra storia. Per sfruttarla, usate questo tipo di valutazione sulla qualità come uno strumento che attraversi tutto il workflow dello storytelling. Questo vi farà sentire più soddisfatti alla fine del vostro racconto. Rivedete la qualità del vostro lavoro, sia dal punto di vista tecnico sia da quello della narrazione, continuamente, e il completamento della storia diventerà molto più semplice. Distribuirete il vostro racconto sapendo che avete fatto tutto il possibile perché valga la pena "leggerlo".

Nessuna storia è perfetta. Ogni fotografo può trovare difetti nelle proprie storie o trovare parti che avrebbe potuto trattare diversamente. Tuttavia, riflettere sulle vostre capacità di storytelling e fotografiche è importante per continuare a migliorare. Se questo tipo di riflessione ha sollevato domande sul valore intrinseco della storia e su come questa viene narrata, c'è un altro interrogativo (tra i tanti) che gli storyteller devono porsi, prima di concludere un racconto.

AVETE TERMINATO, GIUSTO?

Al momento, forse. Come disse un mio professione di giornalismo, la storia in realtà non ha mai fine. Solo perché avete finito di documentare un certo aspetto dell'alternanza tra anni di siccità e anni meno improduttivi in una terra strettamente dipendente dall'agricoltura, questo non significa che il prossimo periodo di siccità sarà come l'ultimo appena trascorso. Ogni giorno, mese, anno, decennio o secolo porta qualcosa di nuovo e diverso e anche se "chiudiamo il libro" di un particolare racconto, nascono continuamente nuove opportunità. Come visual storyteller,

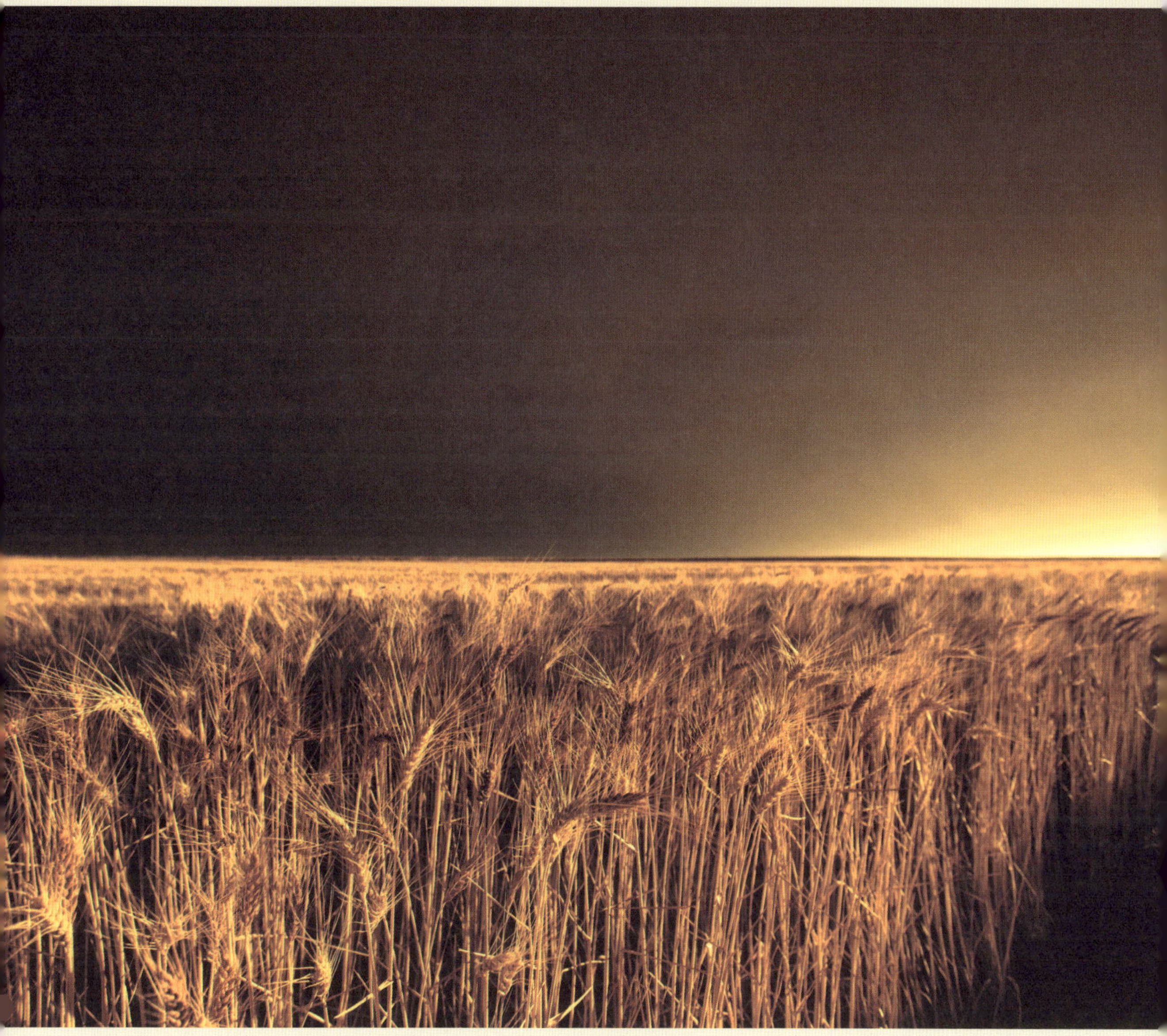

Un minaccioso temporale si dispiega sui campi di grano vicino a Shallowater, in Texas, portando non solo una gran quantità di umidità, ma anche alcune condizioni di luce particolarmente interessanti verso la fine della giornata (sopra).

Canon 5D Mk II, 17 mm, 1/125 sec., f/5.6, ISO 400

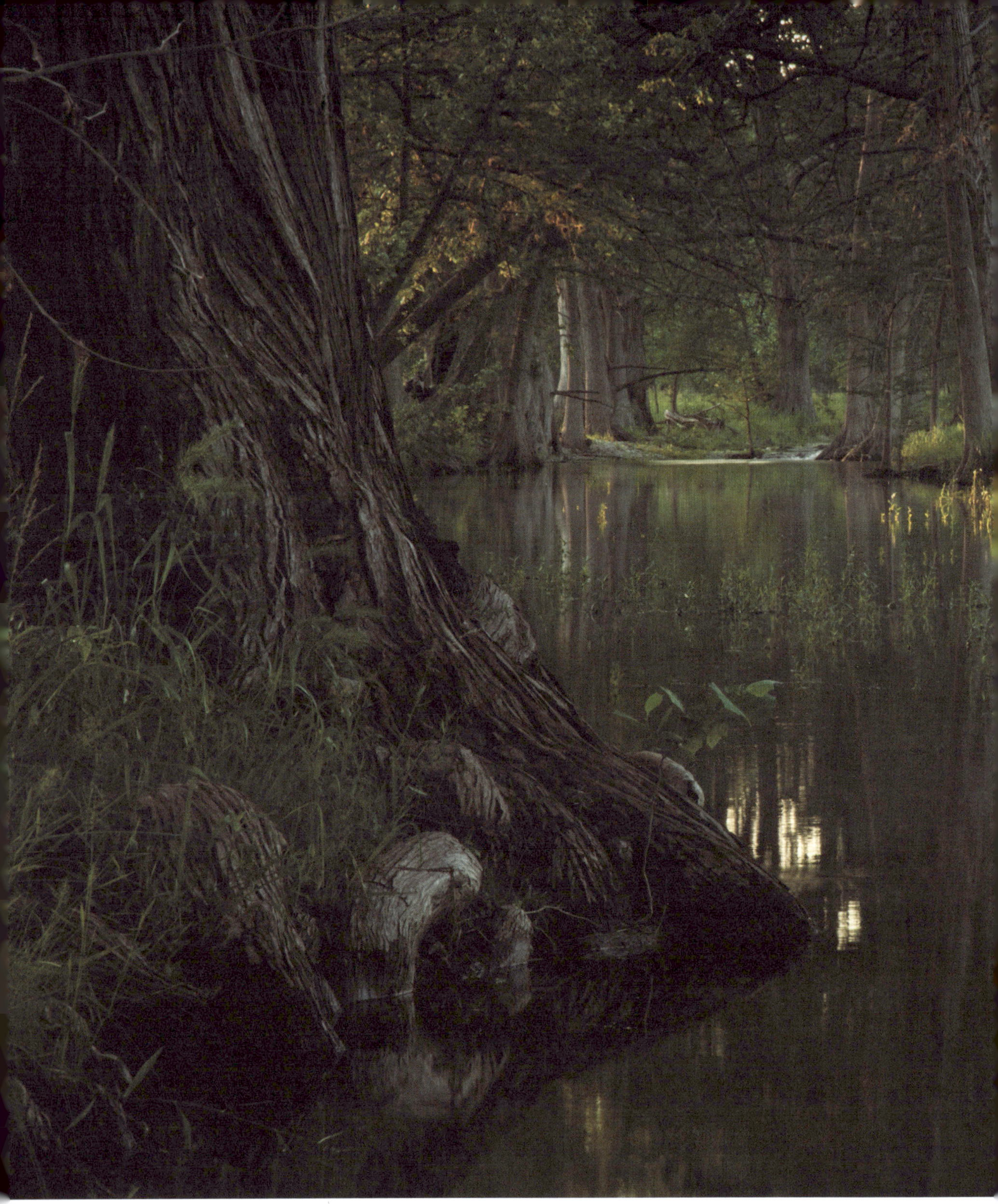

Antichi cipressi allineati lungo il fiume Sabinal River di Utopia, in Texas.

Canon 5D Mk II, 105 mm, .6 sec., f/22, ISO 100

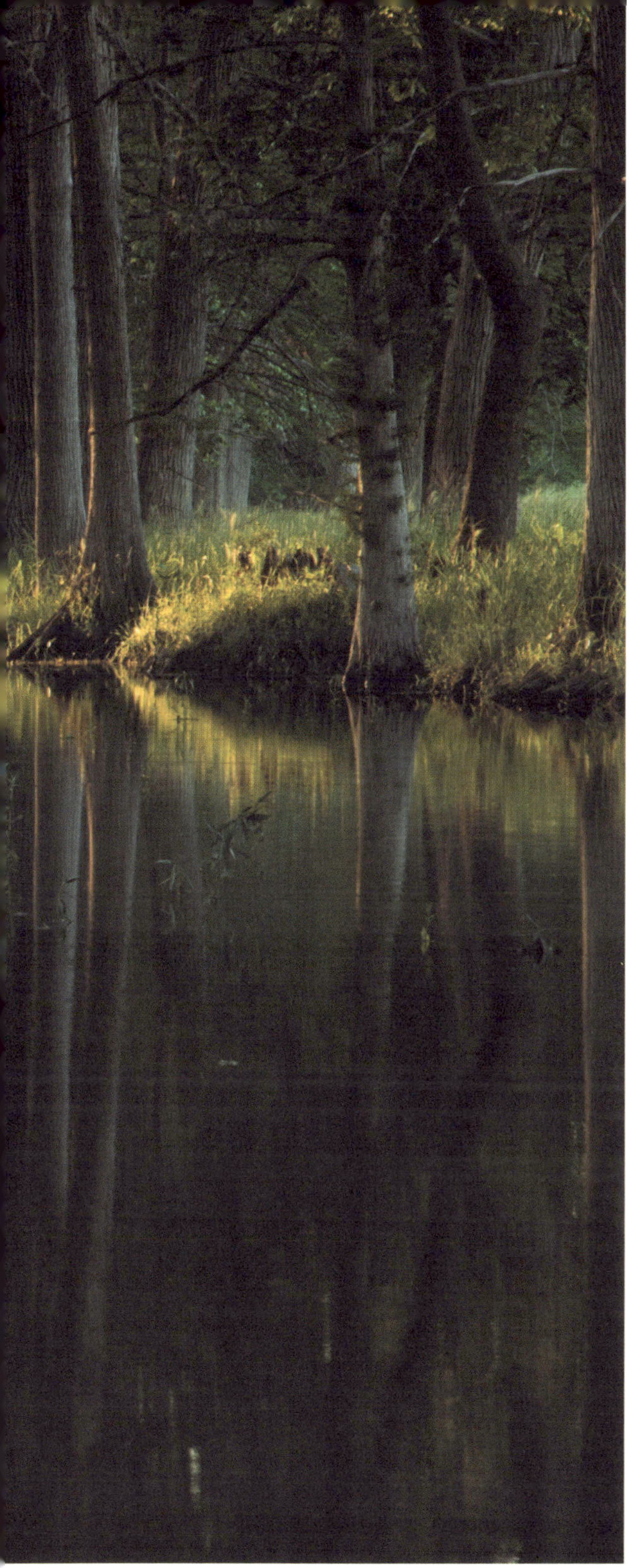

vi dovete posizionare in modo da riuscire a coglierle.

Come ho scritto in questo libro, le avventure che vivete durante il racconto di una storia vi offrono l'accesso ad altri racconti, semplicemente attraverso il coinvolgimento e l'interazione con i personaggi conosciuti. Per esempio, una storia iniziale su un'esperienza artistico-educativa della durata di un mese, nella Texas Hill Country, si è trasformata in una serie di storie parallele sugli artisti del Texas. Il racconto originario mi ha introdotto a un gruppo di persone (editor inclusi) che avrei potuto contattare in seguito per discutere di altre idee e nuovi progetti. Allo stesso modo, le caratteristiche di certe persone o luoghi che ho fotografato mi hanno spinto a rivisitare altre volte le location, per fare altro storytelling o per creare foto per i miei stock.

LA PORTA APERTA È sempre una buona idea lasciare uno shooting con una porta spalancata, metaforicamente parlando. Le conversazioni rispettose e professionali con i soggetti o le persone che vi hanno garantito accesso a certe location o ai personaggi di una storia sono un buon modo per mantenere aperto un canale di comunicazione tra tutte le parti coinvolte.

Potreste essere contattati per nuovi incarichi per altri shooting o quantomeno avere l'opportunità di contattare ancora queste persone se avete bisogno dei loro servizi, di informazioni relative alle loro professioni e così via.

Anche discutere di un argomento o di un problema al quale l'altra persona sembra interessata può aprirvi una nuova storyline, alla quale il soggetto potrebbe voler partecipare. In breve, le persone che incontrate ogni giorno nella vostra attività di fotografi potrebbero essere le chiavi per creare una nuova storia o riprenderne una vecchia.

TENETE ACCESO IL RADAR

È ragionevole pensare che, se la storia non ha mai fine, una parte di questa attende di essere raccontata. A tal fine, non importa che stiate creando qualcosa di nuovo o che vi inseriate all'interno di una narrativa esistente: fintanto che siete sintonizzati su attività interessanti, problemi, fenomeni e qualunque altra cosa consideriate degna di essere trattata, sarete sempre coinvolti dallo storytelling.

Professionisti o dilettanti, a tutti noi viene data l'opportunità di esplorare il nostro mondo, quando scattiamo delle foto. Per quanto alcuni individui si lamentino del fatto che la tecnologia digitale abbia aumentato il numero di persone che tengono una fotocamera tra le mani, siamo ancora parte di una piccola community di persone che crea, documenta e distribuisce informazioni naturali, culturali e sociali sotto forma di una storia. È nostra responsabilità contribuire a questa community, perché il fatto stesso di aver voluto imparare a usare una fotocamera per produrre storie dimostra che vogliamo imparare e comunicare con il mondo in cui viviamo.

Senza aver accettato l'incarico per un programma educativo di arte a Junction, in Texas, non avrei mai scoperto la storia del celebre ceramista James Watkins, che ho poi ripreso per una rivista di lifestyle regionale.

Canon 5D Mk II, 17 mm, 1/60 sec., f/3.2, ISO 200

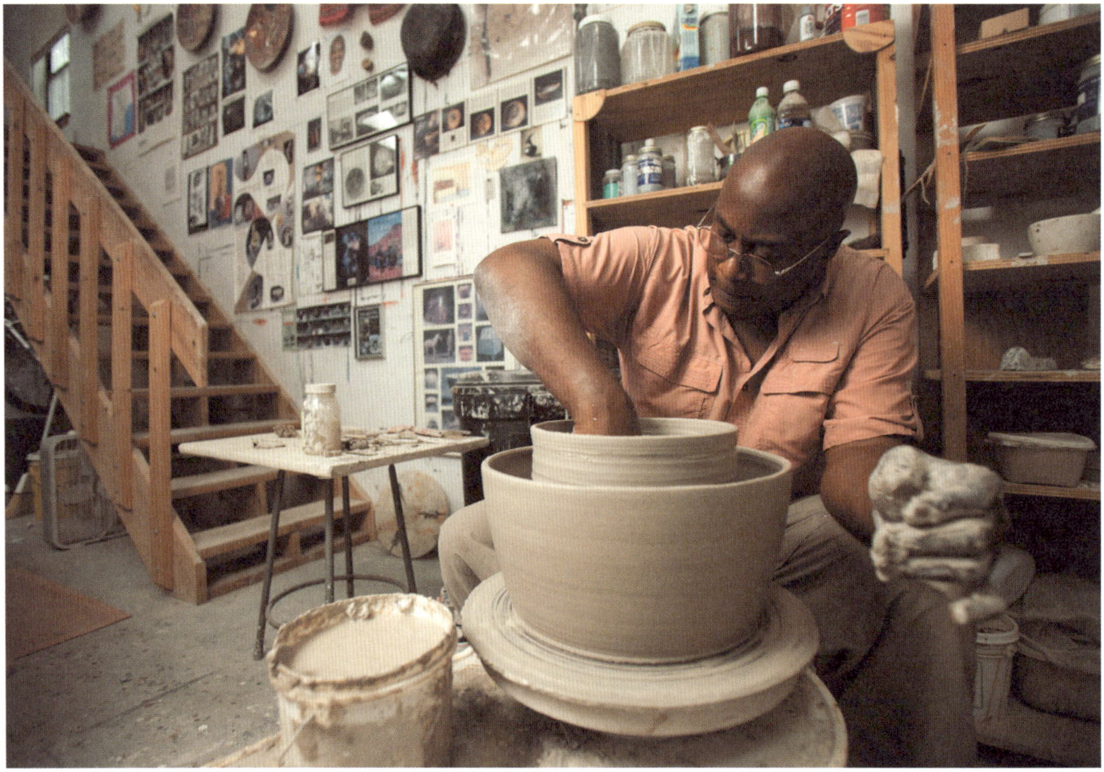

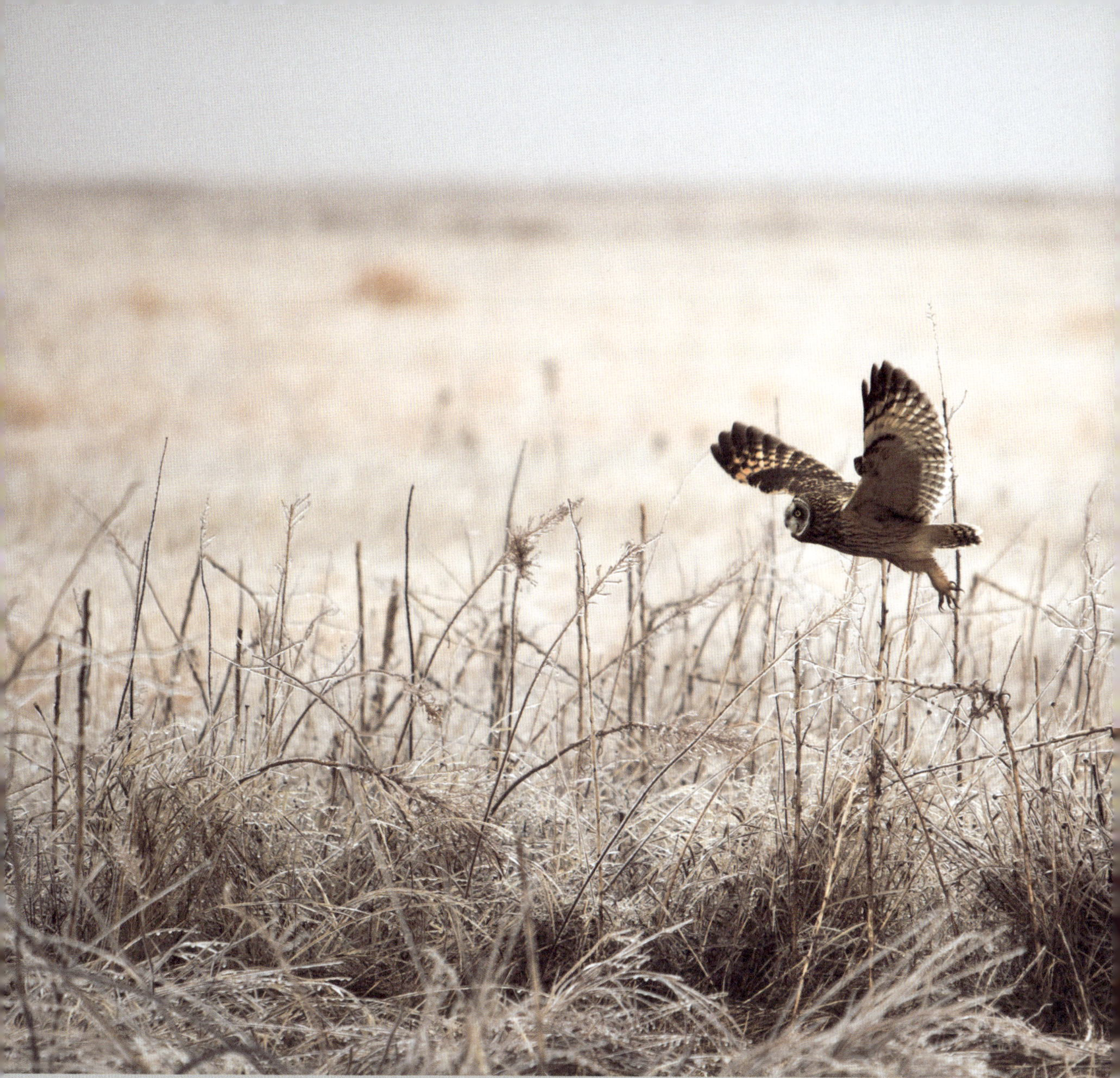

Un gufo lascia il suo trespolo in un campo ghiacciato nelle terre del Texas. È la foto che ha acceso il mio interesse per la fotografia naturalistica e di tutela del territorio ed è stata il risultato dell'esplorazione della zona in auto, mentre ero in cerca di foto per degli stock invernali.

Canon 5D, 200 mm, 1/1.600 sec., f/2.8, ISO 100

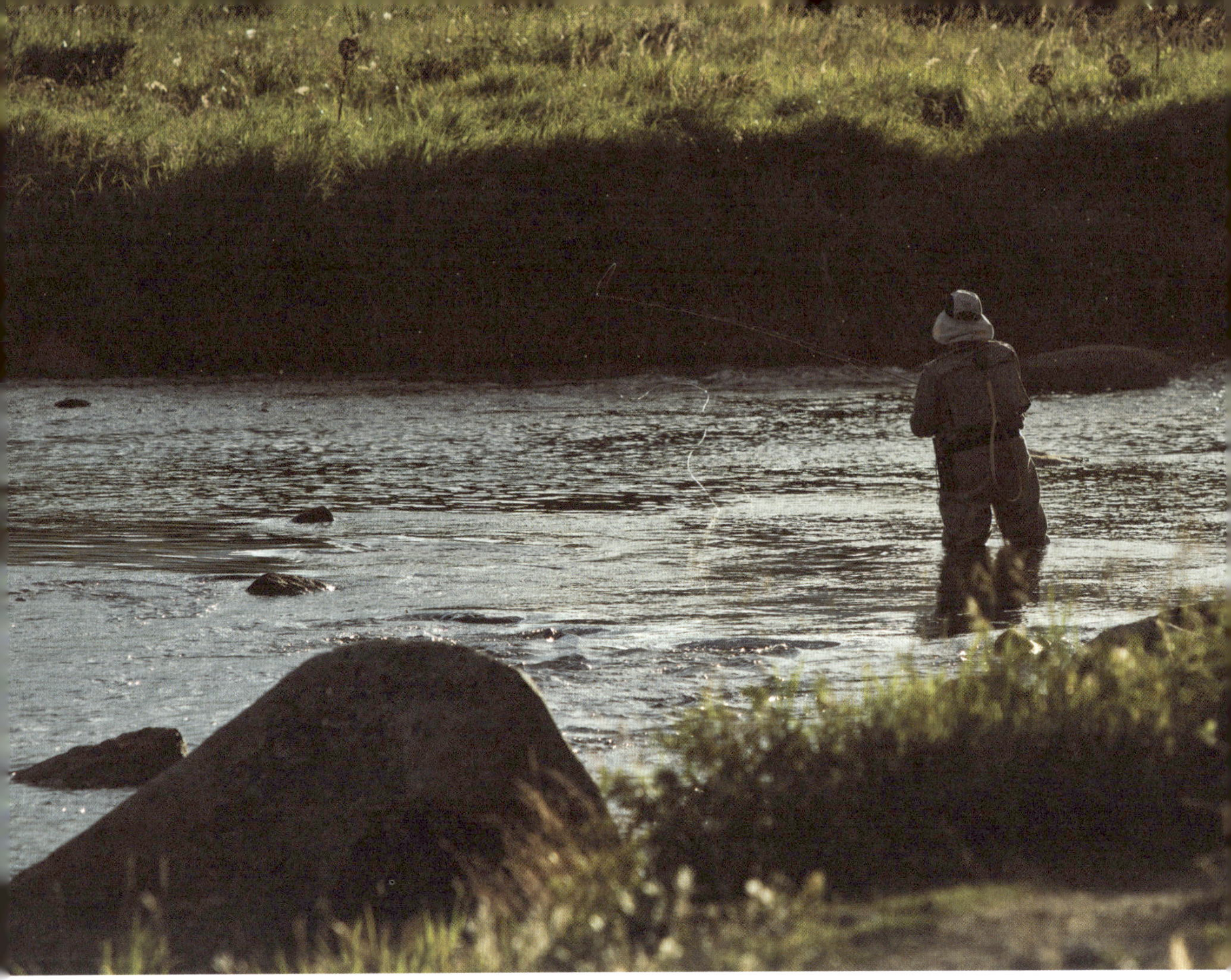

Concentrarsi sulla meccanica di uno scatto è un buon modo per migliorare continuamente la tecnica e la visione con la fotocamera. Essendo attratto dall'illuminazione del pescatore a mosca, trovai rapidamente un'inquadratura e una composizione per evidenziarne le forme e la posizione, in questo fiume sulle Montagne Rocciose.

Canon 7D, 200 mm, 1/640 sec., f/4, ISO 100

Pubblicate in continuazione

Se c'è un incoraggiamento che voglio trasmettervi, in chiusura di questo libro, è quello di cercare continuamente di raccontare storie! In pratica, non dovete permettere che le storie visuali che collezionate finiscano nel dimenticatoio. Create un blog, pubblicate un libro con il self publishing (non è mai stato così facile come in questo periodo) o iniziate a contribuire a una community online di fotografia. L'importante è che continuiate a "pubblicare" le vostre storie.

Un fotografo che continua a raccontare storie, a prescindere dal mezzo usato, è sempre stimolato visivamente ed è alla ricerca di nuove storyline. Diversificate le opzioni per diffondere le vostre storie. Potete pubblicare un saggio fotografico tramite il vostro sito web, su Flickr o su Google+, oppure potete proporre a una pubblicazione di usare la vostra storia, coinvolgendo così un pubblico che condivide interessi simili.

Fotografate i racconti che sapete si adattano bene a un certo tipo di media e poi passate a una nuova storia per un altro supporto. Un piccolo foto-documentario sul primo anno di vita di mio figlio potrebbe non essere molto interessante per le riviste per cui fotografo in questo momento, ma potrebbe interessare una rivista che parla di infanzia e sarebbe molto interessante anche per coloro che leggono il blog di mia moglie, che è dedicato ad amici e famiglia. Allo stesso modo, una storia sulle specie animali nordamericane in pericolo potrebbe essere perfetta per un libro fotografico di pregio, magari pubblicato tramite un editore che si occupa di temi inerenti la natura e la sua conservazione.

Comunque sia, continuate a raccontare storie. Proprio come continuare a scattare foto vi renderà più pratici e competenti nell'uso della vostra fotocamera, individuare e raccontare storie migliorerà le vostre capacità come visual storyteller.

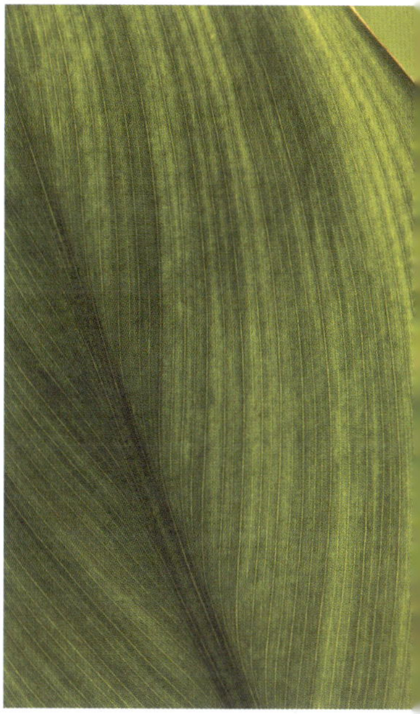

Non dimenticate di creare ciò che alcuni fotografi chiamano "pezzi da studio". Mantenete la curiosità per le luci, le linee e le forme.

Canon 5D Mk II, 95 mm con tubi di estensione, 1/100 sec., f/9, ISO 160

Mantenete la curiosità

La vostra curiosità sul mondo è la chiave del racconto di storie visuali. Siate sempre alla ricerca di quegli elementi che rendono un racconto interessante (arriverete a un punto in cui questa diverrà la vostra seconda natura). Prendete in considerazione gli elementi della storia che ho evidenziato nel Capitolo 5 e valutate rapidamente se una conversazione che avete avuto con un collega vi suggerisce una storia degna di essere raccontata.

Allo stesso modo, però, interessatevi a singole immagini, a forme e colori astratti, alle luci uniche e a volti e luoghi memorabili. Siate certi che quelle fotografie e quelle caratteristiche visuali potranno servire a contribuire a una storia o a ispirarne una completamente nuova, con una nuova struttura tematica.

CREATE UN ELENCO Tempo fa, imparai che non potevo ricordare tutto. Per quanto mi sforzassi, non ci riuscivo. Da quel momento ho iniziato a portare con me un mezzo per tener traccia delle idee per le storie, i pensieri, gli aneddoti ricavati dalle conversazioni e qualunque altra cosa che potesse accendere il mio lavoro creativo. Che si tratti del mio iPhone, di un piccolo ed economico blocco per appunti che posso tenere in tasca, di un'agenda o anche solo delle mie mani, tengo sempre qualcosa a portata di mano, così da poter aggiungere informazioni al mio elenco e alle idee per nuove foto.

Abituatevi a tenere un elenco simile.

Probabilmente sarete in grado di trasformare alcune di queste idee in materiale di qualità, quando avvierete il workflow per lo storytelling.

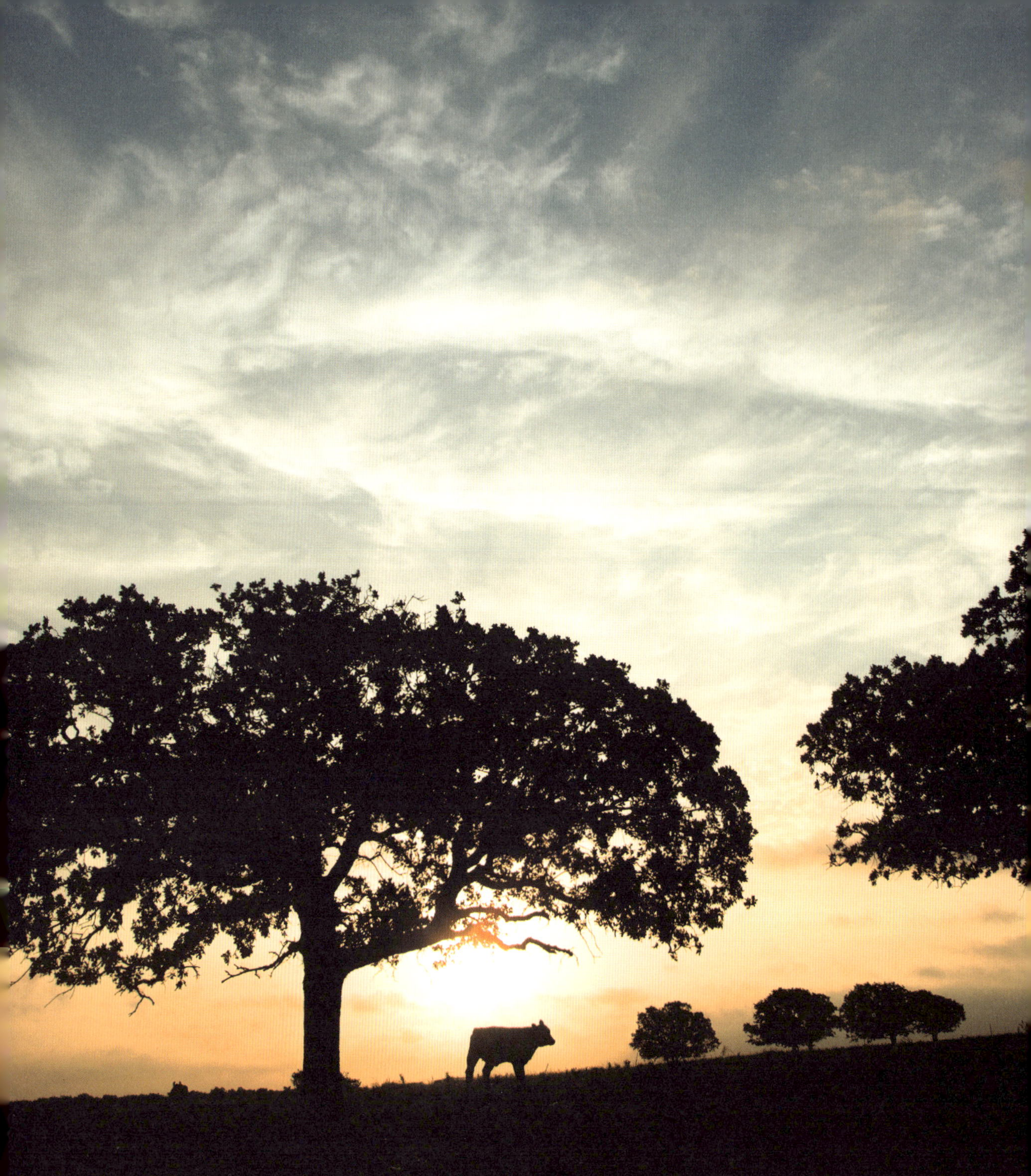

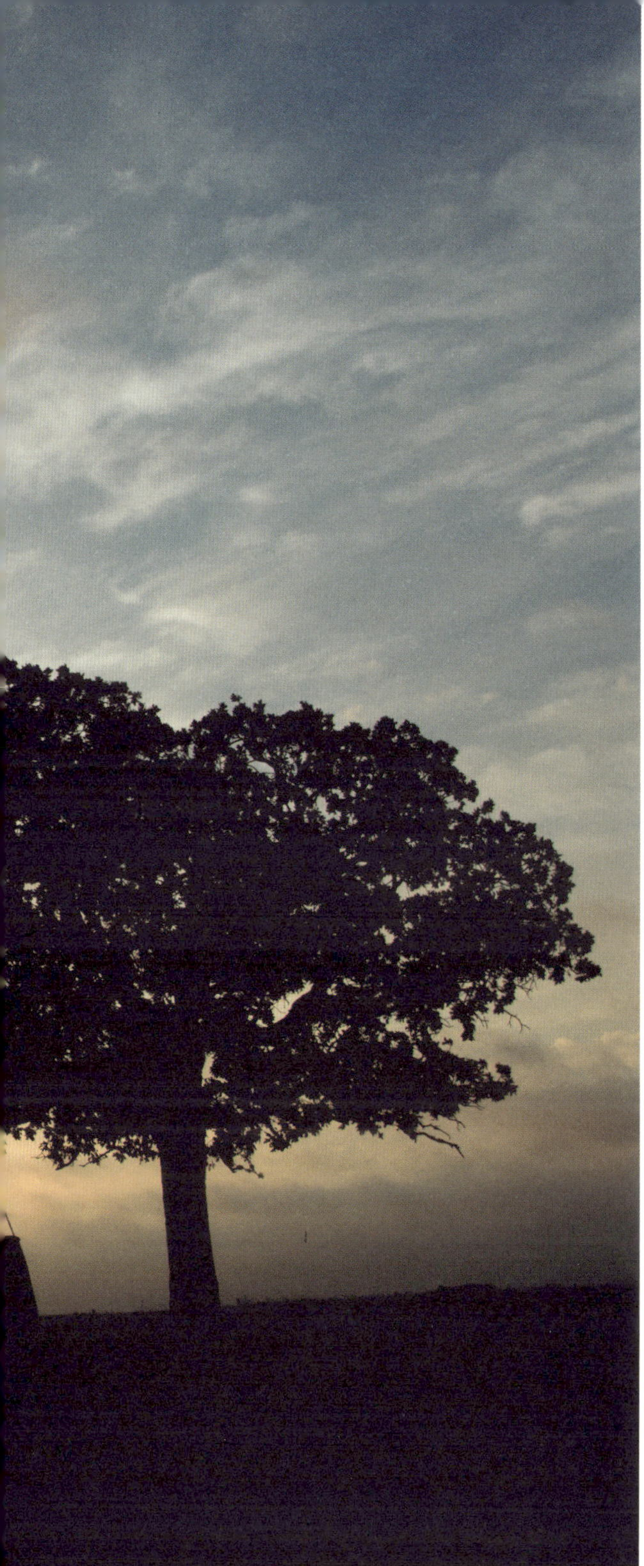

Anche quando vi addentrate in una storia con una previsualizzazione abbastanza precisa di ciò che volete ottenere, siate sempre flessibili. Non lasciate che la preparazione a questa previsualizzazione blocchi la vostra curiosità: come sarebbe l'immagine se modificaste il flash o spostaste il soggetto più vicino alla porta? Le storie visuali possono essere raccontate in molti modi: siate sufficientemente aperti da esplorare eventuali frame alternativi.

Non lo ripeterò mai abbastanza: la curiosità è una buona cosa. Farvi domande è una buona cosa. E rispondere alle vostre domande (o ad alcune di esse) su ciò che vi circonda - persone, volti ed eventi che si manifestano - con le vostre fotografie è un modo incredibilmente intenso per raccontare una storia. Non solo vi aiuterà a comunicare le vostre idee e la vostra visione alle altre persone, ma quasi certamente vi permetterà di diventare molto più ricettivi su quanto vi circonda ogni giorno.

Se c'è una cosa certa è che le opportunità per le nuove storie si manifestano in continuazione. Siate aperti a ciò che potreste dover raccontare in futuro.

Canon 1D Mk III, 24 mm, 1/500 sec., f/5.6, ISO 100

Indice analitico